中国社会结构
研究报告之四

本书系国家社科基金重大项目成果

国家新闻出版广电总局深入学习宣传贯彻党的十八大精神重点出版物

# 当代中国社会建设

## Society-Building of
## Contemporary China

### 陆学艺/主编

社会科学文献出版社
SOCIAL SCIENCES ACADEMIC PRESS (CHINA)

# "当代中国社会结构变迁研究"课题组

**课题组组长**　陆学艺

**副　组　长**　邹农俭　唐　军

**课题组成员**
| | | | | |
|---|---|---|---|---|
| 王春光 | 石秀印 | 乐宜仁 | 朱　涛 | 刘世定 |
| 刘金伟 | 李　升 | 李君甫 | 李阿琳 | 李晓壮 |
| 李晓婷 | 杨桂宏 | 邹农俭 | 宋国恺 | 张林江 |
| 张宛丽 | 陆学艺 | 陈光金 | 尚佳熠 | 周　艳 |
| 赵卫华 | 胡建国 | 高　鸽 | 唐　军 | 曹飞廉 |
| 龚维斌 | 韩秀记 | 谢振忠 | 阚和庆 | 樊　平 |
| 颜　烨 | 鞠春彦 | | | |

**各章执笔人**
总报告　陆学艺　胡建国　颜　烨　谢振忠
第一章　民生事业　赵卫华
第二章　社会事业　杨桂宏
第三章　收入分配　李阿琳
第四章　城乡社区　周　艳
第五章　社会组织　曹飞廉
第六章　社会管理　李君甫
第七章　社会规范　鞠春彦
第八章　社会体制　李晓婷
第九章　社会结构　宋国恺
第十章　社会建设的历程　刘金伟
附　录
A　美国经验对中国社会建设的启示　朱　涛
B　英国经验对中国社会建设的启示　尚佳熠
C　日本经验对中国社会建设的启示　李　升

# 目　录

# 第一章　民生事业

# 第三章 收入分配

# 第四章　城乡社区

# 第五章　社会组织

# 第六章　社会管理

# 第七章　社会规范

# 第八章　社会体制

# 第九章　社会结构

# 第十章　社会建设的历程

# Contents

## General Report

# Chapter 1　People's Wellbeing

## Chapter 2    Social Welfare

## Chapter 3    Income Distribution

## Chapter 4    Urban-rural Community

13

# Chapter 5　Social Organization

# Chapter 6　Social Governance

# Chapter 7　Social Regulation

# Chapter 8   Social System

# Chapter 9   Social Structure

# Chapter 10   History of Social Development

# 前　　言

　　本书是国家社科基金重大项目"当代中国社会管理体制创新研究"的成果，同时也是当代中国社会结构变迁研究课题组继《当代中国社会阶层研究报告》（2002）、《当代中国社会流动》（2004）、《当代中国社会结构》（2010）之后完成的第四部研究报告。自 2010 年以来两年多的时间里，课题组成员在四川省成都市，江苏省太仓市，广东省深圳市、广州市、佛山市南海区，北京市朝阳区、大兴区、顺义区、延庆县等地的城市和农村进行了深入调研，研究了大量的文献资料，邀请国内相关领域知名专家召开了十余次课题研讨会，数易其稿，最终完成了这部研究报告。

　　本书的研究主题源于对中国经济社会发展时代特征的深刻观察和系统思考。这个特征用一句话概括就是：社会建设时代已经来临。

　　经过 60 多年的社会主义建设，尤其是 30 多年以改革开放为主要特征的现代化建设，中国在经济领域取得了巨大成就，综合国力逐步增强，人民生活水平不断提高，已经达到工业化中期阶段。同时，社会领域也发生了深刻变化，但这种变化表现出与经济发展不协调的特征。总的来说，就是经济发展了，社会问题却层出不穷，社会不稳定、不和谐的因素增多，社会矛盾和冲突频发。社会发展与经济发展的不协调，已经成为当前主要的社会矛盾。如何解决这一矛盾，是时代向我们提出的重大课题。

　　2002 年，党的十六大把"社会更加和谐"作为全面建设小康社会的重要目标之一。此后，社会主义和谐社会建设的图景日渐清晰，实现这一目标的路径也逐步明确。2004 年，十六届四中全会第一次提出"构建社会主义和谐社会"和"社会建设"的概念。2006 年，十六届六中全会通过《关于构建社会主义和谐社会若干重大问题的决定》，明确提出要"着力发展社会事业、促进社会公平正义，推动社会建设和经济建设、政治建设、文化建设协调发展"。2007 年，党的十七大提出要"加快推进以改善民生为重点的社会建设"，将实现社会主义事业总体布局发展为包括社会建设在内的"四位一体"写入新的党章。2012 年，党的十八大提出要"在改善民生和创新社会管理中加强社会建设"，"加强社会建设，是社会和谐稳定的重要保证。必须从维护广大人民根本利益的高度，加快健全基本公共服务体系，加强和创新社会管理，推动社会主义和谐社会建设"。

社会建设是党和国家在新世纪、新时期、新形势下提出的一个重大的理论和实践命题，具有重要的里程碑意义。从新中国成立到 21 世纪中叶实现现代化，百年征程已经走过 60 余年。如果说第一个 30 年是国家基本制度建设的艰辛探索，第二个 30 年是经济建设的成功实践，那么进行社会建设，促进社会和谐进步，则是未来 30 年中国发展的主题。

从近十年来社会建设的理论发展和实践探索来看，对于为什么在现阶段要重点加强社会建设，社会建设建什么、怎么建，仍然有一些重大问题需要明确和取得共识。本课题组为此做了长期的调查研究，以下是我们的认识。

**第一，社会建设滞后导致经济社会发展不协调，是现阶段我国社会的主要矛盾。**改革开放以来，中国经济持续快速增长，成就斐然，2010 年经济总量超过日本，成为世界第二大经济体，总体来看，我国的经济结构已进入工业化社会的中期阶段。然而，在经济报喜的同时，却出现社会报忧。正如党的十八大报告所指出的，城乡区域发展差距和居民收入分配差距明显；社会矛盾明显增多，教育、就业、社会保障、医疗、住房、生态环境、社会治安等关系群众切身利益的问题突出，部分群众生活比较困难；一些领域存在道德失范、诚信缺失的现象。从社会各个方面测量，当前中国的社会结构尚处于工业化社会的初期阶段。社会结构滞后于经济结构，表现为社会经济发展不平衡、不协调，这已成为当前我国社会的主要矛盾，是全面建成小康社会，实现社会主义现代化的短板。从理论上分析，经济发展与社会发展是一对矛盾，在解决了长期存在的短缺经济以后，矛盾的主要方面转到社会方面来了。因此，加强社会建设，解决社会矛盾和问题成为时代的要求。对发展战略做适当的调整，在坚持经济建设为中心的前提下，把社会建设摆到重要战略地位，实行社会建设与经济建设并重的方针，有利于促进经济与社会协调发展。

**第二，现代化发展的经验和教训表明，社会建设是现代化不可逾越的阶段。**面对目前我国社会经济不协调的形势，学界、政界提出了关于改革发展的多种战略选择。有人认为，要继续深化经济体制改革，继续集中主要精力抓经济发展；有人认为，社会经济发展不协调的根本原因在于政治体制改革滞后，要求加快政治体制改革，加强政治建设。我们认为，我国下一步战略任务的重点应该是加强社会建设。对此，有以下几方面的实践理由。

一是全面建成小康社会的需要。对照十六大后国家有关部门制定的 6 大类 23 个全面建设小康社会指标的体系，2010 年全面小康已经达到 80.1%，比 2002 年提高了 20 个百分点，其中经济指标实现得最快最好；但是社会和谐、文化类指标提高较慢，有几个指标反而倒退：2000 年城乡差距指标已经达到 99.8%，但 2010 年倒退为 70.3%；基尼系数、社会安全指标等都不如 2000 年的水平。总体经济指标已经超前完成，但社会指标不仅没有完成，有的还出现倒退。而要实现全面建成小康社会的目标，已经不到八年的时间，如不抓紧加强社会建设，好几个指标就会落空。

二是加快转变经济发展方式的需要。十多年来的实践表明，仅仅依靠调整经济结构是不够的，达不到转变经济发展方式的目的，更需要通过改革社会体制、调整社会结构来推进经济发展方式的转变，即通过合理配置资源、机会，提高社会中下阶层的收入水平，改善教育、就业、社保等问题，培育社会中产阶层，才能扩大内需，从根本上再现市场活力。

三是解决当前突出的社会矛盾和社会问题的需要。经济改革带来了经济高速发展，蛋糕做大了，但分蛋糕的规则没有定好，也没有分好，引发了许多社会矛盾和问题。现在社会上看病难、上学难、养老难等问题，不是仅增加投入就能解决的，还要通过社会体制改革，建立和完善公平、公正配置资源和机会的新社会体制，只有这样才能从根本上解决这些矛盾和问题。

四是为全面推进政治体制改革做好准备的需要。国内外现代化历史发展的经验和教训表明，在社会矛盾、冲突多发频发的阶段，进行政治体制改革，显然不是好的时机。政治体制改革一定要搞，我们现在也在搞，但要全面推进政治体制改革现在还不是时机。邓小平同志在 1985 年讲过："四个现代化，其中就有一个国防现代化。如果不搞国防现代化，那是不是只有三个现代化了？但是四化总得有先有后。军队装备真正现代化，只有国民经济奠定了比较好的基础才有可能。所以，我们要忍耐几年。"① 社会主义建设事

---

① 邓小平：《在军委扩大会议上的讲话》，《邓小平文选》第三卷，人民出版社，2006，第 128 页。

业总体布局中的五大建设，也应该是"有先有后"的。在经济建设取得巨大成就而社会矛盾又相对突出的时候，就应加强社会建设，通过社会体制改革把社会建设好。如把社会组织发展起来，人民就能够在基层、在社会组织中得到锻炼。先搞社会民主，再搞政治民主，先做好准备，再全面推进政治体制改革。

应当指出，在经济建设取得成功的基础上适时加强社会建设，也是现代化国家发展的一般规律。国际上有效加强社会改革和社会建设，成功实现稳定繁荣的例证很多。如美国的"罗斯福新政"，通过经济复兴政策、社会领域改革，培育形成了一个较大的中产阶级，奠定了第二次世界大战后美国繁荣的社会基础；第二次世界大战后日本振兴国民经济，全面推行社会改革，加强社会保障制度建设，20世纪70年代后期形成了"一亿皆中流"的社会结构和"福利社会"。拉美国家则因社会改革不足导致社会动荡，社会结构断裂，陷入"拉美陷阱"；前苏联在社会改革不到位、社会基础不牢的情况下，贸然推行大幅度政治改革，以致亡党亡国。殷鉴不远，足以为戒。

现代化建设是一个漫长的历史过程，也是一个阶段接着一个阶段进行重点突破的过程。当经济发展到一定程度的关键时期，就必须通过有规划、有组织的建设行动，实现社会、政治、文化等方面的现代化。综合判断基本国情和当前经济社会发展形势，我国已经处于确立社会建设为战略重点的新的历史转折期，条件充分，任务迫切，机遇难得，不可错失。

**第三，社会建设的基本目标、基本原则和主要任务**。社会建设的目标就是建设社会现代化。相比较而言，经济建设的基本目标是国家"富强"，实质是实现经济现代化；政治建设的基本目标是政治"民主"，实质是推进政治现代化；文化建设的基本目标是"文明"进步，实质是建设文化现代化；社会建设的基本目标是实现社会"和谐"，实质是建设社会现代化；生态文明建设的基本目标是协调人与自然、资源、环境的"共生"，实现生态文明现代化。

美国著名学者亨廷顿认为，"现代化是一个多方面的变化过程，它涉及人类思想和活动的一切领域"[①]。他还认为，现代化是一个系统过程，一个因素的变化将联系并影响到其他各种因素的变化，现代化的各种因素极为密切地联系在一起。所以，现代化是从传统社会开始，到现代社会建成的一个

---

① 亨廷顿：《变革社会中的政治秩序》，李盛平等译，华夏出版社，1998，第32页。

长期进化过程①。因此，一个国家要实现现代化，仅仅实现经济现代化是不够的，还必须同时或接着实现社会现代化、政治现代化、文化现代化等。从现代化发展的规律和当下中国国情看，下一阶段，中国就应该重点进行社会现代化建设。

所谓社会建设，是指按照社会发展规律，通过有目的、有规划、有组织的行动，构建公平合理的社会利益关系，增进社会全体成员共同福祉，优化社会结构，促进社会和谐，实现社会现代化的过程。这就要以改革社会体制为中心环节和突破口，着力推进社会建设，逐步实现社会现代化。

社会建设的基本目标就是建设社会现代化，实现社会和谐、进步。社会建设的基本原则是坚持以人为本，保障人的基本权利；坚持公平正义，实现共建共享。当前中国社会中的各个阶层、各个领域的社会利益并不平衡，也不协调，这是形成社会矛盾和社会问题的重要根源。如果说调整经济利益关系的核心原则是经济资源的市场化最优配置，追求经济效益，那么，社会利益关系的调整，有其内在的价值取向，理应是追求社会领域内资源和机会的合理配置，追求社会公平正义。在这里，社会建设遵循的基本原则与经济建设是不同的。

从社会建设任务的构成看，社会建设的领域和主要任务包括基本民生、社会事业、收入分配、城乡社区、社会组织、社会规范、社会管理、社会体制和社会结构九个方面。社会建设的内涵是一个有机整体，这九个方面分别在社会建设领域有着不同的地位和功能。本书设九章，分别论述这九个方面的任务和内容。

**第四，遵循社会建设原则，积极稳妥推进城市化。**工业化和城市化是一个国家实现现代化的两翼。工业化和城市化应相辅相成，协调推进，使城市化水平与工业化水平相适应。按分类学规则，城市属于社会领域，城市化应属于社会建设范畴。城市化建设理应按照社会建设的原则，坚持以人为本，坚持公平正义的原则，保障人的基本权利，促进人的全面发展。因为各种原因，我们的城市化建设是被纳入到经济建设范畴的，自觉不自觉地按照市场经济规则行事。前一阶段出现的"经营城市""土地生财""土地财政""城市二元结构"等现象，就是把城市化、城市建设也作为加快 GDP 增长、创造经济效益的表现，其结果必然是大量滋生社会矛盾、社会问题和群体事

①　转引自钱乘旦《世界现代化历程》，江苏人民出版社，2010，第15页。

件，加快了环境污染、垃圾围城、资源破坏、交通拥堵等"城市病"的蔓延。近几年，阴霾迷雾弥漫多个城市群，引起很多市民的不安。坊间已经出现了"是健康第一，还是 GDP 第一"的呼声，这是对城市化方针不当的直接批评。目前，中国的城市化还处于加速发展的阶段，课题组建议有关方面召开一次城市工作会议，专门研讨城市化的指导方针，就若干重大问题做出相应的决定。把城市化纳入到社会建设的总体规划中，按照社会建设的基本原则，正确处理好社会建设、城市建设同经济建设的关系，围绕提高城市化的质量这一主题，因势利导、趋利避害，积极引导城市化健康发展。

**第五，推进社会建设，必须进行社会体制改革，并要从对全局有影响的体制改革开始突破。**社会体制改革是社会建设的重要任务，更是社会建设顶层设计的大事。社会体制问题没有改革好，就不可能真正有效地解决现阶段诸多的社会问题，社会建设也不可能顺利进行。现阶段我国社会建设必须聚焦深层次的体制性问题，在社会体制的改革上取得实质性的突破，才能真正有效地从整体上推进社会建设。

改革开放以后，中国经济体制改革取得了成功，才有后来经济发展的辉煌成就，社会体制虽然也进行了改革，但改革成功的不多，有的甚至还没有破题。改革过的经济体制与还没有改革成功的社会体制并行，是目前许多经济社会矛盾产生的一个重要原因。社会体制改革的滞后，已经影响了经济改革的推进。一些经济学家指出，中国的经济改革已经进入"深水区"，面临的阻力和困难在加大，其实就因为现在不触及社会体制改革的经济体制改革，已经不可能顺利进行了。社会体制改革的目标，是要逐步建立与社会主义市场经济体制相适应的社会体制。进行社会体制改革，首先要改革对全局有重大影响的社会体制。现行的城乡二元结构体制，就是这样一个影响全局的社会体制。社会体制改革从破除城乡二元结构体制入手，取得突破、获得成功，有利于推动其他社会体制的改革，也将是中国社会建设取得的实质性进展。

**第六，调整优化社会结构，培育造就一个庞大的中产阶层。**构建一个与经济结构相协调的工业社会中期阶段的社会结构，是社会建设最重要、最关键的任务。调整优化社会结构，核心任务是优化社会阶层结构，形成一个"两头小，中间大"的橄榄形社会阶层结构。在这种社会阶层结构中，占有经济资源、政治资源、文化资源最多的阶层是极少数，拥有这些资源最少的社会阶层也是极少数。中产阶层是这个橄榄形社会占大多数的主体人群。中产阶层是现代社会中社会管理、社会组织发展的中坚力量，是社会主流价值的引领者、社会规范的倡导者和遵守者，也是社会稳定的维护者，这是由他们所处的社会政治地位决定的这一阶层的本质属性。据国外学者研究，工业化中期的国家，中产阶层应占总就业人口的40%左右，才能形成橄榄形的社会结构，这个国家才能平衡、协调、稳定、可持续发展。

一个国家在经济高速增长，特别是在进入工业化中期阶段前后时，正是中产阶层大发展的黄金时期。中国现阶段正处于这样一个中产阶层大发展的阶段。但据我们测算，当今中国的中产阶层规模占总人口的28%～30%。这主要是由我国社会建设滞后，社会体制改革还不到位，社会流动渠道还不畅通等问题造成的。当然，这也与我们这些年来在主流媒体、重要文件中不使用中产阶层这个概念有关。其实中产阶层和中等收入群体不是一个概念，中产阶层并不能用收入来定义，用中等收入者、中等收入群体来代替是不妥的，引出了很多歧义和误解。有些人明明是中产阶层，但不敢理直气壮地自我认同。我们在几个城市调查，用客观指标推算，中产阶层的比重已经较高，但主观认同中产阶层的比重却很低。

我们应该加快社会体制改革的步伐，创新社会政策，调整就业结构，推进就业结构趋向高级化，畅通社会流动渠道，包括给中产阶层正名，加快培育造就一个庞大的中产阶层，这是我国进行社会建设的战略任务。

**第七，推进社会建设，要把握社会现代化发展规律，实施分阶段推进的战略。**现代化的不同阶段有着不同的具体目标，这些目标的完成构成现代化全部进程。我们认为，就现阶段而言，开展社会建设实现社会现代化将经历三个阶段。第一阶段，在"十二五"期间，把保障改善民生社会事业和创新社会管理这两件大事做好，社会建设就开了个好局，为社会体制改革做了准备，奠定好了基础，也推进了社会经济协调发展。第二阶段，在"十二五"后期和"十三五"期间，着力推进社会体制改革，创新社会政策，完善社会管理，破除城乡二元结构，逐步实现城乡一体化，形成一个与社会主义市场经济体制相适应的社会体制。第三阶段，2020年以后，形成一个与社会主义市场经济体制相适应、与现代经济结构相协调的现代社会结构，形成橄榄形的社会结构。当然，这三个阶段的划分是相对的，并不是截然分开的，未来的实践过程将会是互有交叉地进行，只是在某一个阶段凸显某一方面的工作。在不同的阶段，不同的地区，针对不同的实际情况，将有不同的做法。社会建设分阶段推进，符合中国国情，也是现代化一般规律的表现。

可以预见，通过三个阶段的社会建设，到 2040 年前后，中国将全面进入现代化国家行列。

**第八，社会建设是一项需要社会各种力量发挥能动作用的建设过程。**推进社会建设，既要考虑经济社会发展的宏观背景，解决大矛盾、大问题，也要做好社会建设本身的体制机制方面的实务性工作。一要深入研讨关于构建社会主义和谐社会与社会建设的理论和实践问题，进一步正视矛盾、凝聚共识，真正从理论上、思想上完成对未来时期国家发展战略的重大调整。二要组建一个强有力的总体统筹规划、综合协调管理的社会建设组织机构，完善工作体制机制。建议组建社会建设工作委员会，全面负责社会建设的发展和改革，制定中长期规划，尽快改变目前各地社会建设机构不统一、上下不协调、职能不完备、工作不得力的局面。三要注意总结推广先进地区加强社会建设的实践经验，鼓励创造社会建设的各种典型和模式，鼓励地方首创精神与顶层设计相结合，创造、形成、完善、推广一批深具影响的社会建设模式。四要加大对社会建设的物力、财力和人力投入。国家和地方财政支出应更多地倾向于社会领域，大力发展民生事业、社会事业、公共服务，使人民共享改革发展成果；要加大人力资源投入，选拔、培养、造就一支庞大的社会建设人才队伍，包括社会工作者队伍、领导干部和实际工作者队伍，以及社会建设研究人员队伍等。

以上八点认识，是我们研究当代中国社会建设的体会，也是本书阐述的主要内容。我们力图通过对问题的分析与提炼，为当前中国社会建设和社会管理提供实践的参考与理论的支撑。当然，社会建设是一项崭新的实践，也是理论研究的新领域。本书的出版，希望能够抛砖引玉，得到社会各界，特别是社会建设和管理实践第一线的同志和社会学同行的批评与指正，希望有更多学者加入到社会建设的研究中来，共同关注这一时代命题。

当代中国社会结构变迁研究课题组

2013 年 3 月 3 日

# 总报告

【摘要】经过百年艰辛探索，特别是改革开放30多年的伟大实践，当前中国现代化建设已经处于新的历史转折时期。新时期的主要矛盾是社会发展与经济发展不协调，社会结构、社会体制滞后于经济结构、经济体制的优化与改革，社会矛盾和问题突出。历史和现实昭示，加强社会建设是现代化不可逾越的阶段，要从国家宏观发展战略出发，在经济建设的基础上，坚持社会发展与经济发展并重，确立社会建设的重要战略地位。

社会建设的目标是实现社会现代化，基本原则是以人为本、保障人的基本权利，坚持公平正义、共建共享。加强社会建设，要重点围绕社会体制改革和社会结构调整，分三个阶段有序推进，完成九个方面的主要任务。为促进社会建设各项任务的顺利推进，要加强社会建设的理论研究，总结推广实践中的先进经验，加强社会建设的组织体系、人才队伍建设和资金支持力度，以社会体制改革作为重要突破口，以城市化为主要载体，广泛动员各种社会力量，共同推进社会建设伟业，实现中华民族的伟大复兴。

实现现代化，完成中华民族伟大复兴，是中国人民百年来的夙愿。经过30多年改革开放的探索和发展，中国经济、社会已经发生了深刻变化。社会主义初级阶段、社会主义市场经济、社会主义和谐社会这三大中国特色理论的创新和实践，将中国现代文明建设推向新的高度、新的水平。沿着改革开放开创的中国特色社会主义道路，中国经济建设成就举世瞩目，新型工业化、信息化、城镇化和农业现代化快速推进，中国正在经历真正的"千年未有之变局"。然而，相对于经济建设的辉煌成就，其他领域的建设则明显落后，尤其是社会领域，社会结构还不合理、社会体制亟待改革、社会矛盾和问题凸显，和谐稳定压力较大。人民对实现公平正义、过上美好生活、社会更加和谐，有着新向往和新期待。

当前，中国面临社会发展与经济发展不协调的新矛盾，亟须进行新的战略调整。党的十六大以来，在构建社会主义和谐社会的理论认识和实践发展中，社会建设在社会主义事业总体格局中的地位日益彰显，中国现代化建设进入了新的历史转折时期。这一时期，要更加突出社会建设的国家发展战略地位，开启以社会建设推动社会现代化、促进实现全面现代化的新发展阶段。要以社会体制改革为突破口，改革国家－市场－社会关系失衡的体制，不断调整优化以阶层结构为核心的社会结构，逐步实现社会、经济协调发展。

# 一 中国现代化正处于新的历史转折时期

新中国成立以来的现代化探索和实践，经历了三次重大历史转折。每一次重大转折，都基于解决特定历史时期的社会矛盾，经历实践探索、思想碰撞、深刻反思、逐步定型的过程，从而确定新的战略任务，进入新的历史阶段。

## （一） 中国正处于第三次历史转折时期

第一次重大历史转折时期，从1949年中华人民共和国成立到1956年社会主义制度基本建立。这一时期，通过社会主义改造，改变了旧中国一盘散沙的局面，把全国人民"组织起来"①，完成了从新民主主义社会向社会主

---

① 毛泽东：《中国人民大团结万岁》，1949年9月30日为中国人民政治协商会议第一届全体会议起草的宣言。

义社会的过渡，确立了社会主义基本制度，奠定了中国现代化建设的根本政治前提和制度基础，开启了社会主义制度建设的历史阶段。第二次重大历史转折时期，从 1978 年党的十一届三中全会召开到 1987 年党的十三大召开。这一时期，通过拨乱反正，实行改革开放政策，让人民"活跃起来"①，提出社会主义初级阶段"三步走"战略，初步探索建立社会主义市场经济体系，开启了以经济建设为中心的历史阶段。

从党的十六大召开至今，中国现代化建设进入第三次重大历史转折时期。这一时期所要完成的历史任务是，在继续坚持以经济建设为中心的前提下，实行社会发展与经济发展并重的战略方针，遵循社会规律，加强社会建设，解决社会、经济发展不协调的矛盾，让社会更加"和谐起来"②，开启以社会建设推动全面现代化的新阶段。应当看到，从全党、全国的理论认识和现代化建设实践来看，这一过程目前还没有完成。

关于对当前现代化建设所处阶段的总体判断，中共中央有过很多表述。十六大报告指出，"我国进入全面建设小康社会，加快推进社会主义现代化的新的发展阶段"；2004 年，十六届四中全会指出，"进入新世纪新阶段，……我国改革发展处于关键时期"；2005 年，十六届五中全会指出，"我国经济社会发展进入新阶段""全面建设小康社会的关键时期""面向未来，我们站在一个新历史起点上"；2006 年，十六届六中全会认为，"我国已进入改革发展的关键时期"；2007 年，十七大报告提出"抓住和用好重要战略机遇期"；2012 年，十八大报告又使用了"新世纪新阶段""新的历史条件下"等提法。学界也提出很多说法，如"中国改革正面临一个新的至关重要的战略转折阶段"③。今天的中国又面临"一个新的历史转折时期"④。2012 年，中国社会科学院《中国社会形势分析与预测》提出，"中国进入了以城市社会为主的新成长阶段"。我们认为，当前中国现代化建设正处于"新的历史转折时期"，是基于当前社会转型⑤面临的主要社会矛盾

---

① 邓小平：《改革开放使中国真正活跃起来》，1987 年 5 月 12 日的谈话。

② 郑必坚：《牢牢把握党的十八大主题》，《人民日报》2012 年 11 月 23 日。

③ 汪玉凯：《中国改革面临战略转折》，《同舟共进》2007 年第 7 期。

④ 钱理群：《"农村发展组"：八十年代的改革互动》，《炎黄春秋》2012 年第 9 期。

⑤ 社会转型的一般内容大体有六方面：从计划经济到市场经济、从传统农业社会到现代工业社会、从乡村为主到城市为主、从礼俗社会到法理社会、从封闭半封闭社会到民主开放社会、从同质性强到异质性强的社会转变。参见陆学艺、李培林主编《中国社会发展报告》，辽宁人民出版社，1991。应该还要加上中产阶级为主体的"橄榄形"现代化社会结构。

和现代化实现程度做出的判断，表明中国现代化发展的阶段特征和发展战略转变的特征。

社会主义现代化是全面的现代化。从新中国成立到 21 世纪中叶实现现代化，百年进程已经走过六十余年。如果说第一个三十年进程是国家（政治）建设的艰辛探索，第二个三十年进程是经济建设的成功实践，那么，加强社会建设、促进社会发展进步，则是第三个三十年中国发展的主题[①]。现代化发展的一般规律和中国现代化实践要求昭示：社会建设的时代已经到来。

### （二）当今中国的主要矛盾是社会发展与经济发展不协调

中国现代化过程展现的阶段发展特征和战略转折特征，是由不同历史时期的世情、国情、社情交织形成的主要矛盾决定的。新中国现代化第一次重大历史转折时期所面临的主要矛盾是无产阶级与资产阶级的矛盾，即需要巩固新生政权；第二次重大历史转折时期，人民日益增长的物质文化需要同落后的社会生产之间的矛盾成为社会的主要矛盾，即需要解决人民温饱问题；第三次重大历史转折时期面临的主要矛盾，则是社会与经济发展不协调的矛盾，这是关乎全面建成小康社会、实现共同富裕、构建社会主义和谐社会的核心问题。这一主要矛盾，具体地体现为以下几个方面的不协调。

第一，经济发展成就显著，社会问题相对突出。在社会领域，出现了邓小平晚年曾指出的"发展起来以后的问题不比发展时少"[②]，有些问题甚至非常突出。如违规征地拆迁、环境污染、劳资冲突导致的群体事件占绝大多数，社会影响突出，社会治安和刑事案件立案数是改革前的十倍多[③]。对于这些问题，十六大以来党的各次会议都做了实事求是的概括。

第二，经济总量扩张迅速，发展成果共享不足。人们的社会需求、公共服务、社会福利没有随经济发展同步得到相应满足。2010 年中国经济总量已经位居世界第二位，人均国内生产总值是 1978 年的 79 倍。但是，城乡居

① 沈原从转型社会学的角度进行了阐述。沈原：《又一个三十年——转型社会学视野下的社会建设》，《社会学研究》2008 年第 3 期。

② 《邓小平年谱（1975～1997）》（下），中央文献出版社，2004，第 1364 页。

③ 本报告数据除有说明的外，一般来自《中国统计年鉴》《国民经济和社会发展统计公报》、相应政府部门网站，后文不再赘述。

民收入增长远低于经济增速：2010 年城镇居民人均可支配收入仅是 1978 年的 56 倍，农村居民人均纯收入仅是 44 倍；在国内生产总值占比中，全国民生、社会事业投入不到 30%，其中教育经费投入长期低于 4%，研发（R&D）投入至今不到 2%，医疗卫生费用居民个人分摊比例高（2009 年占37.5%，高出政府投入 10 个百分点、社会投入 2.4 个百分点），居民养老覆盖率仅 28%①。国家财政支出大部分用于经济建设投资，积累率从 1978 年的 38.2%，提高到 2011 年的 49.2%，影响了最终消费，导致上学难、看病难、就业难等问题。

第三，**经济活力有效释放，社会活力仍受抑制**。市场经济改革的目的之一是促进各种经济要素自由流动，最大限度激发经济活力。改革开放以来，作为经济要素的劳动人口按照市场规律加速向城市流动和聚集，但是，作为具有社会属性的人在社会管理、社区建设上受到流动和居住限制。作为一种后果，社会活力受到抑制的同时经济活力也受到了抑制。中国有 2 亿多农民工在城乡之间如候鸟般流动，加上其他人口流动等，每年有半个中国在流动。但目前流动人口管理比较传统、落后；户籍管理仍沿袭封闭社会旧制；农民工在城里没有安身立命之处，与城市职工"同岗不同工""同工不同酬"，处于"半城市化"状态。② 不稳定的生存状态导致刑事犯罪突出、社会治安较差：近几年的刑事案件中，70% 以上的盗窃、诈骗、抢劫等侵财案发生在城市和城乡接合部，70% 以上的犯罪嫌疑人是流动人员，其中 70% 以上是农民工，而受害人 70% 以上也是农民工。同时，城市人口高度集中居住，但行政区划和建制基本没变：一个城市街道办事处只有几十个公职人员，却要管理十几万人、几十万人、上百万人；一个社区有几千人，甚至多达数万人，但社区公共服务和管理人员的编制却很少，很难实施有效管理。这也是社会管理混乱、刑事犯罪增多、治安状况不好的一个重要原因。

第四，**经济组织化水平较高，社会组织化程度偏低**。企业是最基本的经济单位，企业的数量、组织化程度和市场参与度，是市场经济发展和市场活力的重要标志。改革开放以来，民营经济蓬勃发展，民营企业数量激增。截至 2012 年 9 月，民营经济总量占比超过全国的 60%，民营企业数量超出 1000

---

① 数据源于 http://www.ce.cn/xwzx/gnsz/gdxw/201107/20/t20110720_ 22551793.shtml。

② 王春光：《农村流动人口的"半城市化"问题研究》，《社会学研究》2005 年第 6 期。

万户①。同样，社会组织的数量、社会事务参与度也反映了社会的组织化程度和社会发展、社会活力水平。中国的民间社会组织、社会企业发展缓慢，登记注册的民间社会组织（社会企业）2012年仅为45.75万个。与发达国家平均每万人50个以上社会组织、发展中国家每万人10个以上社会组织相比较，目前中国的社会组织仅为每万人3.5个，与当前的经济发展水平极不相当。并且，社会组织本身也存在服务能力不够、治理结构不合理、运行不规范等问题。

**第五，经济结构日益现代化，社会结构处于初级阶段。** 中国经济结构已处于工业化中期阶段：产业产值结构1985年从"二一三"转向"二三一"（2011年农业总产值已经低于10%），二、三产业产值已占主体；1997年的就业结构为，在第二、三产业就业的劳动力占比达到50.1%，已是就业主体；按照世界银行的标准②，2010年中国人均GDP达到4429美元，中国已进入上中等收入国家行列。但是，中国社会阶层结构尚处于发达国家的初级阶段水平，如真正意义上的中产阶层仅为25%（1951年美国中产阶层达到45%③）；2012年城乡居民收入差距为3.1∶1，结构性差距缩小困难；城市人口虽首次超出农村人口，达到50.1%，但40%多的农村人口生产不到10%的国民生产总值，存在严重的结构性"倒挂"。而且，流动人口大量增加和农民工体制问题交织，造成城市内部二元结构问题相当突出。本课题组曾经研究得出目前的"社会结构滞后于经济结构约15年"的结论④，客观反映了中国社会结构与经济结构不协调的状况。

**第六，市场经济规则日渐成熟，现代社会规范尚未建立。** 市场经济讲求平等、自由竞争，也追求民主开放和法制经济。但由于传统礼俗社会的名分、等级规范不断嬗变或解构，现代法理社会规范始终难以成型，市场经济领域盛行潜规则、不义取财、道德滑坡等现象，以至于法治松弛、腐败严重、人性沦丧等，不少地方群众对政府和官员的诚信评价满意度较低，"仇官""骂官"现象已在坊间流传。

---

① 数据来源：2012年度《中国民营经济发展形势分析报告》，http://cppcc.people.com.cn/n/2013/0203/c34948-20414890.html。

② 其标准是：人均GDP在1006美元以下是低收入国家；人均GDP为1007~3975美元是下中等收入国家；人均GDP为3976~12275美元是上中等收入国家；人均GDP在12276美元以上是高收入国家。

③ 〔美〕C.莱特·米尔斯：《白领：美国的中产阶层》，杨小东等译，浙江人民出版社，1997，第84页。

④ 陆学艺主编《当代中国社会结构》，社会科学文献出版社，2010，第3页。

　　第七，经济体制改革不断深化，社会体制改革尚未破题。经过 30 多年的产权、国有企业、股份制、金融和财税制度、外汇制度改革，社会主义市场经济体制基本确立。但是，原有的社会体制很多还未触动，至少没有取得突破性进展。从宏观层面看，存在"强政府－强市场－弱社会"的格局，很多领域仍然沿袭政府"单打一"，其结果是：一方面，政府过多承担社会事务，压力大、任务重、成本高，管得多，也管不好，该管的没管好，还人为制造了许多新的社会风险；另一方面，政府一方独大，钳制了"社会"（公民社会）自身的发育壮大。从中观层面看，城乡二元体制、户籍制度、社会事业体制、社会组织体制、社会管理体制等，依然是计划经济时期遗留下来的。

　　关于社会发展与经济发展不协调的问题，中共中央早在 1997 年十五大报告中就提出来了。2003 年，党的十六届三中全会基于发展过程中的"五个不协调"，提出了"五个统筹"的新要求，其中就包括"统筹经济社会发展"。党的十七届五中全会和十八大继续重申"发展中不平衡、不协调、不可持续问题依然突出"，我们认为，这不单纯是经济发展领域的问题，更应当将其理解为整个现代化过程中经济发展与社会发展的不平衡、不协调、不可持续。不平衡，是城乡、区域经济社会发展、社会阶层资源机会配置、社会利益关系的不平衡；不协调，是经济体制与社会体制、经济结构与社会结构、经济发展与社会发展的不协调；不可持续，是不触及社会体制的经济改革，不顾及社会发展的经济发展不可持续。因此，社会与经济发展不协调是当前时期的主要矛盾，统筹社会经济发展，使经济社会平衡协调发展是当前和今后一个时期最要紧抓的大事情。

　　毛泽东同志在《矛盾论》中指出："在复杂的事物发展过程中，有许多的矛盾存在，其中必有一种是主要的矛盾，由于它的存在和发展规定或影响着其他矛盾的存在和发展。……捉住了这个主要矛盾，一切问题就迎刃而解了。"总之，社会与经济发展不平衡、不协调的问题长期没有解决好，除了我们工作不到位等原因外，主要还是因为存在的体制性、结构性的障碍，严重影响着我国现代化大业的进程。

## 二　加强社会建设是现代化不可逾越的阶段

　　面对目前中国社会发展和经济发展不平衡、不协调的困境，政界、学界提出了今后关于改革发展的多种战略选择，概括起来主要有三种主张。第一种主张认为，要继续深化经济体制改革，继续集中主要精力抓经济发展，认为经济发展了，其他问题都可以迎刃而解；第二种主张认为，社会经济发展不协调的根本原因在于政治体制改革滞后，要求加快政治体制改革，加强政治建设；第三种主张认为，中国下一步的战略任务、战略重点应该是加强社会建设，进行社会体制改革，通过解决民生问题、创新社会管理、推动社会重建、调整优化社会结构等，促进社会经济协调发展。

从发达国家工业化进程看，在工业化初期，往往注重经济增长和技术进步；到了工业化中期，经济高速发展，社会问题增多，因而社会与经济协调发展成为重要课题；到了工业化后期或后工业社会，则是整个社会全面协调发展。因此，我们主张在新的历史转折时期，把加强社会建设作为中国未来现代化建设的战略重点，这符合经济社会发展规律，符合社会主义现代化建设规律，符合中国国情和当前实际。在下一个历史阶段，应当从国家宏观发展战略出发，在坚持经济建设为中心的前提下，实行社会建设与经济建设并重的战略方针，把社会建设摆到重要的战略地位，推进社会与经济协调发展。

### （一）加强社会建设是现代化必经阶段和战略要求

把加强社会建设作为中国现代化下一个阶段的战略重点，有以下几方面的具体实践理由。

**第一，全面建成小康社会的需要。**全面建成小康社会是中国特色社会主义现代化的重要战略目标。2002 年，党的十六大报告指出当时"人民生活水平总体达到小康水平"，但"还是低水平的、不全面的、发展很不平衡的小康"，因此，"要在本世纪头二十年，集中力量，全面建设惠及十几亿人口的更高水平的小康社会"；2012 年，十八大提出"确保到二○二○年实现全面建成小康社会宏伟目标"。

十六大提出全面建设小康社会目标后，国家有关部门制定了 6 大类 23 个指标的体系①。对照当时的指标看，2010 年全面小康已经达到 80.1%，比 2002 年提高了 20 个百分点，时间过半，任务完成也过半，这是很好的。从监测数据看，经济指标实现得最快最好（比 2000 年提高了 25.8%）：

---

① 具体参见国家统计局统计科学研究所《中国全面建设小康社会进程统计监测报告（2011）》，国家统计局网（统计分析栏），2011 年 12 月 19 日。

2020 年的目标人均 GDP 是达到 31400 元，若按 2000 年的不变价格计算，2013 就能实现这一目标。但是，社会和谐、文化类指标提高较慢，特别是有几个指标还出现倒退：2000 年城乡差距已经达到 99.8%（即 2.6∶1），但 2010 年倒退为 70.3%（即 3.23∶1），城乡差距反而扩大；基尼系数 2000 年已完成了 98.6%（即 0.412），但到了 2010 年倒退为 79.8%（即 0.481），意味着居民收入分配差距持续扩大①；社会安全指数 2000 年已经达到了，2010 年倒退为 95.6%。文教类三个指标 2010 年仅实现 68%，比 2000 年提高不到 10%。实现全面建成小康社会的目标，已经不到 8 年的时间，如不抓紧加强社会建设，好几个指标就有落空的危险。

第二，加快转变经济发展方式的需要。转变经济发展方式，扩大内需是发展的战略基点，也是最大的结构调整。10 多年来，中国一直在强调要努力转变经济发展方式，但收效甚微。这表明，在目前仅仅依靠调整经济结构是不够的，还需要通过社会结构调整，开拓发展领域，改善社会环境，创造社会财富，促进居民增收，扩大内需，才能奏效。目前中国城市中约有 2 亿农民工还没有实现市民化，社会保障不足，收入偏低，无力消费。有一部分农民工，有些积蓄，也不敢消费，他们要攒钱回农村造房，娶妻成家。广大农民整体收入很少，只有城市居民收入的 1/3，购买力很低。在这样的社会结构背景下，扩大内需是很困难的。因此，需要通过改革社会体制、调整社会结构来推进经济发展方式的转变，即要通过合理配置资源、机会，提高社会中下阶层的收入水平，改善教育、就业、社保等问题，确保他们的基本生存能力和发展能力，形成以中产阶层为主体的消费市场，促进新社会阶层的兴起和发展，才能使市场经济的活力充分显现。

第三，解决当前突出的社会矛盾和社会问题的需要。如前所述，当前社会矛盾和问题主要是社会建设滞后的结果。过去 30 多年，经济改革带来了经济高速的发展，但经济改革的本质是利益结构的调整。在以效率为核心原则的利益调整下，利益分化失衡，蛋糕做大了，但分蛋糕的规则没有定好，分得很不好。进而引发诸多的社会矛盾和社会问题。"上学难""看病难""就业难""社保难"的呼声已经喊了很多年，我们不能充耳不闻。人民的呼声，就是时代要解决的问题。近年来，党和政府关注民生，在经济上进行

---

① 国际标准：基尼系数 0.2 以下为绝对平均，0.2～0.3 为相对平均，0.3～0.4 为相对合理，0.4～0.5 为差距较大，0.5 以上为差距悬殊或两极分化。

了大量的投入，正在逐步解决这些问题。实践表明，仅有资金投入还不够，还必须加强社会建设。社会建设就是要从社会的层面，按照社会公平公正的原则，对此进行调整，即要建立和完善一系列以资源机会公平公正配置为主导原则的新社会体制，建立一个公平合理的改革发展成果共享的体制和机制，只有这样才能解决这些矛盾和问题。

第四，奠定政治体制改革社会基础的需要。政治体制改革不是少数杰出人物和个人意志的产物，而是源于社会对政治改革的迫切需要，尤其需要通过社会建设培育政治建设和政治改革的社会条件。民国初年，广大志士仁人寻求宪政民主、民主共和等，但最终都归于失败，原因就在于当时的中国社会刚刚脱胎于皇权体制，封建思想依然根深蒂固，因而直接推进民主政治，基本上不具备经济社会条件。改革开放 30 多年来，现代化的经济基础基本具备，通过基层民主选举，人们经受了民主政治的教育和训练，但还缺乏强大的以中产阶层为主体的公民社会。因此，我们认为，目前中国应首先通过改革社会体制，合理配置资源机会，扩展中产阶层发展的基本能力；发展好社会组织及其作用，培育和强化广大社会中下层的民主意识和参政议政能力，形成一个相对稳定合理的现代社会结构，为全面推进政治改革奠定民主基础、制度基础和社会基础。国内外现代化历史发展的经验和教训表明，在社会矛盾、冲突多发频发的阶段，显然不是全力进行政治体制改革的好时机。

第五，促进形成现代国家文明秩序的需要。无论是经济建设，还是社会建设、政治建设、生态文明建设，最终都要形成现代文明秩序。文化建设的所有层面，特别是社会规范层面、价值观念层面、习俗制度层面，本身既在塑造社会力量，同时也是社会发展的一个表现。从社会学角度看，人的社会化就是社会文化的传播和传承、规范行为的养成和社会性格的培育；从社会结构角度看，优秀的文化习得是培育现代中产阶层的主要"指标器"，促使中产阶层成为社会道德高尚、主流价值引导、个人行为规范、生活消费趋良、时代潮流引领的社会群体。中产阶层还是现代社会思潮的倡导者、文化改革的"急先锋"、公益文化事业的引领者和提供者、现代文化产业的生产者和消费者。因此，社会建设在形成新兴中产阶层的过程中，本身推动了文化建设，促进了现代文明秩序的形成。

第六，在经济建设基础上适时加强社会建设，是现代化国家发展的普遍性规律。国际上，有效加强社会改革，成功实现稳定繁荣的例子屡见不鲜，如，美国工业化中期（1920～1960年），在1929～1933年发生全球性经济危机，"罗斯福新政"成为挽救美国的"福音书"。"新政"前期主要是经济复兴政策，中期逐步进入社会改革领域，营建社会保障体系，推动工会建设，促进劳资谈判，提高底层工人的待遇，恢复再分配体系等。近20年后，1951年社会学家米尔斯发表《白领》一书指出，新老中产阶层占总人口比重达到45%，社会不断进步，逐步奠定了第二次世界大战后美国繁荣的基础。日本是又一个基本成功实现经济社会协调发展的范例。第二次世界大战后，日本推行新自由主义，推行经济民主化，确立政府主导型的市场经济和出口导向型的国民经济发展战略，走"技术立国"之路，经济逐步发展繁荣。与此同时，日本政府推行社会改革，如实行"教育机会均等"，加强企业工会建设，通过"国民收入倍增计划"，建立"全民皆年金，全民皆医疗"的社保制度，制定《萧条产业法》，保护就业和传统家庭制度等。到了20世纪70年代中后期，日本全民收入分配基本均等，就业稳定，冲突较少，"一亿皆中流"的中产阶层社会和"福利社会"全面形成。① 这些是中国可以借鉴的较好经验。而拉美国家则是社会改革不足导致社会动荡的一个反例。20世纪90年代之前，大多数拉美国家推行出口替代的经济发展战略，政府有效干预经济，一度实现繁荣；但推行新自由主义路线的政府，在社会发展领域无所作为，以至于出现了严重的分配不公，基尼系数普遍超出0.6，社会治安每况愈下，犯罪率急速上升，谋杀率从20世纪70年代的万分之八上升到90年代的万分之十三，社会上层政治腐败盛行②，缺乏强大的中产阶层。这是社会结构断裂、社会问题层出不穷的原因，教训深刻，值得汲取。

总之，现代化是一个从传统社会向现代社会整体性、全方位变化的过程，同时也是一个阶段接着一个阶段有序建设的过程。当经济发展到一定程度的关键时期，就必须通过有目的、有规划、有组织的建设行动，实现社会、政治、文化等方面的现代化。综合判断基本国情和当前经济社会发展形势，中国已经处于确立社会建设为战略重点的新的历史阶段，条件充分，任务迫切，机遇难得，不可错失。

---

① 高柏：《日本经济的悖论——繁荣与停滞的制度性根源》，商务印书馆，2004；林易：《二战后日本的经济与社会发展战略》，见谢立中编《经济增长与社会发展：比较研究及其启示》，社会科学文献出版社，2008，第207～222页。

② 江时学：《拉美国家的社会问题及其启示》，载谢立中编《经济增长与社会发展：比较研究及其启示》，社会科学文献出版社，2008，第71～77页。

### （二）提出和探索社会建设是认识不断深化的过程

"社会建设"写进党的文献成为大政方针，是对中国改革开放伟大实践进行反思，对社会发展经济发展不协调矛盾的认识持续深化的过程。① 2002 年，党的十六大就明确提出，还要用 18 年的时间全面建设小康社会，使"经济更加发展，民主更加健全，科教更加进步，社会更加和谐，人民生活更加殷实"，其中的"社会更加和谐"可以视为"社会建设"的最初表达。

2003 年，在抗击"非典"灾害的过程中，中央深刻意识到改革发展的不平衡性、不协调性和不可持续性，因而党的十六届三中全会明确提出要"坚持以人为本，树立全面协调、可持续的科学发展观"，并且提出进行"五个统筹"的新要求，其中"统筹经济社会发展"就是我们前述所指的主要问题，表明新的历史转折时期社会经济协调发展的重要性。

2004 年，党的十六届四中全会明确提出"构建社会主义和谐社会""加强社会建设和管理，推进社会管理体制创新"。这是中央文件第一次提出"社会建设"这个概念，但文件没有做具体的阐释。

2005 年初，胡锦涛同志在省部级主要领导干部专题研讨班上更加明确地指出，社会主义现代化总体布局要从经济建设、政治建设、文化建设"三位一体"，发展为包括社会建设在内的"四位一体"②，并要求加强对国内外、党内外历史上关于社会主义社会建设理论的研究，深刻认识到社会体制改革、社会结构调整滞后所产生的诸多社会问题。

同年 10 月，党的十六届五中全会通过的《中共中央关于制定国民经济和社会发展第十一个五年规划的建议》指出，要"开创社会主义经济建设、政治建设、文化建设、社会建设的新局面"，"必须加强和谐社会建设。……更加注重经济社会协调发展，加快发展社会事业，促进人的全面发展；更加注重社会公平，使全体人民共享改革发展成果"，"建设社会主义和谐社会，必须加强社会建设和完善社会管理体系"。这次会议对于加强社会建设的重要性已经有了更为深入的论述。

---

① 早在改革开放初期，邓小平等中央领导同志就强调要"坚持两手抓，两手都要硬"，即一手抓物质文明，一手抓精神文明；一手抓经济建设，一手抓打击各种犯罪；一手抓改革和建设，一手抓法制建设。这后"一手"就包含社会建设的思想。

② 参见《构建社会主义和谐社会》，《人民日报》2005 年 2 月 26 日社论。

2006 年，党的十六届六中全会专门为构建社会主义和谐社会若干重大问题做出决定，即《中共中央关于构建社会主义和谐社会若干重大问题的决定》，这一《决定》是构建社会主义和谐社会与社会建设的一个纲领性文件。它明确提出，"建设中国特色社会主义现代化事业，一定要在坚持经济建设为中心的条件下，把构建社会主义和谐社会的建设提到更加突出的位置"，"着力发展社会事业、促进社会公平正义，推动社会建设和经济建设、政治建设、文化建设协调发展"，且第一次把一系列关于社会建设的概念如"社会结构""社会体制""社会组织""社会工作""社会政策""社会心态""社会认同"等，写入《决定》。

2007 年，党的十七大将实现社会主义现代化事业总体布局的"四位一体"写入新修改的党章，并提出要"加快推进以改善民生为重点的社会建设"，对社会建设的理论做了初步界定，指出，"社会建设与人民幸福安康息息相关。必须在经济发展的基础上，更加注重社会建设"。十七大修改党章时，将党的奋斗目标修改为"把我国建设成为富强、民主、文明、和谐的社会主义现代化国家"，加入"和谐"这个概念，明确社会建设目标是和谐、进步。

2010 年，党的十七届五中全会通过的《中共中央关于制定国民经济和社会发展第十二个五年规划的建议》，更加具体地部署了"十二五"时期社会建设的主要任务是"加强社会建设，建立健全基本公共服务体系"，深刻认识到社会公共服务滞后于人们的社会需求，成为社会主义现代化的新矛盾和新问题。2011 年，中央又专门召开了省部级主要领导干部关于加强和创新社会管理的专题研讨班，以此推进社会建设和加强社会管理。

2012 年，党的十八大提出"全面落实经济建设、政治建设、文化建设、社会建设、生态文明建设五位一体总体布局，促进现代化建设各方面相协调""在改善民生和创新管理中加强社会建设""加强社会建设，是社会和谐稳定的重要保证"等新的论断，并载入新修改的党章中。明确强调："加强社会建设，是社会和谐稳定的重要保证，必须从维护最广大人民根本利益的高度，加快健全基本公共服务体系、加强创新社会管理、推动社会主义和谐社会建设。""加强社会建设，必须以保障和改善民生为重点。提高人民物质文化生活水平，是改革开放和社会主义现代化建设的根本目的。"

自中央提出社会建设以来，全国各地都先后不同程度地开展了社会建设实践和理论探索，不少地方都做出了很大成绩，如北京、上海、广东、成都、南京、大庆等地。但多数地区对社会建设的战略意义的认识还不到位，采取的政策和举措不多、进展不大，经济社会不协调及其引发的矛盾和问题没有得到很好解决。在新的历史转折时期，有相当多的人已经感到经济发展和社会发展不平衡的矛盾重重，和谐社会、社会建设的目标和任务已经提出来了，但因为种种原因，他们对为什么下一步要推进社会建设，社会建设到底建什么、怎么建等基本问题还不清楚，所以，抓社会建设的行动就迟缓了。在遇到像2008年全球金融危机那样的时候，他们就又回到单一抓经济建设的老路上。

战略选择上出现反复，表明加强社会建设是一项重大的系统性任务，不可能一蹴而就。改革开放之初，在是否进行经济体制改革、如何推进产权制度改革等问题上，也多有争论和反复，这说明人们对于社会规律的认识和把握，有一个实践、认识，再实践、再认识……循环往复、不断上升的漫长过程。

## 三 社会建设的实质是建设社会现代化

究竟什么是社会建设？社会建设在现代化建设中处于什么地位，发挥什么作用？社会建设的基本目标和实质是什么？应该坚持哪些基本原则？这是应该首先要弄清楚的问题。

### （一）多种社会建设主张共同指向社会现代化

近几年，国内社会各界就社会建设"建什么""怎么建"等问题展开了讨论，大致形成了四种不同的理论观点（见表0-1）。

表0-1 目前国内社会学界关于社会建设的四种不同主张

| 不同主张 | 基本理论视角 | 基本目标 | 实践切入 | 主要政策 |
|---|---|---|---|---|
| 民生事业论 | 社会福利思想 社会需求理论 | 构建满足人们需求的民生、社会事业体系 | 改善衣食住行用和教科文卫体事业 | 发挥政府、市场、社会作用，投资民生、社会事业 |
| 社会管理论 | 社会冲突理论 社会控制理论 | 协调社会关系，化解社会风险，确保社会良序 | 建设与完善社会管理体制 | 强化政府的管理控制权，重点应对社会矛盾 |
| 社会结构论 | 社会结构理论 阶层关系理论 | 构建现代社会结构尤其现代社会阶层结构 | 着力壮大中产阶层，协调社会经济结构变迁 | 调整资源和机会在不同领域的优化配置 |
| 社会重建论 | 市场转型理论 公民社会理论 | 完善和实现政府、市场、社会良性关系格局 | 积极构建"公民社会"和"能动社会" | 培育社会组织，确保和实现公民权利 |

第一种，民生事业论。认为社会建设主要是发展民生和社会事业，主张社会建设要以民生为重点。即要大力推进就业、住房、社会保障、科技、教育、文化、卫生等各项民生事业和社会事业；建立健全公共服务体系，推进基本公共服务均等化；加快收入分配制度的改革，增加城乡居民收入，调整收入分配关系，完善再分配调节机制，加快扭转社会成员之间收入差距扩大的趋势直至合理的水平；统筹协调城乡各社会阶层的利益关系，使改革和发展惠及全体人民，走共同富裕道路。

第二种，社会管理论。认为社会建设主要是加强和创新社会管理，实现社会安定有序。主张应以解决影响社会和谐稳定的突出问题为突破口，提高社会管理科学水平；不断完善"党委领导、政府负责、社会协同、公众参与、法治保障"的社会管理格局，逐步建立健全中国特色社会主义社会管理体系；通过政府主导、多方参与，规范社会行为、协调社会关系、促进社会认同，秉持社会公正、解决社会问题、化解社会矛盾、维护社会治安、应对社会风险，为经济社会发展创造既有活力又有秩序的基础条件和社会环境，促进社会和谐。

第三种，社会结构论。主张社会建设主要是调整和优化社会结构，促进经济社会协调发展。认为中国已经实现了由农业社会向工业社会转型，由计划经济体制向社会主义市场经济体制转轨，人们的生产方式、生活方式、人际关系以及思想意识、道德观念、价值取向均发生了很大的变化，并产生了许多社会矛盾和社会问题，需要加快社会建设，建立新的社会秩序，促进社会进步；同时要进行社会体制改革，创新社会政策，调整和优化社会结构，建立与社会主义市场经济相适应、与经济结构相协调的社会体制和结构；认为社会建设的核心任务就是要构建一个合理的现代社会结构，构建成中产阶层为主体的社会阶层结构。

第四种，社会重建论。主张在社会建设中促进社会的发育，形成政府、市场与社会的良性关系格局。认为社会建设的根本目标是要建设一个能制约权力、驾驭资本、遏制社会失序的社会主体；认为在工业社会条件下，不仅要有市场、有政府，还要有发育良好的社会，健全的社会是市场经济的基础。从工业化社会几百年的历史来看，市场经济并不是万能的，市场本身有失灵的时候，所以必须有政府适时地加以调控，而政府也并不是万能的，总有失误的时候，所以要有良好健全的多种社会组织，最终形成市场、政府、社会良性互动的格局。在工业化、信息化、社会化大生产的条件下，必须要有发育良好的社会环境，整个经济社会才能健康有序地可持续发展。

这四种观点的差异是明显的，但在实践和理论上也有相通之处，都涉及政府、市场、社会各自的作用和社会体制机制的改革完善，都涉及资源机会的配置、权利义务的保障和实现，都肯定中产阶层的形成和壮大对社会进步的促进作用。

在中国社会主义现代化建设"五位一体"的总布局中，相比较而言，经济建设的基本目标是国家"富强"，实质是实现经济现代化；政治建设的基本目标是政治"民主"，实质是推进政治现代化；文化建设的基本目标是"文明"进步，实质是文化现代化；而社会建设的主要目标则是社会"和谐"，实质是社会现代化；生态文明建设的基本目标是协调人与自然、资源及环境的"共生"，即生态现代化。所谓"和谐"，是指多元基础上的差异化认同，即求同存异、平等合作、友好相处。和谐，主要包括人与自然的和谐（生态文明建设）、人与社会的和谐；而人与社会的和谐又包括人与人之间的和谐（主要是阶层之间的和谐）、人的自我和谐（良好的心理状态）。"社会和谐"主要是指一种良好的社会状态；"和谐社会"则是指人类共同追求并期望实现的理想目标；构建"社会主义和谐社会"，是执政党带领全国人民为之奋斗的理想（五个现代化的简要比较见表0-2）。

表0-2 经济、社会、政治、文化、生态五个现代化简要比较

| | 经济现代化：富强 | 社会现代化：和谐 | 政治现代化：民主 | 文化现代化：文明 | 生态现代化：生态和谐 |
|---|---|---|---|---|---|
| 目标内容 | 经济增长，物质丰富，人民富裕，国家富强 | 安全健康，权利保障，公平正义，和谐有序 | 管理科学，服务高效，民主法治，政局稳定 | 规范诚信，价值恒正，精神愉悦，文明进步 | 资源节约，低碳环保，代际公平，持续发展 |
| 主要指标 | 国民生产总值及增速；产业结构匹配合理度 | 基尼系数；安全感；城市化率；中产比重 | 民主参与率；政府诚信度；公共服务满意度 | 社会诚信满意度；文化生活满意度 | 单位GDP能耗率；公众环保满意度 |
| 核心命题 | 成本－收益 投入－产出 | 行动－结构 | 权力－权利 权利－义务 | 规则－价值 | 资源－环境 |

我们认为第三种社会建设主张更符合当前中国的实际，且具有可操作性。进行社会建设就是要以改革社会体制为中心环节和突破口，以优化社会结构为核心，不断实现社会现代化，即以社会领域的现代化建设尤其是社会结构现代化，去促进整个社会的和谐。

### （二）社会建设的内涵和结构化体系

在中国，关于"社会建设"的较明确提法可溯及 20 世纪初。1917 年孙中山先生撰写了《民权初步（社会建设）》，并于 1919 年收入所著的《建国方略》，社会建设成为其国家总体建设构想的重要组成部分，内容上大体包含民权、民生建设，"教国民行民权"①。1933 年，社会学家孙本文创立《社会建设》刊物，次年撰写《社会学原理》一书，末章辟专节《社会建设与社会指导》，认为"依社会环境的需要与人民的愿望而从事的各种社会事业，谓之社会建设。社会建设之范围甚广，举凡关于人类共同生活及其安宁幸福等各种事业，皆属之"②。这些是早期社会贤达人士关于社会建设的探索。随着中国经济社会的发展变迁，今天社会建设的内涵和外延已经发生了很大的变化。

本课题组根据近年来对全国大范围的经济社会建设的实践调研，并参照国外的经验，认为所谓**社会建设，是指按照社会发展规律，通过有目的、有规划、有组织的行动，构建公平合理的社会利益关系，增进社会全体成员共同福祉，优化社会结构，促进社会和谐，实现社会现代化的过程**。这应该视为社会建设的定义。

从定义看，社会建设内涵广泛，大体可以从三个维度理解：一是实体建设维度，诸如社区建设、社会组织建设、民生社会事业建设等；二是制度建设，诸如社会流动机制建设、社会利益关系协调机制建设、社会保障体制建设、社会安全体制建设、社会管理体制建设、社会运行体制建设等；三是结构调整维度，就是指客观存在的社会结构的优化和调整，包括人口结构、家庭和组织结构、收入分配和消费结构、城乡和区域结构、社会群体和社会阶层结构等。③ 相比较而言，社会实体建设提供公共产品、公共服务；社会制度建设则涉及确保社会和谐发展的社会体制机制；而结构调整是社会实体建设和制度建设的一种优化结果，或者说是社会建设的核心指向。

从主体力量来看，社会建设同其他四大建设一样，涉及政府、市场、社会三大主体。相比较而言，经济建设是市场（企业）为主体、政府为主导、社会为补充的；社会建设则要以社会（公民社会）为主体、政府为主导、

---

① 孙中山：《建国方略》，华夏出版社，2002，第 300～301 页。
② 孙本文：《社会学原理》（下册），台湾商务印书馆，1974，第 244 页。
③ 陆学艺主编《当代中国社会结构》，社会科学文献出版社，2010，第 10～12 页。

市场为补充；但是，不同阶段有不同的主导性力量（下文分析）。在这样的主体分析框架下，我们将社会建设的内容进行整合，分为九个方面，形成一个有机的内容结构体系（如图0-1）。

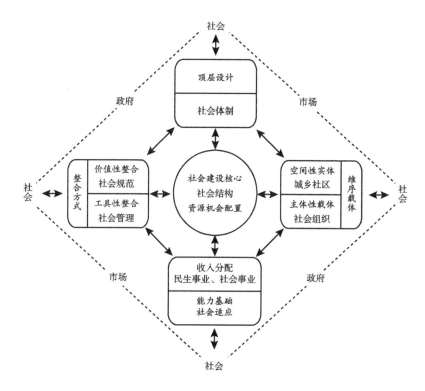

图0-1 社会建设的内在构成

从图0-1的具体构成内容看，我们认为，社会建设领域主要包括民生事业、社会事业、收入分配、城乡社区、社会组织、社会规范、社会管理、社会体制和社会结构这九个方面。作为一个有机整体，这九个方面分别在社会建设领域有着不同的地位和功能，组合起来看，大体有以下几点。

（1）民生事业、社会事业和收入分配，是社会建设的切入点和基础。民生事业、社会事业是社会成员（也是主体）生存发展的行动能力基础，即社会成员进行社会流动需要占有一定的资源机会，也是社会主体的基本权利，具有"社会适应功能"。其中，民生主要包括就业、收入分配和消费、住房、交通、社会保障等（即所谓的衣食住行用）；社会事业主要包括教育、科学技术、文化和体育、医疗卫生等（即所谓的教科文卫体）；收入分

19

配是一个比较特殊的民生问题，维持社会行动者的基本生存和发展，是一个涉及政府、市场、社会三者对于社会资源配置的复杂问题。当然，民生不是社会建设的全部，但在当前阶段特别重要，是需要解决好的大问题。

（2）社会组织和城乡社区，是社会建设主体自治的行动载体，具有社会调适、社会整合的双重功能。相比较而言，社会组织兼具行动主体和行动载体的双重特性，是主体性载体；社区则是主体行动的地理空间性载体。

（3）社会管理和社会规范，都是社会学意义上的社会控制方式，具有社会整合、系统整合、维续社会秩序的功能①。相比较而言，管理是工具性维续手段，规范则是价值性理念整合。社会管理不能替代社会建设，只是社会建设的重要组成部分；相对而言，社会管理是"治标"，社会建设是"治本"。

（4）社会体制，是社会建设内部的宏观性基本架构，是"顶层设计"，统帅整个社会建设体系，包括社会建设内部的结构性体制、外部的功能性体制以及各系统之间的整合性体制，如民生体制、社会事业体制、社区体制、社会组织体制、社会管理体制等，是资源机会配置、权利义务规定的体系化制度，是社会改革的重要环节和突破口，贯穿于社会建设的各个阶段和环节，也是改革的重点和难点。

（5）社会结构，是社会建设的核心。社会结构是指占有一定资源、机会的社会成员的组成方式及其格局，包括城乡结构、区域结构、组织结构、分配结构、消费结构、阶层结构、人口结构、家庭结构等②，尤其中产阶层的壮大、橄榄形现代社会结构的形成，是社会建设的核心目标。社会结构也是其他社会建设成就的一个重要表征或结果。

### （三）社会建设的基本目标

结合中国社会建设实践，从上述关于社会建设的界定看，社会建设要实现以下几个具有宏观意义的总体目标。

#### 1. 构建公平合理的社会利益关系

社会是一个利益关系的集合体，妥善处理各方面的社会利益关系，促进

---

① 在社会学上，系统之间的关系调整称为"系统整合"，社会行动者之间的关系整合称为"社会整合"。这两个概念最早应是吉登斯的老师洛克伍德在 1976 年的一篇文章里提出的。参见〔澳〕马尔科姆·沃特斯《现代社会学理论（第 2 版）》，杨善华等译，华夏出版社，2000，第 114、122 页。

② 陆学艺主编《当代中国社会结构》，社会科学文献出版社，2010，第 10～12 页。

社会利益关系的动态协调，是社会建设的重要目标之一。各个阶层、各个领域的社会利益关系不平衡、不协调，是造成当前社会矛盾和社会问题的重要原因。如果说调整经济利益关系的核心原则是经济资源的市场化最优配置，追求经济效益，那么，社会利益关系的调整有其内在的价值取向，即追求社会生活领域内资源机会的合理配置，追求社会公平。

2. 增进社会全体成员共同福祉

人是目的。满足人的需求，促进人的发展，增进社会全体成员的共同福祉，是社会发展的终极诉求。共同福祉，简而言之就是社会全体成员的公共福利，就是要通过资源机会的优化配置，以"先富"带动"后富"，最终实现"共同富裕"，确保社会全体成员共享经济社会发展成果，不断提高社会生活质量，增进社会权利，满足不同社会成员的多层次需求。

3. 优化社会结构尤其是阶层结构

优化社会结构的实质是资源机会在不同社会成员中的合理配置。合理配置资源机会，就要明确政府、市场、社会三者合理的行动边界和权利边界；更重要的是围绕中产阶层的发展壮大和"橄榄形"社会结构的形成，有效调整人口结构、城乡区域结构、组织结构、分配结构、消费结构等，化解经济社会结构不协调的矛盾，最终达致社会各阶层的和谐共存。

4. 促进社会和谐，实现社会现代化

社会现代化既是社会建设的实质，也是理想目标，要通过社会建设实践活动，实现公平正义，保障人的基本权利，保障安全发展，缩小贫富差距，最终达致社会和谐。建设社会现代化，就其内容来说，必须实现民生事业现代化、社会事业现代化（如教育现代化、科技现代化、医疗卫生现代化等）、社会体制现代化、社会管理现代化、社会组织现代化、社会生活现代化、社会结构现代化等，核心是要构建一个现代化的社会结构，促进各阶层成员和谐发展。从国内外现代化建设的历史来看，社会现代化建设同经济现代化建设一样，将是一个艰难、复杂、长期的历史任务，显然不是五年十年能够实现的。对此我们应有充分的认识。

## （四）社会建设的基本原则

原则是实现社会建设目标的基本要求。下面着重从基本理念、核心结构、工作体制三方面进行阐述。

1. 基本理念：坚持以人为本、保障基本权利

社会建设的根本就是以人为本，保障人的基本权利。从权利内容看，包括经济、社会、政治、文化等基本权利①；从权利发展阶段或层次看，包括生存权、发展权、享有权。一个好社会、现代社会，就是人的基本权利必须得到切实保障和满足的社会。对于执政党及其政府来说，"人本"权利是以"民本"思想来推进实现的。以人为本强调对所有人，对应的是"物本""事本"概念；以民为本强调与"君权""官本""权本"对等（如"民贵君轻"的思想理念），强调要利民、惠民、养民、爱民，所谓"民惟邦本，本固邦宁"，即社会建设必须充分尊重人民主体地位和首创精神。今天的中国不但需要建设一个与"强政府"相对应的"公民社会"，更需要一个抵御市场过度侵蚀的"能动社会"。即社会建设本身，要发起"进步运动"，不断壮大"社会"，保障人的基本权利。这就需要政府敢于和善于赋权、放权给"社会"，改革社会体制。

2. 核心结构：坚持公平正义、共建共享

公平正义是中国特色社会主义的内在要求，是社会和谐的基本条件。中国 30 多年来的经济建设已经较好地解决了资源机会的效率问题，目前推进的社会建设所要解决的是公平正义的问题，经济社会结构不协调表明当前社会公正受到了冲击和挑战；同时社会结构内部出现了分化，社会公正受到侵蚀。社会建设以秩序和进步为基本取向，公正配置资源与机会是其核心命题。它需要以社会体制改革、公共财政分配体制改革为主要工具，以社会结构调整作为中间变量和观测指标，达成社会现代化的目标诉求。在市场经济条件下，资源配置主要通过市场来实现，针对市场失灵的缺陷，国家主要应当通过社会领域的调控来校正市场偏差。社会建设同样要通过程序公正与实质公正两种方式来实现公平正义。

3. 工作体制：坚持有序推进、统筹协调

"五位一体"的社会主义现代化总体布局，五大建设是一个完整系统的有机整体，本身有一个逻辑程序和相应的先后次序。我们现在采取了"经济建设、政治建设、文化建设、社会建设、生态文明建设"的表述方式，

---

① 民事权利、政治权利、社会权利这三大公民基本权利可参见 Thomas Humphrey Marshall, *Citizenship and Social Class and Other Essays*, Cambridge University Press, 1950。中译文参见〔英〕T. H. 马歇尔《公民权与社会阶级》，刘继同译，《国外社会学》2003 年第 1 期。

但是，从现代化发展的一般规律来看，其位序应该是经济建设、社会建设、政治建设、文化建设、生态文明建设（其中文化、生态文明建设往往渗透和融入其他三大文明建设之中）。首先，我国的社会生产力仍不发达，以经济建设为中心在任何时候都绝不能动摇，经济建设应当居于总体布局的首位；其次，社会建设的位序前移是由现阶段构建社会主义和谐社会的战略目标决定的；再次，社会建设较之政治建设和文化建设，实践上的操作性更强，阶段性目标应该较先实现。其实，"三位一体"布局的位序在党的历史上也进行过几次调整，这是由一定阶段的中心任务或工作重心决定的。新中国成立之初，中国社会主义建设的布局次序一度是政治、经济、文化；改革开放以来，党的工作重心转移到经济建设上来，布局就调整为经济、政治、文化的次序；现阶段构建社会主义和谐社会被摆在更加突出的地位，社会建设的位序也应当进行调整。当然，加强社会建设，也要注意统筹协调社会建设与其他四大建设的关系。此外，就社会建设内部构成而言，也应整体协调、各有侧重，确定先后次序和阶段性重点；鼓励发达地区在社会建设的各方面走在全国前列。

## 四 社会建设的九大任务和三个阶段

社会建设是总体布局中的一大建设，显然不仅仅是民生事业、社会管理等能包含的，任务十分艰巨。这里结合前面提出的社会建设具体九个方面的内容，重点围绕社会体制改革完善和社会结构优化调整，简要勾勒中国社会建设今后的主要任务。具体实施尚需随着社会经济协调发展实践进行确定。

### （一）社会建设九个方面的任务

#### 1. 着力改善民生事业

民生事业主要包括就业、收入分配、住房、社会保障等。就业是民生之本，要发挥全社会力量，千方百计扩大居民就业，确保公平就业，提高就业质量，尤其要打破体制内与体制外的过大差距。住房方面要根据人口流动与社会经济发展的关系，提高住房供应规模，大量增加保障性住房建设。坚持广覆盖、保基本、多层次、可持续方针，贯彻落实社会保障法，加快建设统筹城乡、惠及全民的社会保障体系。努力使全体人民业有所就、劳有所得、住有所居、老有所养，持续增强社会各阶层成员向上流动的社会适应能力基础。

### 2. 加快推进社会事业

社会事业主要包括教育、科技、文化、体育、医疗卫生等领域。今后要加大力度，改革和完善基本服务提供的体制机制，大力发挥政府、市场、社会三方作用，既要通过"政府保基本"，保障城乡居民的基本需求得到满足，更要以需求为导向，通过市场化途径满足全体成员的多层次需求；全力推进城乡社会事业一体化发展，按照行政性、公益性、经营性分类原则，不断改革现行事业单位体制，建立新的事业单位运行机制，使得基本公共服务覆盖各类人群。

### 3. 改革收入分配制度

改革和完善资源机会在政府、企业、社会三者间的公平分配制度和体制机制，实现劳有所得、藏富于民、发展成果人人共享。即要提高居民收入占国民收入总量的比重，积极探索建立居民收入增长和经济发展同步、劳动报酬增长和劳动生产率提高同步、收入分配宏观调控调节与企业工资集体协商同步、最低工资标准稳步提高与收入倍增富民计划同步的长效机制。规范收入分配秩序，保护合法收入，增加中下层收入，调节过高收入，取缔非法收入，不断壮大社会中产阶层规模；既要建立领导干部收入财产申报公示制度，也要保护广大中下层社会成员的合法收入、合法财产和产权。

### 4. 加强城乡社区自治

城乡社区是社会建设的基层实体，承载着居民的多种基本权利。城乡社区建设的目标是建成符合现代化要求的基层社会治理结构，改善基层社区自治机制，提升居民自治能力，达致睦邻友好、相扶共照、和谐相处。要按照实际情况，科学地规划和确定街道、社区的管辖边界与规模。理顺社区与政府的关系，按照经济社会职能的分离，重新确定街道办事处的机构设置、干部配备，明确职能职责、权责关系、经费保障。积极探索外来人口与本地居民和谐相处的方式方法，着力建立不同形态社区的内部融合机制。通过政策引导，充分发挥驻区的社会组织和单位、业主委员会、物业公司等社区共建单位的社会责任。建立健全社区联合议事机构，充分发挥其公共服务和社区治理的民主决策功能，真正实现"民生促民主，民主促和谐"的局面。以居民实际需求为导向，不断完善社区服务站，健全社区服务体系，充分发挥社会工作者和志愿者的作用；构建好社区居民互动共享的信息平台，为居民提供更好更便捷的公共服务。要把基层社区构建成充满生机活力、人际关系融洽、成员归属感强、责任感重的现代版"熟人社会"。

### 5. 加快发展社会组织

全社会要树立政社合作的理念，逐步实现政府、企业、社会组织三者职能分开、功能互补、资源共享、合作共建，有序释放政府过多承担的公共服务和社会管理职能，使社会组织真正成为社会自治、应对风险、化解矛盾，以及弥补政府不足、降低行政成本的社会建设主体之一。大力改革社会组织的行政管理体制机制，坚持积极引导与依法管理并举，降低准入"门槛"，简化成立程序，全面推行登记、备案双轨制，建立健全统一登记、各司其职、协调配合、分级负责、分类发展、功能分开、管办分离、分类监管，尤其要建立和发挥第三方评价监督社会组织的管理体制机制；发挥政府、企业、社会各自的作用，通过政府购买服务、建立专项基金、搭建孵化平台等方式，努力解决社会组织运营的实际困境。切实淡化官办社会组织的行政色彩和意识形态倾向，努力提高社会组织的社会化程度和自治功能，确保枢纽型社会组织充分发挥社会正向功能。切实转变工会、共青团、妇联以及大量行业性协会的职能，使之充分面向群众、服务社会。既要发挥社会中产阶层在培育和壮大社会组织中的作用，又要通过社会组织的发展以提升和壮大中间阶层的规模，真正实现中产阶层与社会建设的互构推进。

### 6. 加强创新社会管理

现代社会管理本质上是以应对社会风险、维护公共秩序为核心，以人本化服务为先导，寓管理于服务，实现公民自我管理为主的社会治理格局。全社会要树立多方参与、共同治理的理念，尤其要有效改变政府对社会管理事务全包全揽、管紧管死的局面，通过管理的法律、体制机制、能力、人才队伍和信息化建设，不断加强政府、市场、社会的多元协同治理，重点发挥社会中间阶层在社会管理中的作用，努力构建和谐社会。建立一套能够覆盖各类人口的动态管理体系；建立健全关涉群众权益问题的利益协调、诉求表达、权益保障、矛盾调处等机制建设；发挥多元主体的作用，强化各类安全建设，遏制重特大事故。努力探索他律与自律相结合、法治与德治相结合的管理模式，确保社会主体依法司职，各负其责；实现常态管理，加强社会管理的制度化、规范化、专业化的长效体制机制建设。培养专业化的管理队伍，提高专业化管理水平。改革管理方式，推进科学管理、信息化管理，同时规范摄像头等社会治安技防手段的使用，按照管理辖区人口比例，合理配置公安警察队伍，使警力下沉到基层。

### 7. 建立健全社会规范

以诚信体系和社会文明建设为重点，不断完善社会规范。积极打造良好的法治环境，依法行政，司法公正，严格执法，努力建设法治型政府、廉洁诚信政府。积极开展全民道德诚信教育、民主法治教育、公民意识教育，以及就业者的职业道德教育和敬业精神培育等，努力提高现代人的文明素养，政府率先、干部垂范，法治为准、强化他律，德治为本、完善自律，建立诚信社会。以富有特色的文体娱乐活动为载体，大力弘扬中华民族的历史文明和传统美德，大力推进核心价值观宣传教育。建立健全社会诚信体系，完善社会信用信息平台和信息系统，加强社会信用网建设。提升公民文明素养，倡导文明出行、规范行车、净化环境、合理消费，促进公共安全文明和生态文明建设。培育健康社会心态，秉着奋发进取、理性平和、开放包容的原则，培养公民积极健康向上的心理和心态；发展和完善专业的心理咨询机构和心理援助服务，建立健全精神卫生防治体系和高危人群心理干预机制，有效防范和减少社会极端行为。

### 8. 加快改革社会体制

中国现行的社会体制多数是在 20 世纪 50 年代以后，按照计划经济体制的要求逐步建立起来的，是为计划体制服务的。目前社会主义市场经济体制与还没有改革成功的社会体制并行，很不协调，这也是目前许多经济社会矛盾产生且长期得不到解决的一个重要原因。因此，要推进社会建设，必须以社会体制改革为中心环节和突破口，不断改革和完善人、财、物的资源机会配置体制：一是明确政府、市场、社会的各自定位和功能，发挥"政府主导，社会主体，市场调节"的各自作用，要像当初经济改革那样，政府要向社会简政放权，开放社会空间。二是逐步建立与社会主义经济体制相适应的社会体制，改变政府长期以来对社会服务和公共管理大包大揽的局面，放宽民营经济、社会组织参与兴办交通、文化、教育、医疗、体育等社会公共事业。三是要改革公办的科学、教育、医疗、文化等事业单位的体制、机制，使之与社会主义市场经济体制相适应，调动这类事业单位各类人员的积极性，办好公共服务，满足广大人民群众的需要。四是发挥社会组织、社会力量尤其是社会中间阶层民主参与的作用，让群众成为社会建设决策、社会改革的主体，切实改变强政府－弱社会的格局。五是要切实改变过去那种公共财政投入"重经济、轻社会"和"上强下弱"的局面。六是打破束缚各阶层成员在经济、社会、政治、文化各大领域交互流动的体制性障碍,尤其要拆除体制内与体制外的流动壁垒,确保社会成员依据自身能力条件与经济社会发展需求实现合理流动;还要解决政府对基层服务投入不足(缺位)、基层管控干预过多(越位)的双重困境,改变社会民主参与不够、能力不足、市场资源整合不力等状况。

### 9. 调整优化社会结构

构建一个合理开放的工业社会中期阶段的社会结构,这是社会建设最重要、最核心的任务,也是中国第二轮经济社会改革发展要解决的关键问题。社会结构的调整和优化实质就是社会阶层结构的调整和优化,本质上就是中产阶层的发展壮大。壮大中产阶层队伍,需要在民生保障、社会事业等方面努力扩展社会中下层向上流动的通道,进一步促进社会流动。积极开发人力资源教育培训,盘活中产阶层发育的人力资本,提高现有二、三产业劳动力的文化素质和专业技能;广开二、三产业就业渠道,通过就业结构调整,不断促进职业结构趋向高级化。

世界现代化建设的历史表明:现代化社会的主体人群是中产阶层,现代社会的社会阶层结构是"两头小、中间大"的橄榄形,拥有最多的经济资源、政治资源、文化资源的群体是极少数,拥有这些资源最少的群体也是极少数,中产阶层是这个橄榄形社会占大多数的主体人群。据国内外学者的研究,工业化中期阶段的国家,中产阶层应该占总就业劳动人口的40%左右,工业化后期的国家中产阶层应在50%以上,才能形成橄榄形的社会结构,这个国家才能平衡、协调、稳定、可持续发展。我们课题组测算,当今中国的中产阶层的相应占比为28%～30%,离建成橄榄形社会结构还有不小的差距。我们应该采取相应的改革,加快发展壮大中产阶层,这是我国下阶段进行社会建设的战略性任务。

## (二)社会建设发展的三个阶段

结合中国目前的基本国情,中国社会建设未来的发展将经历以下三个阶段。

第一阶段,也就是我们目前正在做的,即先从人民群众最关心、最现实、最紧迫要求解决的民生事业、社会事业建设做起,着力解决好就业难、上学难、看病难、社保难、住房难、养老难等基本民生问题,并从加强和创新社会管理入手，解决影响社会和谐稳定的突出问题，化解社会矛盾，遏制社会冲突，加强源头治理，标本兼治，最大限度地防止和减少社会矛盾的产生，促进社会公平正义。这两个方面的工作，"十七大"以来正在大力推进，很有成效，顺乎民意，赢得了民心。"十二五"期间，如果能把保障改善民生事业、社会事业和创新社会管理这两件大事做好，我国社会建设就上了一个台阶，经济社会协调发展就前进了一大步。

第二阶段，要着力推进社会体制改革，创新社会政策，完善社会管理。推进新型的城镇化，破解城乡二元结构，逐步实现城乡一体化。拓宽社会流动渠道，大力推进发展壮大中产阶层，构建一个合理、开放、包容的社会结构，使之与经济结构相协调。构建一个合理开放的工业社会中期阶段的社会结构，这是社会建设最重要、最核心的任务。我们常说现在处于改革发展的关键时期。这一关键时期的关键工作就是要通过社会建设，特别是通过社会体制改革构建好一个合理的社会结构。中国现行的包括社会事业在内的社会体制，还是在计划经济体制时期形成的。要推进社会建设，就一定要进行社会体制改革。要像当年搞经济建设先搞经济体制改革一样，先搞社会体制改革。如果不下决心搞社会体制改革，社会建设是搞不成的。如果不搞户籍体制改革，不破解城市二元体制，城市就不可能一体化，城乡更不可能一体化，许许多多积累多年的社会问题就解决不了。就业体制、社会保障体制和社会事业体制都要逐步进行改革，形成一个与社会主义市场经济体制相适应、相配套的社会体制。"十二五""十三五"将是社会体制改革的最关键时期，社会体制改革这一关过好了，中国的社会建设就会走上康庄大道，就会像经济建设那样突飞猛进。而如果不进行或延缓社会体制改革，或者说社会改革不成功，那现在的许多社会矛盾、社会问题就会长期拖下去，成为现阶段发展的陷阱。所以下一个十年，是中国的社会体制改革、社会建设最关键的时期。

第三阶段，2020年以后，经过社会体制改革，社会体制逐步完善，社会管理体系更加健全，社会流动渠道更加畅通，社会组织广为发展，社会结构更为优化，形成一个与社会主义市场经济体制相适应、与现代经济结构相协调的现代社会结构，为全面、协调、可持续发展提供了一个良好的社会环境。十六届六中全会提出的"民主法治、公平正义、诚信友爱、充满活力、安定有序、人与人和谐相处的社会主义和谐社会"的目标，也就实现了。

当然，这三个阶段的划分是相对的，并不是截然分开的。未来的实践过程将会是互有交叉地进行，只是在第一个阶段凸显第一方面的工作。在不同的阶段，不同的地区，针对不同的实际情况，将有不同的做法。正像经济建设一样，搞好社会建设，建设社会现代化，是一个新领域，还需要我们"摸着石头过河"，这也是我们今后 5 年、10 年、20 年工作的重中之重。相信伴随社会建设的深入实践，社会现代化终会实现，从而最终实现社会主义全面的现代化，实现中华民族的伟大复兴。

# 五 加强社会建设的政策建议

构建社会主义和谐社会与社会建设这两个重要的新概念都是在十六届四中全会上提出来的。社会主义和谐社会是贯穿中国特色社会主义事业全过程的总体战略目标，社会建设则是实现这一目标的重要手段之一。构建社会主义和谐社会与社会建设的历史任务提出以后，全国开展了丰富的社会建设实践，取得了很大成绩，创造了很多新经验，但也出现了一些问题。如何在"社会建设取得新进步"的基础上，继续推进社会建设，当前有以下几项工作。

## （一）深入学习研究社会建设理论，审视矛盾，凝聚共识

社会建设是一项生动实践，更是中国共产党在构建社会主义和谐社会理论框架下的理论创新，围绕这一理论提出的新思想、新观点、新论断，正在学界、政界、社会层面的争论、研究中逐步趋向成熟。新的实践需要新的理论指导，更需要理论的广泛普及。胡锦涛同志在 2005 年 2 月 21 日中央政治局第 20 次集体学习时强调了社会建设理论研究的重要意义，提出，"要加强马克思列宁主义、毛泽东思想、邓小平理论和三个代表重要思想关于社会主义社会建设理论的研究"，"加强对我国历史上关于社会建设理论的研究"，"要注意研究国外社会建设理论"。

学习研究社会建设理论，最基本的就是要准确判断发展形势，正视分析主要矛盾。面对 21 世纪以来"经济报喜，社会报忧"的局面，我们应该把经济发展和社会发展视为一对矛盾。应当看到，当前，长期存在的经济短缺问题已经基本得到解决，矛盾的主要方面已从经济转到社会方面来了。因此，十六届六中全会明确提出："必须坚持以经济建设为中心，把构建社会主义和谐社会摆在更加突出的地位。"加强社会建设，解决社会矛盾和社会

问题成为时代的要求。对发展战略做适当的调整，是完全必要的。但是，要把社会建设摆到与经济建设同等重要的位置，还很不容易。从近期各地"两会"公布的材料看，31个省、市、自治区的政府工作报告中，24个省、市、自治区的经济增长指标在10%以上，高出中央预期好几个百分点。过度追求经济增长速度，必然大量增加政府投资，"加强社会建设"就排不上位置。经济发展和社会发展就会更加不平衡、不协调，社会矛盾、社会冲突就会越来越严重。据有关调查，中国当前的情况是，越是经济发展好的地区，社会矛盾冲突越多，民众对政府的满意度越低，幸福感也越低。就满意度看，城市比农村低，东部比中西部低，收入高的阶层比中低收入阶层低，文化水平高的比文化水平低的人低。这值得我们深思。

推进社会建设，首先要在理论上把矛盾和问题的实质分析清楚。要通过对社会建设实践的总结和理论研究，深刻认识当前我国经济社会形势的阶段性特征，把构建社会主义和谐社会摆在更加突出的位置，在实践中切实加强而不是淡化社会建设，这对解决好经济社会不协调这对矛盾是有利的。

## （二）系统整体推进社会体制改革，突破瓶颈，带动全局

中国经济建设取得成功的一条基本经验，是从改革高度集中的计划经济体制入手。如果不进行以包产到户为主的农村改革，不进行国有企业改革，不把广大农民、工人、知识分子的生产积极性调动起来，就不会有经济发展的辉煌成就。进行社会建设，也要从改革现行的社会体制入手，通过社会体制改革，把社会各界构建社会主义和谐社会的积极性调动起来。

近几年，关于改革的议论、研讨很多，小改小革也有一些，但类似"包产到户""国企改制"那样震动全国、影响全局、惠及后世的大改革至今还没有。以往的改革，多数都集中在经济领域和政治领域。当今，中国正在转入以社会建设为重点的新的历史阶段，改革应该选定在社会领域进行，重点是改革社会体制。社会体制像经济体制一样，是一个大系统，包括城乡体制、区域体制、劳动就业体制、收入分配体制、社会事业体制、社会保障体制、社会组织体制、社会管理体制，等等。所有这些社会体制，都是在20世纪50年代以后逐渐建立起来的，是适应计划经济要求，为计划体制服务的。改革开放以后，社会体制虽然进行过各种形式的改革，有些取得了一定成效，有些并不成功，有些还在探索，有些甚至还没有破题。可以说，社会体制基本上还没有按照与社会主义市场经济体制相协调的要求改变过来。

推进社会建设，必须改革社会体制，而且要改革对全局有重大影响的社会体制。总结经济社会改革和发展的经验教训，现行的城乡二元结构的社会体制，就是这样一个影响全局的社会体制（当然它也是经济体制，但主要是社会体制）。社会体制改革从破除城乡二元结构体制入手，取得突破、获得成功，有利于推动其他社会体制的改革，也将是中国社会建设取得的标志性进展。

60 年来，城乡二元体制已经渗透到中国经济社会的方方面面，根深蒂固、盘根错节，已经成为产生诸多社会矛盾和社会问题的渊薮。"三农"问题、农民工问题、城市内部二元结构问题、刑事犯罪多发等社会治安问题、上访上告以及群体事件等多年来困扰我们，迟迟得不到解决的矛盾和问题，都直接或间接产生于城乡二元结构和体制，不改革破除这个体制，许多问题就解决不好，解决不了。改革城乡二元体制，任务艰巨，但又非改不可，已经不能再拖下去了。经过 30 多年的改革开放和市场经济体制改革实践，对于城乡二元结构体制一定要改的认识逐渐一致，改革的条件也正在成熟。部分省市已经开展了多年统筹城乡综合改革的实验，积累了一定的改革经验。在进入以社会建设为重点的新的历史时期，着手对城乡二元结构体制进行改革，是一定会成功的。这将成为带动其他社会体制改革的突破口，为推动社会建设打下良好基础。

### （三）遵循社会建设原则，积极稳妥地推进城市化

新中国成立 60 多年来，要实现工业化，从来就没有过什么争论，即使在"文化大革命"期间，还是在"工业学大庆"的口号下进行的。城市化在三年困难时期就不提了，导致中国的城市化水平很低，1978 年城市化率只有 17.9%，甚至低于 1958 年的水平。2005 年，中央在制定"十一五"规划时，城镇化被重新提及。2010 年，制定"十二五"规划的建议中，提出"要积极稳妥推进城镇化"。十八大后，2012 年 12 月，中央经济工作会议明确指出："积极稳妥推进城镇化、着力提高城镇化质量。……要围绕提高城镇化质量，因势利导、趋利避害，积极引导城镇化健康发展。"并且对城镇化的方针、道路做了简要的阐述。

对于中国要不要城市化、要什么样的城市化（大城市还是小城镇），怎么样实现城市化等重大问题，政界和学界长期存在争论。但农业就业人口向非农产业转移，农村人口转为城市人口，是不可阻挡的历史潮流，中国也是

如此。改革开放特别是 1992 年以后，数以亿计的农民，通过各种方式、途径，进入各级各类城市和乡镇。1995 年，中国的城镇人口只有 35174 万，城市化率为 29%；2011 年增长到 69079 万人，16 年间以年均 2119 万人的增速扩大，增加 33905 万人，增长幅度达 96.4%，城市化率达到 51.27%，实现了中国式的城市化。以农民工为主体的大量外来人口进入城市，为中国的经济发展注入活力，创造了巨大财富，这是中国经济繁荣的一个基本原因。但是，农村人口在短时期内向城市聚集，城市基础设施等物质条件难以满足，相应的组织、制度、政策未能适时调整，临时应对措施多于系统规划，由此产生了住房紧张、环境污染、交通拥堵、城市贫困、社会治安失序、犯罪增加、社会矛盾及社会冲突频发等"城市病"。特殊的中国国情、快速的城市化进程，形成了当前特殊的城市人群。如何管理好城市，使七亿多城市人口能够各得其所、和谐相处，形成既有活力又有秩序的城市社会生态，是摆在我们面前的一项重大历史任务。

根据世界现代化的经验，工业化和城市化一般应相辅相成、协调推进，城市化水平与工业化水平相适应。但是，中国的城市化长期滞后于工业化，这本身是社会发展滞后于经济发展的表现，也是形成社会经济发展不平衡、不协调的重要原因。中国的城市化从 20 世纪 90 年代中期以后开始加速发展，目前城市化率达到 50% 以上。中国城市化体现了正负两方面的效应：一方面，缓和了城市化长期滞后于工业化的矛盾，促进了经济持续高速增长，推动了社会公共事业的发展。另一方面，在城市化的具体实现路径上，采用效率优先原则，甚至动用行政手段，搞所谓的"以地生财""经营城市"的方式，低价征占农民土地，推行"土地财政"，使"土地城市化"大大快于"人口城市化"，形成了数以千万计的失地失业农民群体。与城乡二元体制相联系，在解决人口城市化问题的过程中，形成了中国特有的农民工体制。近 30 年来，数以亿计的青壮年农民进入城市，从事二、三产业的劳动，为国家创造了巨大财富，但他们至今收入很低，缺少社会保障，享受不到应有的公共服务。有学者说，他们和城市的关系是经济上接纳、社会上排斥。农民工是城市的劳动者，但身份是农民。据国家统计局统计，2009 年全国有 2.3 亿农民工，其中 8445 万人在本乡镇就业，被称为"离土不离乡"的农民工；有 1.45 亿人在本乡镇以外就业，被称为"离土又离乡"的农民工。1.45 亿农民工（加上随居家属，约有 2 亿人）分布在全国各个城市里，过着与城市户籍居民不同的生活，形成了中国特有的城市二元社会结构，由此产生了许多社会矛盾和问题。

工业化和城市化是一个国家现代化建设的两翼。按分类学规则，城市属于社会领域，城市化应属于社会建设范畴。城市化应按照社会建设的原则，坚持以人为本，坚持公平正义，保障人的基本权利，促进人的全面发展。针对中国的城市化现状，要因势利导，趋利避害，引导城市化健康发展。

第一，把推进城镇化纳入社会建设总体规划。按社会建设的原则，指导城镇化的规划和发展，改变城市建设为实现经济目标服务的方针。建议中共中央、国务院召开一次城镇化工作会议，专门就城镇化指导方针、几个重大问题进行讨论并做出相应的决定。正确处理好社会建设、城市建设和经济建设的关系。

目前，中国城市化正处于加速发展时期。现阶段积极稳妥推进城镇化，着力提高城镇化质量，首先要从实际出发，先解决好存量，使 2 亿多"半市民化"人口能够分期与分批次实现市民化。同时，要加快城市的基础设施和公共服务体系的建设，积极扩大城市容量，组织、管理、安置好 2 亿城市外来人口和 5 亿多城镇户籍人口，再逐步有序地扩大增量。当然，各地城市情况不同，不能一刀切，对于城镇化率较低的省区，则应尽快放开增量。特别应当指出的是，自 2010 年国家提出"要积极稳妥推进城镇化"的方针后，不少省市将之看作发展经济的好时机，加快了土地城市化的步伐，有的城市甚至搞强制拆迁、平坟、征占农民的耕地和宅基地，加剧了社会矛盾和冲突，这是应当注意的错误倾向。要坚决制止这种不厚道的"城市化"行为。

第二，积极推进农民工市民化，实现城市内部一体化。20 世纪 80 年代，为适应二、三产业发展的需要，在城乡分治的户籍制度下，农民工作为一种权宜之计的就业方式而产生。随着中国经济持续快速发展，数以亿计的农民工涌进城市，成为"世界工厂"的主体力量，成就了中国的辉煌，也惠及世界。但这套由权宜之计发展而成的农民工体制，在充分发挥正向功能的同时，弊端也日益显现。特别是在推进以人为本、坚持公平正义、保障人的基本权利、促进社会和谐、促进人的全面发展的新型城市化时期，现行的农民工体制已经弊多利少，日益不得人心，必须尽快改革。农民工体制是目前城市二元社会体制的基本元素。通过改革破解农民工体制，使农民工成为市民，使城市二元社会成为城市一元社会，为推进新型城市化开辟道路，也为破解城乡二元结构，实现城乡一体化打开突破口，这是一举数得的重大措施。经过多年的研讨、探索，各方面的认识渐趋一致，几个试点城市有了成功的实践，也总结了改革方式、步骤等方面的经验。大势所趋，当前应该是国家做出改革农民工体制决断的时候了。

### （四）建立组织机构，完善工作体制，协调推进社会建设

社会建设是总体布局中五大建设之一，重点加强社会建设，必须要有强有力的组织协调和工作机构。60多年来的历史经验表明，凡是党中央决策的战略任务，只要有组织保证，有机构、有人员贯彻落实，就能有效实现。在经济建设方面，不同时期成立了计委、体改委、发改委等机构，主持经济体制改革、经济建设，取得了成功。也有一些大事，由于缺乏组织保证，未能完成预期任务。2006年，十六届六中全会做出了《关于构建社会主义和谐社会若干重大问题的决定》之后，北京市在2007年9月就成立了社会工作委员会和社会建设办公室。此后，上海、广东、大庆、成都、南京也相继成立了社建委或社工委，主管社会建设和社会管理，做了富有成效的工作，创造了很多经验。2011年春天以后，各地相继成立了社会建设工作办公室或社会管理办公室，主持社会建设和社会管理的工作，也做出了很多成绩。

近几年，有的地区通过组建社会建设机构开展工作，多数地区通过组建社会管理机构开展工作。比较而言，还是组建社会建设工作机构，如社会建设工作委员会和社会建设办公室较为恰当。成立社会建设工作机构，既可以开展社区建设、推进公共服务，也培育发展社会组织，同时也可以进行社会管理，能够涵盖社会建设的全部工作。组建社会管理机构，在解决社会突出问题、维护社会稳定的特定的时期是可以的，但要重点加强社会建设，机构名称就有失恰当。从社会建设的实践层面看，北京、上海等地组建了社会建设工作委员会，做了很多工作，也很有成绩。但是在实践过程中，他们遇到了这样那样的问题，靠社建委本身协调不了、解决不了。现行行政管理体制中，主管社会建设具体工作的部门很多，如社会事业方面，科学、教育、文化、医疗、体育都有相应的机构，还有民政局、信访局等，并不缺少管某项事业的机构，而是缺少一个统筹规划、综合协调的机构。因此，加强社会建设，应当建立一个类似于发改委那样的机构。建议把发改委中的社会司、分配司等职能部门分出来，组建社会建设工作委员会，赋予其相应的职责，统

筹规划、组织协调社会建设的发展和改革，从组织上落实加强推进社会建设的任务。

### （五）总结推广地方经验，鼓励创造社会建设典型模式

加强社会建设，要坚持把地方首创和顶层设计结合起来，善于从丰富的社会建设实践中总结经验。当前，不少地方在推进社会建设和社会管理方面已经做出了很多成绩，涌现了一批促进社会经济协调发展、维护社会和谐稳定的典型地区和具体经验。总结好这些典型经验，加以宣传推广，对于在全国范围普遍推进社会建设事业具有重要意义。有些地区，在等上级关于社会建设的"顶层设计"，以便贯彻执行。其实，好的"顶层设计"，一般是总结基层实践创造出的先进经验，并将之进行升华形成的。社会建设是一项新的历史任务，更加要注重实践、坚持实事求是，从实际出发，从解决实际问题出发，更加注重创新，更加注重总结经验。

在调查研究、总结经验的过程中，既要发现和总结一些地区和部门单位的先进经验，也要注意发现一些带有普遍性的问题。要找到像"家庭联产承包责任制"和"抓大放小""国企改革"那样能够推动社会体制改革和社会建设的突破口。与此同时，也要善于发现和总结某个市、某个县、某个乡镇或某个学校、某个医院等地区、单位开展社会建设、社会管理、社会体制改革的典型经验。

现在，社会建设、社会管理的实践已经在全国各地蓬勃展开，各种先进的、创新的典型正在不断地涌现出来。参照经济建设的经验，现在正像20世纪80年代一样，正是创造和涌现社会建设的"温州模式""苏南模式"的时候。我们应该到社会建设的第一线去，及时发现并总结这些新模式，加以完善推广，这对社会建设是有益的。

### （六）加大社会建设投入，切实做好财力、物力和人才保障

未来大规模地进行社会建设，应同经济建设一样，要有相当规模的人力、财力、物力的投入。造成目前"经济这条腿长，社会这条腿短"的不平衡局面的一个重要原因，就是我们长期忽视了对社会建设的投入，在民生事业、社会事业、公共服务等领域欠账较多，出现了民众"看病难、上学难"等问题。自中央提出加快推进以改善民生为重点的社会建设以来，各级政府加大了对民生的投入，情况已经有很大好转。但因为欠账太多，特别

是中西部、贫困地区，由于财政困难，在教育、医疗、养老等方面仍有很多问题有待解决。我们应该按照十六届六中全会的决定，"健全公共财政体制，调整财政收支结构，把更多财政资金投向公共服务领域，加大财政在教育、卫生、文化、就业再就业服务、社会保障、生态环境、公共基础设施、社会治安方面的投入"①。真正加大对社会建设的投入，发展民生事业、社会事业、公共服务，使人民共享改革发展成果，如此，社会矛盾、社会问题就会大幅减少，这对经济发展反而有利。

加强社会建设，要重视对人力和人才、干部的投入。十六届六中全会强调："各级党委要把和谐社会建设放在全局工作的突出位置，把握方向、制定政策、整合力量、营造环境，切实担负起领导责任。"并明确指出："要建设宏大的社会工作人才队伍，造就一支结构合理、素质优良的社会工作人才队伍，是构建和谐社会的迫切需要。"② 在经济建设过程中，我们选拔、培养造就了一支规模宏大的经济工作者队伍，要把社会建设事业办好，同样需要选拔、培养造就一支规模宏大的社会工作者队伍。

中国现在的社会工作者队伍还非常弱小，领域分散，未成合力。一是人们对社会工作不够了解，"社会工作"还没有形成一定的社会氛围；二是社会工作者的归属机构、单位还没有普遍地建立起来，全国至今只有三个省市和少数几个市县建立了社会建设工作委员会或领导小组。许多从国外归来的社会学专业、社会工作专业毕业的本科生、硕士、博士研究生找不到对口就业岗位（国内此类毕业生也有这个问题），不少人只好改行就业；三是社会工作者数量严重不足。有关方面估算，现在全国的专业社会工作者大约有8万人（因为没有专门机构进行统计，只是估计数），这与13亿多人口的大国极不相称。据统计，2004年美国的专业社会工作者有56.2万人，平均每千人有1.9名社会工作者。我国现在的经济社会发展水平还较低，按每千人配备一名专业社会工作者，约需135万人，缺额实在太多了。从事社会建设的领导干部同样存在人员严重缺乏的问题。

我们应该按照十六届六中全会的决定，"坚持正确的用人导向，选好配强领导班子，注重培养选拔熟悉社会建设和管理的优秀干部。加强专业

---

① 《〈中共中央关于构建社会主义和谐社会若干重大问题的决定〉辅导读本》，人民出版社，2006，第36~38页。

② 同上。

培训，提高社会工作人员职业素质和专业水平。制定人才培养规划，加快高等院校社会工作人才培养体系建设，抓紧培养大批社会工作急需的各类专门人才"①。与此同时，要组建社会建设工作委员会，把社会工作各方面的人员组织起来，并在实践中锻炼提高，逐步扩大，建成规模宏大的社会工作者队伍，同时广泛动员各种社会力量，共同推进社会建设大业。

---

① 《〈中共中央关于构建社会主义和谐社会若干重大问题的决定〉辅导读本》，人民出版社，2006，第 36~38 页。

# 第一章　民生事业

【摘要】保障和改善民生，是改革开放和社会主义现代化建设的根本目的。民生事业是社会主体生存发展的行动能力基础，即社会成员进行社会行动需要占有一定的资源和机会，这也是社会主体的基本权利，具有"社会适应功能"。改革开放以来，中国城乡居民生活水平发生了翻天覆地的变化，从温饱不足走向了小康和富裕，作为社会建设基础的民生事业建设取得了长足进步。但是，也存在诸如就业总量压力与结构性矛盾、社会保障总量投入不足、居住与居民生活收支存悖论、城市交通发展滞后于经济社会建设等民生难解之题。其根源在于资源和机会配置不公平，体制机制存缺陷，并普遍存在结构性失衡。未来一段时期，要进一步发挥政府主导、社会主体、市场调解的合力作用，加强体制机制建设和顶层设计，优化结构，理顺关系，共建共享，实现民生事业现代化。

民生事业是社会建设之基，社会和谐之本，所谓"民惟邦本，本固邦宁"。新中国成立以来，党和国家一直将民生建设等同于国家大计，即"国计民生"。改革开放以来，党和政府始终把提高人民生活水平、改善人民生活质量作为改革开放和经济社会发展的根本目的。尤其进入新世纪新的历史转折时期，历次党的文件、政府工作报告都对民生事业做出详细阐述。如党的"十六大"提出"就业是民生之本"，党的"十七大"提出"加快推进以改善民生为重点的社会建设"，特别是党的"十八大"进一步提出要"在改善民生和创新管理中加强社会建设""提高人民物质文化生活水平，是改革开放和社会主义现代化建设的根本目的"。这表明民生事业在社会建设中具有重要地位。当前，人民群众对于改善民生的呼声越来越高，党和政府也越来越重视在改善民生的过程中加强社会建设，这对新时期的民生事业建设提出了更高的要求。本章阐明了民生事业的内涵与构成，梳理了当代中国民生事业的发展现状与问题，深刻分析了民生事业困境的社会成因，在此基础上，尝试提出新时期改进民生事业建设的对策建议。

## 第一节　民生事业与社会建设的关系

### 一　民生事业内涵的界定与构成

目前，社会各界对民生的含义和范畴的认识并不统一，有的讲"大民生"，有的讲"小民生"。从较早文献看，"民生"一词首见于《左传·宣公十二年》，所谓"民生在勤，勤则不匮"，体现了农业社会统治阶级寄望于百姓勤劳生产、应对不足的思想。1905 年 8 月，孙中山先生在中国同盟会创立之初，就提出"民族、民权、民生"的"三民主义"思想，并指出民生就是"人民的生活——社会的生存，国民的生计，群众的生命便是"。[①]《辞海》将民生释义为"人民的生计"。此外，也有很多人把民生分解为经济民生、政治民生、社会民生、文化民生、生态民生，或者从生存权和发展权的角度去界定民生。可见，不同时期民生具有不同的含义。

我们认为，民生事业是社会主体生存发展的行动能力基础，即社会成员进行社会行动需要占有一定的资源和机会，也是社会主体的基本权利，具有

① 《孙中山文集》，中华书局，1981，第 802 页。

"社会适应功能"。它通过改革经济社会体制机制来满足人民群众不断变化的物质和精神生活需要，进而保障和改善人民的生活水平。一个现代社会，必须是人的基本权利得到切实保障和满足的社会，必须是人的现代化得到充分体现和保障的社会。对于执政党及其政府来说，"人本"权利是以"民本"思想来推进实现的。

就民生事业的具体构成而言，包括就业、收入分配、消费、住房、交通、社会保障（即所谓的衣、食、住、行、用）等，涉及人民群众基本生存、满足物质生活需要等问题，此类型民生事业也可称为"生存型民生"；此外，还包括教育、文化（即科、教、文、卫、体）等，涉及人民群众基本发展、满足精神生活需要等问题，此类型民生事业也可称为"发展型民生"。除此之外，涉及人民群众在法制框架下合理反映民生诉求，维护社会公平正义，充分体现公民民主参与民生事业资源配置的机会等问题，此类型民生事业可称为"参与型民生"。实质上，各种类型的民生事业是体现人民群众享有生存权、发展权、参与权的一种机会和过程，具有时代性和社会性的特征。一般而言，根据社会发展规律，民生事业应由低到高进行建设，即先解决"生存型民生"，再解决"发展型民生"，但是，根据现代社会发展程度，两者可能齐头并进或交叉推进，只是按照不同发展阶段民众需求的不同而有所偏重。同时，"参与型民生"始终嵌入"生存型民生"和"发展型民生"之中。本章重点探讨"生存型民生"，一般由政府为主向社会提供。"发展型民生"由本书下一章节重点讨论。

## 二　民生事业是社会建设之基础

加强社会建设，构建社会主义和谐社会，实现社会现代化，保障和改善民生是最大公约数。换言之，民生事业是社会建设的基础。在进入以社会建设为重点的新的历史转折时期，人民群众在满足温饱、总体达到小康的基础上，对未来美好生活，特别是对民生事业有更多新的期待。如今民生事业建设被提上重要日程，成为全社会共同关注的焦点，反映了时代的发展和人民群众诉求的提升，体现了民生事业建设的重要性和时代内涵，其目的是造就衣、食、住、行、用有所足，老、弱、病、残有所保，使全民过上更加美好的生活。这对在新的历史转折时期加强社会建设具有重要的现实意义。

1. 从社会建设的资源性交集看

同社会管理、社会组织、社区、社会体制、社会结构等不同，民生事业与社会事业一样，承载着社会主体行动的基本资源和机会的配置，因而在社会建设中具有基础性功能。但是，社会建设的其他各方面也都与民生息息相关，比如，同样会涉及民生事业体制的改革和完善，涉及社会结构对民生的影响与制约，涉及民生事业的社会管理（如吃得是否安全、健康、放心），等等。

2. 从社会建设的主体和对象看

社会建设的主体是人民群众，推进社会建设的基本力量同样是人民群众尤其是社会中产阶级这股中坚力量；社会建设的基本对象也是人民群众，其最终目的就是为了让广大人民群众过上幸福安康的生活，达到社会和谐。因此，基本主体、对象的物质生活需求的满足是社会建设的基础，没有丰衣足食、幸福安康的广大中产阶级，和谐社会和社会现代化是不可能实现的。

3. 从当前中国社会建设的难题看

改革开放三十多年来，社会物质极大丰富，人民生活水平普遍提高，生活质量普遍得到改善，全社会总体达到小康，但"现在达到的小康还是低水平的、不全面的、发展很不平衡的小康"。21世纪以来我国出现了一些新情况、新难题，如就业难、创收难、住房难、物价涨、消费高、交通堵、社保低等民生问题，民生资源和机会处于"被给予"与"被垄断"的状态，所有这些都持续困扰着广大的社会中下层群体。这些基本物质生活问题如果长期得不到解决，广大的社会中下层就无法上升到真正意义上的中产阶层，也就形成不了现代社会结构。因而，全社会着手从民生这一基础工作抓起，就像当年经济建设从农业农村入手一样，等于找到了社会建设的"切入点"。

最后，要强调的是，民生事业仅是社会建设的重要组成部分之一，不等于社会建设本身。另外，民生事业不能被认为仅仅是消耗经济发展成果，而应被认为更是创造经济奇迹和新经济增长点的重要因素。

## 第二节　当代中国民生事业发展状况

改革开放以来，中国城乡居民生活发生了翻天覆地的变化，从温饱不足走向了小康和富裕，民生事业建设总体上得到较大改善，作为社会建设基础的民生事业建设有了长足进步，主要表现在以下几个方面。

## 一 居民生活水平不断提升

下面主要从收入、消费支出和社会保障三个方面来反映居民生活水平不断提高的状况。

在收入方面，据《中国统计年鉴 2011》数据显示，1991～2010 年，城镇居民家庭人均可支配收入从 1700.6 元增加到 19109.4 元，年均增速为 8.2%，农村家庭人均纯收入从 686.3 元增加到 5919 元，年均增速为 5.8%。

在消费支出方面，城镇居民家庭人均生活消费支出从 1453.81 元增加到 13471.45 元，年均增速为 12.7%；农村家庭人均生活消费支出从 619.79 元增加到 4381.82 元，年均增速为 10.9%（见表 1 - 1、1 - 2）。

表 1 - 1　城镇居民家庭平均每人生活消费支出构成

单位：%

| 年份 | 1990 | 1995 | 2000 | 2005 | 2010 |
|---|---|---|---|---|---|
| 生活消费总支出 | 100.00 | 100.00 | 100.00 | 100.00 | 100.00 |
| 食品 | 54.24 | 49.92 | 39.18 | 36.69 | 35.67 |
| 衣着 | 13.36 | 13.55 | 10.01 | 10.08 | 10.72 |
| 居住 | 6.98 | 7.07 | 10.01 | 10.18 | 9.89 |
| 家庭设备用品及服务 | 10.14 | 8.39 | 8.79 | 5.62 | 6.74 |
| 医疗保健 | 2.01 | 3.11 | 6.36 | 7.56 | 6.47 |
| 交通通信 | 1.20 | 4.83 | 7.90 | 12.55 | 14.73 |
| 文教娱乐用品及服务 | 11.12 | 8.84 | 12.56 | 13.82 | 12.08 |
| 其他商品及服务 | 0.94 | 4.28 | 5.17 | 3.50 | 3.71 |

表 1 - 2　农村居民家庭平均每人生活消费支出构成

单位：%

| 年份 | 1990 | 1995 | 2000 | 2005 | 2010 |
|---|---|---|---|---|---|
| 生活消费总支出 | 100.00 | 100.00 | 100.00 | 100.00 | 100.00 |
| 食品 | 58.80 | 58.62 | 49.13 | 45.48 | 41.09 |
| 衣着 | 7.77 | 6.85 | 5.75 | 5.81 | 6.03 |
| 居住 | 17.34 | 13.91 | 15.47 | 14.49 | 19.06 |
| 家庭设备用品及服务 | 5.29 | 5.23 | 4.52 | 4.36 | 5.34 |
| 医疗保健 | 3.25 | 3.24 | 5.24 | 6.58 | 7.44 |
| 交通通信 | 1.44 | 2.58 | 5.58 | 9.59 | 10.52 |
| 文教娱乐用品及服务 | 5.37 | 7.81 | 11.18 | 11.56 | 8.37 |
| 其他商品及服务 | 0.74 | 1.76 | 3.14 | 2.13 | 2.15 |

在社会保障方面，根据《中国统计年鉴 2011》的数据分析，社会保障的公共财政支出总体上提高幅度很大，2010 年是 1980 年的 449 倍（含就业支出），在 2000 年之前占国家财政总支出一直不到 2%，2005 年以来则占 7.5%以上；社会保障的社会捐赠 2000 年以来也增长了 30 倍以上。同时，社会保障覆盖面逐步扩大，保障力度不断增强，2010 年与 1994 年相比较：从失业保险情况看，参保人数增长了 1.6 倍，全年领取失业保险金的人数增长了 2.1 倍，发放金额则增长了 27 倍；从城镇职工基本医疗保险看，参保职工、退休职工参保人数分别增长了 46.5 倍、230 倍，2010 年参保职工占职工总数的比例达51.3%；2010 年城镇居民医疗参保人数高达 2 亿人，占城镇人口的约 30%。2010 年与 1990 年相比较，城镇基本养老参保人数增长了 3.5 倍，2010 年占城镇人口的 38.4%，其中职工、离退休参保人数分别增长了 3 倍、6 倍，2010 年职工参保人数占职工总数的约 30%。农村社会养老保险自 2006 年逐步推开以来，2010 年末参保的农民增长了近 1 倍，年末参保人数占农村人口的比例从7.3%提升到 2010 年的 15%以上。2010 年工伤保险年末参保人数较 1995 年增长了 5 倍多，2010 年占职工总数的 46.6%。1998 年来，城乡居民享有最低生活保障的人数增长了 40 倍，农村五保户增长了 1 倍多，"应保尽保"取得成效。2010 年生育保险参保人数较 1995 年增长了 7 倍多。

## 二　居民生活质量不断改善

以下主要从就业结构、居住条件、消费结构三个方面来反映居民生活质量的改善情况。

在就业结构方面，随着社会开放度和社会活力的增强，劳动力流动非常频繁，从相关年份的《中国统计年鉴》数据看，全国就业人口的城乡结构发生巨大变化，1978～2010 年第三产业就业人数年均增长 13.7%，1994 年第三产业就业人数超出第二产业，即将突破 40%，白领阶层人数不断增加，就业结构趋高级化。

在居住条件方面，2010 年城市人均居住建筑面积达 31.6 平方米，是1978 年的 4.7 倍，是 1998 年的 1.7 倍，1998 年住房改革以来则增长了69%，年均增长 5.7%；农村人均居住面积从 1978 年的 8.1 平方米上升到2010 年的 34.1 平方米，年均增长 26.7%。同时，人们不仅讲求住有所居，而且更加讲求家具等内部装饰，更加注重居住环境的舒适度。

在消费结构方面，恩格尔系数是反映消费结构的重要指标。城镇居民的恩格尔系数已经从 1978 年的 57.5% 下降到 2010 年的 35.7%，目前处于国际标准的"比较富裕水平"；①农村则从 67.7% 下降到 41.1%，目前处于所谓的"宽裕水平"。用于食品消费支出的下降，说明居民用于生活耐用品和娱乐教育等消费支出的增长，这表明消费结构不断合理化。

### 三　居民生活方式发生巨变

我们主要从就业方式、收入获得途径、交通出行方式三个方面来反映居民生活方式发生的巨变。

就业单位的单一性发生根本变化，日益走向多元化：既可以通过体制内的行政安排，也可以通过体制外的市场化择业；既可以通过正规渠道竞争就业，也可以通过亲朋戚友介绍就业。从《中国统计年鉴》对比 2010 年与 1980 年的就业人数看，国有、集体单位就业人数比重分别下降约 10 个、4 个百分点，而有限责任公司、股份有限公司、乡镇企业就业人数均增加了 1~2 倍，私营企业、个体工商户就业人数上升 8~10 个百分点，港澳台商投资单位、外商单位等的就业人数也大幅度增加，有专家推断，目前中国非正规就业人数为 6551.5 万 ~7512.5 万人。②2008 年"中国综合社会调查"（CGSS）数据显示，被调查者中非正规就业人数占非农就业人数的 49.8%。从国内外关于社会资本以及"强关系""弱关系"理论对劳动力择业的影响来看，中国传统人际关系在市场化就业中发挥着重要的社会资本功能，比如 2008 年"中国综合社会调查"（CGSS）数据显示，66.7% 的失业人员委托亲友找到了工作，还有 14.9%、10.5% 的人分别通过职业介绍机构、招聘会找到了工作，靠政府或单位安置工作的人员仅占 4.1%。

就业方式的变化决定了收入获得途径的多样化。从《中国统计年鉴》对比 2010 年与 1990 年的城、乡居民收入来源的构成变化看，城市居民工资性收入 20 年来下降了 10 多个百分点，而市场化兼业性收入则增长了 6.6 个百分点；国有单位职工突破禁区，外出兼职已成为普遍现象，一些普通公务员也有自家的副业。相反，体制外农村居民的家庭农副业经营性收入 20 年来下降了 21.6 个百分点，而通过外出打工的市场化收入却增长了近 16 个百

---

① 从恩格尔系数角度看，国际标准一般将居民生活水平分为"温饱及以下"（50% 以上）、"宽裕水平"（40%~49%）、"比较富裕水平"（30%~39%）三级。

② 吴要武、蔡昉：《中国城镇非正规就业：规模与特征》，《中国劳动经济学》2006 年第 3 卷。

分点。

交通出行方式日趋多样化，人们日常联系更加紧密。从相关年份《中国统计年鉴》的数据分析看，人们交通出行的方式发生了巨大变化，公路、铁路、水运、民用航空全面开花，人们交通出行可乘坐公共汽车、火车、轮船或飞机，也可以自驾车。

### 四　民生基础（设施）建设不断加强

我们从财政投入、住房建设、交通发展三个方面反映民生基础（设施）建设不断加强的状况。

根据相关年份《中国统计年鉴》所列出的23类公共财政支出项目看，社会保障和就业、交通运输这三项（收入和消费不在公共财政支出统计之列）近年增长幅度较大，2010年三项民生投入占公共财政支出的20%左右，2000年以来年均增长大约2%。2009年保障性住房项目的支出为725.97亿元，2010年达到2376.88亿元。城市、农村的一些基础设施（如道路交通基础设施、公共卫生间、日常文体活动设施等）不断增加和翻新，如2010年与1978年相比较，公路客运量增长了19.5倍，铁路客运量增长了1.1倍，而航空客运量增长了114.9倍；在城市内部公共交通客运量方面，汽车、电车近10年增长了近1倍，轨道交通近10年增长了5倍，出租车近10年增长了18%；到2010年底，火车动车组存量约500标准列；到2012年底，全国将建成以北京为中心的8小时到达的高速铁路交通圈，人们出行的速度日益加快，流量日益加大。

### 五　民生事业制度不断完善

我们从就业政策、收入分配制度、住房保障制度、社会保障制度四个方面反映民生事业制度不断完善的状况。

在就业政策方面，逐步改革计划经济时期的统包统分和单一所有制就业模式，朝着"坚持劳动者自主择业、市场调节就业、政府促进就业的方针，多渠道扩大就业"的方向迈进。1980年代初期，国有单位试行劳动合同制、推行招工就业，1990年代中后期国有企业推行"下岗分流"，2007年8月国家正式出台《就业促进法》。至今，多种所有制单位发挥了吸纳就业人口的积极作用，灵活的市场化就业模式以及非正规就业选择逐步打破了单一的、城乡二元分割的劳动就业格局。

在收入分配制度方面，国家逐步打破单一制的全能主义分配模式，彻底破除了绝对平均主义，曾一度采用"效率优先，兼顾公平"的权宜性过渡做法，逐步实施以按劳分配为主体、多种分配方式并存、"效率与公平并重"的政策。

在住房保障制度方面，随着市场化的深入发展和新生代青年大量进城，住房紧缺问题日益显露出来，城市近郊、城区的土地弥足珍贵，1997年国家推行居民住房制度改革，取消福利分房，城市居民需要通过市场化途径购置开发商开发的商品房，同时推行经济适用房和廉租房政策。近年来，我国加大了住房保障力度，廉租房、经济适用房、公租房、限价房等多元住房保障体系已经形成。

在社会保障制度方面，社会保障体系逐步发展并不断完善。① 1990年代初期以来，国家逐步实行社会统筹与个人账户相结合的养老、医疗制度；2009~2011年的三年时间建成了全国的医疗救助体系，逐步形成了政府主导、慈善补充的体制机制，以及以城乡居民最低生活保障制度为基础、以灾害救助为重点、以扶贫救助为补充的社会救助体系；1998年国家提出大力推进失业保障、国有企业下岗职工基本生活保障（包括再就业工程）和城镇居民最低生活保障政策；2005年底，基本实现将此"三条保障线"并为失业保险和低保"两条保障线"，使企业保障方式向社会保障方式迈出一大步；2003年以来，逐步在农村建立和完善新型农村合作医疗制度，医疗保险初步实现全覆盖，在农村社会养老保险也在快速推进。

## 第三节　当代中国民生事业存在的问题

当代中国民生事业发展变化很大，人民生活水平、生活质量、生活方式

---

① 社会保障是公共机构（主要是政府）依据一定的法律和规定，为保证社会成员的基本生活权利而提供的救助和补贴，是社会"安全网"，具有屏蔽和抵御社会风险、保障人们生存发展的作用。一般是通过再分配形式，实现对社会困难群体或弱势群体的补偿性公平。中国社会保障体系具体包括社会保险（社会保障的主体部分，包括养老保险、医疗保险、失业保险、工伤保险、生育保险）、社会福利（包括公共福利、职业福利、其他福利）、社会救济（包括灾害救济、失业救济、孤寡残病救济、城乡困难救济）、优抚安置（针对现役军人及其家属、退休和退伍军人及烈属等推行的一种带有褒扬、优待和抚恤性质的特殊制度）。社会保障在很多方面是与下一章的社会事业同时推进的。

以及民生事业基础建设、民生事业制度建设取得很大成就。但是，正如上文所述，也存在很多难解之题，这不仅体现在就业总量压力与结构性矛盾方面，而且表现在社会保障总量投入不足、居住与居民生活收支悖论、城市交通发展滞后于经济社会建设等方面。

## 一　社会保障总量投入不足

目前，相对于民众的需求来说，全国的基本民生总量供给仍然不足，而且基础不牢，保障乏力，使得人们难以应对和抵御各种风险。从媒体报道的世界部分国家的社会福利情况看，美国等国家推行的是市场主导型的福利制度，法国、德国等则推行自治互助型的福利制度（社会福利占 GDP 在 20%以上），北欧国家推行的基本上是政府主导型的福利制度（社会福利占 GDP 在 30% 以上）。中国目前推行的仍然是政府主导型的福利制度，政府在社会福利、社会保障方面的公共投入虽然逐年增加，但总体上仍然偏低（社保和就业、住房以及教、科、文、卫等 6 项总投入不到 GDP 的 10%），属于低福利、低保障度的国家（见图 1 - 1）。

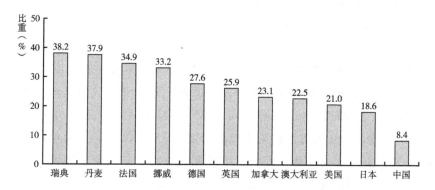

**图 1 - 1　当前部分国家的社会福利开支占国内生产总值比重比较**

注：此处中国的社会福利包含教育、科学技术、文化体育与传媒、社会保障和就业、医疗卫生、住房保障 6 项支出。

资料来源：刘植荣《看看外国的社会福利》，《羊城晚报》2010 年 12 月 13 日第 5 版；《中国统计年鉴 2011》（电子版）。

此外，据《中国统计年鉴》的数据分析，中国抚养系数结构发生变化，少儿抚养负担系数已经从 1982 年的 55% 降到 2004 年的 30% 以下，老年抚养负担系数则在 1999 年突破了 10%，而且随着老年人口的增加（2010 年全国老年人口有 1.7 亿多人，占总人口的 13%），老年抚养负担系数日渐增高。更为突出的问题是，社会保险费支付偏低、额度过少，如 2010 年全年人均领取的失业保险金仅为 3000 多元（每月仅 250 元/人左右），2010 年新型农村合作医疗参加率达 96.3%，但人均新农合基金支付仅为 130 元。①

## 二　就业存在总量压力与结构性矛盾

进入 21 世纪，中国就业形势依然十分严峻，就业结构问题日益突出，主要表现在两方面：一方面，新增就业人口供给与就业岗位需求之间的矛盾加剧。从《中国统计年鉴》的数据看，全国劳动人口持续增加，2010 年经济活动人口达到 78388 万人（占总人口的 58.5%），比 1978 年增长了 94.2%，比 1990 年增长了 20.5%，比 2000 年增长了 8.2%，增长速度逐步放缓，与人口增速一致，但就业人口总规模仍然较大，如 2010 年城镇新增就业人口约 1800 万人，就业需求量仅约为 1100 万个，就业的结构性压力逐步加大。

另一方面，近 20 年来全国失业率持续偏高。② 如图 1 - 2 所示，目前政府登记失业率在 4.0% ~ 4.3% 徘徊，这与人们看到的现实相距甚远。从各方调查的失业率来看，2000 年全国第五次人口普查的失业率为 8.12%，2008 年中国社会科学院调查的失业率为 9.6%（国际组织往往以 10% 作为失业诱致社会不安的警戒点），多数年份超出 5%，2010 年约为 8%。③ 从失业人口构成看，2008 年"中国综合社会调查"（CGSS）数据显示，以城镇失业为主（占 83.3%）；年龄方面以 35 ~ 54 岁中青年劳动力为主（占 59.0%）；受教育程度方面以初中以下为主（占 56.0%）。广大年轻人无法就业，必成社会安全隐患。其中，1999 年高校首次扩大招生规模以来，大学毕业生就业问题尤为社会所关注（见图 1 - 2），2010 年大学本专科毕业生为 575.4 万人，分别是 1978 年的 35 倍、1995 年的 7 倍；2001 年以来大学毕业生一次性就业率基本上在 70% 左右徘徊（近年低于 70%）。就业无

---

① 《中华人民共和国 2009 年国民经济和社会发展统计公报》，国家统计局网，2010 年 2 月 25 日。

② 失业一般是指在劳动年龄（中国目前一般界定劳动人口年龄为 16 ~ 65 岁）内，具有劳动能力的劳动者在一定时间（一般是连续 30 日）内通过劳动力市场求职未果，调查期仍然没有工作。这就不包括临时就业者、半就业者和劳动年龄内的残疾人、病人。1994 年中国开始推行国有企业下岗分流时，官方才正式使用"失业"和"城镇登记失业率"概念。

③ 李培林等：《当代中国民生》，社会科学文献出版社，2010，第 62 页。

望导致"农门"子弟出现新的"读书无用论",也引发对教育这一百年大计的思考。此外,社会还一度存在着"隐性失业者"(看似在岗,其实很容易失业)、体制外的非正规就业稳定性偏低(比如农民工群体"今天来,明天走")等问题。

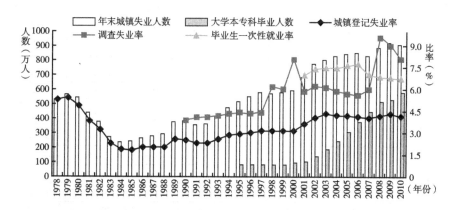

**图 1 - 2　改革开放以来全国失业人口与失业率、高校毕业生数及就业变化**

注:为绘图方便,图中毕业生一次性就业率除以10。

资料来源:中华人民共和国国家统计局编《中国统计年鉴2011》,中国统计出版社,2011;蔡昉主编《人口与劳动绿皮书(2007)》,社会科学文献出版社,2007,第47页;李培林、陈光金《力挽狂澜:中国社会发展迎接新挑战——2008~2009年中国社会形势分析与预测总报告》,载汝信等主编《2009年中国社会形势分析与预测》,社会科学文献出版社,2008,第8页;2000年第五次全国人口普查数据;2005年全国1%抽样调查的数据;2009年、2010年调查失业率为估计数;大学本专科毕业生人数、毕业生一次性就业率根据人力资源和社会保障部、教育部数据整理。

## 三　居住与居民生活收支存悖论

收入与支出之间的合理比例关系始终是城乡居民基本民生需求得到满足的基本保证;但随着经济的快速发展,城乡之间、区域之间、阶层之间等的居民生活水平和质量的差距不断扩大。国家推行住房制度改革以来,尽管城乡居民的居住条件大为改观,但住房日益作为居民主要的消费品,大大影响了居民民生需求方面的收支。进入新时期的中国社会,城乡居民生活收支和居住之间开始形成严重的需求悖论。

在收入和消费分配方面,居民之间的收入和消费差距都在拉大。从表1-3看,改革开放以来居民的收入和消费之间出现了结构性的差距,城乡之间、区域之间、阶层之间等的差距不断拉大。社会底层居民生活压力相对较大。

表 1 – 3  改革开放以来居民收入和消费的结构性差距变化

| 年　份 | | 1980 | 1990 | 2000 | 2010 |
|---|---|---|---|---|---|
| 城乡差距 | 人均收入比(元) | 478:191 | 1510:686 | 6280:2253 | 19109:5919 |
| | 人均消费支出比(元) | 412:162 | 1279:585 | 4998:1670 | 13471:4382 |
| | 城 – 乡恩格尔系数比(%) | 56.9:61.8 | 54.2:58.8 | 39.4:49.1 | 35.7:41.1 |
| 区域差距 | 城镇人均可支配收入比(元) | — | (92)沪3027:内蒙古1494 | 沪11718:晋4724 | 沪31838:甘13189 |
| | 农村人均纯收入比(元) | — | 沪1665:甘399 | 沪5596:藏1331 | 沪13978:甘3425 |
| | 城镇人均消费性支出比(元) | — | (89)沪2045:赣945 | 沪8868:赣3624 | 沪23200:青9614 |
| | 农村人均生活消费支出比(元) | — | (89)沪1418:贵353 | 沪4138:甘1084 | 沪10211:藏2667 |
| 阶层差距 | 城镇高 – 低户人均可支配收入比(元) | — | 1890:1144 | 9434:3634 | 41158:7605 |
| | 城镇高 – 低户人均消费性支出比(元) | — | 1685:961 | 7102:3275 | 26339:6410 |
| | 农村高 – 低户人均纯收入比(元) | — | — | (02)5896:857 | 14050:1870 |
| | 农村高 – 低户人均生活消费支出比(元) | — | — | (02)3500:1006 | 8190:2535 |
| 行业间最高 – 最低人均货币工资比(元) | | 1035:475 | 2656:1541 | 13620:5184 | (09)60398:14356 |
| 国有 – 集体 – 其他单位人均工资比(元) | | — | 2284:1681:2987 | 9552:6262:10984 | 38359:24010:35801 |

注：工资最高的行业：1980年、1990年为电力煤气和水的生产及供应业，2000年为科学研究和综合技术服务业，2009年为金融业；工资最低的行业：1980年为社会服务业，1990年、2000年、2009年为农、林、牧、渔业。

资料来源：相关年度《中国统计年鉴》、《中国统计摘要2011》（中华人民共和国国家统计局编，中国统计出版社，2011）。

此外，城市中下层住房类民生需求问题难以缓解。从表1 – 4看，城镇10%最高收入户与10%最低收入户在住房支出方面，差距是逐步扩大的，2003年达到最高，极比为5.81:1；10%最高收入户与20%中等收入户的比差，显然要大于20%中等收入户与10%最低收入户的比差。这表明上层（至少有1套房）比中低层（能有1套房就不错了）的居住消费能力强很多倍，中下层购房、租赁都显得非常困难。尤其在北京、上海、广州、深圳等这样的一线特大城市，天价房价吓跑了一些年轻小白领，有的干脆逃到二、三线城市工作和生活。电视剧《蜗居》就是中产阶层日常生活之困真实的写照。而从地区比较看，据《中国统计年鉴2011》显示，2010年，上海城市居民人均居住支出绝对值最高（2166.2元），其次是广东（1925.2元），再次是天津（1615.6元）；若从人均居住支出占居民消费性支出比例看，河北（占 13.0%）、山西（占 12.7%）排前两位，估计前者是由于京津地区或外省市白领居民流入河北，后者则是由于煤商参与大批购房。

表 1-4　1998～2010 年全国城镇社会阶层居住支出费用对比

| 年份 | 1998 | 1999 | 2000 | 2001 | 2002 | 2003 | 2004 | 2005 | 2006 | 2007 | 2008 | 2009 | 2010 |
|---|---|---|---|---|---|---|---|---|---|---|---|---|---|
| 最高/最低收入户居住支出比 | 2.79 | 2.91 | 2.87 | 2.92 | 5.25 | 5.81 | 5.61 | 4.94 | 5.14 | 4.88 | 4.82 | 4.95 | 4.59 |
| 最高/中等收入户居住支出比 | 1.91 | 1.96 | 1.84 | 1.84 | 2.64 | 3.05 | 2.82 | 2.55 | 2.75 | 2.62 | 2.53 | 2.53 | 2.39 |
| 中等/最低收入户居住支出比 | 1.46 | 1.49 | 1.56 | 1.59 | 1.99 | 1.91 | 1.99 | 1.94 | 1.87 | 1.86 | 1.91 | 1.95 | 1.92 |

资料来源：2010 年、2011 年《中国统计年鉴》（电子版），《中国统计摘要 2011》（中华人民共和国国家统计局编，中国统计出版社，2011）。

## 四　城市交通发展滞后于经济社会建设

铁路交通的"一票难求"、不安全，城市交通拥堵等问题，让人们多有不满。从交通方面看，1980 年代中期以来，随着民工流、学生流、商人流的大量增加，城际火车"一票难求"问题越来越突出〔尤其是在三个"黄金周"（五一、十一、春节）期间〕，尽管新建了动车组、高铁，加开了临时列车。国内航班延误也越来越"流行"，而且几乎没有充足的解释理由和相应赔偿。随着私家车购买政策的放开，城区道路容量不足、交通拥堵、公交拥挤现象越来越严重，比如具有"首堵"之称的北京，自 2001 年一场大雪大堵以来，尽管先后施行了"公交优先""增开地铁线路""限号出行""摇号限购"等政策，[①] 但仍然难以缓解交通拥堵压力，尤其是 2010 年 9 月 17 日、2011 年 6 月 23 日十年难遇的大雨，2012 年 7 月 21 日百年难遇的暴雨，更使北京交通几近瘫痪。据有关调查测算，被调查的全国 50 座城市中，17 座城市上班花费的平均时间超过 30 分钟，北京最长达 52 分钟、广州 48 分钟、上海 47 分钟、深圳 46 分钟。[②] 这些问题一直影响人们的正常生活和情绪，反映了社会建设严重滞后，总量投入不足，跟不上经济社会发展和人民生活需求。

---

① 《北京 10 年治堵几无成效　今年官方数次提限购车》，《新京报》2010 年 12 月 13 日。
② 陈泽仁：《上班的路怎么越来越长？让人身心俱疲》，《人民日报》2010 年 12 月 23 日。

## 第四节 当代中国民生事业难题的社会成因

当前民生事业领域难题的形成，原因是多方面的，但主要是资源和机会配置不公平，体制机制存缺陷，并普遍存在结构性失衡。

### 一 体制惯性与正常监督机制的缺失

从民生事业的体制机制看，主要是体制存惯性、民生投入机制单一、民主决策不充分、缺乏民主监督机制，诱发诸多民生难题。

**1. 体制存惯性，民生投入机制单一**

根据发达国家的经验，"基本民生"属于公共产品和公共服务，一般由政府免费或低收费提供，覆盖全民，均等化配置；而"非基本民生"一般由市场和社会力量有偿提供，满足多层次社会主体的多样化需求。中国长期以来形成的政府全能主义体制，其惯性使得政府成为基本民生资源投入的单一主体；在财政吃紧的情况下，政府投入不会太多。虽然在市场化改革背景下，社会组织和企业参与民生资源投入，但社会捐赠、市场补充目前仍然少而又少。从《中国统计年鉴》看，在2009年社会保障资金的来源中，社会组织和企业的投入不到公共财政投入的10%。而且，民生的中央与地方政府支出结构十分不合理，从《中国统计年鉴》看，近年来中央的民生投入一直仅占20%，而地方投入却占80%；相反，承担大量基层事务的地方政府的财税收入仅占40%，中央税收却取得60%，这就导致出现严重的结构性偏差，即地方政府要用40%的财力来负担80%的民生支出。这种体制无疑导致地方政府只能依靠"土地生财""矿产生财"等来弥补经费短缺，由此难免出现强拆强建的群体冲突事件和安全生产事故。

**2. 民生资源配置机制不合理，投入增长慢**

所谓民生资源配置机制不合理，其实就是民生资源配置不公平，甚至出现资源配置的"倒挂"。如社会保障领域的资源配置，一些高收入者反而拿着低保，一些低收入者反而拿不到保障。如一些国有企业单位里的养老保险、医疗保险、社会福利等均按照行政级别或职称级别进行定标发放，结果级别越高，得到的保障越多，社会保障没有起到保障弱势群体的应有作用。民生资源增长滞后，与市场化不同步，与经济增长不同步。从《中国统计年鉴》看，2010年相较于1978年，人均国内生产总值增长了78倍，而城镇居民人均可支配收入仅增长 55 倍，农村居民人均纯收入仅增长 43 倍，经济增长绩效没有很好地惠及广大城乡居民。同时，民生资源不能与房价、物价等同步增长。如 1998 年房改以来，房价暴炒暴涨成为当今突出的民生问题，① 住房费用负担过重成为压在当今城市居民心头的"一座大山"，成为 2008～2010 年这三年公众关注的八大社会问题的第三、第四位问题。② 这些问题的产生正是由于缺乏收入倍增、福利普惠等"民生正常增长机制"，民生资源配置失衡加剧。

3. 民主决策不充分，缺乏民主监督机制

政府全能主义体制的惯性阻碍了公民社会的积极成长。长期以来，中国是依靠政府包打天下，民生规划、民生投入等由政府替民做主，社会组织缺失、社会力量参与不进来，市场不能充分、有效地发挥应有的作用，结果民生事业发展相当单一，民生事业的决策失误、失当太多。有的地方政府为了推进"民生政绩工程"，不进行调查研究，不走群众路线，不响应群众诉求，不让群众参与决策，结果不是造成供过于求，就是供偏于求，供需结构失衡。如国家在新农村建设、社区规范化建设等方面投入大量资金，但是由于缺乏居民参与决策，资金运作缺乏有效监督，导致极大浪费。在实际调查中，某地方官员对该地新农村建设的评价是"奢侈的农村，贫穷的农民"。

## 二　规律认识不足，理念落后，规划失调

对社会变迁和社会转型等社会发展规律的阶段性特征、主要矛盾等认识不足，把握不准，加之现代执政理念落后，人治或权力替代了制度，管理替代了治理，使得决策少有民主参与，导致民生事业领域的规划设计失误、失当多。

1. 对规律认识不足，理念落后，使得基本民生政策设计显得"拘谨"

比如一些政府领导因为知识结构不完善和观念旨趣取向的原因，长期以

① 1998 年以来，全国"房改"政策变化大体经历了这样几个阶段：一是 1998～2002 年为改革和推进房地产业发展阶段，2000 年房地产资本市场发轫；二是 2003～2007 年为"管严土地，看紧信贷"的连续调控阶段，2006 年出台"国六条"，住房用地相对减少；三是 2008～2009 年为放松信贷鼓励发展的阶段，为应对金融危机放松管制；四是 2010 年到现在为严厉限购加大调控的阶段，在 2009 年"国四条"基础上，又先后出台"国十一条""新国十条""新国八条"，限制房价暴涨（见唐勇《1998 年以来中国房地产相关政策述评》，《中国城市经济》2011 年第 3 期）。

② 袁岳、张慧：《2010 年中国居民生活质量指数报告》，载汝信、陆学艺、李培林主编《2011 年中国社会形势分析与预测》，社会科学文献出版社，2011，第 94 页。

来固守城乡二元结构思维或"GDP主义"思维，认为"农民不应该进城"，这种人为阻挡人潮于城外的做法根本无济于事，结果是车站、机场等基础设施以及城区规划设计跟不上人口增长，如深圳特区最初设计的人口容量为300万~500万人，结果现在实际已经超出1200万人，这就如同"人长高长大了，还穿着小时候的衣服"，导致城区规划乱象丛生，问题突出：交通拥堵、资源破坏、环境污染、噪声扰民，银行、医院、学校、超市等"排队经济"重回头，居民生活质量普遍下降。原因主要在于城区规划没有遵循人口大量流迁集聚城市的客观规律，对人口流迁规律和城市化发展规律认识不足。

2. 顶层政策规划欠缺科学合理性，且形成一种规划失当的"制度惯性"

如收入分配的顶层设计曾一度推行"效率优先，兼顾公平"政策，强调一次分配的价值，当初主要是要打破平均主义"大锅饭"，调动居民的积极性和创造性，但由于缺乏配套性合理调节机制（如税收、社会保障等二次分配政策没有及时跟进），结果长期推行这一权宜之计产生了一种"制度惯性"，导致居民收入差距越拉越大，至今看不到回缩的尽头。又如，空间结构性布局规划不合理也诱发诸多民生乱象，民生的空间平等问题突出，城乡之间、东中西区域之间的民生资源配置不均衡，既是民生难题，也是造成民生不均的外在原因。在一些大城市里，优质学校、三甲医院等多数集中在市中心区，而郊区、边缘地带的民生资源却与之相差很多，"中心地带"捆绑着土地价格和服务价格，人为造成土地的"级差地租"效应，造成"中心地带"价格高昂的"挤压效应"，一时导致上学难、上学贵，看病难、看病贵。再如，所谓多年来频发的校车安全事故，根本原因在于农村"撤点并校"以满足"整合资源，经济办学"的政府"经济理性"，城市则是优质资源配置不均。这些问题的产生既有历史原因，也是规划设计及其政策施行的不良后果。

3. 在市场化利益追逐中，基本民生事业的协调性越来越差

如城区规划中部门利益分割越来越严重，协调性越来越差，还夹杂着官商勾结对居民利益的侵蚀，使得规划设计乱象突出。一些城区的道路年年开挖，今年燃气公司铺设管道，明年自来水公司铺设水管，后年供电局埋设电缆，然后绿化部门要栽树，整个无通盘规划和协调，造成道路交通不畅，怨声载道。

## 三  政治与市场互嵌，诱致社会上层结构性垄断

中国的市场经济是一种政府主导下的市场经济，目前的问题是经济市场

化严重不足，而政治市场化、社会市场化却过度膨胀，这与中国的历史紧密相关。政府全能主义的一个具体表现即是政府建设一切市场并统揽一切社会事务，即集权。与冲突意识形态下的权力集中不同，市场化条件下的中央集权则主要是经济利益集权。集权体制的"后遗症"难免使得经济领域过多地渗透了政治权力因素，而政治、社会领域则渗透了市场化的利益交易，也即政治权力和经济利益相互嵌入和侵蚀，结果是"政治市场化"和"市场政治化"并存，使得资源、机会过度集中于政府和社会上层，形成垄断性结构力量。

1. 垄断性结构左右民生资源调配，影响民生资源的优化配置

一方面，该由企业单独发展和提供的非基本民生事业，却处处有着政府及官员的影子在干预或捞取自我利益，结果形成官商勾结、权贵经济，经济市场化严重不足，也就难以满足多层次的民生需求。另一方面，政治市场化、社会市场化相当突出，一些地方政府及其官员在公共利益和民生服务方面，不是本着服务伦理，而是自利伦理，与民争利；政企之间、官民之间、中央和地方之间均在进行一场人为设置的"政治市场化"交易，[①] 更主要的是官商之间、官官之间进行各种各样的权力寻租和设租。《大学》曰："财聚则民散，财散则民聚"。改革开放三十多年来，通过财税体制改革，实际上已经实现从"民富"到"国富"的转变，而今天的"民穷"只是普通中下层百姓的"穷"，社会上层却很富裕，因此社会上层之间很容易为了维护既得利益达成合谋，使得广大中下层的民生建设难免受到影响。比如，所谓"强拆强建"事件的发生，更是政治市场化对居民住房民生的侵蚀和剥夺，等等。

2. 对于中下层的"体制性排斥"和"结构性排斥"越来越明显

如就业方面，体制内编制的员工与内部劳务派遣工之间处处存在"不同工更不同酬"（派遣工干的是脏、累、差、险的活儿，拿到的确是最低档次的工资）；而且，一方面体制内单位不断裁员，而另一方面体制外就业者无法就业增收，结果公共资源、机会多被体制内职工垄断或占取。其中，上层官员和富裕者的亲朋戚友往往通过交易，占据体制内较好的垄断位置，一度涌现出"官二代""房叔""房姐"等现象，结构性地排斥了普通社会中下层，民生资源和机会被挤占，社会正常合理的上向流动受阻。

---

① 颜烨：《中产主义：社会建设突围政经市场的核心议题》，《战略与管理》2011年第2期。

**3. 上下层结构性力量的不平衡，使得底层的民生维权相当艰难**

比如，近年频发的农民工讨薪事件、征地拆迁补偿事件、环境污染事件等民生维权行为，大都演变为群体性事件。本是正当合理的诉求，由于政治与市场相互嵌入，结成利益同盟，同时，又由于司法不公，使得弱势群体奔走无路，上告无门，很容易成为社会不稳定性因素。如果说社会风险大都由社会底层或弱势群体引发，那么社会上层或政府与社会底层或弱势群体同样拥有分担社会风险的机会。

# 第五节　民生事业建设趋势与战略对策

从上述分析看，我国民生事业建设尽管取得了巨大成就，但存在着资源和机会配置不合理、体制机制存在结构性顽疾等突出问题，如果我们不能深刻分析，认识问题，就不能有效解决民生难题。未来一段时期，中国经济将持续增长，社会建设紧跟前进，经济社会发展差距应将逐步缩小；但由于一些客观性因素的存在和主观性因素的干扰，使得有些民生问题还有可能恶化；今后要进一步发挥政府主导、社会主体、市场调解的合力作用，加强制度建设和规划设计，优化结构，理顺关系，实现民生事业现代化。

## 一　未来民生事业建设趋势及客观影响因素

民生事业主要与人民群众息息相关，因此在结合民生事业构成的基础上，详细分析城乡人口结构变动，分析经济社会发展与劳动力总量、养老情况变化的关系，从总体上把握未来一段时期民生事业发展的趋势。

**1. 工业化和城市化水平进一步提高，今后民生事业建设的重点在城市**

伴随着中国工业经济的持续增长，城市化将进一步加快。我们根据有关资料进行简单预测（见图1-3），未来时期，全国城市内部人口自然增长率逐步下降，城市化水平将上升，乡村进城人口将持续增长，2020年城市人口将超过60%，农村进城人口比重应超出30%。今后几十年，除非政府实行强制性减缩政策或其他原因，否则中国城市化很难出现发达国家曾经有过的"逆城市化"现象。因此，今后较长时期城市的劳动力就业压力、社会保障尤其农民工的社会保障压力、住房压力、交通通信设施建设压力、城市环境污染压力等会越来越大。2020年之后，全国民生事业建设的任务主要在城市；也就是说，未来中国的社会建设就是城市现代化建设，即城市内部的经济、社会、文化及居民生活方式等由传统社会向现代社会转变。① 比如，虽然今后交通、通信持续加快发展，国家投入也会进一步增加，但随着中低收入群体消费欲望的增长和消费水平的提高，家用小汽车等的数量将进一步增加，从北京等一线城市对小汽车采取所谓"限购摇号"的情况看，居民购车的趋势在未来 10 年内只会增强，不会减弱，因而城区拥堵情况将进一步加剧，这种"城市病"会延伸到二、三线城市。

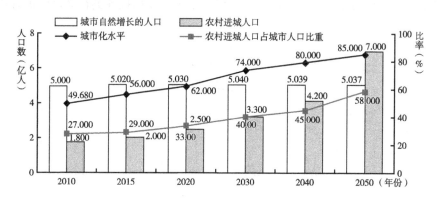

**图 1 - 3　未来中国城市人口、城市化水平和乡村进城人口变化趋势（简单预测）**

注：遵循世界上城市化发展的"S 形"规律：城市化水平在 30% 以下发展较慢，30% ~ 70% 发展很快，在 70% 以上又开始放慢（参见 Ray M. Northam, *Urban Geography*, John Wiley & Sons, New York, 1979, p. 66）。

资料来源：相关年度《中国统计年鉴》。

2. 未来新增劳动力将逐年下降，但就业压力仍然繁重

从图 1 - 4、表 1 - 5 看，改革开放以来劳动力新增量、经济对劳动力的吸纳均历经低—高—低的过程，1990 ~ 1999 年吸纳情况最好，但就业弹性系数总体上逐步下降，说明经济增长对劳动力的吸纳能力日益下降。据此，我们按照高方案（吸纳 116 万人）、中方案（吸纳 84 万人）、低方案（吸纳 46 万人）测算，未来 10 年，若假设全国经济增长率仍为 8%，那么年均吸

---

① "城市化"与"城市现代化"有所区别，前者的外延大于后者。城市化一般是指一个国家或地区的城市人口比重（城市化水平）以及城市数量，是该国家或地区的人口在城镇和城市相对集中的过程。城市现代化概念有广义和狭义之分：狭义上主要是指城市建设的现代化，着重旧城更新和新城建设两方面；广义上如上所述的综合全面概念，以为城市居民提供最佳的工作、学习、生活环境为目的。

纳劳动力（也即预计的"新增就业岗位"）将分别为928万人、672万人、368万人。据摩根士丹利大中华区首席专家预测，虽然2010～2020年中国劳动人口的增量只有2000万左右，但城乡新增非农就业人数将达8000万；城乡非农就业人数占总就业人数的比例将从2010年的67%上升至2020年的75%。① 假设今后经济增长吸纳就业的能力有所提高即取中方案就业岗位数，今后10年，每年仍将有200万左右的新增劳动力不能就业，加上下岗失业人员，未来的失业率仍将高位运行，全国就业压力仍然繁重，社会中下层收入倍增计划能否实现、居民社会保障是否足以抵抗各类社会风险仍有待观望。

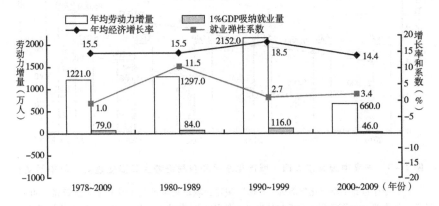

图1-4　改革开放以来劳动力和经济增长、经济吸纳就业量的变化

注：就业弹性系数＝就业增长率/经济增长率×100%。

资料来源：《中国统计年鉴2010》（电子版）、《新中国五十年统计资料汇编》（国家统计局国民经济综合统计司编，中国统计出版社，1999）。

3. 老龄化趋势不断强化，社会保障压力日益凸显

如表1-5，目前人口结构正在从2000年以来的类橄榄形向2030年或2040年的圆柱形过渡；65岁及以上人口比重在2050年接近25%，即是完全意义上的老龄化社会。15～64岁人口比重已经和将要经历一个"倒U形曲线"（2007年左右已达峰值，占72.77%）；而社会总抚养比则呈"U形曲线"变动，2030年后老人抚养比高出少儿抚养比，且在2035年左右突破30%，未来，社会抚养负担主要是养老负担增加，将从目前的7个劳动力供

① 《未来十年中国将新增非农就业8000万人》，《新世纪》，http://finance.sina.com.cn/roll/20101103/18138895046.shtml。

养1个老人演变为3个劳动力供养1个老人（2040年）。而且，经济本身的增长活力减弱、吸纳就业劳动力能力下降，加上老龄化趋势进一步强化，因而反过来制约社会消费、社会活力。

表1-5 未来时期人口年龄结构、抚养比和劳动力增量的变化趋势

| 年份 | 2010 | 2015 | 2020 | 2025 | 2030 |
|------|------|------|------|------|------|
| 0~14岁人口比重(%) | 19.28 | 19.25 | 18.59 | 17.21 | 15.60 |
| 15~64岁人口比重(%) | 71.59 | 71.15 | 69.49 | 69.20 | 67.81 |
| 65岁及以上人口比重(%) | 9.13 | 9.60 | 11.92 | 13.59 | 16.59 |
| 15~64岁劳动力增量(万人) | 616 | -32 | -177 | 472 | -1660 |
| 总抚养比 | 39.68 | 40.55 | 43.90 | 44.51 | 47.48 |
| 少儿抚养比 | 26.93 | 27.06 | 26.75 | 24.87 | 23.01 |
| 老人抚养比 | 12.75 | 13.49 | 17.15 | 19.64 | 24.47 |

| 年份 | 2035 | 2040 | 2045 | 2050 |
|------|------|------|------|------|
| 0~14岁人口比重(%) | 15.00 | 15.14 | 15.15 | 14.68 |
| 15~64岁人口比重(%) | 64.87 | 62.33 | 61.63 | 61.04 |
| 65岁及以上人口比重(%) | 20.13 | 22.53 | 23.22 | 24.48 |
| 15~64岁劳动力增量(万人) | -4274 | -4223 | -2361 | -2818 |
| 总抚养比 | 54.15 | 60.44 | 62.26 | 63.83 |
| 少儿抚养比 | 23.12 | 24.29 | 24.58 | 24.05 |
| 老人抚养比 | 31.03 | 36.15 | 37.68 | 39.78 |

资料来源：相关年度《中国统计年鉴》；2010年以后根据中国人民大学人口预测课题组在2000年第五次人口普查基础上的预测，以及张翼根据2005年1%人口抽查中死亡率情况的调整数据（见汝信等主编《2009年中国社会形势分析与预测》，社会科学文献出版社，2008，第253页）。

此外，从很多方面的测算来看，2010年中国基尼系数应超出了0.5，城乡居民收入差距达到3.24:1，这种收入差距持续扩大的趋势仍难扭转，尽管目前国家提高了个人所得税征收的起点。加上绝对贫困人口和相对人口的变动，社会保障压力不轻；尤其随着非公经济的进一步发展，其员工的社会保障越来越令人担忧。2008年"中国综合社会调查"（CGSS）的调查数据显示，国有单位（党政机关、国有企事业单位）和三资企业的各类社会保险较好，而私营企业、个体工商户的参与率却非常低。[1]

---

[1] 李培林等：《当代中国民生》，社会科学文献出版社，2010，第37页。

## 二　未来民生事业建设的战略对策

**1. 把握规律和发展趋势，抓好民生事业建设的顶层规划**

主要是把握民生事业与经济增长的关系规律、民生与人口结构变化的关系规律、城乡一体化发展与人口向城市大规模流迁的规律和趋势等。一般来说，民生水平与经济增长应该成正比关系，也即民生投入增速要与经济增速保持一致。今后中国人口增长速度放慢，人口老龄化加剧，一段时间内会出现养老压力与就业安置压力同时存在的现象，因而民生事业建设的顶层规划要始终紧扣人口结构的历史变动规律。城乡一体化实质是人口集聚城市，实现人的城市化。成都市等一些地方在推进城乡一体化方面取得了一些成功经验，可以借鉴推广。他们一步一个脚印，持续有序推进：事先着眼于统筹城乡经济社会协调发展，做好顶层规划，先从农村土地改革入手，然后配套进行衣食住行的民生事业和科教文卫等社会事业的一体化推进，最后彻底改革城乡二元分割的户籍管理制度，农民安定有序地上楼、进城，开展城区合理规划，实现城乡民生事业一体化。

**2. 改革体制，完善机制，发挥多元力量的作用，满足多样化的民生需求**

厘清基本与非基本民生事业，着力推进政府"保基本"，而多样化、多层次的非基本民生事业由市场和社会参与投资建设。同时，建立健全正常的民生投入机制、民生决策机制、民生协调机制、民生维护机制、民生诉求机制、民生增长机制等。无论基本民生还是非基本民生事业建设，政府始终起着主导、凝聚作用，需要带动社会前行，但要切实淡化政府全能主义思维，积极发挥"政府主导、社会主体、市场补充"的作用，着力改变政府单打一的民生规划体制、决策体制和投入体制。如深圳各级政府通过"向市场购买服务"的方式为居民提供公共产品和准公共产品，减轻了政府财政负担，解决了基本民生问题；基本民生资源也可以通过市场化途径获取，如确保社保基金在一些重要领域优先投入，优先获得较高的收益率，盘活社保基金，提升支付后劲。

**3. 优化结构，坚持公平和均衡原则，想方设法提升中下层居民的民生水平**

主要包括通过政策设计，积极调整和优化民生事业的城乡结构、区域结构、就业结构、收入分配结构、消费结构和阶层结构等。城乡之间、区域之间的民生投入要尽量保持基本均等，在城乡民生事业建设方面一体规划、一体投入。鉴于今后全国城市民生事业建设任务重大，要着重解决城市农民工、下岗失业者的社会保障、就业和再就业、收入水平提高问题，尤其要加强对中下层社会成员的就业培训，帮助其提升就业能力；注重做好中下层的社会保障工作，结合实际，不断提高城乡最低生活保障水平和最低工资水平；要切实推进中下层居民的保障性住房建设，合理配置，确保充分惠及中下层居民。同时，要建立健全企业工资谈判机制，保障员工的工资福利，等等。

4. 着力推进民主保民生，严厉打击民生领域的腐败现象

腐败不除，民生难保，需要政府、社会组织、企业等多元主体发挥在民生事业建设过程中的民主监督作用，着力推进民主保民生，走群众路线，向参与型民生迈进以保障群众的民生利益不被特权阶层侵蚀和剥夺。当前尤其要谨防和打击以解决民生难题为由，大肆炒作、勒索和榨取公共资源的行为。在此方面，一些地方对民主保民生进行了成功的探索，如成都市的一些区市县通过试行决策权与执行权分离、经济职能与社会职能分离、行政职能与自治职能分离，推进基层治理创新：村民自发创制实施"议事会"制度，如以"一户一票"的方式决定村级公共服务和社会管理 7 大类 59 个项目专项资金的使用，逐步形成"党组织领导—村民（代表）会议或议事会决策—村委会执行—其他经济社会组织广泛参与"的新型村级民主治理格局，强化了基层社会的自治功能，达到"民生促民主，民主保民生"效果；一些城市街道办事处、社区在全国率先尝试推行职能转变，剥离经济职能，集中精力抓好民生事业、社会服务和公共管理，也取得了比较好的成效。

# 第二章 社会事业

【摘要】社会事业建设是社会建设的一个重要组成部分，其社会性和公益性特点决定了其在社会建设中的基础地位和重要作用。改革开放以来，国家对社会事业建设财政投入明显增加，社会事业体系逐步完善。财政投入的绝对数增加，但其所占比例并没有明显增长。这说明在社会事业建设的过程中还存在对社会事业建设的重要性认识不到位的现象，导致社会事业的供给不能与社会事业的需求相适应，进而带来一系列社会问题。从全国来看，各地社会事业发展不均衡也影响到社会事业的公平性。因此，要加大对社会事业建设的投入，充分调动各种社会资源，加强重点领域和重点地区的社会事业建设，明确各社会事业建设主体的责、权、利，调整社会事业运行机制，推动社会事业全面进步。

新中国成立以来，中国经历了三次大的历史转折，目前正在进入"经济建设和社会建设并重"的第三次历史转折时期。在这个新的历史转折时期，社会事业作为社会建设的重要内容之一，其在社会建设中的地位和意义得到普遍认同。虽然新中国成立以来的社会事业建设也曾取得巨大成就，但在新的历史转折时期，人们在物质生活得到显著改善的同时，精神生活需求和人的全面发展需求日益强烈。而中国多年来以经济建设为中心，社会事业建设速度明显滞后于经济建设。在社会事业供需矛盾突出的背景下，市场化机制明显渗透到社会事业领域。这突出表现为一些公共产品的市场化，如教育产业化、医疗市场化、住房商品化。社会事业建设滞后和市场机制嵌入给人们带来了"上学难""看病贵""高房价"等一系列问题，由此引发社会矛盾凸显。因此，新时期社会事业建设，要以民众对社会事业的期望和诉求为依据，充分调动社会事业建设多元主体的积极性，改革社会事业建设体制，提升社会事业发展水平。

# 第一节　社会事业是社会建设的基础

## 一　社会事业的内涵与领域

"社会事业"是一个被广泛使用的词语，但是对于其含义，目前并没有明确的界定。政府文件、学者大都从论述问题的角度来使用这一词语。一直以来，各级政府对社会事业的统计，主要指科、教、文、卫、体这几个方面。到底什么是社会事业，它究竟包括哪些领域，这不仅仅是一个概念界定问题，同时也关系着我国社会事业各个领域的具体改革。

要分析社会事业这个概念，就得分别来看"社会"与"事业"这两个词。社会事业中的"社会"一词，是与国家相对应的概念。国家是特定阶级的产物，为维护特定阶级政权的合法性，执政者都会以公共利益为旗帜，提供公共服务，有效管理社会，而制定和实施这些公共政策的总和，我们称为公共事业和公共行政管理。而社会作为一个资源和机会再分配的重要领域，以维护社会公正、构建合理的社会结构为目的。由此可见，社会事业一个鲜明的特点是"社会性"。这就要求其不以局部利益和部门利益为导向，不同于国防、外交、企业改造、农业生产、城市交通和水电煤供应等公用事业。再来看"事业"一词。在现代汉语中，"事业"一词与"企业"相对，是不以营利为目的，为社会成员生产、生活提供支持与服务的各种组织及其活动。"事业"最基本的特性是追求公益，不唯私利。因此，社会事业另外一个鲜明的特点就是"公益性"。从广义上讲，社会事业通常是指与政府部门和企业相并列的社会事业部门，以提高全社会福利为导向，体现经济效率和社会公平双重目标，有政府参与，能在宏观层面制定统一政策并实施调控的公益性事业。①

社会事业的实践最早也是伴随着传统社会向现代社会转型的过程而出现的，最早在西方中世纪教会慈善事业的基础上发展起来。在西方，社会事业一词从属于社会工作（social work）范畴。社会工作属于社会福利领域，指政府或民间非营利组织为那些不能靠自力进行正常社会生活的人群提供非营利性、组织化、科学化、专业化的社会服务。社会事业，它与社会保险、公众卫生、教育等社会福利项目并列，或作为它们的补充。② 在我国，社会事业一词对应着 social welfare 一词，但在外延上又要大于社会福利的概念。③

目前，社会上对社会事业概念的使用主要有两种：一是广义上的社会事业，是以实现人的全面发展为目标，以服务社会、改善民生为使命，其行动对象覆盖了社会所有成员；另一社会事业概念是从狭义上来讲的，主要指以满足社会成员心理或身体需要为基本目标，提高社会成员素质，进而为国民经济和社会生活提供服务或创造条件的社会活动。因本书中专门有民生事业一章，所以在本章中，社会事业建设仅从狭义概念上来谈，包括科学技术事业、教育事业、文化事业、医疗卫生事业、体育事业五个方面。

## 二 社会事业建设是推进社会建设的重要基础之一

虽然目前学界关于社会建设的理论很多，但不论从哪一种观点出发，社会事业建设都是社会建设的重要组成部分，其在社会建设中的基础地位是得

---

① 梁鸿、徐进：《社会事业、公共财政投入与经济增长：一个内生框架》，《东南学术》2008年第3期。

② 〔日〕仲村优一等：《世界社会福利》第7册，日本东京，旬报社，2000，第508页。

③ 社会事业概念不清，也和它与相近概念之间的混淆有关：一是社会事业与社会，混淆的结果是所有个人与社会发生关系的活动都被包括其中，社会事业成为社会的代名词，相应地，几乎所有的政府部门都与社会事业相关。二是社会事业与事业单位。在部分关于社会事业的研究文献中，将事业单位从事的全部活动都视为社会事业，一方面放大了社会事业的面，另一方面又将政府不通过社会事业单位提供和社会事业单位转制后提供的社会事业服务排除在外。因此，在推进社会事业改革的过程中，明确社会事业概念与其主要领域就成为基础性的工作。

到各种社会建设理论认可的。分析其原因，主要在于社会事业建设的公益性和其重要的社会功能。

社会事业的公益性主要是指通过科教事业、文化宣传、医疗卫生、体育健身等社会公益事业的广泛开展，使社会成员享有平等接受教育、医疗等的权利，从而不断提高科学文化素质，增强健康意识，改善精神面貌，实现对公平的合理要求，提升幸福感和满意度，真正成为"各尽其能，各得其所"的平等社会成员。从本质上说，社会事业发展的终极目的在于促进人的发展，而只有人的全面发展，才能促进社会全面进步。人是社会建设的主体，不论其是何种社会组织的成员还是作为社会建设中的公民个体，其综合素质如何直接关系到社会建设的效果。社会事业为社会个体提供了教育、基本医疗卫生和体育健身服务，事关人民群众的文化程度、健康保障水平和生命安全状况，势必影响人民群众服务社会能力的发挥和生活质量的提高。

从社会事业建设的主要社会功能来看，公民强健的体质、较高的文化素质，以及积极、健康的生活方式，是构建和谐社会必不可少的要素。由于社会事业建设会给社会个体带来受教育程度的提高、科学技术的进步、健康状况的改善、体育健身设施的完善和其他社会公益事业的保障等，为社会主义和谐社会建设搭建良好的社会平台，并提供宝贵的人力和智力支持。

总的来看，社会事业建设在社会建设中处于重要的基础地位。这表现在社会建设的内容上。社会建设概括起来主要有两大方面：一是实体建设，如社区建设、社会组织建设、社会事业建设、社会环境建设等；二是制度建设，如社会结构的调整与构建、社会流动机制建设、社会利益关系协调机制建设、社会保障体系建设、社会安全体制建设等。[①]　所以说社会事业建设是社会建设的一部分，而且是很大的一部分。

### 三　社会事业建设对社会建设具有重要意义

社会事业建设作为社会建设的基础之一，在推进社会建设的过程中具有重要意义，具体表现在以下几个方面。

第一，协调社会关系，调整不同阶层和群体间的利益关系，促进社会公正，维护社会团结。在市场经济条件下，城乡和区域发展差距拉大以及社会群体利益分化等问题，难以靠市场机制自发解决。而社会事业作为国民收入

---

①　陆学艺等：《2010 年北京社会建设分析报告》，社会科学文献出版社，2010，第 4 页。

第二次分配的主要领域，更加注重发展的协调性和公平性。社会事业的功能之一主要是面向社会特殊群体和弱势群体，为他们提供必要的支持与服务，使其能共享社会经济发展的成果，由此增进他们的福利和社会认同，维护社会团结。通过社会事业建设，特别是加强义务教育、基本医疗和公共卫生服务等，来提升社会发展水平，保护社会弱势群体权益，缩小区域间公共服务的差距，减少经济发展差距带来的社会生活质量的差别，促进基本公共服务均等化。

第二，增进全体社会成员的福利，促进社会文明的发展。社会的发展和运行必须要以人的全面发展为基础。从本质上说，社会事业的所有方面都在于促进人的发展，通过教育事业、医疗卫生、社会保障、文化生活、体育健身等改善人的生存环境，提高人的生活质量，促进人的全面发展，体现其公益性特征。因此，只有在社会事业充分发展的基础上，人的发展目标才能真正实现。"人"作为社会的细胞，其发展自动推动社会的全面进步和可持续发展。这就要求政府在社会事业建设中发挥主导作用，强化公共服务职能，坚持社会效益优先原则，加大公共财政支持力度，更多、更好地让人民群众从社会事业建设中受益，共享发展成果。

第三，推动经济可持续发展。从经济发展角度而言，效率是发展的核心问题。市场经济的发展并不意味着公平和发展目标的自动实现，相反，完全市场机制会导致残酷的市场竞争。但是从社会发展的角度而言，社会公平和人的发展就成为发展的核心问题。由社会事业发展而导致的公民受教育程度的提高、健康状况的改善、社会安全体系的完备、科技文化的进步和社会管理的有序等，还可以为经济进一步发展搭建良好的社会平台，为经济发展提供宝贵的人力和智力支持。因此，社会事业与经济发展具有很强的关联性，社会事业发展和经济发展同样既能满足社会需要，也能创造经济效益。社会事业建设虽然是花钱的，但是也有经济产出，能够增加积累和创造财富。如教育本身既是消费也是投资，是提高人的素质的决定性因素，能够促进社会发展，提高国民经济的产出效果。人民生活水平的提高可以带来社会需求的多样化，社会事业建设也要满足人民群众基本公共服务以外的服务需求，培育更多、更大规模的社会事业产业，促进经济社会协调发展。

## 第二节　新中国成立以来社会事业建设取得的主要成就

1949 年新中国成立，开启了中华民族历史新纪元，也掀开了中国社会事业发展史上崭新的一页。社会事业从旧中国时期的满目疮痍，到新中国成立后的蒸蒸日上；从"文化大革命"间横遭摧残，到改革开放后欣欣向荣，再到新世纪以来快速蓬勃发展。新中国成立60多年来，我国社会事业取得了举世瞩目的伟大成就，谱写了中国社会事业史上最辉煌的篇章。

## 一　对社会事业建设的财政投入增加明显

改革开放以后，随着我国经济快速增长，人民生活水平和生活质量的提高，人们的需求也从最初的要求解决温饱问题，逐步转变为更加倾向于科、教、文、卫等精神文化生活质量的提升。国家公共财政在社会事业上的投入也在逐步增加。

统计资料显示，2011年，我国国内生产总值从2002年的12.03万亿元增加到47.3万亿元，扣除物价因素，增长1.5倍①，而同期社会事业总支出从3979.06亿元增加到28179亿元，增长7.08倍，增长速度明显快于国内生产总值的增长速度。从社会事业支出占国内生产总值的比例来看，国家对社会事业的投入从2002年的2.8%增长到2011年的6%，也有明显的增长（具体见表2-1）。特别是教育事业，2007年，实行"免费义务教育"政策，教育支出比2006年显著增加。

表2-1　2002~2011年国家用于科、教、文、卫的财政支出情况

单位：亿元

| 年份 | 2002 | 2003 | 2004 | 2005 | 2006 | 2007 | 2008 | 2009 | 2010 | 2011 |
|---|---|---|---|---|---|---|---|---|---|---|
| 科学 | 269.83 | 300.79 | 335.93 | 387.14 | 483.36 | 1783.04 | 2129.21 | 2744.52 | 3250.18 | 3806 |
| 教育 | 2644.98 | 2937.34 | 3365.94 | 3974.83 | 4870.41 | 7122.32 | 9010.21 | 10437.54 | 12550.02 | 16116 |
| 卫生 | 635.04 | 778.05 | 854.64 | 1036.81 | 1320.23 | 1989.96 | 2757.04 | 3994.19 | 4804.18 | 6367 |
| 文化 | 429.21 | 489.33 | 587.14 | 703.40 | 841.98 | 898.64 | 1095.74 | 1393.07 | 1542.70 | 1890 |

资料来源：国家统计局网站，http://www.stats.gov.cn/tjgb。

## 二　社会事业体系逐步完善

随着国家财政投入的增加，我国社会事业也取得了很大的成绩，科、教、文、卫、体各事业体系逐步完善。以教育和公共卫生事业为例，可以看出我国社会事业发展的总体状况。

---

① 《十八大报告辅导读本》，人民出版社，2012。

1. 教育服务体系逐步完善和发展

新中国的教育是在极其落后的基础上起步的。1949 年，我国 80% 的人口是文盲，小学和初中入学率分别仅有 20% 和 6%，高校在校生仅有 11.7 万人。经过党和政府的大规模投入与建设，我国的文盲率由 1964 年的 33.58% 下降到 1982 年的 22.81%；基本普及小学教育，学龄儿童入学率达到 95.5%。

改革开放以来，教育事业进入快速发展时期。第一，全面普及九年义务教育，全面实现城乡免费义务教育。2012 年，全国实现城乡九年义务教育，义务教育人口覆盖率 100%，青壮年文盲的比例下降到 1.08%。[①] 第二，高等教育进入大众化发展阶段。2011 年，全年研究生教育招生 56.0 万人，在学研究生 164.6 万人，毕业生 43.0 万人。普通高等教育本专科招生 681.5 万人，在校生 2308.5 万人，毕业生 608.2 万人。[②] 经过数年努力，高等教育发展实现了历史性跨越。第三，职业教育在改革创新中加快发展。进一步改革职业教育的办学思想、培养模式、办学体制，明确了"以服务为宗旨、以就业为导向"的办学方针。中等职业教育迅速发展，高等职业教育快速崛起，形成了大规模培养技能型人才的能力。第四，教育公平迈出重大步伐。目前，我国已经从人口大国转变为人力资源大国，正在加速向人力资源强国转变。

改革开放以来，特别是党的"十六大"以来，党和国家始终把坚持教育公益性和促进教育公平作为基本教育政策，推动各级政府落实发展教育的责任，使全国城乡儿童、青少年和人民群众享有更加平等的教育机会、更加优质的教育资源。

2. 公共卫生事业全面推进

新中国成立初期，我国卫生事业基础薄弱，水平低下，难以满足人民群众对公共卫生事业的需要。60 多年来，尤其是改革开放以来，我国不断加强公共卫生体系建设，大力推进农村合作医疗，加强艾滋病等重大疾病防治工作，为解决"看病难、看病贵"等突出问题制定了一系列的方针、政策和措施。在全国上下共同努力下，我国卫生事业的面貌发生了深刻的变化，各项工作全面推进。

第一，人民健康水平不断提高。新中国成立初期，我国人均期望寿命为 35 岁，2010 年提高到 73.5 岁；婴儿死亡率，新中国成立初为 200‰，2011

---

① 《十八大报告辅导读本》，人民出版社，2012。

② 《中华人民共和国 2011 年国民经济和社会发展统计公报》，http：//www.stats.gov.cn/tjgb/ndtjgb/qgndtjgb/t20120222_ 402786440.htm。

年下降到 12.1‰；孕产妇死亡率，新中国成立初为 1500/10 万，2011 年下降到 26.1/10 万。这三大指标的变化，标志着我国国民的健康水平已经达到发展中国家的较高水平。

第二，基本建立起遍布城乡的卫生服务体系。经过 60 多年特别是改革开放以来的建设，我国公共卫生体系初步建立，卫生服务能力明显增强。2011 年末全国共有医疗卫生机构 953432 个，其中医院 21638 个，乡镇卫生院 37374 个，社区卫生服务中心（站）32812 个，诊所（卫生所、医务室）177754 个，村卫生室 659596 个，疾病预防控制中心 3499 个，卫生监督所（中心）3005 个。卫生技术人员 620 万人，其中执业医师和执业助理医师 251 万人，注册护士 224 万人。医疗卫生机构床位 515 万张，其中医院 368 万张，乡镇卫生院 103 万张。[①]

第三，建立起多层次的现代医疗保障体系。目前已经建立起覆盖城乡、多层次的现代医疗保险制度。其中社会保险制度主要包括城镇职工基本医疗保险制度、部分事业单位和公务员的公费医疗制度、城镇居民基本医疗保险制度、新型农村合作医疗制度。此外还有商业保险、职工互助保险、补充医疗保险等多种形式，满足人民群众日益增长的医疗保障需求。

第四，重大传染病防治取得明显进展。目前我国在艾滋病、血吸虫病、结核病、肝炎、鼠疫、碘缺乏病等重大传染病、地方病和慢性非传染病的防治方面取得新进展，并建立起医疗救治体系。2011 年，全年甲、乙类法定报告传染病发病人数 323.8 万例，报告死亡 15264 人；报告传染病发病率 241.44/10 万，死亡率 1.14/10 万。[②]

## 第三节　社会事业建设存在的问题分析

尽管社会事业建设取得了一系列成绩，但是由于各种原因，社会事业建设仍然存在问题。2010 年，我国 GDP 为 401202 亿元，增长速度为 10.4%，成为世界第二大经济体。但社会事业的投入与发展与其他发达国家，甚至发展中国家相比，还有一定的距离。早在《2005 年人类发展报告》中联合国开发

---

① 《中华人民共和国 2011 年国民经济和社会发展统计公报》，http：//www.stats.gov.cn/tjgb/ndtjgb/qgndtjgb/t20120222_ 402786440.htm。

② 《中华人民共和国 2011 年国民经济和社会发展统计公报》，http：//www.stats.gov.cn/tjgb/ndtjgb/qgndtjgb/t20120222_ 402786440.htm。

计划署就曾指出："有令人担忧的迹象表明，中国的社会发展正开始落后于经济增长。"① 中国社会事业建设存在的问题主要表现在以下几个方面。

## 一 社会事业建设的重要地位尚未在各级地方政府的执政理念中完全确立

改革开放以来，由于强调以经济建设为中心，强调以 GDP 作为政绩考核主要的甚至唯一的标准，导致一部分官员把经济建设绝对化，甚至单纯地把 GDP 增长作为地方行政的主要任务。因此，在观念上普遍存在着先经济建设后社会事业建设的思想。这种观念认为：社会事业是一种消费、一种社会福利，只具有消费性，不具有生产性；社会事业属于上层建筑，它的发展依附于经济基础，只有等到经济发展起来了，才能回过头发展社会事业。社会事业建设与推动经济发展、社会稳定等看得见、摸得着的现实迫切任务相比，其重要地位似乎显得不那么突出，建设成效也不容易被看得见，至少短时间内不容易被看见。因此，在财政预算上，社会事业支出被边缘化，在与其他事业（产业）争夺资源的博弈中日益淡出。由此，社会事业建设的重要地位也就容易被忽视，从而导致社会事业发展滞后。

事实上，社会事业建设与经济建设的关系是相辅相成的，经济建设的快速发展，可以为社会事业的发展提供坚实的物质基础，同时还会引发对社会事业大发展的新需求；而社会事业的健康发展，有助于经济的可持续发展。如果社会事业建设滞后，导致各种社会矛盾累积，不仅经济建设的社会环境将遭到破坏，而且也将偏离经济建设的本来目的。

## 二 社会事业财政投入总体水平偏低，公共服务供给仍旧不足

虽然我国对社会事业的财政和社会投入增长很快，但其投入和发展水平与其他发达国家甚至与很多发展中国家相比，总体上还偏低，与经济的快速增长还很不协调。以 2005 年国家财政教育、卫生经费的投入占 GDP 的比例为例，我国在这两项上的总投入明显低于其他国家。

2005 年发达国家的财政教育经费占 GDP 的比重平均为 5% 左右，即使是发展中国家平均也为 4% 左右，如墨西哥为 5.3%、巴西为 4.4% 等。而

---

① 《2005 联合国开发计划署人类发展报告在中国发布》，http://finance.sina.com.cn/g/20050908/16451953105.shtml，2005 - 09 - 08。

中国的这一比例仅为 2.8% 。这说明我国教育财政投入不仅远低于发达国家，还低于很多发展中国家。与发达国家相比，2005 年我国的卫生医疗财政投入占 GDP 的 4.7%，是美国的 1/3，低于印度和韩国（具体见表 2-2）。

表 2-2　2005 年世界主要国家财政教育、卫生经费的投入占 GDP 的比例

单位：%

| 国家 | 美国 | 英国 | 法国 | 加拿大 | 新西兰 | 丹麦 | 瑞士 | 印度 | 南非 | 中国 |
|------|------|------|------|--------|--------|------|------|------|------|------|
| 教育 | 4.8 | 5.0 | 5.6 | 4.7 | 5.2 | 6.8 | — | — | — | 2.8 |
| 卫生 | 15.2 | 8.2 | 11.2 | 9.7 | 8.9 | 9.1 | 11.4 | 5.0 | 8.7 | 4.7 |

资料来源：凤凰网教育，http：//edu.ifeng.com/news/201002/0221_6978_1550955.shtml 和世界银行数据。

以人均公共教育支出来看，中国的落后更为明显。2010 年，中国的人均公共教育支出为 42 美元，美国为 2684 美元，绝对数字是中国的 63.9 倍。从人均公共教育支出占人均 GDP 的比例来看，中国仅为 0.82%；而美国为 6.10%，是中国的 7.44 倍；俄罗斯为 1.87%，是中国的 2.28 倍；巴西为 2.29%，是中国的 2.79 倍。[1]

尽管早在 1993 年，中共中央和国务院颁布的《中国教育改革和发展纲要》就曾提出，"逐步提高国家财政性教育经费支出占国内生产总值的比例，在本世纪末达到 4%"，但是，近 20 年的时间过去了，这一目标仍没有实现。[2]（具体见表 2-3）

表 2-3　我国财政、教育支出相关数据（2001~2011 年）

| 年份 | 教育支出（亿元） | 财政支出（亿元） | 国内生产总值（亿元） | 教育支出比例（%） | |
|------|------------------|------------------|----------------------|-------------------|-------------------|
| | | | | 占财政支出 | 占 GDP |
| 2001 | 3057.0 | 18902.6 | 109655.2 | 16.2 | 2.8 |
| 2002 | 3491.4 | 22053.2 | 120332.7 | 15.8 | 2.9 |
| 2003 | 3850.6 | 24649.9 | 135822.8 | 15.6 | 2.8 |
| 2004 | 4465.9 | 28486.9 | 159878.3 | 15.2 | 2.8 |
| 2005 | 5161.1 | 33930.3 | 183217.4 | 15.2 | 2.8 |
| 2006 | 6348.4 | 40422.7 | 211923.5 | 15.7 | 3.0 |
| 2007 | 7122.3 | 49781.4 | 249529.9 | 14.3 | 2.9 |
| 2008 | 9010.2 | 62592.7 | 314045.0 | 14.4 | 2.9 |

① 资料来源：凤凰网教育，http：//edu.ifeng.com/news/201002/0221_6978_1550955.shtml，2010。

② 《南方周末》本文网址：http：//www.infzm.com/content/41664。

续表

| 年份 | 教育支出（亿元） | 财政支出（亿元） | 国内生产总值（亿元） | 教育支出比例（%） | |
|---|---|---|---|---|---|
| | | | | 占财政支出 | 占 GDP |
| 2009 | 10437.5 | 76299.9 | 335352.9 | 13.7 | 3.1 |
| 2010 | 12450.0 | 89575.4 | 398000.0 | 13.9 | 3.1 |
| 2011 | 16116.0 | 108930.0 | 471564.0 | 14.8 | 3.4 |

资料来源：《中国财政年鉴 2009》（中华人民共和国财政部编，中国财政出版社，2010）；《2009、2010 年国民经济和社会发展计划执行情况与 2010、2011 年国民经济和社会发展计划的决议（草案）》；财政部公布的《2009、2010 年全国财政收支情况》。

我国的卫生事业发展也存在类似的问题。一方面，我国卫生事业支出占 GDP 比重长期不达标。世界卫生组织早在 30 年前就对发展中国家的医疗卫生支出提出了要求：到 2000 年卫生总费用占 GDP 的比重力争达到 5%。我国卫生总费用占 GDP 的比重从 1978 年的 3.02% 增加到 2008 年的 4.63%，30 年仅增加了不到 2 个百分点，仍低于世界卫生组织确定的目标。从全球范围看，2008 年，卫生总费用占 GDP 的比重全世界平均为 9.7%，人均卫生总费用为 802 美元；发达国家卫生总费用占 GDP 的比重为 11.2%，人均卫生总费用为 4405 美元。

另一方面，近年来，虽然我国财政卫生支出的绝对量不断增加，但财政卫生支出占卫生总费用的比重却增长缓慢。2001～2009 年医疗卫生的财政支出比重从 4.24% 增长到 6.14%，占 GDP 的比重更低，只有 1.40%。（见表 2-4）

表 2-4  政府卫生支出

| 年份 | 政府卫生支出（亿元） | | | | | 占财政支出比重（%） | 占卫生总费用比重（%） | 占国内生产总值比重（%） |
|---|---|---|---|---|---|---|---|---|
| | 合计 | 医疗卫生服务支出 | 医疗保障支出 | 行政管理事务支出 | 人口与计划生育事务支出 | | | |
| 2001 | 800.61 | 450.11 | 235.75 | 32.96 | 81.79 | 4.24 | 15.93 | 0.73 |
| 2002 | 908.51 | 497.41 | 251.66 | 44.69 | 114.75 | 4.12 | 15.69 | 0.75 |
| 2003 | 1116.94 | 603.02 | 320.54 | 51.57 | 141.82 | 4.53 | 16.96 | 0.82 |
| 2004 | 1293.58 | 679.72 | 371.60 | 60.90 | 181.36 | 4.54 | 17.04 | 0.81 |
| 2005 | 1552.53 | 805.52 | 453.31 | 72.53 | 221.18 | 4.58 | 17.93 | 0.85 |
| 2006 | 1778.86 | 834.82 | 602.53 | 84.59 | 256.92 | 4.40 | 18.07 | 0.84 |
| 2007 | 2581.58 | 1153.30 | 957.02 | 123.95 | 347.32 | 5.19 | 22.31 | 1.03 |
| 2008 | 3593.94 | 1397.23 | 1577.10 | 194.32 | 425.29 | 5.74 | 24.73 | 1.14 |
| 2009 | 4685.60 | — | — | — | — | 6.14 | 27.23 | 1.40 |

资料来源：中华人民共和国卫生部编《2010 中国卫生统计年鉴》，中国协和医科大学出版社，2010。

由于对社会事业的财政投入低于经济增长速度，而反过来经济增长后，人们对社会事业的需求却在不断增加。这就导致社会事业公共需求增长与供给不足的矛盾日益凸显，由此带来了一些负面影响。

### 三　社会事业在区域之间、城乡之间发展不平衡

与经济发展不平衡相对应，我国社会事业在区域之间、城乡之间的发展水平存在较大差别。以区域间的教育发展为例，从教育资源、财政投入、设施条件等主要指标看，不同区域之间发展不平衡，缺乏公平性。目前西部地区尚有 42 个县没有完成"两基"攻坚任务，适龄儿童未入学率在有的地区高达 30% 以上。从 2004 年的数据看，西部地区基础教育经费总收入为 95.41172 亿元，仅占全国基础教育经费总收入的 23.07%，而东部地区 2004 年基础教育经费总收入占全国基础教育经费总收入的 52.41%，比西部地区多出 121.283904 亿元。从省均基础教育经费总收入来看，2004 年度全国基础教育经费省均总收入为 13.338306 亿元，西部经过较大幅度增长后 2004 年才达到 7.950977 亿元，全国基础教育经费省均总收入是其 1.68 倍；而 2004 年东部基础教育经费省均总收入为 19.699602 亿元，超出西部地区 11.748625 亿元，是西部基础教育经费省均总收入的 2.5 倍。[①]

从城乡之间的教育资源和卫生资源分布来看，社会事业发展的不平衡性也很突出。广东省粤西吴川市塘缀镇初中人均教育经费为 1136 元，而同省的东山区育才中学人均教育经费为 4688 元。城乡学生享受到的教育资源竟相差 4 倍之多。[②] 在医疗卫生方面，我国医疗资源的分布有两个 80%：第一，80% 的医疗资源集中在城市；第二，城市中的医疗资源又有 80% 集中在像北京这样的特大城市。在北京，像协和医院、北京医院、同仁医院、301 医院这种三级甲等医院就有 57 家之多，而我国广大农村，很多乡镇卫生院和卫生所，一段时间难以维持，有不少已经倒闭。由此可见，我国地级以下的城市医疗资源相当短缺，更不用说广大农村。[③]

---

① 王根顺、孟子博：《西部地区基础教育经费的问题及对策分析》，《昆明理工大学学报（社会科学版）》2007 年第 8 期。

② 杜星、夏杨、童文霞：《广东九年义务教育状况现状调查——广东：让穷孩子不输在起跑线上》，《羊城晚报》2005 年 4 月 21 日。

③ 景天魁：《底线公平——和谐社会的基础》，北京师范大学出版社，2009。

社会事业建设资源在区域之间、城乡之间配置的不均衡，直接导致社会事业的公平性差。这与社会事业的核心特征——公益性事业的性质不符。

### 四　社会事业建设的民间主体不发达，民间资本进入的机制不完善

我国社会事业建设缘于新中国成立后的社会主义制度的确立。当时社会事业建设采取国家包办、财政承担所有责任的体制。但是随着经济发展和社会进步，人们生活水平不断提高，人们对社会事业的需求越来越高，而且不同阶层和群体对社会事业的需求也不一样。因此，由国家（政府）财政来满足所有阶层和群体对社会事业的各种需求是根本不可能的。发达国家没有这样的先例，发展中国家也没有这种做法。因此，需要多元化的社会事业建设主体。但是，从目前社会事业建设的主体结构来看，社会团体和企业作为社会事业建设的主体，队伍还需要进一步扩大，尤其是承担社会事业的社团组织。

在多元发展主体的分工方面还存在职责不清或者职责越位的现象。在一些应该由政府承担的社会事业项目和社会事业监管方面，政府出现缺位现象，如农村义务教育、医疗事业等方面。同时，对社会团体和企业投资的社会事业项目，政府由于多方面的原因，在监管上还有不完善的地方，如对文化市场的监管不到位，无证经营现象及违规现象时有发生，造成不良的社会影响。而在一些应该由企业或者社会团体作为建设主体的社会事业发展项目上，各级地方政府又长期充当建设主体和投资主体，把本应该由民间主体或中介机构去做的事情也包揽下来，从而直接压缩了民间主体的发展空间。

与此同时，我们也要看到，一些外部因素也成为阻碍民间资本和民间组织进入社会事业建设领域的重要原因。目前，我国还缺乏完整、权威的信息发布系统和优良的社会中介服务体系。政府部门制定的有关投资政策没有专门的部门和渠道及时公布于众。投资者对有什么项目可以投资、投资的前景如何知之甚少。缺少信息引导必然会影响投资者的热情，或者导致盲目投资。一些项目对单一投资主体投资高起点的规定使很多单一民营企业难以参与项目投资。因此，在引导民间资本投向的政策方面，如何把大量民营企业有限的资本、零散的民间资金，通过较完善的实施细则和明确的权责规定引导到参与社会事业及公共设施工程投资上来，政府还有大量的工作要做。而且，区域整体经济环境的制约因素也还存在，如土地、能源、人才、产业结构以及服务软环境等因素，这些因素的影响比较突出。此外，政府相关部门对投资项目审批周期过长、办事效率较低现象仍然存在，这些都是阻碍民间资本顺利进入社会事业建设领域的外生性因素。

### 五　市场机制对纯公益性社会事业的介入，引发民众的不满

由于计划经济体制下社会事业运行体制积弊太深并受企业改制和市场机制的影响，社会事业改革没有对社会事业不同领域进行比较清晰、细致的分类，存在改革思路过于简单化、泛市场化倾向。改革中存在着把市场机制简单地引入社会事业公共服务领域的问题，导致日益扩大的收入差距逐渐演化为社会差距和日益严重的社会问题——教育乱收费、就医看病贵，不仅影响到国民的健康、文化素质的提高，也带来了诸如贫困、公众不满情绪日益增长、群体间关系失衡等一系列社会问题。社会事业体制改革与经济体制改革不同，作为社会事业主要标志性行业的科技、教育、文化、医疗卫生等，长期以来一直被视为应由政府主办的纯公益性事业。但是，由于受半公益性社会事业市场化改革的影响，纯公益性社会事业中也出现了市场机制的作用，如近年来全国各地义务教育的择校之风、医疗方面的高价药费等。纯公益性社会事业领域的泛市场化改革，使居民对政府在社会事业满足基本需求方面的预期降低，这样不仅影响经济发展，而且危及社会稳定以及公众对改革的支持程度，影响党和政府的形象、威信以及社会的凝聚力。纯公益性社会事业中市场机制的引入、产业化的运作都会增加公众的社会不公平感，使公众对政府的不满情绪增长，严重地破坏社会和谐。

## 第四节　加强社会事业建设的主要建议

正是由于社会事业建设还存在这样那样的问题，因此要转变观念，加大对社会事业建设投入力度，加快推进社会事业体制改革，促进社会事业发展。政府要加强对社会事业发展的综合管理，进行科学规划，完善监督和服务职能。通过社会事业体制的市场化、社会化改革，形成完善的多元主体结构，让各方充分发挥自己的作用，互相配合，互相监督，推动社会事业发展体制逐步完善。

### 一　社会事业建设的理念与原则

在现代化道路的探索过程中，我国经济建设水平已经达到现代化的中后期，但社会事业建设却相对滞后。因此，要实现经济社会发展的全面现代化，不仅要重视经济建设，而且要在社会事业建设方面加大投入力度。社会事业建设不仅仅满足民众全面发展的需求，更是一个国家富强和民族文明程度的标志，是实现全面现代化的标志之一。

1. 从思想观念上重视社会事业建设

重视社会事业建设，就要端正对社会事业投资的认识。社会事业建设既是政府的一种行政行为，又是政府在社会整体消费宏观市场上的产业投资行为，直接受益的所有个体消费者将会再次间接地分摊消费费用，其方式就是国民作为劳动者的身体素质、科学文化素质、劳动技能的提高，经过优化的社会生产力第一要素将以巨大的产出回报社会。但是，如果仅从短期功利性的角度来看社会事业的投资效果，或者由于认识不到位，把社会事业投资看成一种单纯投入的事情，是贴钱的、赔本的买卖，就会普遍缺乏对社会事业的重视，存在经费投入不足、放权过度与约束不足的问题，致使一些机构的目标和行为偏离公益性的基本要求和规范。

社会事业建设，必须树立经济与社会协调发展的理念，突出全面的、协调的和可持续的现代化发展目标。片面地理解现代化，把现代化等同于经济现代化，不仅不能自动地导致社会事业的现代化，事实上也会严重阻碍社会事业的现代化，而且最终也将阻碍经济自身的增长。

2. 坚持以人为本的建设理念

社会事业的突出特征在于社会性和公益性，而人是社会发展的主体，因此，社会事业建设最重要的理念就是要以人为本。

发展社会事业，要树立以人为本的理念。政府在制定社会事业建设规划过程中，要以提高人民生活水平和文明程度，实现人的全面发展为宗旨，切实把老百姓反映强烈的社会事业改革放在政府工作的突出位置。在经济发展的基础上，不断满足人民群众日益增长的物质文化需要，促进人的全面发展。尊重人民群众的创造精神，通过深化改革、创新体制，调动一切积极因素，激发全社会的创造活力。在市场经济条件下，如果没有政府的高度关注和着力推动，社会事业的公益性、社会性特点是很难体现出来的。因此，各级政府要高度重视社会事业建设，具体表现在：不论是在财政投入项目的选取上，还是在体制创新思路的选取上，都要把能否使最广大人民从中得到实惠，能否最大限度地满足最广大人民的迫切需要，作为一切工作的出发点、落脚点和检验工作成败得失的标准。要加大对社会事业建设的财政投入，代表最大多数群众的根本利益，致力于提供与经济发展相适应的社会事业产品与服务，进一步促进经济社会健康、持续发展，实现社会和谐。

3. 坚持公平公正的建设原则

目前，在我国社会事业建设过程中，城乡之间、不同地区之间社会事业建设的资源配置是不均衡的，这种不均衡直接影响到社会事业的公平公正原则。社会每个个体成员要想获得个体发展的基本权益，必须从社会上获得基本的社会事业公共服务。但由于体制内外、城乡、区域之间社会事业建设资源配置的不同，每个人获得的基本公共服务也是不相同的。

国家作为社会事业建设的主要责任主体，应该满足人们的基本需求，而对于社会事业有更高质量需求、个性化需求，甚至是专业性需求的群体，可以通过其他社会事业建设主体的努力，通过市场化、社会化的运作机制来满足其需求。政府不应将有限的社会事业建设资源投入到重点建设领域、重点建设项目甚至是重点院校、重点医院等。这不仅仅建构了社会成员个体间的不平等，同时还给社会流动带来障碍，使社会结构趋于定型化，不利于合理社会结构的形成。

重视发展社会事业，要有正确的社会价值观。社会事业的发展总是受到特定社会价值观的影响和支配，这种价值观在很大程度上决定了社会事业发展战略、策略以及具体方式和手段的选择。社会事业的公益性特点引导发展社会事业的价值观应该是社会公平、社会正义。社会事业主要是通过为每个个体成员提供平等的受教育机会，形成正常的社会流动机制，缩小日益扩大的贫富差距，使社会成员共享经济发展成果，进而促进社会公平与正义。因此，发展社会事业，政府要站在公共利益的立场上，注重社会公平，正确反映和兼顾不同方面群众的利益，正确处理人民内部矛盾和其他社会矛盾，妥善协调各方面的利益关系。

## 二 社会事业建设的统筹规划

社会事业建设较之经济建设更为复杂，涉及的领域更多，挑战也更大。因此，政府要合理规划社会事业的中长期发展目标，在参考经济发展水平的基础上，制定社会事业发展规划，作为与经济发展配套实施的社会建设纲要。同时，在众多的社会事业领域的建设过程中，要明确社会事业建设的重点领域。目前，由于受社会事业建设资金、人力资源等方面的限制和社会事业各个领域在不同社会阶段的重要性不同等原因，不可能全面、快速地推进各项社会事业的发展。因此，就必须明确特定阶段社会事业建设的重点领域，逐步推进社会事业发展。确定社会事业建设的重点领域，一方面要看在特定阶段各项社会事业对社会运行与发展的相对重要性，另一方面要看特定阶段群众反映和需求的强烈程度。就目前全国现实情况而言，我们认为需要优先考虑的领域应当是实现公共教育均等化、完善基本医疗卫生保障制度、构建公共文化服务体系等。这些领域的进展情况直接关系到全体社会成员能否均等地享有公共服务资源与发展机会，关系到人的素质的提高、社会文明程度以及经济持续快速增长的潜力。在以上各项社会事业中，每项社会事业如何建设，也要根据全国各地的实际情况，具体确定各项社会事业的发展重点。

1. 重点建设领域的统筹

就基础义务教育而言，2010 年国务院颁布的《国家中长期教育改革和发展规划纲要（2010～2020 年)》是我国教育改革的纲领性文件，其主旨是逐步实现基本公共教育服务均等化。教育规划纲要明确提出，要把教育摆在优先发展的战略地位，2012 年国家财政性教育经费支出占国内生产总值比重要达到 4%；要把促进公平作为国家基本教育政策，保障公民依法享有受教育的权利。目前，我国处于义务教育阶段的在校学生有 1.6 亿人，其中大部分居住在农村和中西部地区。作为我国 21 世纪第一个教育改革发展规划纲要，它为我国加大教育投入、实现基础义务教育的公益性与普惠性、推进基本公共教育服务均等化提供了保障。

就基本医疗卫生保障而言，主要应包括建立面向公众提供公共卫生和基本医疗服务的卫生服务体系和覆盖城乡、与经济发展水平相适应的基本医疗保障制度。目前，我国以疾病预防控制、妇幼保健和精神卫生保健等为主要内容的公共卫生机构已经遍布城乡。但是，随着社会经济发展和疾病谱系的变化，医疗服务供、需关系中出现的一系列新的矛盾和问题仍将是重点加强建设的领域。与此同时，在广大农村地区，基本卫生服务的质量和基本医疗条件的改善还有待加强。目前我国民众反映强烈的"看病难、看病贵"的一个重要原因就是社区基本医疗服务质量不高，导致一个感冒甚至都要到三甲医院去医治。因此，要进一步加快城乡社区卫生服务体系建设。在城镇主要是进一步健全社区卫生服务网络，提高社区卫生管理与服务水平。在农村则要在原有乡村卫生体系建设的基础上，加快向农村社区卫生服务模式转型，进一步适应广大农村居民卫生服务需求的变化。

在医疗保障制度方面，一方面逐步实现现行机关干部公费医疗制度、城镇职工基本医疗保险制度、城镇居民基本医疗保险、新型农村合作医疗制度等各种医疗保障制度的一体化，调整医疗费用分担比例，提高筹资水平，不断提高基本医疗的保障水平；另一方面要积极鼓励与发展各种社会商业保险。最终实现以政府主导的覆盖全国城乡居民的基本医疗保障制度（包括政府医疗救助制度）为主体，以各种社会商业医疗保险为补充的医疗保障制度体系新格局。

构建公共文化服务体系。根据中共十七届六中全会通过的《中共中央关于深化文化体制改革　推动社会主义文化大发展大繁荣若干重大问题的决定》，构建覆盖城乡、结构合理、功能健全、实用高效的公共文化服务体系，保障人民的基本文化权益。从范围上看，首先是加强文化馆、博物馆、图书馆、美术馆、科技馆、纪念馆、工人文化宫、青少年宫等公共文化服务设施和爱国主义教育示范基地的建设及完善，向公众免费开放，鼓励其他国有文化单位、教育机构等开展公益性文化活动，各类公共场所要为群众性文化活动提供便利。其次要加强社区公共文化设施建设，要把社区文化中心建设纳入城乡规划和设计，拓展投资渠道。推进国家公共文化服务体系示范区的创建工作。再次，要完善面向妇女、未成年人、老年人、残疾人的公共文化服务设施。引导和鼓励社会力量通过兴办实体、资助项目、赞助活动、提供设施等形式参与提供公共文化服务。通过针对不同区域、不同人群的公共文化服务体系的建设，来保障人民群众看电视、听广播、读书看报、进行公共文化鉴赏、参与公共文化活动等基本文化权益为主要内容，完善覆盖城乡、结构合理、功能健全、实用高效的公共文化服务体系。

2. 重点建设区域的统筹

如果分地区看，当前社会事业发展的重点地区无疑应当是农村，因为农村社会事业的发展与城市相比存在着较大差距，这种差距构成了城乡发展失衡的重要方面，并且越来越成为制约农村快速发展的重要因素。因此，社会事业的发展应按照社会公平的理念，实现让全民享有公共事业产品与服务的目标，推进社会基本公共产品和服务的城乡覆盖，促进基础教育、公共卫生、公共文化资源的均衡化发展，推动和谐社会的建设。

目前，全国在加强新农村建设等项目推动下在这方面虽然已经取得了巨大成绩，但是由于人口迁移等因素导致社会结构变化较快，社会事业的发展布局和资源整合工作还有待进一步调整。一是在推进城乡基础教育布局结构调整时应优先支持偏远农村和农民工子弟学校基础教育的发展。二是促进公共卫生资源配置的均衡化。加强全国尤其是农村疾病预防控制体系和公共卫生医疗救治体系的建设。三是促进公共文化资源配置的均衡化。加强基层公共文化设施建设，形成覆盖全社会的比较完备的公共文化服务体系。在政府投入的基础上充分利用社会资源，推进农村基层文化设施建设。

### 三 促进社会事业改革的具体举措

改革开放以前，我国社会事业基本上是由国家包办的，部分地是通过单位体制提供一定的社会服务。国家和单位构成了社会事业建设的主体。在此模式下，社会事业发展呈现条块分割的格局。同时，在追求经济增长成为国家主要目标的情况下，国家对社会事业建设的投入非常有限，从而导致社会事业发展的整体水平偏低，与公众对社会事业的需求有差距。

推进社会事业体制改革，恢复和突出社会事业的社会性和公益性。国家要推动社会事业社会办，并且在社会事业发展中引入市场机制，促进某些社会事业快速发展，特别是那些公益性比较弱或者原本就不具有什么公益性的所谓"社会事业"快速发展。整体而言，社会事业体制改革缺乏整体设计和系统推进，因而造成政府有限的投入不是用在了最为基本和急需的社会事业建设方面，而是用在了改革中逐步走向市场化领域或是社会事业建设有一定成效的领域和地区，谓之"锦上添花"。这种做法产生的效果就是部分社会事业领域过度市场化和不同地区与领域的社会事业发展差距逐步扩大，进而增加了公众的不公平感，社会不满情绪高涨，使社会矛盾日益突出。这种社会现实状况与社会事业的公益属性极为不符。因此，在新的社会形势下，必须加大社会事业体制改革力度，推动社会事业全面进步。

1. 明确各社会事业建设主体的责、权、利

社会事业体制进一步改革的目标主要是规范政府、企业和社会组织三者在社会事业建设中的权、责界限，明确三者间的关系，进一步规划制度设计，推进社会事业建设。

我们应当根据社会事业各领域的工作性质和公益程度，分类处理，同时采取政府直接举办、政府出资举办、政府监管举办、政府购买服务等多种方式，来履行政府在社会事业发展中的职责。目前社会上运行的事业单位，根据它们的公益性主要分为三类，即非公益性质、纯公益性质和半公益性质。非公益性的社会事业单位主要指其活动与政府职能基本无关，产品和服务不具"外部性"，可以直接为社会提供产品或劳务并能够创造利润的事业机构，应尽快市场化。如应用技术研究开发机构和经营性文化产业单位、社会中介机构、职业培训机构、行业协会等应面向市场转制。

纯公益性的社会事业单位主要指其产品或服务具有纯粹公益性或涉及国家长远利益和根本目标的事业单位，如从事基础教育、公共卫生、公益性文

化事业、基础研究、战略高技术研究、重要公益性研究领域创新活动等关系到国家的整体利益和长远发展且市场机制难以发挥作用的事业单位，必须由政府直接组织并确保财政经费投入，这些机构不得从事创收活动。半公益性的社会事业单位主要指那些公益性相对较弱，其产品或服务是针对特殊群体的事业单位，可以逐步改为由政府间接组织和管理的非营利组织。即使一部分事业单位改为非营利组织，政府财政支持仍是多数非营利组织的主要资金来源，这也是发达国家非营利组织发展的现状。

社会事业要坚持政府主导和社会参与的原则，加强政府在推进社会事业建设中的主导地位，强化政府对社会事业工作的宏观调控。同时，政府应在保证公益性设施完善的基础上，积极引入市场机制，实现政府与市场的合理分工，政府财政投入保证社会事业基本需求，市场通过社会事业产业化满足人们多样化的发展需求。

要推进社会事业管理体制创新，必须更新管理理念，创新管理方式，拓宽服务领域。一方面要进一步明确合理的职责范围，要区分社会事业的公益性和产业性，采用不同的管理体制。对公益性的社会事业，要体现公共意识，强调公共资源、公共服务、公共产品；对产业性的社会事业，要面向市场，满足社会多层次需求。另一方面要拓宽服务领域，适当放宽非公有制经济市场准入制度，诸如支持、引导和规范非公有资本投资教育、科研、卫生、体育等社会事业，包括非营利性领域和营利性领域。同时，还要推进社会事业单位内部改革，通过合并、改制、撤销、调整等手段进行结构性调整，建立新型的法人治理结构，建立竞争性的人事制度和有效的激励约束机制，激发社会事业发展的活力。

**2. 完善社会事业行政管理体制**

在社会事业体制改革中，行政管理体制改革应是社会事业体制改革的重点。目前，我国社会事业行政管理体制依然是以"条块分割"为主要特征的。同时，在社会事业建设过程中，各级政府责任划分不合理。因此，要完善社会事业行政管理体制。

在当前的改革中，应当力争在政府行政管理体制的改革上有所突破，否则即使事业单位改制了或是拨款方式改变了，也仍然不能改变运行低效的现状。而要改变当前社会事业行政管理体制"条块分割"的现状，当务之急是应该建立国家社会事业体制改革专门机构，并由其牵头，会同所有相关各级政府的主管部门，共同对改革的重大方针、政策进行总体规划，对各部门间的关系进行协调，减少"条块分割"体制造成的政出多门、互不协调的弊病，进而提高管理效率，加强部门间工作的协调性。同时要对不同层级政府的职责进行明确分工。对于那些涉及国家目标，且在发展中需要不同机构间充分配合与协调的社会事业，如基础科学研究、具有较强社会公益性的技术研究、卫生防疫等，应该由中央政府统一规划，中央财政直接投资、直接管理；对于具有突出公益性，涉及政府基本职能，但可以由彼此独立的机构分别承担的社会事业，如基础教育等，可以采取由中央统一规划、地方政府组织实施的方式，所需经费或由地方政府承担、中央政府进行补助和转移支付，或全部由中央财政支出；对于主要体现局部区域公众利益的社会事业，则主要由地方政府承担，中央政府给予宏观指导，并根据不同地区的实际情况给予必要的援助，等等。[①]

### 3. 加快社会事业财政体制改革

社会事业建设滞后，一个主要原因就是社会事业建设的财政投入不足。而要改变社会事业建设财政投入不足的问题就必须改革财政体制，加快公共财政体系建设。

进行社会事业财政体制改革，首先要进一步调整财政支出结构，提高社会事业建设财政支出的比例，变过去财政支出取向"经济建设营利"为"公共事业非营利"，确保政府财政对社会事业建设的投入和支持。政府的钱该花在哪里，不该花在哪里，不仅仅是资金使用效益高低的问题，更是关系到政府应尽的责任能否到位的一个根本性问题。政府对公益性社会事业建设的投入要有一定的比例保证，这种比例不是写在发展规划上，而是要在财政预算上有确实的保证。各项支出都要严格按照《预算法》等法律安排，财政预算草案一经人民代表大会批准，就必须严格执行，政府不能随意超支或增设新的支出项目。如遇特殊情况需临时追加预算，必须根据有关法律程序批准。

其次，要对不同类型社会事业机构形成规范的支持方式，发挥财政的监督、约束以及调整职能。基础教育、基本医疗卫生服务、基础公益性文化事业、基础研究等纯公益性社会事业财政支出必须优先予以保障；财政对这些基础性社会事业的投入不仅仅表现在对这些社会事业基本建设的支持上，同

---

① 葛延风：《对社会事业体制改革及事业单位体制改革的反思与建议》，《改革攻坚30题：完善社会主义市场体制探索》，中国发展出版社，2003，第329页。

时还要体现在基本社会公共服务的实际享有上。如近些年的小学义务教育，为了提高办学效率，共享优质教学资源，大范围地并校改革，不仅没有增加偏远地区儿童享有优质教育资源的机会，反而因为增加了他们所接受的教育的成本（如交通、午餐费用等），而丧失了接受义务教育的权利。农村基本医疗卫生服务、基础公益性文化事业也是如此，真正贫穷的农村人口由于自身原因或是经济原因并不能够享受到这些。

最后，必须全面调整中央政府与地方政府之间以及不同层级地方政府之间的财政关系。关键是要调整各级财政收入与支出之间的分配关系，使发展社会事业的责任与相关财政责任相一致。该由中央政府承担责任的社会事业就一定要由中央财政保证投入；该由地方政府承担责任的社会事业则要依靠地方财政。鉴于地区间经济发展不平衡，还要强化财政转移支付制度建设，对部分经济困难地区有效地予以支持，避免地区间社会事业发展水平差距过大。

### 4. 调整社会事业运行机制

目前，我国社会事业运行机制僵化，行政化倾向严重，社会事业单位去行政化改革已经成为我国社会体制改革的深水区。

我国社会事业运行机制的改革目标是要建立一个同社会主义市场经济体制相适应的、城乡一体化的、按社会主义市场经济规律要求运作的、有利于调动各方面积极性的社会事业建设新体制。在社会事业运行机制上，政府要放开对社会事业建设权力的垄断，允许社会力量和资源进入社会事业建设领域，形成多主体、多元化的社会事业建设格局。但是为了避免社会事业建设社会资本进入过程中带来的问题，政府必须加大监管力度并建立新的评估体系。这个评估体系不仅仅针对民间资本的社会事业建设成效，同时对政府部门的社会事业建设成效也适用。这样不仅对民间建设主体形成制度约束，而且能够促进它们平等地竞争。

必须在现实的基础上建立起新的综合评价机制，以及时反映公民个体对社会事业质量的切身感受，监督社会事业的建设质量和社会效益，建立社会事业建设的综合评价机制。

首先，要落实政府绩效考核的社会公众参与和社会事业建设能力评价内容。社会事业是一种社会性的公共产业，是由国家通过政府公共部门来组织实施的。要保证政府行为的合理性必须让纳税人拥有知情权和监督权，即政府社会事业发展规划，社会事业财政投入的预算、决算等政策的制定和实施都要接受纳税人的监督。

其次，评价社会事业建设成效，不仅仅要看投入的多少，更重要的是看其产生的社会效益是什么。这是评价社会事业建设成效的一个重要机制。这不仅有助于激励各种社会事业组织建设的积极性，提高资源使用效益，而且还可以促进社会事业组织自身的健康发展。

最后，在评估社会事业建设产生的社会效益时，主要以民众的主观感受为指标，这反映了社会事业的公益性质。在社会事业发展水平的评价机制中，不仅要有各种客观指标，而且要加入民众的主观感受。社会事业是服务于全体公民的公共事业，人民是否满意应该是衡量社会事业发展是否有成效的重要指标。在实际工作中常常会有这样的情况：从各种客观指标看，社会事业发展的速度与质量似乎很好，但是群众的主观感觉并不好，满意度低。这就提醒我们在评估社会事业建设成效时，不能单纯地以客观指标为标准，还要加入主观指标，即群众对社会事业发展的主观感受和满意度。

此外，我们在评价社会事业建设成效时，不能忽视对经济发展指标的考察。社会事业建设是以一定经济发展水平为基础的，不能脱离经济发展来谈社会事业的建设。我们现在强调加快社会事业建设，正是因为改革开放以来经济的快速发展为社会事业建设奠定了一定的经济基础。如果没有一定程度经济的发展来支撑，社会事业建设就会成为无源之水、无本之木，难以为继。不仅如此，超越经济承受能力的所谓社会事业建设，最终会反过来制约经济的健康发展。

因此，我们在评估社会事业建设成效时，如果只采用单纯的社会事业建设指标是不科学的，因为它割裂了经济发展与社会事业建设的内在联系，使得社会事业建设成效缺少了重要的客观参照指标。更重要的是，如果在政府工作中抛开经济发展水平，只是单纯地考察社会事业建设状况，有可能对各级政府部门产生误导，激励一些地区不顾经济发展的实际情况，盲目推动社会事业建设，造成社会事业的"虚假进步"。因此，在评估社会事业建设成效时，应当结合必要的经济指标，以便使评估更为科学、合理。

# 第三章 收入分配

【摘要】收入分配与社会建设密切相关。它关系着资源配置、社会公平正义，影响社会主体成长和社会阶层结构调整，并最终影响社会现代化目标的实现。我国目前收入差距很大，体现为初次分配中劳动者报酬所占比例偏低、再分配过程社会领域的配置偏低、行业垄断进一步拉大收入差距。本章认为，制度不平等是收入分配格局失衡的根源，包括体制因素、城乡二元结构以及分配过程的不公开、不透明与不民主。在这样的情况下，收入分配制度改革是一项深层的全面改革，需要国家在改革的原则、目标、基本制度的设计、各项重点措施的实施等方面采取综合措施，逐步推进。对此，本章提出五点建议：一是强调初次分配和再次分配都要把公平放在首位；二是健全第三次分配机制，培育社会组织的发育成长；三是建立合理的工资正常增长机制；四是打破垄断，促进竞争，限制垄断行业的收入水平；五是消除收入分配不公的体制性和制度性障碍。

收入分配是一个经济问题，更是一个社会问题。一个社会的收入分配格局是否合理，关乎社会公平正义，影响社会和谐稳定，并将最终影响社会现代化目标的实现。世界现代化的经验表明，一个收入差距悬殊、贫富分化严重的社会即使经济发展再好，也很难进入现代化国家的行列。在经济发展过程中，通过法律、行政和经济手段适当调节收入分配，使不同社会成员或群体间的收入差距保持在合理范围并实现共同富裕，是一个国家走向现代化的普遍规律。

改革开放后，以自由竞争、追逐效率、市场配置为特征的市场经济体制改革，带来了经济的发展繁荣，也不断扩大了社会成员间的收入差距，使基尼系数居高不下，一度突破国际"警戒线"。现在，我国已经从一个收入差距相对较小的国家，成为世界上收入差距最大的国家之一，并引发了一系列的社会问题。改革现行收入分配制度的呼声日益高涨，改革任务迫在眉睫。

## 第一节 调节收入分配是社会建设的重要内容

从经济领域来看，收入分配是生产消费的重要环节，但是从整个社会来看，收入分配是社会建设的重要组成部分。

### 一 分配直接关系到资源在社会建设中的配置

资源、机会与国民收入等如何分配，是处理企业、国家与劳动者之间的关系，实现积累与消费、经济与社会协调发展的制度安排。分配在很大程度上决定了资源在经济建设和社会建设之间的投入比例关系。党的十五大报告指出，"集中财力，振兴国家财政，是保证经济社会各项事业发展的重要条件。要正确处理国家、企业、个人之间和中央与地方之间的分配关系"。同时，国家财政在经济建设与社会建设之间的分配，还通过转移支付、社会保障等方式调节地区之间、社会群体之间的贫富差距。目前，我国国家财政的分配在总体上是向经济发展倾斜的，而对社会建设，包括民生、社会事业、社区建设和社会组织培育等投入不足，导致社会建设滞后经济建设，经济、社会发展不协调已成为当前我国社会的主要矛盾。

相对于经济建设而言，社会建设更多地涉及资源的配置问题。收入分配可以为社会主体①的发育提供物质基础，与社会建设的各个方面都密切相

---

① 这里的社会主体特指社会组织、公众，是小社会的概念。

关。民生事业着重于国民收入在积累与消费之间的分配，社会事业着重于资源和国家财政在不同部门与产业之间的分配，社区建设着重于国家财政在空间上的分配，社会组织的培育着重于以财产所有制结构为主的产权关系的分配，等等。其中，分配对于作为社会主体的公众和社会组织的发育具有基础性的作用。而目前我国社会组织的发育，尚缺少其所必需的产权结构。在市场经济体制建立过程中，随着公司化的推进，各种社会资本被吸纳进来，形成了以公有资本为主体、多种资本并存的产权结构。但是，产权制度的改革还不到位，表现在国家对民间资本进入公共服务领域的限制仍然较多，社会组织还没有相应的组织权，等等。这造成了社会主体在分配中的弱势地位。总体上，社会主体发育、社会结构调整、社会建设的进行和目标的最终达成，都依赖于分配制度改革。只有合理公平的分配，才可能为社会领域的发展提供必要的、充足的物质，而"构建公平合理的社会利益关系"也是社会建设的重要内涵与主要目标之一。

## 二　分配关乎社会公平正义，影响社会和谐稳定

分配直接反映国家与社会、国家与居民、中央与地区、城市与乡村之间的四大差异。这四大差异最终体现为国家与居民的关系，并且与居民的切身利益密切相关。尽管党的十七大提出分配要兼顾"效率和公平"，但从实际情况来看，目前的分配仍是"效率优先"。具体表现为，经济发展投入偏多、社会发展投入偏少，垄断部门投入偏多、竞争领域投入偏少，政府部门投入偏多、居民投入偏少。这已经影响到居民对生活和社会的满意度。近年来物价上涨严重，消费物价指数 CPI 在 2011 年达到 5.5%[①]。而居民工资性收入增长缓慢，导致居民的消费水平降低。2011 年城乡居民家庭恩格尔系数分别为 36.3% 和 40.4%。与此同时，近年来连续出现的"蒜你狠""姜你军""豆你玩"与"向钱葱"等蔬菜食品价格畸高现象，更导致了居民对生活的不满。除此之外，上学难、看病难、住房难等诸多问题，降低了城乡居民的消费预期。总之，由于收入增长与物价增长、收入与消费之间的差距巨大，居民的社会满意度普遍较低。

党的十七大报告指出，"合理的分配制度是社会公平的重要体现"。而分配的不公平会导致社会群体的利益分化和隔阂，不利于社会整合。2012

---

[①]　汝信等主编《2012 年中国社会形势分析与预测》，社会科学文献出版社，2012，第 4 页。

年中国的基尼系数为 0.474，超过 0.4 的国际警戒线[①]；2011 年城乡之间的差距达到 3.1 倍[②]。在这样的情况下，社会分化越来越严重，并带来了严重的社会问题。社会贫富差距的扩大，会引发社会成员对于社会公平的质疑。居民目前对于分配不公普遍不满，质疑官员收入的灰色、非法，质疑公务员的优越福利待遇，质疑金融、房地产业的暴富。仇官、仇富的社会心理普遍存在。同时，因征地拆迁、劳资冲突等利益纠纷而导致的各类群体性事件频发。总之，分配影响社会公平，甚至影响社会的稳定和持续发展。

### 三　分配影响社会主体成长和社会阶层结构调整

在不合理的收入分配格局中，极少数人富裕，低收入人群庞大，容易形成比较严重的社会分化，影响社会主体的发育成长。按照世界银行的标准换算，国家统计局将年收入在 6 万～50 万元的家庭列入中等收入家庭范畴。中国的中等收入家庭比例很低，低收入家庭的规模则非常大。根据民政部的相关数据，2011 年城市低保、农村低保、农村五保、国家优抚对象这四类国家保障对象将近 9000 万人[③]，加之 900 多万城镇失业者，最低收入群体已接近 1 亿人，占总人口近 8%。同时，中国还有约 4 亿农村居民年均收入在 6000 元以下（2010 年），约 2.3 亿农民工月均收入在 2000 元左右。[④] 以此估算，低收入人群可能已经超过了全国总人口的一半[⑤]。由于收入分配的不

---

① http://finance.ifeng.com/news/special/data 201212/20130118/7574994.shtml。
② 陆学艺等主编《2013 年中国社会形势分析与预测》，社会科学文献出版社，2013，第 56 页。
③ 根据民政部官方统计的数据，2011 年城市低保对象 2282.4 万人，农村低保对象 5237.2 万人，农村五保对象 553.2 万人，国家优抚对象 623.3 万人。
④ 根据《2011 年中国统计年鉴》，2010 年我国仍约有 4 亿人居住在农村，2010 年农村人均纯收入为 5919 元；农民工的相关数据来源于国家统计局《2011 年我国农民工调查监测报告》。
⑤ 蔡慎坤：《中国低收入群体究竟有多少人？》，http://blog.ifeng.com/article/15285718.html，2011 年 12 月 14 日。
　　该文章中提到："中国目前至少有 8000 万人享受政府提供的最低生活保障，还有至少 1 亿多人属于被社会遗忘的群体，他们没有工作，没有基本收入，没有最低生活保障；还有 2 亿人仅仅维持基本温饱，没有任何资产和储蓄；还有 2 亿多人属于自给自足型，但缺乏基本的消费能力。中国金字塔上的富豪不到人口总数的 5%，他们拥有的财富甚至超过了欧美乃至亚洲的一流富豪，他们可能已经移民或正在移民，他们对中国经济除了攫取少有贡献；只有 10% 的所谓金领、白领或者企业主算得上是中国的中产阶级，他们是中国当今的消费主力。剩下的几亿人属于所谓的夹心层，名义上过着小康生活，一旦遇上大病或天灾人祸，面对高涨的物价房价，他们随时都会成为贫困线之下的低收入群体。"

公平，使得中国社会弱势群体规模日益扩大，这容易形成"金字塔"形的社会结构，不利于社会的顺利转型，也不利于社会的稳定。

中等收入群体占主要比重是现代社会结构合理的一个重要标志，合理的现代社会结构应该是两头小、中间大的"橄榄形"，这样才能使社会实现稳定的可持续发展。中等收入群体中的大多数都属于中产阶层，目前我国中产阶层与我国的经济发展水平相比，明显偏低，并且阶层的自我认同感低。这与我国的收入分配制度等有直接的关系。如果单纯按照初次分配的收入标准，我国很多人群都进入了中产行列，但如果考虑住房、教育、医疗、物价上涨等再次分配因素，中产阶层面临的经济压力非常大。特别是在一些"中产"集中的大城市，从收入标准来衡量已经达到中产的人群，可以发现他们实际的生活水平并非如此。这使得客观的衡量标准与居民实际的生活水平之间产生了极大的差异。

## 第二节　新时期中国收入分配制度的改革与演变

收入分配制度与整个国家的政治、经济环境密切相关，中国的收入分配制度经历了新中国成立以后计划经济的平均主义倾向阶段，形成了普遍贫困的收入均等化现象；又经历了改革开放以后向市场经济"效率优先、兼顾公平"的方向转变，形成了收入差距不断扩大的态势；现在又开始逐渐向效率与公平并重的方向转变。未来随着我国经济发展水平的提高，收入分配必将走向公平优先、兼顾效率的方向。

### 一　贯彻按劳分配原则，打破平均主义倾向（1978～1987年）

改革开放之初，整个社会处于贫穷落后的状态。党在总结社会主义建设经验教训的基础上，提出党的工作中心要由以阶级斗争为纲转变到经济建设上来。邓小平针对计划经济体制下"一大二公"、吃"大锅饭"的平均主义分配方式对效率造成的巨大损害，提出了"允许一部分人先富起来"①的重要论断，要求国内一部分人通过诚实劳动、合法经营先富起来，起到激励和示范作用，最终实现全体社会成员的共同富裕。

1978年12月，党的十一届三中全会决定以农村为突破口，切实贯彻按劳分配的原则。这次大会提出，"必须首先调动我国几亿农民的社会主义积

————————

① 《邓小平文选》第二卷，人民出版社，1994，第152页。

极性，必须在经济上充分关心他们的物质利益"，"其中最重要的是：人民公社、生产大队和生产队的所有权和自主权必须受到国家法律的切实保护；不允许无偿调用和占有生产队的劳力、资金、产品和物资；公社各级经济组织必须认真执行按劳分配的社会主义原则，按照劳动的数量和质量计算报酬，克服平均主义"①。"人民公社各级经济组织必须认真执行各尽所能、按劳分配的原则，多劳多得，少劳少得，男女同工同酬。加强定额管理，按照劳动的数量和质量付给报酬，建立必要的奖惩制度，坚决纠正平均主义。"②自此，家庭联产承包责任制成为农村贯彻按劳分配原则的一种实现形式。

1984年10月，党的十二届三中全会通过了《中共中央关于经济体制改革的决定》，这次大会对进一步贯彻落实按劳分配的原则做出了一系列具体规定："第一，企业职工的奖金由企业根据经营状况自行决定，国家只对企业适当征收超限额奖金税。第二，制定奖励政策，鼓励企业职工更好地工作，根据他们为企业创造的经济效益来规定他们的工资和奖金，提高企业的经济效益。第三，由于劳动种类繁多，分脑力劳动和体力劳动（脑力劳动是复杂劳动，体力劳动是简单劳动）、繁重劳动和非繁重劳动等，为了体现劳动数量和劳动质量的区别，在企业内部，工资的标准也是不一样的，要提高脑力劳动的报酬，奖优罚劣。第四，国家机关、事业单位的工作人员的工资也要根据他们肩负的责任和做出的贡献、劳绩来分配。"③

## 二 按劳分配为主体，其他分配方式为补充，兼顾效率与公平（1987～1997年）

1987年10月召开的党的十三大明确指出，社会主义初级阶段必须实行以按劳分配为主体的多种分配方式和正确的分配原则。大会指出："现阶段我们必须坚持的原则是，以按劳分配为主体，其他分配方式为补充。除了按劳分配这种主要方式和个体劳动所得以外，企业发行债券筹集资金，就会出现凭债券取得利息……"④ 党的十三大第一次提出了以按劳分配为主体，其他分

① 《中国共产党第十一届中央委员会第三次全体会议公报》（1978年12月22日通过）。
② 《中国共产党第十一届中央委员会第三次全体会议公报》（1978年12月22日通过）。
③ 中共中央文献研究室编《十一届三中全会以来党的历次中国代表大会中央全会重要文件选编》，中央文献出版社，1997，第358～359页。
④ 中共中央文献研究室编《十一届三中全会以来党的历次中国代表大会中央全会重要文件选编》，中央文献出版社，1997，第467页。

配方式为补充的原则。这是对分配制度的重大改革，另外，大会还提出允许合法的非劳动收入，要在促进效率的前提下体现社会公平等具体的政策主张。

1992年10月，党的十四大在分配制度上依旧坚持以按劳分配为主体，其他分配方式为补充的原则。同时根据现实状况对如何处理公平与效率问题做出了规定，提出"兼顾效率与公平。要促进效率，鼓励先进，同时也要重视公平问题，运用包括市场在内的各种调节手段，防止两极分化，逐步实现共同富裕"①。两者兼顾相当于两者并重，无"谁优先谁置后"之别，并且仍然要"防止两极分化，逐步实现共同富裕"，在此之后即强调"兼顾效率与公平"。

### 三 按劳分配与按要素分配相结合，效率优先、兼顾公平（1997～2002年）

1997年9月党的十五大报告明确提出，把按劳分配和按生产要素分配结合起来，第一次把其他分配方式科学地总结为按生产要素分配，这是在社会主义分配方式问题上的又一进步。另外，报告提出了"坚持效率优先，兼顾公平"的原则，把效率放在了突出的位置。在收入分配问题上，这次大会提出，"坚持按劳分配为主体、多种分配方式并存的制度。把按劳分配和按生产要素分配结合起来，坚持效率优先，兼顾公平，有利于优化资源配置，促进经济发展，保持社会稳定。鼓励通过合法途径获取收入，允许和鼓励一部分人通过诚实劳动和合法经营先富起来，允许和鼓励资本、技术等生产要素参与收益分配。取缔非法收入，对侵吞公有财产和用偷税漏税、权钱交易等非法手段牟取利益的，坚决依法惩处。整顿不合理收入，调节过高收入，完善个人所得税制，缩小收入差距，防止两极分化"②。这种提法是就经济问题与公平问题的关系而言的，经济效益问题是第一位的，要优先于公平问题。

### 四 初次分配注重效率，再次分配注重公平（2002～　）

鉴于"效率优先、兼顾公平"的分配原则带来贫富差距的不断扩大和社会矛盾的凸显，这些社会现象引起了广大学者和部分政府官员对这一分配原则的争论。2002年11月召开的党的十六大对深化我国分配制度改革的问

① 中共中央文献研究室编《十一届三中全会以来党的历次中国代表大会中央全会重要文件选编》，中央文献出版社，1997，第157页。

② 中共中央文献研究室编《十一届三中全会以来党的历次中国代表大会中央全会重要文件选编》，中央文献出版社，1997，第430页。

题做了进一步的说明。第一，要"调整和规范国家、企业和个人的分配关系"。第二，要"确立劳动、资本、技术和管理等生产要素按贡献参与分配的原则，完善按劳分配为主体、多种分配方式并存的分配制度"。第三，"坚持效率优先、兼顾公平，既要提倡奉献精神，又要落实分配政策，既要反对平均主义，又要防止收入悬殊。初次分配注重效率，发挥市场的作用，鼓励一部分人通过诚实劳动、合法经营先富起来。再分配注重公平，加强政府对收入分配的调节职能，调节差距过大的收入"。第四，"规范分配秩序，合理调节少数垄断性行业的过高收入，取缔非法收入"。第五，"加大中等收入者比重，提高低收入者收入水平，实现共同富裕"。①

2004年，党的十六届四中全会强调，要"注重社会公平，合理调整国民收入分配格局，切实采取有力措施解决地区之间和部分社会成员收入差距过大的问题，逐步实现全体人民的共同富裕"，这里特别强调了社会公平和分配合理，没有提及"效率优先"。

2007年11月，党的十七大对收入分配制度的基本观点是初次分配和再分配都要处理好效率和公平的关系，再分配更加注重公平。提出合理的收入分配制度是社会公平的重要体现，把社会公平作为合理的收入分配制度的本质要求。第一次明确提出提高居民收入在国民收入分配中的比重，提高劳动报酬在初次分配中的比重。另外，大会还提出了逐步提高扶贫标准和最低工资标准，建立企业职工工资正常增长机制和支付保障机制；创造条件让更多群众拥有财产性收入；强调创造机会公平，整顿分配秩序。从起点到终点都要遵循公平的原则，为和谐社会创造条件，为我们进行收入分配制度改革指明了战略方向。

2012年，党的十八大提出要"千方百计增加居民收入，实现发展成果由人民共享"。报告提出要"努力实现居民收入增长和经济发展同步、劳动报酬增长和劳动生产率提高同步，提高居民收入在国民收入分配中的比重，提高劳动报酬在初次分配中的比重。初次分配和再分配都要兼顾效率和公平，再分配更加注重公平。完善劳动、资本、技术、管理等要素按贡献参与分配的初次分配机制，加快健全以税收、社会保障、转移支付为主要手段的再分配调节机制。深化企业和机关事业单位工资制度改革，推行企业工资集

---

体协商制度，保护劳动所得。多渠道增加居民财产性收入。规范分配秩序，保护合法收入，增加低收入者收入，调节过高收入，取缔非法收入"。和以前的政策相比较，十八大提出了要实施"居民收入倍增计划"，同时提出了要"推行企业工资集体协商制度，保护劳动所得"。

## 第三节 当前我国收入分配的主要问题

目前，我国收入分配存在的最大问题是收入分配的不合理、不公平。主要表现为：不同社会群体的收入差异非常大，少数人占据了多数财富，中等收入群体成长困难，低收入群体规模过大。国家在整个国民收入中占比过高，国家在再次分配中的调节作用比较弱。体制性和制度性因素造成了收入分配向部分行业、群体倾斜。收入分配过程中不公开、不透明的问题严重，权力寻租、灰色收入、贪污腐败盛行。收入分配的不公导致了社会群体的严重分化，并进一步影响了经济社会协调发展和社会主义和谐社会建设。

### 一 初次分配过程劳动者报酬占比偏低

按劳分配是我国收入分配的基本原则，改革开放后尽管我国提出了多种分配方式并存的原则，但按劳分配一直是主体。近年来，我国居民收入在国民收入分配中的比重呈逐年下降趋势。统计数据显示，2007 年，居民收入占国民可支配收入的比重为 57.5%，比 1992 年下降 10.8 个百分点，而政府收入和企业收入却呈快速上升趋势。据统计，1997 ~ 2007 年，劳动报酬占国内生产总值的比重从 53.4% 下降到 39.74%，尽管这里面有统计口径变化的影响，但总体而言，我国劳动报酬占比呈逐年下降趋势。从国际比较来看，在初次分配中我国劳动者报酬占比明显低于发达国家，而企业盈余则明显高于发达国家。世界主要经济体的劳动者报酬在 GDP 中的份额一般介于50% ~ 57%，比我国 2007 年 39.7% 的水平高 10 ~ 17 个百分点。而这些国家的企业营业盈余介于 20% ~ 25%，比我国 31.3% 的水平低 6 ~ 11 个百分点。有学者认为，当前初次分配中"强资本、弱劳动"的趋势不断强化，劳动在各种生产要素中的地位不断下降。[①]

---

① 蔡丽华：《收入分配不公与社会公平正义探析》，《当代世界与社会主义》2012 年第 1 期，第 174 ~ 175 页。

同时，国家通过税收改革来集中财政，使得国民收入更多向政府集中，这开始于 1994 年相对较为集权的分税制。我国在 20 世纪 80 年代、90 年代主要实行"放权让利"的包干制，即"划分税种、核定收支、分级包干"的财政包干体制，造成了发达地区的地方政府很富、中央政府很穷的局面。1994 年实行分税制之后，税收开始逐渐在中央集中。财政收入在国内生产总值中的比重和中央财政收入在财政总收入中的比重，逐年提高。2011 年公共财政收入突破了 10 万亿元，达到 103740 亿元，其中税收收入为 89720 亿元。国家财政的集中，目的是为了集中力量实现各种基础设施的建设和整体经济的快速发展。这有一定的合理性，例如地铁、高铁在几年时间内的快速修建，这在其他国家几乎是不可能的。同时，财政收入的集中也增强了国家应对经济危机的能力。例如，为应对 2008 年国际金融危机，国家出台 4 万亿人民币的投资刺激方案。国家财政集中，对于要素驱动的经济发展而言有一定的合理性，但也因此减少了劳动在初次分配中的比重，并逐步形成国富民穷的分配格局。资源、财政等在国家集中，进而造成体制内外的差别。资源分配不公导致的分配不公，是最大的不公。[①]

## 二 再次分配过程社会领域的配置比例偏低

在整个分配格局中，政府所得份额上升速度加快，而企业在再分配格局中处于弱势地位，居民所得继续呈现下降趋势。国家统计局最新数据显示，2011 年，全年公共财政收入 103740 亿元人民币，同比增长 24.8%，而城镇非私营单位在岗职工年平均工资实际增长 8.5%，城镇私营单位就业人员年平均工资实际增长 12.3%。财政收入增速远高于居民平均工资的增速。政府财政收入在整个国民收入中比例的提高，有利于政府利用再分配的优势，解决市场经济导致的初次分配的不公平问题。但从实际效果来看，政府财政收入是随着我国贫富差距不断扩大而增加的，特别是 20 世纪 90 年代以后，我国的基尼系数一直呈现上升的趋势。可见，国家在再分配领域的功能在弱化。

近年来，由于社会贫富差距的扩大，2002 年之后政府逐步提出再分配要强调"公平"，但在实际上再分配体现为"逆向转移"的特征，还是在为

---

① 何伟：《资源分配不公决定分配不公　再论公平与分配不能联姻》，《中国流通经济》2006 年第 7 期，第 10～13 页。

"效率"服务。从国家财政的再分配过程来说，国家财政的转移支付、社会公共服务与社会保障的实施，都体现出富的地方更富、富的人更富，而穷的人更穷的趋势。例如，中央财政对地方的转移支付分为三类，分别是增值税和消费税的税收返还、专项补助和其他补助。实际的操作过程，存在比较严重的地区不均衡现象。根据周飞舟的研究，东部地区的税收返还远远高于中西部地区，西部得到最多的专项和其他补助，弱化地区间因发展速度带来的财力不均、公共服务水平不均的问题不但没有解决，反而在一定程度上更加严重。① 转移支付的内在机制，还是经济发展好的地方会得到更多的资源。而在实际上，地区间的差距可能还要大得多，并最终体现在不同地区之间居民个人收入的差距上。

国家财政的支出分为三类：以行政管理支出、国防支出为主的维持性支出，以政府投资为主的经济性支出，以教育、卫生、社会保障为主的社会性支出。② 我国国家财政的分配更多倾向于政府的投资，相应地在教育、卫生、社会保障等公共服务上的支出非常不足。自 1998 年起，国家开始推进养老、医疗和教育体制改革，逐步取消了福利分房，并推进教育产业化、医疗市场化，同时企业职工的养老也由企业负担逐渐转向社会统筹。这把本应该政府来负担的公共服务一部分扔给了市场和社会。2011 年中央财政用在与人民群众生活直接相关的教育、医疗卫生、社会保障和就业、保障性住房、文化方面的民生支出合计 11659.31 亿元（包括中央本级支出和中央对地方转移支付支出）③，占中央财政支出的比例为 20.8%。加上地方财政的支出，公共服务的支出占国家财政支出的比重仍旧过低。④ 2010 年，教育、医疗和社会保障三项公共服务支出占国家财政总支出的比重为 29%，比人均 GDP 为 3000 美元的国家的平均水平低 13 个百分点，比人均 GDP 为 3000 ~ 6000 美元的国家的平均水平低 24 个百分点。国家财政在国民中的分配比重一直在上升，但其中的大部分还是用于国家与经济投资支出，为经济发展服务，对公共服务与社会建设的投入比例偏低。

---

① 周飞舟：《分税制十年：制度及其影响》，《中国社会科学》2006 年第 6 期，第 100 ~ 116 页。

② 中国经济增长与宏观稳定课题组：《增长失衡与政府责任》，《新华文摘》2007 年第 1 期。

③ 财政部部长谢旭人：《关于 2011 年中央决算的报告》，2012 年 6 月 27 日在第十一届全国人民代表大会常务委员会第二十七次会议上的报告。

④ 全国政协十一届四次会议第三次全体大会，张大宁的发言。

### 三　行业垄断拉大收入差距

行业垄断是我国收入差距拉大的一个重要因素，由于这些部门多数靠控制国家资源和公共服务获利，其背后有着深厚的政府背景和公共资源，在市场竞争中处于优势地位，具有独立定价的权力，因此，他们的获得远高于社会平均收入水平，导致行业之间的差距在不断地扩大。从 2010 年 19 个行业大类就业人员的平均工资来看，金融业就业人员平均工资最高，第二是信息传输、计算机和软件行业，第三是科学研究和技术服务，第四是电力、燃气及水的生产和供应。这些行业大部分都被国家垄断，属于国有企业。相对而言，农林牧渔业、住宿餐饮业、环境和公共服务、建筑业和制造业等行业的就业人员平均工资则多居于下游水平。收入最高行业与最低行业之间的差距已经扩大到 15 倍。根据相关研究，"行业之间的差距，在 2009 年约 1/3 是垄断因素造成的"[①]。

垄断行业的收益为企业垄断，企业或用来投资或作为高管奖金。一方面，2011 年 2 月，《人民日报》发表了一篇《国企红利近 2 万亿元何处去》的文章，质疑国企 5% 至 10% 的红利上缴比例过低。中石化的天价酒、天价吊灯，中石油塔里木油田有一支路虎车队等，垄断国企铺张浪费事件多次被媒体曝光。从另一方面来看，根据人力资源和社会保障部的相关数据，2009年中央企业负责人平均年薪达 68 万，90% 在百万元以上。垄断企业高管的年薪过高，已经成为大众共识。另外一份由人力资源和社会保障部、财政部、国务院国有资产监督管理委员会等部委联合制定的相关文件显示，国企高管年薪与企业职工平均工资的倍数关系，确定在 10～15 倍。

垄断行业职工的工资，也远远高于其他行业职工的工资；同时，有大量的社会保障、房产等的福利收益。电力、电信、石油、烟草、金融等垄断行业，它们 8.4% 的职工占据了全社会职工工资总额的 13.6%。[②] 仅仅从工资来看，目前，电力、电信、金融、保险、水电气供应、烟草等垄断行业的职工平均工资是其他行业的 2～3 倍，例如，2008 年电力部门职工平均工资是42627 元，烟草制造业职工平均工资是 62442 元，而制造业的职工平均工资

---

① http://finance.sina.com.cn/leadership/mjxkh/20090714/11066477372.shtml.
② 根据《中国劳动统计年鉴》（2010）计算，垄断行业包括：石油和天然气开采、黑色金属和有色金属、烟草业、石油加工等、电力和热力、航空、电信和金融业。注：不含城镇私营和个体就业人员。

是 24192 元，最低的木材加工业仅有 15663 元。① 除了工资外，垄断行业还有高额的工资外收入，例如，"电力系统普通职工的月工资一般在 2000 ~ 5000 元，而月奖金有的则高达 2 万元左右"，如果再加上各种福利和社会保障资源，垄断行业与普通行业的实际差距可能更大。近年来，社会群体对垄断性行业的高额利润表达了强烈不满与愤怒，把阻挠收入分配改革方案出台的矛头也直接指向他们。

## 四 制度不平等是收入分配格局失衡的根源

制度不平等主要体现在体制内与体制外的职工收入不平等以及城乡居民之间的收入不平等，这是计划经济体制遗留的产物，这种不平等是公民权的不平等，是一切不平等的根源。

从行业职工的情况来看，体制内主要是指政府公务员系统和事业单位的编制内职工，目前总数约 5000 万人。针对体制内职工的工资，相对应的是大量在相同岗位工作的体制外职工，他们与体制内员工的差距就已经非常大。体制外职工主要有两种类型，一是编制外的合同工，二是劳务派遣工。这两者人数总共约 1 亿，其中尤其是劳务派遣工，因体制因素造成的"同工不同酬"问题，已经非常严重。

第一，编制外的合同工。尽管合同工和正式工做着同样的工作，但由于这种身份障碍的存在，他们在人事福利待遇上存在很大区别，正式工工作稳定、待遇好、社会保险齐全，而合同工工作不稳定、待遇较差、不一定能够享受齐全的社会保险。尽管事业单位改制后，合同工与正式工的差别在缩小，但同工不同酬的现象仍然十分严重。以教育业为例，北京市体制内公立学校的教师，实收工资一般情况下最少在 3000 元/月左右；相对而言，部分体制外的民办教师工资则非常低。例如，北京农民工子弟学校的教师，每个月的工资低至 500 ~ 600 元，高的也就在 1200 元左右；而进农民工子弟学校的还大多是师范学校毕业的无任何背景的优秀学生。又如，农村代课教师一般的月工资低至 300 ~ 500 元。根据教育部的数据，农村代课教师这一群体在 2007 年接近 40 万人。

第二，劳务派遣工。根据全国总工会的一项调研报告②，2011 年全国劳

---

① 根据《2009 年国家统计年鉴》的第 4 ~ 25 页，按细行业分职工平均工资（2008 年）。

② 降蕴彰：《权威报告称"劳务派遣"达 6000 万人　全总建议修改〈劳动合同法〉，《经济观察报》2011 年 2 月 28 日，第 3 版。

务派遣工已达到 6000 多万人，约占城镇就业人员的 20%。实际数量可能比这个还大。劳务派遣主要集中在公有制企业和机关事业单位，在有稳定需要的工作岗位上大量使用劳务派遣工。部分中央企业甚至有超过 2/3 的员工都属于劳务派遣。一些学校、科研单位也在大量使用劳务派遣工。调查显示，派遣工和正式工的收入差距少则 30%，多则数倍。

体制性差异的另一表现是城乡二元结构导致的收入分配不公平。目前，我国城乡居民之间的基尼系数已经超过了 0.46，2012 年达到了 0.474。城乡差别主要体现在人均纯收入上。2010 年，我国仍有约 4 亿人居住在农村。尽管农村居民的人均纯收入已经从 1980 年的 191 元增加到 2010 年的 5919 元，但仍远远低于 2010 年城市居民人均可支配收入的 19109.4 元，仅为城镇居民人均可支配收入的 30%。① 城乡居民的差异，主要是由以下几个原因造成的，其中最大的差异在新的历史时期已经转变为财产性的不公。财产性的不公，影响的不仅仅是居住在农村的 4 亿农民，还包括在外打工的农民工。

第一，对农产品价格的控制，导致农民的家庭经营收入长期很低。农产品价格长期以来受到控制，与其他物价相比，农民一直在为工业发展做贡献，而自身的家庭经营收入却在持续下降。1990 年家庭经营收入占纯收入的 75.6%，而到 2000 年、2011 年下降为 63.3% 和 46.2%，与 1990 年相比，2000 年、2011 年分别下降了 12.3 个、29.4 个百分点。② 农产品价格过低，城乡的价格差实际上在增大，大量农民依靠农业劳动已不能维持生计，不得不外出打工。

第二，作为财产性的城乡土地收益差异。例如，农村的土地征用与拆迁对农民利益的侵害。《土地法》规定，农民的承包地服从用途管制原则，只能农地农用；农地变成建设用地，必须实行征用。农村集体所有土地转为国有，政府按土地的原用途给予不高于 30 倍的补偿（其中包括对农民失去土地的补偿和无法务农后的安置补助）。如此，政府垄断一级市场，农民的土地出让金完全归地方政府和中央财政所有。随着近年来的快速城市化，全国耕地面积从 1996 年的 13003.8 万公顷减少到 2008 年的 12172 万公顷，12 年时间减少 831.8 万公顷。相应的是大量的土地出让金归政府所有。2009 年

---

① 资料来源：2006 年、2011 年《中国统计年鉴》，中国统计出版社，2006、2011。
② 数据来源：《2012 年中国统计年鉴》，中国统计出版社，2012。

的土地出让金是1.5万亿元，2010年是2.9万亿元，2011年是3.3万亿元，而实际的数据可能还要高些。土地出让金构成了很多地方政府收入的大部分，2011年土地出让金占到地方政府财政的70%，占全国财政的32%。在这样的情况下，农民失去了耕地，而仅从耕地在城市化增长的收益中获得了极少的部分。

第三，作为财产性的城乡房产收益的巨大差异。随着1992年以后城市逐渐完善了股票市场、房地产市场，城镇居民不仅可以获得股息、租金和投资等收益，而且由于近10年来房地产价格的飙升，城镇居民的自由房产价值成10倍的增长，同时还可以获得来自房产的租金收益。相对应的，农村住房不能进入市场，被认为是小产权房。城乡二元制度，造成城乡居民政策性的财产差距扩大。而房产所带来的财产性收益，将逐渐成为城乡差距扩大的最大因素。

与此同时，农民进城打工，企业并不支付农民工劳动者再生产的成本，而将其转嫁给农村。企业仅仅需要支付农民工劳动力日常维持部分的成本，这使得农民工的工资和福利待遇低下。这是中国特殊的城乡二元体制造成的，也因此成就了中国的"世界工厂"地位。据国家统计局公布的数据显示，2009年全国农民工总量为2.3亿人，其中外出农民工数量为1.5亿人，占总数的六成以上。但是，农民工得不到产业工人的工资及福利待遇，拿着"十年不变的低工资"。根据清华大学社会学系2011年的调查，广州、上海两地的农民工平均月工资约为2400元，且有相当部分低于最低工资线。[①]如此，农民工群体的工资远远低于城市工人的工资。[②]制度性的强制分配，进一步造成了城市内部的二元体制。

## 五 分配过程的不公开、不透明与不民主

自1984年以来，"允许一部分人先富起来"一直是分配要达成的主要目标。1984年中共十二届三中全会通过的《关于经济体制改革的决定》提出，"允许和鼓励一部分人通过诚实劳动和合法经营先富起来"；1987年党的十三大提出，"在初级阶段，在共同富裕的目标下鼓励一部分人通过诚实劳动和合

---

① 清华大学社会学系：《新生代农民工：全新的社会－阶级特征及其对世界工厂的挑战》，2011。

② 李培林、田丰：《中国新生代农民工：社会态度和行为选择》，《社会》2011年第3期。

法经营先富起来";1997 年党的十五大报告进一步指出,"依法保护合法收入,允许和鼓励一部分人通过诚实劳动和合法经营先富起来,允许和鼓励资本、技术等生产要素参与收益分配"。由此可见,"允许一部分人先富起来"这个目标的实现,是通过"全要素"分配,通过"诚实劳动"和"合法经营"来实现的。但在实际的操作过程中,由于整个制度的设计是为资源和资本的累积服务,因此分配过程往往渗透了资源、资本拥有者的权力渗透。分配过程的不公开、不透明和不民主,进一步加大了居民间的收入差距。

例如,体制内的人员何以能获得比体制外做相同工作的人多 2 ~ 3 倍的福利?体制内人员还同时利用职务权力等,在非市场化的情况下获得更多工资外收入[①]。为什么某些行业的灰色收入过多?还有不少企业以从事非法的经营活动而获得高收入,"三鹿奶粉""白酒塑化剂""地沟油"等事件屡见不鲜。这些先富起来的体制内者、企业家等,并非全部是建立在"诚实劳动"和"合法经营"之上,而很多是在非民主的制度建构中过多地获得了利益。

资源与财政的集中,并由于分配过程的不公开与不透明,给予了行政权力操纵分配的空间。这已经造成分配最大的不公平。例如,政府行政费用的巨大。从整体上来看,根据《2011 年国家统计年鉴》,1978 ~ 2010 年政府的消费支出从 480 亿元增长到 53614 亿元,占总支出的比例从 20% 增长到近30%;而居民消费在整个消费中的比例则下降了近 10%,2010 年居民消费为 133291 亿元,其中城镇居民消费 102394 亿元,农村居民消费 30897 亿元。政府消费超过了农村所有居民的消费,也超过了城镇所有居民消费的一半,政府的"三公"经费[②]过高已经引起居民的不满。从中央部门公布的2011 年部门决算来看,海关总署、国家质检总局、国家统计局、中国气象局、中国科学院、农业部、体育总局、中国银监会等中央部门的"三公"经费超过了 1 亿元。其中,中国地震局公开的 2011 年度部门决算,其"三公"经费、行政经费情况同时公开,但其用于地震预测的经费不足公车消费的 1/13。[③] 政府的"三公"消费因缺乏透明度,常常引发公众质疑,造

---

① 陆学艺:《当代中国社会结构》,社会科学文献出版社,2010,第 187 页。

② 三公经费是指财政拨款安排的政府部门人员因公出国(境)费、车辆购置及运行费、公务接待费这三项经费。

③ 根据 2011 年《中国地震局公开决算书》(第 33 ~ 34 页),2011 年中国地震局"三公"经费中,因公出国(境)支出决算 639.74 万元,占 11.41%;公务用车购置及运行费支出决算3562.93 万元,占 63.54%;公务接待费支出决算 1404.76 万元,占 25.05%。

成了政府与居民之间的尖锐矛盾。

再如，官员的贪腐问题，是明显的行政权力介入分配。在中央财政的再分配过程中、在财政的专项补贴分配中、在政府组建融资平台中、在政府进行经济投资和城市建设投资的过程中，以贪腐官员为代表的权贵群体正在迅速扩大。以基层为例，在基层的违纪违法案件中村干部占70%以上，而村干部腐败引发的群众信访占农村信访的50%以上。行政权力最为末端的基层尚且如此，更何况掌握了更多资源和资本的行政权力掌握者，他们已经成为了中国最为富裕的一群人，并因此引发民愤。权贵群体的产生，官民间的巨大鸿沟和尖锐矛盾，是由于分配过程的不公开、不透明和不民主造成的，也是资源与财富过度集中的制度设计的结果。

## 第四节　推进我国收入分配制度改革的建议

对于收入差距不断扩大的趋势及其危害，我们党和国家的领导人已经意识到了，并多次提出制定收入分配改革方案，但八年过去了，收入分配改革方案仍迟迟未出台。当前中国收入分配不公在于各利益群体的目标冲突与博弈，改革必然要触及改革开放进程中形成的一些利益群体的利益，因此会遭到来自这些利益群体的阻挠。另外，计划体制下形成的一些体制和制度性原因也很难靠收入分配制度的调整来解决。因此，我国的收入分配制度改革是一项深层的全面改革，需要国家在改革的原则、目标、基本制度的设计、各项重点措施的实施等方面采取综合措施、逐步推进。

### 一　收入分配制度改革的目标与基本原则

社会群体的严重分化，分配严重不公平、不合理，这已经成为目前分配问题的共识。对于收入分配制度的改革，要达到的目标是：缩小社会成员的差距，扩大中等收入者，公平合理，以实现社会发展的健康和经济发展的持续。党的十八大报告提出，要坚持社会主义基本经济制度和分配制度，调整国民收入分配格局，加大再分配调节力度，着力解决收入分配差距较大问题，使发展成果更多更公平地惠及全体人民，朝共同富裕方向稳步前进。"在发展平衡性、协调性、可持续性明显增强的基础上，实现国内生产总值和城乡居民人均收入比2010年翻一番。"

目前，我国已经是全球贫富两极分化最严重的国家之一，这与社会主义的基本价值是相违背的。在我国经济、社会发展进入新的历史转折时期以后，收入分配体制改革的基本原则应该是坚持公平导向。公平并不是计划经济体制下平均主义的回归，而是一种相对公平。就是说你付出了多少劳动，创造了多少价值，然后你获得相应的收入；而不是依靠个人的社会地位、行业垄断或贪污腐败获得高收入。评判标准应该是大部分社会群体对目前的收入水平感到满意，不公平感和相对剥夺感指数较低。另外，收入分配应该按照罗尔斯差异公平的原则向一些弱势群体倾斜，使他们能够获得基本的社会生活条件。

## 二 推进收入分配制度改革的几点建议

收入分配制度的改革是一个系统的工程，也是一个循序渐进的过程，不可能一蹴而就、一揽子解决。目前收入分配制度改革的重点：一是要制定一个基本的制度，有一个比较科学合理的顶层设计，为以后各项改革的逐步展开奠定制度基础；二是要针对当前亟须解决的问题，有重点地展开，避免收入差距扩大对社会造成大的危害。目前我国收入分配制度改革的重点工作应该围绕以下几点展开。

### （一）强调初次分配和再次分配都要把公平放在首位

"效率优先，兼顾公平"的提法是在特定历史条件下产生的收入分配原则和理念，在改革开放之初，曾对破除平均主义桎梏和发展生产力起到积极作用。但随着改革开放的不断深入，社会收入分配差距的逐渐扩大，"效率优先，兼顾公平"这一提法也应该进行相应的调整。党的十七大报告提出，"初次分配和再分配都要处理好效率和公平的关系，再分配更加注重公平"。表明我们党对处理效率和公平、生产和分配问题的认识已经大大发展了，也说明党中央已经不再用"谁先谁后"的思路来认识这个问题。但这个提法比较具有弹性，特别是在如何处理好初次分配中公平与效率的关系上，不是十分明确。对于这个提法，学术界议论也很多。其中主要倾向性观点有：一是"并重论"，即认为初次分配应该效率和公平并重；二是"公平为重论"；三是"效率优先论"。

我们认为，当前我国已经到了在初次分配中也要把公平放在优先位置的时期。经过30多年的改革开放和年均9%以上的高速经济增长，中国的经济总量已经发生了变化，逐步提高居民收入在国民收入分配中的比重，已经具备了物质和体制基础。目前我国社会的主要矛盾不是生产性短缺造成的，而是消费不足和社会建设滞后造成的。目前，鉴于我国的社会不公平已经到了非常严重的地步，如果仍然把效率放在首位，势必造成收入差距的进一步拉大，导致社会矛盾激化。在这一点上，发达国家和发展中国家都有很多经验和教训值得我国借鉴。在再分配领域，政府应该以公平为主，利用公共财政，实施公正的公共服务和社会保障。政府回归到公共财政之后，应在全社会成员之间实施相同的教育、医疗、就业、养老等社会保障制度，在实现全社会成员的公平的同时，尽可能实现对低收入人群的保障。

### （二）健全第三次分配机制，培育社会组织的发育成长

第三次分配是指动员社会各方面的力量，调动各方面的积极性，建立社会救助、民间捐赠、慈善事业、志愿者行动等多种形式的制度和机制，是社会互助对于政府调控的补充。第三次分配的作用是前两次分配所不能替代的。从国际经验来看，第三次分配在照顾孤寡老人，帮助残障人群，保护弱势妇女，收养孤儿，帮助失业者、贫困者、艾滋病者、行为偏差者方面，可以发挥特殊的作用。政府一方面要出台优惠政策鼓励社会发展慈善事业，另一方面要建立健全相关法律体系保障慈善事业健康发展。从三次分配的主体来看，初次分配主要由企业来完成，再次分配主要由政府来完成，第三次分配主要由社会组织来完成。因此，要发挥第三次分配对社会公平的调节作用，必须大力培育和发展社会组织，弥补市场和政府在调节收入分配中的不足。

### （三）建立合理的工资正常增长机制

长期以来，我国居民收入增速明显低于经济增长速度，特别是基层职工工资受到资本挤压，曾经多年停步不前。目前即使有缓慢的增加，但在物价飞涨的前提下，收入水平实际上是下降的。在经济发展达到一定阶段后，提高全体居民的收入水平是一个国家走向现代社会的必要环节。20世纪60年代开始，日本正是因为成功实施了《国民收入倍增计划》，实现了国强民富，改善了收入分配状况，奠定了日本后期快速发展的基础，并使日本一跃成为发达国家中的领跑者。我国劳动者报酬之所以得不到同步提高，根本上是由于没有建立合理的工资增长机制。因此，今后在收入分配改革中要通过工资立法长远有效地提高劳动报酬在初次收入分配中的比重。一个保障工资合理增长的机制至少应包括三部分：一是明确我国 GDP 增长与工资增长的同步性。二是用人单位利润的增长应成为劳动者工资增长的指标。三是物价上涨指数也应作为工资增长的指标。当前我国物价居高不下，必须充分考虑

居民的劳动收入和消费水平，通过工资增长将物价上涨指数弥补回来，防止劳动者的实际工资下降。

中共十七届五中全会通过的《中共中央关于制定国民经济和社会发展第十二个五年规划的建议》，提出了"两个同步"，即实现居民收入增长和经济发展同步、劳动报酬增长和劳动生产率提高同步。党的十八大又对此进行了明确。在市场经济条件下，政府如何做才能实现"两个同步"增长的目标？第一，要随着经济的发展不断地调整或者提高最低工资标准，完善工资形成的制度。第二，建立平等的劳资收入协商机制，通过推行"劳资合作""集体谈判"等制度，提升劳动者在劳资关系中的博弈能力。第三，政府通过为中小企业减税，降低中小企业的成本，为提高职工收入提供空间。第四，定期进行公务员和企业相当人员工资水平的调查比较，根据企业职工工资水平变动情况，相应合理增长机关事业单位人员工资。第五，严格监管和执法，对拒不执行国家劳动合同法和工资法的企业进行严肃处理。

**（四）打破垄断，促进竞争，限制垄断行业的收入水平**

垄断行业的高收入是建立在行业垄断的基础上的，是分配起点的不公平，也是分配过程和结果的不公平。打破垄断行业高收入将成为当前我国收入分配制度改革的重点工作。一是要推进电信、电力、民航、金融、铁道、邮政和公用事业等行业改革，打破垄断，让民间资本进入到一些可以开放的领域，在经济发展中形成更好的良性竞争。二是垄断性行业的产品和服务的价格不能由其自我定价，而是需要对相关的成本收益信息进行公开，获得社会公众的认可和社会的监督，最终推进垄断性行业产品和服务的市场化价格机制。三是要对垄断行业的企业通过垄断等获得的利润课以重税，或对其无偿占用的归全体人民所有的资源征收资源税。四是要对垄断行业的工资总额或人工成本，工资水平或人均人工成本实行双重控制。垄断行业基本都是国有或国有控股企业，政府应该有能力采取必要的行政手段调节其过高收入。五是要配套改革垄断性行业的劳动人事等制度，打破封闭的行业壁垒，促进垄断行业人员能进能出、岗位能上能下，为收入能增能减创造良好条件。另外，就是真正落实温家宝总理多次提到的对垄断行业实行工资总额、工资水平双重调控的可操作措施，抓好对部分企业高管的偏高、过高收入的调控，加大对高收入社会群体个人所得税的征收力度。

**（五）消除收入分配不公的体制性和制度性障碍**

当前我国收入分配改革面临一些体制性和制度性的障碍，这些体制性和制度性障碍是导致我国收入分配不公平的根源。在体制性障碍中，首先就要破除计划体制与市场体制"双轨制"带来的不公平问题。这些问题实际上是我国市场经济体制改革不彻底造成的，市场化改革后国家保留了对部分所谓国家战略性国有企业的保护和补贴，使他们在获得金融资本和资源上成本较低，并且获得了部分产品与服务的垄断权，使其管理人员与职工获得额外高收入。

其次就是目前争论较大的企业与事业单位养老金的"双轨制"。解决的最好办法就是深化和完善市场经济体制改革，通过改革破除"双轨制"对收入分配带来的不良影响。

最后是大家比较熟悉的城乡"二元"体制，城乡"二元"体制是造成城乡居民收入差距逐渐拉大的根源。未来几年，国家要在破除城乡"二元"体制上实现较大突破，彻底废除城乡"户籍"制度以及与之相互联系的劳动用工制度、福利制度、教育制度、土地制度、房地产制度、社会保障制度等。增加农民的劳动性收入、财产性收入以及国家通过再分配带来的福利性收入，扭转城乡差距不断趋于扩大的格局。

在未来收入分配改革方案的设计中，国家还要考虑对目前的财税体制进行改革。通过税收和财政体制改革，合理约束政府支出规模，减轻中小企业的税收负担，清理和压缩不规范的政府基金、土地出让金以及名目繁多的各种收费，为企业增加职工工资创造条件。同时，发挥个人所得税、房产税、财产税等对收入差距的调节作用。此外，还要通过法律制度限制"灰色收入"、权力寻租和各种贪污腐败行为，在试点的基础上，对一定级别以上的公务人员推行财产个人申报和公示制度，等等。

# 第四章　城乡社区

【摘要】我国目前正处在一个新的历史转折时期，在经历三十余年以经济建设为中心的高速发展后，城乡社区伴随单位制改革、城市化进程、人口的大量流动等已经发生了巨大的变化，也由此产生了不少的矛盾和问题，这就要求进行社区建设。目前政府主导的自上而下的社区建设虽然取得不小的成就，但是仍然未能突破计划经济时期遗留下来的某些体制和思维的限制，面临诸多的困惑，需要继续深化改革才能解决这些问题，这正是未来社区建设要解决的主要任务。社区建设将是一个长期而艰巨的过程，其最终方向是致力于将城乡社区转变为具有自组织能力的，能够自我聚合、融合、包容的"有机"的社区，成为现代社会的基层社会生活共同体，成为和谐社会的基石。

　　社区建设是社会建设的重要组成部分，微观的社区建设是宏观的社会建设的切入点和抓手，是推动社会建设的一项基础性工程。[①] 我国目前正处在一个新的历史转折时期。在经历了三十余年以经济建设为中心的高速发展之后，城乡社区伴随单位制改革、城市化进程、人口的大量流动等已经发生了巨大的变化，这就要求进行社区建设。但是，目前政府主导的社区建设仍然未能突破计划经济时期遗留下来的某些体制和思维的限制，因此面临诸多的困惑，这正是未来社区建设要解决的主要任务。只有每一个城乡基层社区都是和谐的，整个社会的和谐才能实现。建设起多样化的、充满生机的、以群众自我管理为主的新型社区，是中国社会现代化的一项重要内容。[②]

## 第一节　城乡社区建设的背景

　　社区一词源于拉丁语，意思是共同的东西或亲密伙伴间的关系。德国社会学家滕尼斯认为，社区是建立在血缘、地缘、情感和自然意志等之上的富有人情味和认同感的传统社会生活共同体，是"有机地浑然生长在一起的整体"[③]。继滕尼斯之后，对社区概念的界定做出重大影响的是美国社会学芝加哥学派的代表人物帕克，他赋予了社区更多的地域性含义。今天，地域、人群、共同纽带和社会交往、归属感或社区感、设施、文化等是社区的基本要素。为了分析问题的方便，以及能够更好地与政府工作中的社区进行对话，本文同许多学者一样，将社区的地域边界定在一个村（居）委会的管辖层面（截至 2010 年底，我国共有 59.5 万个村民委员会，8.7 万个居民委员会）。原因在于，行政性的社区与自然的社区之间实际上是互相建构的关系，具有很大的重合性。首先，行政性区划是以现实的社区存在为基础而形成的；其次，行政性区划也会对人们社区意识的形成产生重要的影响。

### 一　城乡社区变迁与政府主导的社区建设

　　历史是延续的，百年来，伴随中国社会转型和体制转轨的历程，城乡社

---

① 潘泽泉：《由社区建设达成社会建设》，《湖南师范大学社会科学学报》2010 年第 5 期，第 69～70 页。

② 费孝通：《对上海社区建设的一点思考——在"组织与体制：上海社区发展理论研讨会"上的讲话》，《社会学研究》2002 年第 4 期，第 1～6 页。

③ 〔德〕滕尼斯：《共同体与社会——纯粹社会学的基本概念》，北京大学出版社，2010，第 43～47 页。

区也经历了几次大的转折和变迁。20 世纪 90 年代之后，先发端于城市后又扩展到农村的政府主导的社区建设，正是在这样的背景下登上历史舞台的。

### （一）城市社区的变迁与城市社区建设

1. 尚未经历大规模工业化、城市化的城市社区

人类历史上最早出现的社区是以农耕文明、自然经济为主要特征的村落社区，随着经济社会发展，后来出现了以商品生产和交换为主要特征的集镇社区和以政治、军事、文化、经济等为主要特征的城市社区。中国是世界上城市的发源地之一，城市发展具有悠久的历史。赵之邯郸、齐之临淄，人口已达数万人之多；西汉的长安城居民有 20 多万；到宋代，东京（开封）和临安（杭州）的人口已突破百万大关，十万人左右的中等城市比比皆是，新兴的小型城镇如温州、连州等，人口也多在数万人以上。① 近代以来，正当欧美等西方国家在工业化带动下城市化快速发展时，中国却由于帝国主义的侵略和封建主义的压迫而导致国民经济长期落后，城市发展停滞不前，甚至出现倒退、萧条。1949 年，我国的城市人口仅占总人口的 10.6%，处于非常低的城市化水平。

尚未经历大规模工业化、城市化的中国城市社区，由街巷、胡同、里弄、院落等构成。地缘关系和业缘关系是贯穿城市社会关系的两条主线，这虽然不同于以血缘和宗族为主导的农村社区，但街坊邻里之间长期共处，接触和交往很多，关系密切、守望相助，具有较强的地域归属感和社区意识。

2. 计划经济时期单位制下的城市社区

新中国成立后，在城市中逐渐建立起一套以"单位制为主、街居制"为辅的城市社会管理体制。单位是适应计划经济体制而设立的一种特殊组织形式，具有政治、经济与社会三位一体的功能。单位通过给予社会成员工作使之取得一定的经济报酬，通过分配住房以保证单位成员基本的生存空间，通过公费医疗制度满足人们基本健康的需要，通过兴办托儿所、幼儿园、食堂、澡堂以及为职工子女就业服务的公司或集体企业等，为单位成员提供各种社会保障和福利方面的服务。② 街道办事处和居民委员会则是单位制的补充。1954 年 12 月 31 日，全国人大常委会通过了《城市街道办事处组织条

---

① 王云：《中国古代的城市社区》，《聊城师范学院学报（哲学社会科学版）》1997 年第 3 期，第 11~14 页。

② 李汉林、王奋宇、李路路：《中国城市社区的整合机制与单位现象》，《管理世界》1994 年第 2 期，第 192~200 页。

例》和《城市居民委员会组织条例》，街道办事处是城市基层政权组织的派出机构，在街道办事处之下，按居民的居住地区成立了地域性的自治组织——居民委员会。当时，街道－居委会体系管理的只是少数的社会闲散人员、民政救济和社会优抚对象等，权限和职能都十分有限，充当的只是单位制拾遗补缺的角色，而且具有很强的自上而下的、命令和动员式的行政性的色彩。居委会不派脱产干部，而是由老大爷老大妈组成，因此又有"小脚侦缉队"之称。

有学者指出，在计划经济时期城市社区的主要特点是"单位社区化"。所谓"单位社区化"，有两层含义，一是单位和社区在城市地理空间上的重叠，二是通常所说的"单位办社会"，用单位的多元化功能取代了社区功能。① 虽然单位制有其先天的缺陷，但是，在这样的单位社区中，由于工作和生活一体化，使得人们彼此之间较为熟悉，人与人之间的互动和交往也比较频繁，对单位社区也具有比较强的归属感。正如费孝通所认为，"国营单位中强烈的'公有'气氛，与居民邻里之间'共享'的气氛，相辅相成，人们在观念上也倾向于'共有'的感觉。这种'共享''共有'的感觉，实际上是和社会学上所说的'社区'（community）的意识很接近的"②。

3. 单位制逐渐解体与人口流动带来的城市社区问题

改革开放以后，随着经济体制改革和社会结构的转型，政、企、社组织边界开始分化，企业逐渐走向市场，成为自主经营和自负盈亏的利益主体，政治控制与社会管理职能也日益从单位体制中剥离，重新回归国家与社会。在企业改制和减员增效改革中，很多人开始游离于单位体制之外。与此同时，随着农村剩余劳动力的大量转移和城市扩张发展的进程，越来越多的人居住到城市中来，城市的规模也在不断地扩大。加之房改政策的实施，新的商品房小区的建设，使得城市中人口的分布与布局发生了相当大的变化。在城市人口不断膨胀和快速变动的过程中，传统的熟人社会逐渐转变成生人社会，城市社区的类型也逐渐多元化和复杂化，出现了单位社区、商品房社区、农转居社区、混合社区等多种类型。

单位制解体与人口流动造成了城市基层社会管理失控的局面，并带来了

---

① 华伟：《单位制向社区制的回归——中国城市基层管理体制50年变迁》，《战略与管理》2000年第1期，第87～100页。

② 费孝通：《居民自治：中国城市社区建设的新目标》，《江海学刊》2002年第3期，第15～18页。

一系列的社会问题。城市里的人们一旦脱离原来的单位，农村的人们一旦进入城市，就都成了无人过问的"社会人"，游离在现有的管理体制之外。他们得不到政府提供的公共服务，政府也无法把握他们的真实状况，难以实施管理和控制。在这样的背景下，党中央、国务院适时提出了"社区建设"的新思路，明确了城市社会的主要载体是社区，并将解决社会问题和社会矛盾的重任寄希望于城市社区及其群众自治组织——社区居民委员会。① 可以说，城市社区建设正是为适应国家经济体制转轨及社会结构转型的需要并在着力解决城市社会问题的过程中出现的。

4. 20 世纪 90 年代后：城市社区建设运动的兴起

社区一词最早被政府引用是在 1986 年，民政部为推进城市社会福利工作改革，争取社会力量参与兴办社会福利事业，将后者称为"社区服务"，以区别于民政部门代表国家办的社会福利。1991 年，民政部又提出"社区建设"的概念。1998 年，国务院确定民政部在原基层政权建设司的基础上设立基层政权和社区建设司，意在推动社区建设在全国的发展。由此，自 20 世纪 90 年代以来，在我国的城市里兴起了一项旨在改革城市基层管理体制的社会工程——社区建设运动。在这个阶段，社区被建构为一种替代单位制的城市基层管理体制——社区制。城市基层社区的功能与结构正在发生重要的变化，其在社会结构中的边缘地位正在改变，日益成为社会大系统中的基本结构之一。②

1999 年，民政部选择 26 个城区为城市社区建设实验区，遍布全国 19 个省（区、市）。同时，全国还有 20 多个省（区、市）确定了近 100 个省（市）级社区建设实验区。2000 年 11 月，国务院办公厅转发了《民政部关于在全国推进城市社区建设的意见》（中办发〔2000〕23 号），由此带来了社区建设在全国各大城市的广泛推行。十六届四中全会，中国共产党从构建社会主义和谐社会的战略高度，提出了"加强社会建设和管理，推进社会管理体制创新"的要求。从此，社区建设开始加速推进。

2006 年 3 月，十届人大四次会议通过的《中华人民共和国国民经济和社会发展第十一个五年规划纲要》中，社区建设成为"十一五"时期的公

---

① 唐钧：《以"社区"来重构中国城市社会》，《中国改革》2005 年第 11 期，第 40 页。

② 谢立中：《均衡发展：城市基层社区变迁过程中的一个重要课题》，《求实》2002 年第 7 期，第 8 ~ 11 页。

共服务重点工程，把社区发展提到重要的战略地位。同年 4 月，国务院下发《国务院关于加强和改进社区服务工作的意见》（国发〔2006〕14 号），成为指导社区服务的重要纲领性文件。在前述两个文件的指导下，国家发展与改革委员会和民政部制定颁布了《"十一五"社区服务体系发展规划》。全国各地加大了加强和完善社区服务工作的力度，铺开了社区公共服务中心（站）和服务设施的建设。随后，民政部又相继发布了《全国和谐社区建设示范单位指导标准（试行）》（民发〔2008〕142 号）、《关于进一步推进和谐社区建设工作的意见》（民发〔2009〕165 号）。2010 年 10 月，中共中央办公厅、国务院办公厅发布《关于加强和改进城市社区居民委员会建设工作的意见》（中办发〔2010〕27 号）。2011 年 12 月，国务院办公厅下发了《社区服务体系建设规划（2011~2015 年）》（国办发〔2011〕61 号），提出"到 2015 年初步建立起较为完善的社区服务设施、服务内容、服务队伍、服务网络和运行机制"的发展目标。除中央和国家层面，省、市、县等各级党委、政府也对社区建设高度重视，城市社区建设运动蓬勃开展。

### （二）农村社区的变迁与农村社区建设

#### 1. 传统的乡村共同体

中国的传统村庄一般为数十人至数百人的中等聚落单元，这一空间单元成为村民长期聚居、繁衍的生活舞台。在这种中等聚落的自然村范围内，由于累世聚居而成为"熟人社会"。[①] 除了极端贫困化引起的农村革命和暴动以外，常态下的农村是稳定的。其原因就是以人和土地的直接联系为基础建立了一整套规则。由于以家庭为基本生产、生活单位，首先形成了长幼有序、男女有别的家庭秩序；由一个个血缘性联系的家庭组成一个家族，并建立起一整套家族规则；由一个个家庭或家族构成的地域性社区，会形成一整套社区管理规则，由此形成一个"集体本位"的规则网络，使传统的乡村保持着平静和安宁。[②] 1949 年以前，虽然起于晚清的现代化进程给一些传统的乡村带来了冲击，但广大的乡村社区依然持续着传统的乡土性并维持着乡土的宗法秩序，依然是一个封闭、稳定、连续的共同体。在这种传统共同体中，基层社会享有高度的自治。民间精英在以血缘和地缘为纽带的"差序格

---

① 贺雪峰：《论半熟人社会——理解村委会选举的一个视角》，《政治学研究》2000 第 3 期，第 61~69 页。

② 徐勇：《非均衡的中国政治：城市与乡村比较》，中国广播电视出版社，1992，第 84~85 页。

局"组织中履行基层政权的种种职能。税赋的征收，地方治安的维持，水利、道路、学校等公共事业的修建以及部分社会保障基本上由民间精英操办。①

2. 计划经济时期政经社合一的农村社区

1949年以后，尤其是人民公社时期，随着国家行政管理对农村的全面渗透，乡绅阶层和宗法制度被明令取缔，宗法系统开始瓦解，乡绅阶层消亡。村则被纳入国家行政管理体系。这一时期，资源完全被国家控制，国家实施快速工业化与城市优先的发展战略，汲取农业支持工业，进行原始积累，并通过政社合一实现对农村地区的高度控制。设立了"人民公社 – 生产大队 – 生产队三级产权构造"及政权组织体系，在农村基层还相继建立了农业技术推广站、供销合作社、水利站等农业生产、经营、流通机构以及文化站、广播站、卫生院等精神文化和医疗保健服务机构，这就是所谓的"七站八所"。通过社队和"七站八所"组织，国家全面介入农业生产、流通过程以及农民的日常生活。②

有学者认为，人民公社体制是一种特殊的体制，它对传统农村社会的破坏是相当彻底的，但这种体制在某种意义上是强化了而不是削弱了自然村作为熟人社会的这一重要特性。人民公社"三级所有、队为基础"，在户籍制度的限制下，队（自然村）成为村民生产与生活的单元，较过去而言，生产队为村民提供了更大相互接触的空间和相互接触的理由（因为共同生产而更加利益相关）。③ 如果说传统家族主导的村落是建立在血缘关系基础上的社会生活共同体，新中国成立以后人民公社时期的基层社区则是一种"政经不分""政社不分"的经济共同体和生产共同体。④ 也有的学者将人民公社制下的乡村共同体称为"行政共同体"，并认为，这种共同体尽管存在诸多不尽如人意的地方，但乡民们至少还可以从中体验和感受到"共同体"带来的安全保障与亲密情感。⑤

---

① 贾先文、黄正泉：《乡村社会结构演进中的农村社区公共产品供给机制变迁》，《学术交流》2009年第10期，第94~97页。

② 许远旺：《社区重建中的基层治理转型——兼论中国农村社区建设的生成逻辑》，《人文杂志》2010年第4期，第171~179页。

③ 贺雪峰：《论半熟人社会——理解村委会选举的一个视角》，《政治学研究》2000年第3期，第61~69页。

④ 项继权：《中国农村社区及共同体的转型与重建》，《华中师范大学学报（人文社会科学版）》2009年第3期，第2~9页。

⑤ 黄平、王晓毅主编《公共性的重建——社区建设的实践与思考》，社会科学文献出版社，2011，第205页。

3. 包产到户与农村人口流动带来农村社区的变化与困境

1978 年以后，国家率先在农村推动经济体制改革，实行家庭联产承包责任制。同时，在农村实行"乡政村治"的体制，乡镇被恢复为一级政权建制，生产大队被村民委员会取代，作为农村基层群众性自治组织，生产小队则演变为村民小组。1987 年 11 月 24 日，《村民委员会组织法〈试行〉》颁布，并决定于 1988 年 6 月 1 日起试行，这是中国历史上第一部关于农村社区实行村民自治的法律。

随着国家力量对农村直接控制的趋弱，传统乡土秩序得以生存的土壤开始出现。因此，改革开放之初在农村社区出现了宗族重建和传统复兴，一些民间礼俗活动开始恢复，民间组织开始在农村生活中发挥越来越重要的作用。但是，紧接着环境又发生了新的变化。20 世纪 80 年代后期以来，伴随社会主义市场经济体制改革的深入，中国出现了一股大规模并持续不断的农村人口流动潮流，即所谓"民工潮"。这一现象对传统的乡村，乃至整个中国的发展，都产生并将继续产生着重大而长远的影响。[1]

家庭联产承包责任制，虽然在制度设计上为"统分结合的双层经营体制"，但在现实执行过程中，却大多是有"分"而无"统"，再加上农村人口的大量流动，使得计划经济体制下形成的特殊的农村基层共同体逐步走向衰落和瓦解，农民对于原有的集体和村社区的认同感和归属感逐渐淡化。青壮年人口大量流出，"993861 部队"（即老人、妇女和儿童）留守农村，精英流失导致治理真空，支撑农业生产、农民生活的农田水利、道路、电力通信、文化活动等基础设施建设长期投入不足，教育、卫生、医疗、科技、职业培训以及社会保障等公共服务建设远远满足不了农民的需要，是许多农村的真实写照。在这样的背景下，有关新农村建设和农村社区建设的政策相继出台。

4. 新农村建设与农村社区建设

2005 年 10 月，党的十六届五中全会通过的《中共中央关于制定国民经济和社会发展第十一个五年规划的建议》提出了"建设社会主义新农村"的历史任务。2005 年 12 月，中共中央、国务院发出《关于推进社会主义新农村建设的若干意见》。2006 年中央 1 号文件提出社会主义新农村建设的重

---

[1]　徐勇：《挣脱土地束缚之后的乡村困境及应对农村人口流动与乡村治理的一项相关性分析》，《华中师范大学学报（人文社会科学版）》2000 年第 2 期，第 5~11 页。

要目标和任务，将新农村建设的具体目标和总体要求概括为 20 个字：生产发展、生活宽裕、乡风文明、村容整洁、管理民主。2006 年 9 月，民政部发布《关于做好农村社区建设试点工作推进社会主义新农村建设的通知》。2006 年 10 月，中共十六届六中全会通过的《中共中央关于构建社会主义和谐社会若干重大问题的决定》提出，"全面开展城市社区建设，积极推进农村社区建设，健全新型社区管理和服务体制，把社区建设成为管理有序、服务完善、文明祥和的社会生活共同体"。2007 年，中共十七大报告明确提出，"把城乡社区建设成为管理有序、服务完善、文明祥和的社会生活共同体"，首次将农村社区建设置于与城市社区建设同等的地位，表明我国社区建设步入城乡并举的新阶段。

自中央提出推进农村社区建设以来，农村社区建设已成为我国各地新农村建设的重要内容。农村社区建设工作在全国各省、市迅速推开。2007 年 3 月开始，民政部在全国确定了 304 个"全国农村社区建设实验县（市、区）"，开展了为期两年的农村社区建设试验工作。为巩固农村社区建设实验工作的阶段性成果，扩大农村社区建设的覆盖面，2009 年 3 月 6 日，民政部下发了《关于开展"农村社区建设实验全覆盖"创建活动的通知》（民发〔2009〕27 号）。2009 年 12 月，经实地评估，江苏省海门市、江苏省张家港市、浙江省嘉兴市南湖区、浙江省平湖市、山东省诸城市、山东省青岛市黄岛区、甘肃省阿克塞哈萨克族自治县等 7 个县（市、区）成为首批"全国农村社区建设实验全覆盖示范单位"，这标志着农村社区建设从试点和实验走向全面推进的新阶段。① 2011 年 12 月，国务院办公厅下发的《社区服务体系建设规划（2011～2015 年）》（国办发〔2011〕61 号）提出"农村社区服务试点工作有序推进"的目标。

## 二　城乡社区建设取得的成就

发端于城市，后来又扩展到农村的城乡社区建设，是一场自上而下开展的，政府积极推动的社区建设运动。中央政府主导，各级地方党委、政府积极响应、强力推进，社区建设在短期内就取得较为明显的成就。主要表现为以下几个方面。

---

① 项继权：《新社区是新农村的基础——对湖北仙洪新农村建设试验区建设的思考》，《中共福建省委党校学报》2010 年第 10 期，第 8～13 页。

### （一）基层社区的组织架构基本建立

组织架构包括组织机构的设置和规章制度的建立，这是社区建设初期阶段的重点工作之一。城乡社区的组织机构主要包括两个部分，社区党组织和社区自治组织。其中，社区党组织是社区组织体系的政治核心；社区自治组织，主要指居（村）民代表大会、居（村）委会及其他依居（村）民意愿设立的监督性、补充性的组织，其中居委会（村委会）是社区的主体组织和社区成员的法定代表。自2000年开始，在民政部的指导下，各地经过重新调整管辖区域后的社区居委会开始陆续建立和挂牌。新建住宅区、城乡接合部地区、农村拆迁新建小区、流动人口聚居地的社区居民委员会组建工作也在逐步地推进，目标是实现城乡社区全覆盖。在社区党组织和社区居委会之下成立居（村）民小组，居（村）民小组长负责组织和开展居（村）民小组的居民自治。

在基本组织框架的基础上，各地在社区建设实践和探索的过程中，形成了各具特色的社区组织方式。根据各地各社区的具体情况，有的社区依法设立了人民调解、治安保卫、公共卫生、计划生育、群众文化等下属委员会，有的社区则由社区委员分管相应的工作。另外，为更好地完成社区管理和服务任务，不少社区还建立了社区服务站（或称社区工作站、社会事务站）等专业服务机构，承接上级政府下沉的公共服务，并开展便民服务。还有的社区成立了社区协商议事机构，对社区内公共事务和发生的重大问题进行协商讨论。

各个社区还相当重视社区规章制度的建立，过去的居（村）委会基本没有规范的规章制度，现在的社区按政府要求，党支部、居（村）委会、居（村）民大会、社区服务站等都拟订了一整套规范的规章制度，并且编册、上墙、照章办事。同时，在政府的鼓励和驻区单位的支持下，各社区开发各自的资源，设置和组建了一批社区机构和社区组织，如老年协会、社区志愿者服务队、市民学校、青少年培训中心、法律服务站、社区交友服务中心、社区舞蹈队等，形成了类别各异、功能不同、性质多样的社区活动的载体，为开展社区活动和社区服务拓展了更广泛的领域。[①]

---

① 郭虹：《社区治理结构的二重性与政府在社区建设中的职责——成都市城市社区治理结构研究》，http：//www. sociologyol. org/yanjiubankuai/tuijianyuedu/tuijianyueduliebiao/2010 - 07 - 16/10604. html。

### （二）社区建设的保障机制不断完善

建立规范化、制度化的保障机制，是推进和谐社区建设可持续发展的重要保证。近年来，社区建设的各项保障机制处于不断完善的过程中。[①]

首先，在领导机制方面，在省（自治区、直辖市）、市两级，各地基本上建立了由党政主管挂帅、民政部门牵头、相关部门协同参与的社区建设领导小组，部分县（市、区）也成立了专门的社区建设工作机构。并且参与推进社区建设的党政部门越来越多，民政、组织、宣传、教育、公安、司法、卫生、劳动、建设、商业、计生、体育、文化以及工会、共青团、妇联等部门都从各自职能角度参与到社区建设之中。

其次，在投入机制方面，许多地方将社区建设纳入当地财政预算，探索建立政府投入与社会投入相结合的多元投入机制，拓宽社区建设资金来源渠道。例如，北京市政府 2009 年投入 11 亿资金，新建、改造 350 个社区办公用房和服务用房，2010 年又投入更多资金立项 1000 个社区解决其用房和办公用房狭小问题。[②] 截至 2011 年底，北京全市 2633 个城市社区服务办公用房面积全部达到 350 平方米的标准。[③] 另据财政部公布的数据，2010 年全国城乡社区事务支出 5987.38 亿元，比上年增长 21.4%，占全国财政支出的 6.7%，主要用于加强城乡社区规划与管理，城乡社区公共设施建设、维护与管理（包括城乡社区道路、桥涵、燃气、供暖、公共交通、道路照明），城乡社区环境卫生（包括城乡社区道路清扫、垃圾清运与处理、园林绿化）等，支持改善市场环境，规范市场经济秩序，提高城乡居民生活质量。[④]

最后，在激励机制方面，为了吸引人才和留住人才，许多地方加大了提高社区工作者待遇的力度，并在基本养老、基本医疗、失业、工伤、生育等保险以及津贴、福利、住房公积金等方面给予保障。一方面，依法选举的社区干部队伍呈现高素质、年轻化的趋势，另一方面，吸引了一大批年轻、高学历和具备一定专业知识的人才进入社区工作人员队伍。例如，北京市民政局面向社会公开招录社会工作者充实到基层社区中去。仅 2011 年就计划招

---

① 严振书：《转型期中国社区建设的历程、成就与趋向》，《成都行政学院学报》2010 年第 2 期，第 64~69 页。

② 魏礼群主编《新形势下加强和创新社会管理研究》，国家行政学院出版社，2011，第 56 页。

③ 陈荞：《北京社区办公用房面积年内全达标》，《京华时报》2011 年 4 月 24 日。

④ 《2010 年全国公共财政支出基本情况》，http://www.mof.gov.cn/zhengwuxinxi/caizhengshuju/201108/t20110803_583781.html。

录 1000 名社会工作者进基层社区，此次招考的录取比例约为 1∶27，竞争热度甚至高过同期举行的北京市公务员考试（考录取比例为 1∶11）。[1]

**（三）社区服务设施和网络粗具规模**

城乡基层社区是为居民提供基本公共服务的基础平台。构建社区服务体系成为政府社区建设的中心任务和主要抓手。

"十一五"社区服务体系发展规划提出，在"十一五"期间要建设完善一批集党建、劳动保障、社会救助、卫生和计划生育、社区治安、文化、教育和体育、养老托幼、残疾人康复、便民利民等多项功能为一体的综合社区服务设施。有条件的地区要依托社区服务设施，整合各类信息服务资源，建设多种类型的社区信息服务网络，加快社区服务信息化步伐。

截至 2009 年，各城区、街道普遍建立了社区服务中心，各居民委员会大都建立了社区服务站，形成了区、街道、居委会三级社区服务网络，极大地方便了居民生活。全国 87% 的社区有社区服务中心（站），93% 的社区有劳动保障所（站），80% 的社区有警务室，85% 的社区建有卫生服务站（点），70% 的社区有图书室。初步形成了以社区服务中心为纽带，广泛联系各类社区服务企业、服务人员的社区服务网络。[2]

在积极构建城市社区基本公共服务体系的基础上，农村社区服务体系的建设也在快速推进，并已有良好开端，许多地方加强了农村社区服务站的建设，使农民在家门口就能够享受到便利的公共服务，给农村带来了新的气象和新的变化。例如，成都市青羊区在推进城乡一体化的进程中，坚持"农村新型社区建设到哪里，公共服务就延伸到哪里"。在其区域内所有农村新型社区中，都建立了社区劳动保障站、社区教育工作站、社区文化体育站、社区卫生计生服务站、社区救助工作站、社区法律咨询援助站、社区警务室等为内容的"六站一室"，构建起较为完善的社区公共服务平台，把政府部门职能直接延伸到社区。[3]

总体而言，自 2000 年国务院办公厅转发了《民政部关于在全国推进城市社区建设的意见》算起，社区建设已经走过了十余年的历程，并从城市社区建设逐渐延伸和扩展到了农村社区建设。目前的城乡社区作为中国社会

---

① 《北京 2.7 万人昨赶考社区工作者》，http://news.qq.com/a/20110424/000120.html。
② 侯岩：《中国城市社区服务体系建设研究报告》，中国经济出版社，2009，第 8 页。
③ 《和谐文明背后：完善的社区公共服务体系》，《成都日报》2009 年 2 月 18 日。

最基层的社会组织，已经拥有了一定的组织基础、制度保障、物质条件、设施场所和社会资源，开始在社会管理中发挥特定的作用。

## 第二节　城乡社区建设面临的现实困惑及原因分析

### 一　城乡社区建设面临的现实困惑

如前一节所分析，已经完成和正在进行的城乡社区建设均不是凭空产生或主观想象的产物，而是随着经济、社会改革、城乡社会结构转型的需要应运而生的。这种由国家主导的自上而下的社区建设运动，在各级政府的强力推动下，在较短的时间内取得了明显的成效，在一定程度上消解了社会发展带来的问题，但也面临许多现实的困惑。

### （一）自治组织行政化色彩严重

伴随社区建设的步伐，政府管理重心逐渐下沉，导致居民委员会和村民委员会日益成为事实上的行政管理的末梢，政府的需要而不是居民的需求成了居委会和村委会工作的主要推动力。有学者对社区建设中行政化倾向的主要表现做了很好的总结：职能行政化、成员公职化、工作方式机关化、运行机制行政化、权力行使集中化、社区建设成为"政绩工程"。[①] 由于被下沉了很多本不属于居委会和村委会工作范围的事务，使得作为城乡社区自治组织主体的居委会和村委会不仅没有成为居民和村民的"头"，反而成了基层政府的"腿"。据统计，有些地方的居委会一年的工作超过158项，其中行政事务118项，占总数的74.68%。[②] 俗话说，"上面千条线、下面一根针"，居委会和村委会俨然变成了一个小政府，每一个村（居）干部都对着上级政府的几个部门，整日疲于应付上级安排下来的各项任务，根本没有精力顾及社区的发展和社区居民的需求。

虽然《中华人民共和国宪法》和《中华人民共和国城市居民委员会组织法》对居委会的性质做了明确规定，"居民委员会是居民自我管理、自我教育、自我服务的基层群众性自治组织"。但是，现实生活中，居委会一方

---

① 潘小娟：《社区行政化问题探究》，《国家行政学院学报》2007 年第 1 期，第 33～36 页。
② 曾望军：《论我国社区自组织的自治困境及其成因》，《理论与改革》2007 年第 3 期，第 85～88 页。

面必须承接上级政府下发的责任书，履行政府下派的行政职能，如计划生育、下岗再就业、流动人口管理、社会保障、社会治安等；另一方面还要应付上级各部门下派的各种各样的评优和检查工作，与国家法律规定的城市居民的自治组织性质有很大的差距。

与城市社区居委会类似，农村的村委会同样存在行政化的问题。2010年10月28日第十一届全国人民代表大会常务委员会第十七次会议修订的《中华人民共和国村民委员会组织法》规定，"村民委员会是村民自我管理、自我教育、自我服务的基层群众性自治组织，实行民主选举、民主决策、民主管理、民主监督。村民委员会办理本村的公共事务和公益事业、调解民间纠纷、协助维护社会治安、向人民政府反映村民的意见、要求和提出建议"。但在现实生活中，乡镇政府对村委会一直保持较强的行政、财政和人事控制，村民委员会事实上被"行政化"了。税费改革以后，随着"村财乡（镇）管"以及村干部纳入财政补贴等措施的实施，乡镇政府对村委会的控制进一步强化，村委会组织的行政化色彩更加浓烈。

为解决自治组织行政化问题，有些地方成立了社区服务站（或称工作站、事务站），试图将原先由（村）居委会承担的行政性事务，转移至社区服务站办理，但事实上（村）居委会干部与服务站工作人员交叉任职的现象仍属普遍，这一问题并没有得到很好的解决。

**（二）社区服务供需之间不对接**

如前所述，先发端于城市，后又移植到农村的城乡社区建设，均是以社区服务为切入点的，主要注重基层组织建设、基础设施建设和服务体系建设。因此，社区建设也常常只被基层干部理解为资金、物质和人力资源配置的问题。

在城市，社区建设侧重于如下几个方面：①社区居委会的人员配备和办公用房、办公经费的保证。②社区基础设施建设，如体育活动设施、文化娱乐活动设施、教育培训设施、为老服务设施等。③社区服务站建设，通过社区服务站、社区医疗卫生服务站、社区居家养老服务站、社区警务室等，将计划生育、下岗再就业、退休人员管理、流动人口管理、社会保障、社会治安、医疗卫生、居家养老等公共服务和社会服务下沉到社区之中。

在农村，各地如火如荼开展的新农村建设和农村社区建设，也多致力于如下几个方面：①完善农村基础设施和改善农民的生活环境，如污水处理、路面硬化、垃圾处理和清运、户厕改造、路灯等。②改造村委会办公场所，设立社区服务站，承接上级政府下沉的公共服务，如劳动保障、计划生育、流动人口、救济救助、社会治安、健康保健、环境保护等。③完善农村社区的服务场所和服务设施，如室内外体育健身场所和健身器材、书屋或图书室、老年活动中心、文化大院等，甚至有些地方还为农村社区配备和修建了数字化影厅。

在目前的社区建设运动中，各级政府部门是社区建设的决策主体，也是资金投入和项目实施的主体，带有很大的强制性，供给数量与结构基本上通过文件下达，整齐划一。而本应作为城乡社区建设主体的社区居民，在政府主导的社区建设运动中实际上处于集体失语与缺位的状态。社区居民对于政府的社区建设成果只能被动地接受，而其真正的需求却无法得到很好的满足，同时也使得基础设施使用和后续的维护与管理均出现了问题，社区建设成果的可持续性堪忧。在调研的过程中，我们发现许多社区图书室大门紧锁，无人阅读；许多社区室内健身设施无人活动，或者仅仅被极少数人占用；许多老年日间照料室也仅仅是挂块牌子，放两张床而已，并未真正利用起来。曾有一个乡镇的镇长用"奢侈的农村，贫穷的农民"来总结当地的新农村建设和农村社区建设，意思是说，虽然政府在社区建设中投入了大量的资金，农村的基础设施和服务设施得到了相当的改善，但是这在农民的眼里却被看作奢侈和浪费的行为，政府所提供的设施和服务，并不是居民目前真正需要的。

### （三）大多数居民社区参与不足

就目前而言，在我国城乡社区中存在一个普遍的现象，即除少数的积极分子之外，大多数居民对于社区活动持冷漠态度。这些积极分子往往是党员、党小组长/楼组长、女性、退休人员等，具体参与原因既包括有充足的时间和多种心理需求，受到长时期的单位组织文化熏陶，有时也有象征性物质回报的作用。不少研究还达成这样一个共识：在社区动员和社区参与中，中国本土性文化资源（人情、面子）以及私人（或小团体）之间的信任和互惠机制发挥了重要的作用，形成了"社区居委会－积极分子－普通居民"的动员路径，动员之下的社区参与也带有很大的表演性和仪式性。①

绝大多数的社区事实上处于一种"被组织"的状态中，连社区环境卫

---

① 肖林：《"'社区'研究"与"社区研究"——近年来我国城市社区研究述评》，《社会学研究》2011年第4期，第185～208页。

生等与居民日常生活息息相关的事情都需要通过行政命令和卫生创建活动自上而下地被动实现。社区居（村）委会成为上级政府的基层社会控制组织，其运行来自政府的指令，然后再通过动员社区积极分子的方式把任务传达和布置下去。虽然有些社区的文体娱乐活动搞得有声有色，但是参与的人数毕竟有限，社区广大居民之间仍然彼此陌生，对社区没有认同感和归属感，对他人和社区事务、社区活动漠不关心。

### （四）外来人口社区融入与融合难

迄今为止，作为基层社区组织的村民委员会是以集体土地所有和集体产权为基础建立起来的，村民自治也因此具有排他性和封闭性。然而，改革开放已经打破了整个国家农村社区的封闭性。妥善处理社区不同居民之间的权利关系，增强居民的社区认同和归属感，促进社区的整合与融合，已经成为亟待解决的问题。这就要求对现行的村民委员会的组织与管理体制进行改革，以容纳和整合社区全体居民。[①] 在各地的调研过程中，我们也发现，很多传统的农村社区（尤其是发达地区的农村）、大中城市的城中村社区，以及农民的集中居住社区中，不仅居住着本村的居民，还居住着从别的村集中迁移过来的居民，以及外来购房者和外来租房者。这些人虽然居住于同一个社区中，但是政治权利和经济权利还属于原来的村，除了物业方面之外似乎与所居住的社区并没有其他的关系。因此，除了地缘与文化等天然因素会影响到群体之间的融合之外，现有社区管理和自治的这种排他性和封闭性的特性，人为地造成了本地人与外地人的隔离，使得外来人口无法产生社区归属感和认同感，从而不利于外来人口的社区融入与融合。

相比于农村社区，城市社区虽然不涉及集体产权，居民之间没有复杂的经济利益关系，但同样存在外来人口社区融入与融合难的问题。随着经济社会发展和人口的流动，城市中出现了大量的"人户分离"（人口户籍所在地和现居住地不一致）的现象。以北京市为例，据相关资料显示，北京市 2005 年跨乡镇、街道的全部人口（即人在户不在的人口）为 577 万人，占常住人口的比例高达 37%。在全部的外来人户分离人口中，有21.1% 属于区县内跨乡镇、街道的外来人口，19.2% 的人属于北京市内跨

---

① 项继权：《农村社区建设：社会融合与治理转型》，《社会主义研究》2008 年第 2 期，第 61~65 页。

区县的外来人口，还有 60% 属于外省市来北京的外来人口。[①] 虽然城市社区中居住着如此多的非本社区甚至非本市户籍的外来人口，但是，基层行政管理机构的设置、编制和经费的确定，都是以辖区的户籍人口数作为基本依据，很多社会服务配套也都是以本社区户籍人口为基数来设置的。因此，社区居委会实际上负责管理和服务的人群是本社区的户籍人口，而对外来人口只进行居住登记、计划生育管理以及暂住证办理等。城市社区这种依户籍而管理的原则造成了刚性社区福利排斥，受户籍的限制，不拥有本社区户籍的人员无法在本社区享受相应的福利和公共服务，缺乏社区认同感和归属感。

### （五）社区规模过大或过小导致管理难

如今，不少社区都存在规模过大的问题。我们的课题组在多个省份做过调查，发现有的街道、乡镇常住人口达 30 万人，甚至常住人口六七十万人的街道、乡镇也是存在的，而常住人口 3 万多人的社区也不在少数。以广东东莞为例，据其 2010 年人口普查统计公报的数据显示，常住人口超过或接近 30 万人的镇、街共有 12 个，人口占到全市总人口的 61.2%，其中常住人口最多的长安镇和虎门镇分别为 664230 人和 638657 人。再看长安镇的上角社区，多年来被各级政府评为"文明村"和先进社区，现有常住居民1200 多人，新东莞人 4 万多人。[②] 类似东莞这种社区规模过大的现象，在我国的经济发达地区并不少见。对于社区规模究竟多大为宜，在学术界尚无定论。但是经验证明，过大的社区规模和管理幅度，无论如何是管理不好的，也无法实现社区自治。在调研过程中，对众多基层街道和社区干部的访谈也印证了这一点，常住人口几万人，却称之为"社区"，由村（居）委会这种自治组织来管理，如此，基层怎能和谐稳定？

与一些社区人口规模过大相对应的是另一些相对落后的农村社区由于人口外流而导致的"过疏化"，即人口规模过小。社区规模过小同样带来社区管理的难题。乡村能人和青壮年人口的大量外出，使得妇女、老人、儿童成为乡村世界的主要留守者，乡村社会出现了严重的"空心化"现象，其后果是使乡村世界丧失了物质生产和人口再生产的基本能力，

---

① 乔晓春：《北京市人户分离人口状况分析及户籍制度改革的设想》，《人口与发展》2008 年第 2 期，第 2 ~ 14 页。

② 《东莞市文明村——上角社区》，http：//www.dgqx.com/zan/guanli/sjc/index.htm。

乡村公共事务亦处于瘫痪状态。其直接后果，是乡村组织的衰败和村庄公共性的失落。[①] 同时，人口"过疏化"还加重了政府农村公共服务资源配置的困难程度，长期居住在农村社区中的中青年人口及儿童的持续减少，使得基础设施、农村教育、医疗等资源配置的问题更加突出。

## 二　城乡社区建设困惑产生的原因分析

本节的第一部分列举了城乡社区建设实践面临的几点现实困惑，这是目前我国社区建设过程中存在的普遍问题，那么究竟是什么原因导致这些问题的呢？一方面，从社区建设本身来讲，自上而下的社区建设运动使国家的权力过度地下渗到了基层社区，由此忽略甚至阻碍了自下而上的社区自组织能力的形成，而社区的认同感、归属感和凝聚力才恰恰是社区共同体的核心所在。另一方面，从大的角度来讲，上述很多问题并不是在社区内部就能够解决的，只有跳出社区建设的具体内容，从更高的战略层面来观察和思考，才能找到当前我国社区建设问题产生的本质原因。

### （一）自上而下的社区建设运动内在不足

有关社区的建设与治理，大体上来说有两种思路：一种是自上而下的建设与治理，即主要依靠政府的政策制定、执行来控制社区，以达到社区稳定、有序运行的目标；另一种则是自下而上、上下互动的社区建设与治理方式，这种方式注意发挥社区居民的作用，发挥社区民间组织在社区治理中的作用。总体上来说，目前中国的社区建设主要还是第一种思路。[②]

在现实的操作过程中，社区建设主要是通过从国家到省、市各个层面的创建、评比和考核来达成的。虽然各种各样的创建、评比、考核活动对政府工作的快速推进大有助益，但却将城乡社区导向了对上不对下、重形式轻内容的道路。表面上看，社区各项公共服务设施齐备，各种功能似乎也健全，但是其真正能够发挥多少作用，能否满足社区居民的需求呢？这样建设起来的社区，投入不小，却只是一种机械的、僵化的社区，是一种缺乏内聚力和活力的社区，也缺乏未来发展的可持续性。

社区的本质在于居民对于社区的认同感和凝聚力，或者说是一种公共精

---

① 田毅鹏：《乡村"过疏化"背景下城乡一体化的两难》，《浙江学刊》2011 年第 5 期，第 31～35 页。

② 郎友兴、周文：《社会资本与农村社区建设的可持续性》，《浙江社会科学》2008 年第 11 期，第 68～74 页。

神。有学者提出，社区建设重在公共性的重建。[①] 社区内人与人之间的信任、互助、协作等社会资本是社区建设可资利用的宝贵的公共社会资源，只有有了这种社会资源，才能将其他的资源（包括社区内部的公共经济资源、公共自然资源，也包括政府对社区的投入）激活，使社区焕发出活力，更好地处理社区公共事务，开展社区公共生活，从而满足社区居民的各种需要。同时，居民需要的满足又可以反作用于社会资本，增加社区社会资本的存量，实现良性的循环。图4-1形象地说明了这种作用机制。

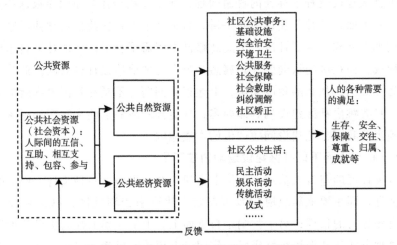

**图4-1 公共社会资源在社区建设中的重要性**

目前，政府主导的自上而下的社区建设，关注到了城乡社区中公共事务无人管理的现象，并通过建构基层社区组织与管理体系的方式，将建设的重心直接投入到社区具体的公共事务解决方案上，虽然取得了一定的效果，但忽略了社区内部公共社会资源的挖掘和培育，因此建设的实际效果也就大打折扣了。

虽然行政推动可以构建基层社区的组织与管理体系，并加强基层社区的有序管理，但是，这种依靠权力和强制形成的社区并非是建立在内在认同基础上的"社会生活共同体"。我们必须仔细反思当前这种社区建设的路径，并在未来的社区建设过程中探寻出一条适合中国国情的、自上而下与自下而上相结合的更加合理的路径来。当然，现实的情况也不可忽略，即"在社区中，除了成熟的政府组织以及居委会外，其他社会组织缺乏足够的资源和

---

① 黄平、王晓毅主编《公共性的重建——社区建设的实践与思考》，社会科学文献出版社，2011。

权威，它们还没有足够的能力代替政府部门组织居民管理公共事务，居民也缺乏自组织的意识，社区参与程度低"①。因此，如何实现两种路径之间的衔接与转换，需要在理论与实践中不断地探寻。

**（二）社会转型、体制转轨大背景构成外在制约**

实际上，社区建设中存在的许多问题和困惑并不仅仅是社区内部的问题，而是受到社会转型和体制转轨大背景的制约。因此，必须跳出社区来看社区。下面从社会转型和体制转轨的角度来考察我国城乡社区建设，勾勒社区问题产生的背后逻辑。本着两条线索：社会转型与"空间－人口"重构是社会发展的必然，也是产生各种社会问题的根本原因；体制和制度调整的滞后则是导致社区建设实践过程中面临各种现实困惑的症结所在。

1. 社会转型与"空间－人口"重构是必须要面对的现实

社区由居住在一定地域的人构成，"空间－人口"的变动和重构是撬动社区变化的根本原因。如图4－2所示，1949年，我国城镇户籍人口只有5765万人，占当时总人口的10.6%。到1978年，城镇户籍人口有17245万人，占当时总人口的17.9%。而到2011年时，居住在城镇的人口为69079万人，占全国总人口的51.27%；居住在乡村的人口为65656人，占全国总人口的48.73%。这样大规模的农村人口向城市的迁徙，不仅在中国历史上没有过，而且在世界城市化历史上也很少见。

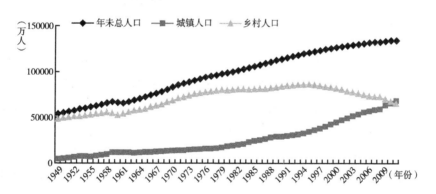

**图4－2　1949～2011年全国城乡人口分布状况**

资料来源：1949～2011年《中国统计年鉴》，中国统计出版社，1949～2011。

---

① 何海兵：《我国城市基层社会管理体制的变迁：从单位制、街居制到社区制》，《管理世界》2003年第6期，第52～62页。

从流动人口的角度来看，1982 年中国的流动人口为 657 万，到 2000 年也仅为近 1 亿人。而第六次全国人口普查数据显示，2010 年我国流动人口数量达 2.21 亿人，占全国人口总量的 16.16%。图 4-3 即展示了 1982～2010 年我国流动人口急剧增加的态势。而且，流动人口举家迁移和长期居留趋势明显，人口流动逐步由个体钟摆式流动向核心家庭整体迁移转变。流动人口在流入地平均居留时间接近 5 年，流动人口携配偶、子女、父母一同流动的已占流动人口整体的 66%。这些家庭十分期待融入城市生活，改善教育、居住、社保、医疗等待遇。① 可见，流动人口不流动已经成了一个通常的现象，这是我国必须要正视的重要问题。

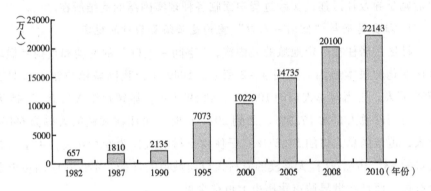

**图 4-3 1982～2010 年流动人口数量急剧增加**

资料来源：中国人民大学"流动人口趋势研究"课题组研究资料。

快速的工业化和城市化进程，"空间-人口"的剧烈重构，对传统的城市社区与农村社区带来巨大的挑战，使得中国目前有不少地区的农村基层社区空心化，无人管理，且原有的社区感也在逐渐地消失；城市基层社区人口过度膨胀，难于管理，人与人之间彼此冷漠与疏离。伴随人口-空间结构的重构，传统基层社会共同体也迅速解构，和人相关联的各种需求，如教育、社会保障、就业、住房、养老等需求无法满足。表面上看是人的流动，实际上人的背后却是公共事务的处理和各种需求的满足问题，更深层次上则是公民是否能够享受到公平、公正的社会权利的问题。正视这一现实，及时地从体制和制度上进行调整，才是解决问题的根本之法。

---

① 国家人口和计划生育委员会流动人口服务管理司编《中国流动人口发展报告 2011》，中国人口出版社，2011，第 18～26 页。

**2. 体制转轨与计划体制遗留下的藩篱**

从历史上看，凡是走上现代化道路的国家，在其工业化、城市化的进程中，都会出现国土空间的重组和地域发展不平衡问题，也可以说这是在工业化和城市化特定的社会变迁背景下产生的社会现象。在这个过程中，体制和制度的调整本应该遵循社会转型和变迁的客观规律。但是在我国，曾经的计划经济体制，给基层社区打上了深深的国家的烙印，当前的社区建设虽然是社会转型和体制转轨的必然要求，但是仍未完全跳出计划经济体制遗留下的藩篱，这恰恰是导致现在城乡社区建设中出现各种困惑的主要原因与症结所在。具体体现在两个方面，一是城乡二元结构体制，二是长期高度集权的政府计划体制。

（1）城乡二元结构体制

计划经济体制使城乡二元经济结构畸变为二元社会结构，城乡分割的户籍制度、土地制度、产权制度等使"农民"一词不仅是身份的象征，而且也是职业的证明。一个农民要想改变身份和职业，只有升学、参军等极其狭窄的渠道。

1990 年以来，市场经济的发展带来巨量的人口流动，很多城市社区、大中型城市的城中村社区以及一些经济较发达地区的乡村社区中，居住了大量的非本社区户籍的外来人口，但是社区的划分、社区管理机构和管理人员的配置，仍然依据户籍人口的数量，主要是为户籍人口服务的。与城乡常住人口比重的剧烈变动相比较，基层社区组织的调整变化明显慢于城市化和社会变迁的步伐。如图 4-4 所示，1984 年，乡村人口占总人口的 76.99%，村委会数量占基层自治组织总数的 92.42%；城镇人口占总人口的 23.01%，

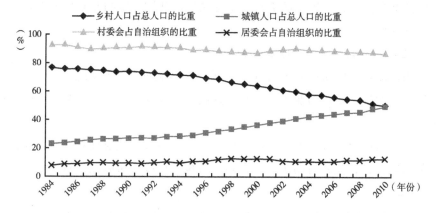

图 4-4　城乡人口比重变化与城乡基层自治组织比重的变化

居委会数量占基层自治组织总数的 7.58%。到 2010 年，乡村人口占总人口的比例已经下降到 50.05%，村委会数量占基层自治组织总数仍然高达 87.24%；城镇人口占总人口的比重上升到 49.95%，居委会数量占基层自治组织总数的比例仅仅提高到 12.76%。

虽然有些地方已经开始了积极的探索，但是整体而言，附着于户籍制度的政府社会管理和公共服务职能尚未发生相应转变。这群人的户口仍在原籍，因而相应的子女就学、住房、医疗保险、社会保障等依然未完全纳入迁入地的管理，社区的基础设施建设也没有充分考虑到这部分人的需求。有的人尽管已经在某个城市生活了几年、十几年，但仍然是按照非户籍流动人口的管理体系来进行管理和服务的，这使他们很难真正融入居住地的社区之中，也就无法实现有效的社会整合。可以说，随着城市化的进程和大规模的人口流动，计划经济体制下静止的城乡二元结构已经被复制和嵌入城市社区之中，从而形成了"城市二元结构"。这种城乡分割和二元化体制不仅成为阻碍我国经济发展的重大障碍，也成为引发社会矛盾、影响社会稳定、阻碍社会融合的重大障碍。

因此，应该正视工业化、城市化大发展时期人口大量流动与迁移的现实，从战略的高度，将城市社区与农村社区联系起来，作为一个系统来看待。推动城乡社区衔接，并将其作为实现城乡均衡发展的基本路径，实现城市化与新农村建设两大战略的有机结合。[①] 打破城乡二元体制分割的局面，通过深化户籍制度改革、土地制度改革和产权制度改革，缩小城乡之间的差距，促进城乡资源的自由流动，并以社区的常住人口为基础，为他们提供基本的公共物品和公共服务的需求，增强其社区认同，重构基础性的地域社会生活共同体。

（2）长期高度集权的政府计划体制

当前城乡社区所面临的村（居）委会行政化问题、居民参与不足问题、社区服务的供需错位问题等，都与长期高度集权的政府计划体制有着密切的关系。

社区行政化的倾向源于我国长期实行高度集权的政府计划体制，全能政府的影响深远，强政府的影响力和辐射力也不可能在短时间内从基层社区消

---

① 毛丹：《村落共同体的当代命运：四个观察维度》，《社会学研究》2010 年第 1 期，第 1 ~ 33 页。

失。在这样一种路径依赖之下，当前社区建设的思路似乎更像是把社区作为一个行政性的单位来建设。问题的产生一环套一环，高度集权的政府计划体制导致村（居）委会行政化倾向严重，行政化导致社区建设主体错位，社区建设主体错位导致社区居民参与不足，社区居民参与不足导致供需之间的不衔接。

有学者通过实证研究指出，中国城市社区行政化的出身，使社区成员丧失了自治的理念及机能。面对居委会以自治主体的身份背向社区居民为政府谋事的现状，社区成员不自觉地陷入"以居委会为中心"和"以自我为中心"的内外两大群体的二元区隔格局。而两大群体之间鸿沟的弥合需要互相通力协作，同时政府的权力让渡、中介组织的培育及仿企业化机制的导入等均有助于双方携手社区自治。① 因此，必须深化政府职能转变，通过厘清和调整政府、市场、社会在社区建设中的关系，重构社区治理的体制和机制。

综上所述，社区建设既是社会转型与体制转轨的客观要求，又受制于原有体制的限制。只有跳出社区来看社区，才能真正厘清当前社区建设中存在的问题及其产生的根本原因，这是下一步深入推进社区建设，构建理想新型社区的基础。

## 第三节 中国基层社会重构：构建理想的新型社区

### 一 未来基层社区建设的目标和思路

#### （一）何为理想的社区

什么是好的社区或理想的社区？根据前面的分析，本章认为：理想的社区，应该是富有生机的、相互支持和具有包容性的地域性的社会生活共同体，是具有自组织能力的，能够自我聚合、融合、包容的"有机"的社区。社区是所有居民的温馨家园，居民是社区的主人，大家友爱、平等、相互支持，组织和动员各种资源共同解决面临的各种问题和需求，具有强烈的社区认同感和归属感，在社区中能够体验到安全和温暖。按照这样的标准来衡

---

① 闵学勤：《社区自治主体的二元区隔及其演化》，《社会学研究》2009 年第 1 期，第 162 ~ 183 页。

量，我国的社区建设仍然任重道远。

### （二）构建目标和思路

构建理想的新型社区，应以社区常住人口为底数，从居民需求出发来考虑社区建设的一系列方面。具体来讲，构建目标和思路是：需求出发、以人为本，政府、市场、社会、居民共同合作，自上而下与自下而上相结合，建设充满生机的邻里，构建团结友爱的温馨家园，形成自组织的、和谐的社会生活共同体。

社区建设首先要做到以人为本，从社区全体居民的基本需求出发。社区建设的过程应该是政府、市场、社会各个部门合作、协商、融合的过程，也是共同精神和共同价值的培养过程，同时还是社会融合的过程。城乡社区建设的最终方向是致力于将城乡社区转变为具有自组织能力的，能够自我聚合、融合、包容的"有机"的社区，成为现代社会的基层社会生活共同体，成为和谐社会的基石。

## 二　构建理想社区的方法与主要路径

社区建设将是一个长期而艰巨的过程。我国的城乡社区建设缘起于社会转型和体制转轨的大背景，是为了重构改革开放后经济体制改革和经济社会发展过程中被打破的基层社会管理体制与组织方式而产生的。在社区建设的初期，以政府为主体，通过划分辖区、建立机构、配备人员、投入设施、下沉服务等，自上而下、整齐划一地对基层社会进行了大刀阔斧的改革与重构，为重建基础性的地域社会打下了初步的基础。但是，这种社会转型和体制转轨的过程还远没有结束，因此导致在社区建设中还存在诸多的问题和困惑，需要继续深化改革才能得到根本的解决。

### （一）科学规划和构建城乡社区平台

科学规划城乡社区平台的前提是跳出多年来延续的城乡二元体制和依户籍管理的思路，以社区常住人口为基础，合理设定社区规模。把长期居住在本社区的外来人口真正作为本社区的居民来对待，在社区基础设施建设，教育、医疗卫生、养老、社会保障等公共资源配置及社会管理等方面一视同仁。所谓以人为本，就是以社区全体居民为本，从社区全体居民的需求出发，把所有的新老居民都安排好，促进新老居民融合。

社区居民的"定居意识"是社区归属感、地域归属感和社区认同产生的基础，也是社会稳定的基础。中国当前正处于社会大转型和人口大流动的时期，亟须构建与市场经济体制及城乡一体化发展相适应的城乡一体的社区制度。从中央层面适时调整不合理的户籍制度、产权制度、公共资源配置制度等，适时调整人口管理政策，由原来的身份管理转向职业管理，只要农村流动人口在城市有较为稳定的职业，就应该将其视为城市居民，实现农村人口流动到人口迁移的跨越，使每个公民不论迁移到哪里，都能够享受到国民待遇，都能够安居乐业。

在科学规划的基础上，要把社会管理服务的触角延伸到社会末梢，把更多的人、财、物投向基层，真正做到人往基层走、物往基层用、钱往基层花、劲往基层使，做强基层组织、壮大基层力量、整合基层资源、强化基层工作。

**（二）着力构建新型的社区治理机制**

建成符合现代化要求的基层社会治理结构是未来城乡基层社区建设的重要任务。应着眼于通过政府组织、社区组织、社会中介组织权利关系的调整，来探索社区治理体系的建构①，以社区自主治理为核心，走政府、市场、社会和居民多元主体互助合作的治理之路。在社区居民自愿、自主参与的基础上，在政府、社区群众性自治组织（代表全体居民）和非营利组织之间建立起分工合作、相互支持的良性互动关系。② 政府在继续加大对社区的支持力度的同时，要着重于培育社区以及社区民间组织的自治能力。

新型社区治理机制能够保证社区居民的主体地位和参与权利，能够使社区建设真正做到自上而下与自下而上相结合，同时也是使社区公共服务等资源配置能够满足社区居民需求的制度性保障。在这方面，地方政府已经开始了不少探索并形成了一些可资借鉴的经验，下文将结合课题组的调研材料，以案例的方式进行展现。

1. 理顺社区自治组织与政府的关系，拓宽社区自治的体制性空间

首先，应逐渐从狭隘的户籍人口的自治转向社区全体居民的自治。农村社区应与经济组织逐渐分离，社区将不再是计划经济下的一种集体经济组织或生产共同体，而是从事多种经营、多种职业的人们的生活聚居地或社会生活共同体，同样，城市社区的自治也应该融合和整合全体居民。

---

① 杨寅：《城市社区建设与公民社会培育之互动》，《上海政法学院学报》2006 年第 2 期，第 1~7 页。

② 潘小娟：《中国基层社会重构——社区治理研究》，中国法制出版社，2004，第 4 页。

其次，通过合理界定和梳理上级政府与社区自治组织的权责，利用政府购买服务等方式，理顺社区自治组织与上级政府的关系，将社区自治组织从繁杂的行政事务中解脱出来，保证社区自治的实现。

### 案例1　江苏太仓的政社互动实践

为了解决社区自治组织行政化倾向严重的问题，2009年5月，江苏省太仓市发布了《关于建立政府行政管理与基层群众自治互动衔接机制的意见》，提出："凡属村（居）自治性的管理工作，放手村（居）委会自主管理""政府部门行政职责范围的工作任务，不得随意下达到村（居）委会"。2010年3月，太仓出台了《基层群众自治组织协助政府工作事项》和《基层群众自治组织依法履行职责事项》两份"清单"，整理出"自治组织依法履职事项清单"10项，清理出"行政权力限制事项清单"27项，最终确定需自治组织协助办理事项比清理前减少了51项。2010年8月13日，两个试点镇分别与辖区内的23个村（社区）和11个村（社区）的主任签订了《基层自治组织协助政府管理协议书》，代替了原来的行政责任书，取消社区与政府的隶属关系，建立平等的契约关系，通过购买服务的方式，实现"权随责走，费随事转"。废止行政责任书后，太仓市又不失时机地出台了一系列配套政策，包括停止行政指令性指标、停止创建发展指标、停止行政考核。废除村（居）委会主任候选人制度，实行群众"海选"。对村（居）委会主任的考核由政府考核变为群众考核等。

**2. 加强社区民主机制的建设，理顺社区自治组织与居民的关系，促进居民的民主参与**

社区居民是社区的主人，是社区建设的主体。应充分发挥社区居民的主体性，建立共同体成员对于社区事务的参与意识，使社区居民能够透过自己的力量去解决自己的问题。可以通过议事会等形式，保证社区居民民主参与的权利。探索和加强居民、村民（代表）会议、议事会、监事会等基层民主机制建设，并可以按照实际情况，设立跨村、跨社区的联合议事机构，充分发挥其公共服务和社区治理的民主决策功能。在这个过程中，一方面，社区居民逐渐学会如何运用民主与法制的手段来解决自身发展的问题，可以提升现代公民素质和参与社会公共领域活动的能力；另一方面，也可以产生相应的倒逼机制，促使政府职能转变以及干部工作方式的转变，不断地重塑政府与社会的关系，寻找政府与社会的合理职能边界，形成政府支持下以社区自主治理为核心的新型的社区治理机制。

### 案例 2　成都的基层治理体制机制创新

成都市通过实行基层政府经济职能和社会职能分离、基层社会组织政治职能和自治职能分离、决策权与执行权分离，成功地推进了基层治理体制机制创新。如 2009 年以来部分区县开始推行街道和乡镇基层政府剥离经济职能，不再考核经济指标完成情况，使基层政府集中精力抓好公共服务和社会管理；在城乡基层社区，推行"议事会"制度，居民以"一户一票"制决定公共服务和社会管理资金使用，"民生促民主，民主保民生"效果显著，正在逐步形成城乡新型社区民主自治的新格局。目前，以"还权赋能归位"为目标的基层社会管理创新正在推进中，通过制度创新，政府还社区自治权于社区（村），社区还社区事务管理权于居民及其组织；通过将公共资产注入社区（村），赋予基层社会组织自我管理、自我服务、自我教育的能力；促使基层政府回归社会管理和公共服务的本位，社区回归辖区管理公共事务和公益事业的本位。

3. 理顺社区自治组织与社会组织的关系，充分发挥社会组织在社区建设中的作用

多元化的社会组织的发育是和谐社会的一个重要标志。社区居民的需求要通过社会组织来满足，多样化的居民需求和广泛的社区功能，应当与社区组织的多样性一致，而并不是要把社区委员会变成一个全能的小政府。

政府应重视非营利组织（NPO）、非政府组织（NGO）、社区民间组织、志愿服务团体等在推进社区建设中的作用。鼓励各种各样的社会组织（合作组织、经济组织、慈善组织、娱乐组织、服务组织等）在社区开展服务，满足社区居民的各种需求，如教育、职业技能培训、为老服务、社会交往、文化娱乐、慈善捐助、外来人口融入等。由此就可以形成公共服务的政府、市场、社会合作供给模式，从而能够有效弥补政府单方提供服务的不足，还能充分利用社会力量，实现资源的优化配置，提高供给效率。同时，还能实现公共服务供求中的信息共享机制，有利于公共服务的均等化和供需的良好对接。

社区建设的生命力在于社区居民对社区的认同感和对社区事务的积极参与。社工、义工、志愿者等需要通过加入社会组织来进行活动和实现自己的

价值。通过社会组织，可以教会社区居民怎样成为合格的公民和怎样为社区、为社会贡献自己的时间、精力和知识。各种各样的非政府组织也是居民参与社区事务的重要途径。社会组织作为联系政府与百姓的桥梁和纽带，能够表达民众的利益和愿望，居民可以通过社会组织参与社区与政府的交流、对话和决策，为社区创造良好的环境与条件。因此，政府需要让渡出社会发展的空间，为社会组织提供发展的土壤，同时还要通过购买服务等方式有意识地去培育社区社会组织。

### 案例3　广东省将加快政府职能转变和扶持社会组织发展

为贯彻落实广东省委十届九次会议《关于加强社会建设的决定》，广东省社会工作委员会 2011 年又发布了广东省加强社会建设的 7 个配套文件，明确了广东在推进社会体制改革、加强社会组织管理、加强社会人才建设、加强基层群众自治组织建设等方面的措施和要求。其中，加快政府职能转变和扶持社会组织发展被放在重要位置。

从 2012 年开始，各级政府有关部门要明确转移社会管理与服务事项，确定购买服务的项目目录，重点在就业、教育、外来人口服务等类别的社会组织中开展购买社会服务，在慈善、优抚、社区矫正、戒毒康复、婚姻家庭等领域推行专业社工服务。

为积极扶持社会组织发展，配套文件提出降低准入门槛，简化登记办法，逐步将社会组织的业务主管单位改为业务指导单位，并探索建立涉外社会组织登记管理制度；推动建立公共财政对社会组织的扶持机制。

#### 4. 调动驻社区单位和企业参与社区建设的积极性

驻区单位主要是指辖区内的党政机关和企事业单位等，包括工厂、学校、医院、驻军、寺庙等。单位和企业要承担社会责任，其中重要的一项就是为所在社区做出应有的贡献。通过理念的宣传和政策引导，以及吸收驻社区单位参加社区议事会等形式，充分调动和发挥其参与社区建设的积极性，鼓励它们向社区居民开放相关的设施和活动场所，参与社区的活动，为社区建设提供物质、人力和资金支持，使它们能够主动承担起对于所在社区的社会责任，实现"资源共享、共驻共建"。

#### （三）培育社区公共精神和社会资本

社区的真正本质是社区意识、社区归属感和共同体精神。社区建设的灵魂在于社区的内源性自主发展，国际范围内倡导的社区运动，其目的即在于将社会发展的目标落实到社区，通过社区居民的参与、基层民主的启动、自主精神的培养来满足地域社会中基层民众的发展需要，增进其社会福利，促成其内在的可持续发展的能力。[①] 如果说构建新型的社区治理机制是制度层面的建设，那么培育社区公共志愿精神和社会资本则是社区建设的内核所在。在社区中营造出一种公共精神文化，可以为社区曾经衰落的公共社会资源注入新的活力，推动社会生活共同体的形成。

社区公共精神和社会资本如何培育？一方面，现代社会有其自组织的机制，政府应重视社区居民自治组织解决社区公共需求和社区问题的努力，并给予必要的支持和帮助。另一方面，社区自治组织和社区社会组织等应当把激励社区居民参与共同体和邻里活动作为自己的重要工作内容。通过营造平等合作、真诚相待的精神氛围，拓展社区公共生活空间，开展多种形式的社区活动等，使居民在参与中进行相互沟通和交往，激发人与人之间的相互信任、合作、友情等关系，改善社区的邻里关系，重建邻里网络，发扬邻里互助，促进社区新老居民的融合，增强社区的凝聚力。此外，随着信息化社会的来临，网络方便了社区群众的需求表达和互相交流，虚拟社区与本地物理社区逐渐融合。可以充分运用社区公共服务信息系统、社区论坛、社区QQ群、社区微博群等新兴的网络技术平台，发挥它们在社区日常生活中的独特作用，促进社区居民之间、社区居民与政府之间的交流和沟通。这样，彼此陌生的居民逐渐打破冷漠、认识彼此，并逐渐形成主动关心社区事务、参与社区建设的习惯和氛围。当然，从长远的角度来讲，把公民教育作为一项培养公共精神的基础工程也是非常重要的。

实际上，公共精神潜藏在每个人的心底，只要能够将其激活，就会迸发出巨大的能量。社区居民间的互信与合作是社区建设可资利用的宝贵的社会资源，有了这种社会资源，将大大提升城乡社区的自组织能力，并能更好地发掘社区居民的各种需求，推动社区内外各种资源的有机整合，从而使社区建设实现最大的效果。在这样一次次的共同合作与行动中，社区居民的公共需求得到很好的满足，对社区将产生更强烈的认同感和归属感，社区最终将真正成为居民团结友爱的温馨家园。

---

① 郭学贤：《城市社区建设和管理》，北京大学出版社，2010，第2页。

# 第五章　社会组织*

【摘要】社会组织是社会建设的主体之一，是在社会建设中发挥社会协同和公民参与作用的重要载体。改革开放以来，在快速的体制转轨和社会转型过程中，国家社会一体的"总体性社会"发生了功能分化，市场和社会相继从这种"总体性社会"中分离出来或成长。相对于市场领域的分离和经济组织的成长，社会空间的扩展和社会组织的成长出现得更晚，发育得更不成熟。当前，以民营经济为主体的新经济组织已经成为吸纳就业、推动中国经济发展和市场体制建立的主导力量；而在社会领域，社会组织在社会建设中组织社会、管理社会、服务社会的功能发挥得远不充分，社会建设主体作用尚未体现。本章从社会建设的视角，阐述当代中国社会组织的产生、发展及其行动逻辑，分析社会组织的功能，探讨社会组织所面临的困境，并提出促进社会组织发展的政策建议。

＊　本章内容在研究过程中得到香港中文大学公民社会研究中心陈健民教授、安子杰教授、陶林教授的大力支持，以及北京工业大学社会学系学生刘晓丹的协助，在此表示感谢。

　　社会组织是社会建设的主体之一，是在社会建设中发挥社会协同和公民参与作用的重要载体。改革开放以来，在快速的体制转轨和社会转型过程中，国家社会一体的"总体性社会"发生了功能分化，市场和社会相继从这种"总体性社会"中分离或成长出来。相对于市场领域的分离和经济组织的成长，社会空间的扩展和社会组织的成长出现得更晚，发育得更不成熟。当前，以民营经济为主体的新经济组织已经成为吸纳就业、推动中国经济发展和市场体制建立的主导力量；而在社会领域，社会组织在社会建设中组织社会、管理社会、服务社会的功能发挥得远不充分，社会建设的主体作用尚未体现。

　　本章从社会建设的视角，阐述当代中国社会组织的产生、发展及其行动逻辑，分析社会组织的功能，探讨社会组织所面临的困境，并提出促进社会组织发展的政策建议。

## 第一节　当代中国社会组织的产生与发展

### 一　社会组织类型的划分及界定

　　民政部关于社会组织的分类体现了管理部门对于社会组织的界定。根据登记注册性质，社会组织被划分为社会团体（以下简称"社团"）、民办非企业单位（以下简称"民非"）、基金会三大类。同时，依据功能将全部登记注册的社会组织分为五个大类：经济类、科学研究类、社会事业类、慈善类和综合类；并进一步分为十四个小类。

　　但是在民政部的分类和统计中并没有包括免予登记的社会组织和未登记、转登记（在工商管理部门以经济组织形式登记）的大量草根社会组织。本章根据社会组织"由谁发起"，将其大体分为由政府主办的社会组织和民间发起的社会组织两大类。具体而言，政府主办的社会组织主要包括八大人民团体、十四家免予登记的社会组织，还包括在民政部门登记注册的部分社团与公募基金会。民间发起的社会组织主要包括"民非"、非公募基金会和所有草根社会组织，此类组织由于多是在改革开放以后通过公民自身力量组建发展起来的，我们又称它为新社会组织

（见表 5－1）①。

这两类社会组织在成立的时间、机构的理念、经费的来源、治理架构、人员构成、功能发挥和社会影响等方面都存在较大的差异（见表 5－2）。

表 5－1 社会组织的分类

| 政府主办的社会组织 | 新社会组织 |
| --- | --- |
| 人民团体<br>免登记的社会组织<br>政府主办的社会团体<br>政府主办的公募基金会 | 民间发起的社会团体<br>民间发起的公募基金会<br>非公募基金会<br>民办非企业单位<br>草根社会组织 |

表 5－2 两类社会组织特性比较

| 特 征 | 政府主办的社会组织 | 新社会组织 |
| --- | --- | --- |
| 成立时间 | 1985 年以前 | 1985 年以后 |
| 机构理念 | 沟通政府与民众的桥梁 | 公民自治 |
| 经费来源 | 政府 | 民间 |
| 治理架构 | 科层制的垂直架构 | 民主制的平行架构 |
| 人员构成 | 准政府工作人员 | 社会组织工作人员 |
| 功能发挥 | 同时满足政府与民众的需求 | 满足公民自身需求 |
| 社会影响 | 较大 | 较小 |

## 二 当代中国社会组织的发展状况

### （一）当代中国社会组织发展的背景

1. 经济体制改革和政府职能转变释放了社会组织发展的社会空间

党的十一届三中全会是社会组织发展的历史转折起点。它在宣告经济体制改革的同时，也引发了政治体制、行政体制、社会体制等领域的改革，为

---

① 在中国大陆开展活动的境外 NGO，由于组织的内部与外部制度环境与我国的社会组织存在显著差异，不在本章研究范围之内。此外由于我们的数据库中不包含基金会，因此样本数据也不反映基金会的发展状况。关于当代中国基金会的研究及相关数据可参见基金会中心网编《中国基金会发展独立研究报告（2012）》，社会科学文献出版社，2012。

社会组织的产生、发展、壮大提供了政策环境，也促进了社会组织参与社会建设的实践。一方面，改革触发了我国原有社会组织的中坚力量"工"（工会）、"青"（青联）、"妇"（妇联）等人民团体和免登记社团的职能转型；另一方面，改革也推动了新社会组织的发展。党的十六届三中全会以来，党和国家对发展社会组织提出的要求更加明确。十七大明确提出"重视社会组织建设和管理"，"发挥社会组织在扩大群众参与、反映群众诉求方面的积极作用，增强社会自治功能"。十八大提出"加快形成政社分开、权责明确、依法自治的现代社会组织体制"，"强化企事业单位、人民团体在社会管理和服务中的职责，引导社会组织健康有序发展"的新要求。这些新论述是党在新时期、新阶段动员各种社会力量参与社会建设的重要举措，为社会组织的发展提供了强有力的政策环境。据统计，截至2009年年底，在民政部门登记注册的社会组织数量已达到43万之多。同时，地方政府在培育社会组织体制机制方面也不断取得新突破。例如，北京、上海、大庆、广东等地相继成立了社会建设的组织领导和工作机构，负责全面统筹协调社会建设，为社会组织发育、发展和壮大提供了实践平台。

2. 中产阶层的发展和公民社会参与的增强是社会组织发展的重要社会背景

有学者统计，我国中产阶层目前已占总人口的23%，并且每年以1%的速度在增长。① 在中产阶层中，民营企业家、专业人员和知识分子发挥着核心作用。这一阶层为社会组织的发展提供了物质财富、人力资源和精神理念。调研发现，社会组织的发起人与领导者中有相当一部分人属于专业技术人员阶层，抽样调查显示占创始人总人数的52.3%（见表5-3）。大学毕业生正在成为社会组织最主要的从业者，尤其是社会工作专业的毕业生中有相当一部分人有志于在社会组织中实现自己的人生理想。此外，公民对社会公共事务的参与意识不断增强，国内网易、新浪、搜狐等门户网站都开设了公益频道，回应公民此方面的精神诉求。公民的社会参与意识在汶川地震的救援行动中里程碑式地充分展现。据不完全统计，奔赴四川在一线参与救灾的民间组织有300多家，而几乎所有的NGO都不同程度地参与到全国各地的救灾工作中，而介入的志愿者更达到300万人左右。② 如果说普通民众的参与意识的增强为社会组织的发展提供了良好的社会舆论环境，那么近年来

① 陆学艺主编《当代中国社会结构》，社会科学文献出版社，2010，第422页。
② 朱健刚等编著《汶川地震中NGO参与个案研究》，北京大学出版社，2009，第4页。

由企业家出资组建的非公募基金会的发展则显示了企业家公益精神的增长，也为民间社会组织的发展提供了财物支持。调查显示，在社会组织的所有收入中，来自基金会的资金所占的百分比平均为 65.1%。

表 5-3　社会组织创始人在组织创建之初的职业*

| | 数量（人） | 有效百分比（%） |
| --- | --- | --- |
| 国家与社会管理层 | 14 | 3.1 |
| 经理阶层 | 35 | 7.7 |
| 私营企业主阶层 | 11 | 2.4 |
| 专业技术人员阶层 | 239 | 52.3 |
| 办事人员阶层 | 42 | 9.2 |
| 个体工商户阶层 | 6 | 1.3 |
| 商业服务人员阶层 | 15 | 3.3 |
| 产业工人阶层 | 12 | 2.6 |
| 农业劳动者阶层 | 5 | 1.1 |
| 城市失业、半失业者阶层 | 3 | 0.7 |
| 学生 | 23 | 5.0 |
| 退休人员 | 12 | 2.6 |
| 无法归类 | 40 | 8.8 |

　　*此表中的数据来源为香港中文大学公民社会研究中心（CCSS）在 2010~2012 年从中国内地收集的 263 个社会组织的数据库中整理所得。以下将不再重复说明。

　　资料来源：香港中文大学 CCSS 数据库，2012。

　　3. 境外非营利组织的进入也推动了中国社会组织参与社会建设

　　清华大学 NGO 研究所提供的最新数据显示，目前在华境外 NGO 的总数在 1 万家左右，其中有 35 家基金会在民政部获得登记注册。虽然这些社团中的多数未能登记注册，但都在默许下正常地开展工作。这些组织每年动员的资金规模有数十亿元，开展的项目广泛分布于教育、卫生保健、扶贫与社区发展、中国本土 NGO 能力建设、环境与动物保护等领域。[1] 此外，西方国家的一些官方援助机构（例如，加拿大和瑞典大使馆都有直接推动中国公民社会建设的项目）也直接或间接地推动了我国社会组织的发展，并且从理念层面上对我国社会组织的治理架构和项目运作产生影响。

---

　　① 韩俊魁著《境外在华 NGO：与开放的中国同行》，社会科学文献出版社，2011，第 7、25 页。

### （二）中国社会组织的发展状况

#### 1. 政府主办的社会组织

新中国成立后，民间的结社活动基本停滞。作为一种替代，在 1949～1958 年，国家先后组建了七大人民团体①。加上 1981 年成立的中华全国台湾同胞联谊会，形成我们通常所说的八大人民团体。同期，国家还成立或改组重建了若干准政府社团和经国务院批准可免于登记的十四家社会团体，包括中国文学艺术界联合会、中国残疾人联合会等。这类组织不是在西方国家以及民国时期存在的具有相对独立性和政治、经济、社会角色担当的社会组织，而是作为国家行政架构上的一个组成部分而发挥功能性作用的社会组织。这种功能性定位表明，它们必须依靠政府并且要协助党和政府工作，是国家对社会实行控制和管理的辅助力量。

改革开放后，中国经济体制和社会体制改革不断深化，这些人民团体也在职能调整中努力寻找新的方向和定位。此前，这些团体的主要功能是宣传教育、向上反映情况等。改革以后，一些社会团体或组织为适应新的市场经济的条件，及时调整运营方式，拓宽经济来源，改进工作项目，在新形势下显示了活力并发展壮大，成为中国公益事业的骨干，在社会组织参与社会建设的进程中发挥着重要作用。因此，在未来相当长的一段时间内，此类组织在发展现代公益事业中如何转型非常值得重视。

#### 2. 民间发起的新社会组织

由民间自发形成的各类社会组织得到蓬勃发展，在民政部门登记注册的组织总数已达 43 万之多（见表 5-4）。在社团中占比最高的三类组织依次是农业及农村发展类组织，社会服务类组织和工商服务类组织；在"民非"中依次是教育、卫生和社会服务；在基金会中依次是教育、社会服务和文化（见表 5-5、表 5-6）。重要的是，中国社会组织的实际数量远不止这些，至少还有几类社会组织没有进入民政部门的统计，其中包括政府主办的社会组织（即前文所述的人民团体等），民办但在工商行政管理部门或其他部门登记注册的社会组织，在各自所属单位内部活动而无需登记注册的社会组织，挂靠在其他社会组织之下的社会组织，以及大量无法登记或不愿登记的社会组织（其中的多数被称为草根 NGO）。这几类组织的总量大大超过民政

---

①　在本章中，笔者将这些免于登记的社团组织统一沿用"人民团体"这一称谓，以此和在民政系统登记注册的三类社会组织相区分。

部门登记注册的组织数量。我们的调查结果显示，在民政部门登记注册的社会组织仅占样本总量的 32.2%。

表 5 - 4　近年来社会组织的发展（按注册性质分类）

| 年份 | 社会组织合计 | 社团 | 民非 | 基金会 |
|------|------|------|------|------|
| 2003 | 266612 | 141167 | 124491 | 954 |
| 2004 | 289432 | 153359 | 135181 | 892 |
| 2005 | 319762 | 171150 | 147637 | 975 |
| 2006 | 354393 | 191946 | 161303 | 1144 |
| 2007 | 386916 | 211661 | 173915 | 1340 |
| 2008 | 413660 | 229681 | 182382 | 1597 |
| 2009 | 431069 | 238747 | 190479 | 1843 |

资料来源：国家民间组织管理局中国社会组织网，http://www.chinanpo.gov.cn/web/index.do。

表 5 - 5　2008 年社会组织数量（按注册性质和功能交叉分类）

| 社会组织分类 | 民非 | 基金会 | 社团 | 总数 |
|------|------|------|------|------|
| 农业及农村发展 | 1166 | 36 | 42064 | 43266 |
| 社会服务 | 25836 | 320 | 29540 | 55696 |
| 工商服务 | 2068 | 5 | 20945 | 23018 |
| 科技与研究 | 9411 | 67 | 19369 | 28847 |
| 文化 | 6505 | 94 | 18555 | 25154 |
| 职业及从业组织 | 1441 | 5 | 15247 | 16693 |
| 教育 | 88811 | 450 | 13358 | 102619 |
| 体育 | 5951 | 30 | 11780 | 17761 |
| 卫生 | 27744 | 52 | 11438 | 39234 |
| 生态环境 | 908 | 28 | 6716 | 7652 |
| 宗教 | 281 | 10 | 3979 | 4270 |
| 法律 | 862 | 22 | 3236 | 4120 |
| 国际及涉外组织 | 21 | 11 | 572 | 604 |

资料来源：国家民间组织管理局中国社会组织网，http://www.chinanpo.gov.cn/web/index.do。

除了在数量上的增长以外，从社会组织的整体人力资源结构来看，近些年的发展还是很明显的，2008 年我国民政部门登记注册的社会组织吸纳就业 475.8 万人，占非农就业人数的比重为 1.85%。若算上在草根 NGO 就业的人数，应远高于这个比重。其中大学专科及以上学历所占比重为 26.97%，拥有助理社工师和社工师资格的有 5907 人。我们的调查显示，创

表5-6 社会组织功能发挥领域的比较

单位：%

| 民政部的类型划分 | 社会组织 | 有效百分比 |
|---|---|---|
| 经济 | 农业与农村发展<br>工商服务 | 16.02 |
| 社会事业 | 文化<br>教育<br>体育<br>卫生<br>生态环境 | 46.52 |
| 慈善 | 社会服务 | 13.46 |
| 科学研究 | 科技与研究 | 6.97 |
| 综合 | 职业及从业组织<br>宗教<br>法律<br>国际及涉外组织<br>其他 | 17.93 |

始人中有74.7%来自中产及以上阶层。从年龄结构上看，以中青年为主，45岁以下的占72.6%。[①] 我们的调查也同样印证了这一点，即创始人的年龄在50周岁以下的占89.6%。由此可见，社会组织已经从离退休人员发挥余热的舞台转变为吸引高学历专业技术人员的朝阳产业。

目前来看，我国新社会组织之间的发展程度呈现明显的差异，总括来说，就是存在着三个梯队。第一梯队就是那些由政府部门发起成立的社会组织，以及近些年随着政府有意识地推动企业和个人在社会责任意识的促动下而成立的非公募基金会。第二梯队包括以"民非"性质注册的民办教育和医疗机构（其在本质上均为营利性公共服务组织），以及1995～2000年由民间自发组建的公益组织。其主要的发展契机即1995年世界妇女大会在中国的召开，其成立之初的办公场所和项目经费主要来自境外NGO的支持。余下的便都被归入第三梯队，即我们通常所说的草根NGO。之所以称它们为草根是因为发起人不是官员，不是企业家，也不是明星，而是前文所述的知识分子和专业技术人员。其中的多数都在生存线的边缘攀爬，生生灭灭，然而在那

---

① 康晓光等主编《中国第三部门观察报告》，社会科学文献出版社，2011，第17页。

些获得社会广泛认可的公益组织中有相当一部分来自这一梯队，如地球村、星星雨等。如今随着社会组织之间的横向合作的增多，通过一些公益性的奖项，如"壹基金的典范工程项目"，它们逐渐获得越来越多的公众的关注。

## 第二节　社会建设中社会组织的功能

### 一　社会组织的行动逻辑

一些学者在对民间志愿行动的研究中，认为中国在 1990 年以后兴起的志愿性的集体行动存在四种外部的行动逻辑和两种内部的行动逻辑。[①] 在此基础上，笔者认为当代中国社会组织的集体行动存在以下几种逻辑。

#### （一）慈善福利的逻辑

对于公益性社会组织而言，组织成员首先需要厘清组织的服务对象是谁，采取什么样的行动途径来给予服务对象以帮助和服务，这种行动对服务对象和社会的长期意义何在。例如致力于乡村教育的社会组织成员认为深入乡村社区，自主办学，探索新的乡村教育的模式和思路，对当地的孩子、社区和整个社会都将带来帮助和推动，这就是此类组织赋予自己的下乡办学行为的外在意义。依据这种组织自身在服务输出过程中所赋予的意义来看，最普遍的外部行动逻辑就是慈善福利逻辑。在中国社会的转型过程中，随着科学主义和资本逻辑的逐渐确立，社会开始分化为强势和弱势两大群体，于是公益组织试图通过他们的服务来减轻弱势者遭受的困难。

#### （二）参与式发展的逻辑

对于越来越多的公益组织而言，它们开始认识到缺少教育、技术、资源才是导致当地社区贫困的根本原因。因此福利逻辑已无法满足组织为其行动所构建的意义框架，遂而衍生出了一种新的逻辑——通过当地服务群体自身的努力来改变他们的状况，从而让服务群体能够获得更多的文化自信——参与式发展的逻辑。

#### （三）理性维权的逻辑

理性维权的逻辑成为维权类公益组织的主要行动逻辑。在一些地方，侵犯公共利益的群体支配着权力，权益被侵害的一方要改变不公正的境遇就会发生

---

① 朱健刚：《行动的力量——民间志愿组织实践逻辑研究》，导论，商务印书馆，2008。

现实的冲突。这样就出现了以维护服务群体的权利为主要内容的维权组织。不过与西方国家的维权组织不同，它们通常不挑战国家总体的社会法律制度，相反是要依照国家的法律权威来为服务对象争取权利，从而实现自己的发展。

### （四）制度变革的逻辑

在公益组织的集体行动过程中，组织成员发现在一些服务领域，现存的制度和文化无法提供支持，甚至许多制度本身就是造成不公正的根源。基于这样的认识，部分公益组织将集体行动赋予社会变革的意义，它们试图通过社会实践倡导一种价值观，并寻找社会体制变革的空间。

### （五）利益逻辑

对于那些为农业及农村发展和工商业发展提供服务的经济类组织（如行会商会和农村专业经济协会等）而言，它们的成立是使组织成员的利益获得保护和增长。其集体行动的主要逻辑是利益逻辑。[①]

## 二　社会组织在社会建设中的功能

### （一）功能转型：政府主办社会组织的作用发挥

新中国成立以后，政府主办的社会组织中的主体——免予登记的社会团体，就是以国家政治体制和爱国统一战线的重要组成部分而存在的，这就决定了其目前的主要作用依然是"维系党与广大人民群众联系的桥梁和纽带"。

随着中国社会转型的加速，此类组织的政治功能已有所弱化，而社会功能显著增强。其中的部分组织顺应时代的需求，调整内部治理结构，拓展服务领域并积极寻求与基层政府和新社会组织的合作。尤其对于人民团体而言，由于民间自发形成的社会组织已显示出其越来越强劲的活力，并与之构成一种竞争关系，于是它们也开始更为积极地拓展其生存空间，如今已经有相当一部分的功能与新社会组织重合。

如前文所述，政府主办的社会组织是在我国特定的政治、历史条件下形成的社会团体。在中国的转型阶段，它们正面临着新的任务和挑战。在这方面，有的组织已经迈出了实质性的步伐，而有的组织则仍在曲折中探索前行。其中，中华全国总工会（以下简称"全总"）就处于最为尴尬和矛盾的位置上，这主要是由其在社会主义市场经济中的功能定位决定的。

---

① 关于经济类社会组织的集体行动逻辑的论述可参见奥尔森《集体行动的逻辑》，格致出版社，2011。

　　无论是对于欧美和东亚民主化国家还是目前正处于转型时期的中国而言，工会都在整个社会组织体系中扮演着举足轻重的角色。对于前者，它是一个平衡国家与市场力量的利益集团；而对于后者，它是联系党和人民群众的桥梁。而在当前社会主义市场经济条件下工会则是连接劳方、资方和党政系统的纽带，同时也是维护工人利益的组织机构。正是由于在工业化和现代化历程中，工会所具有这种普遍性功能以及在中国的特殊性，与妇联和共青团等人民团体相比，全国总工会以及地方各级工会为了适应市场经济条件下出现的许多新情况、新问题时所面临的处境要更加困难和复杂。

　　由于社会体制的改革始终滞后于经济体制，伴随着经济的迅速发展，社会矛盾也日益突出。近十年来，劳动争议、工人罢工和群体性事件不断发生，早期的工人罢工主要集中在珠三角地区的电子产业中，2010年以后发生的罢工事件则遍布全国各地，包括北京、天津、江苏、河南以及重庆等地。尽管这些事件中的大多数罢工者只是要求法定的最低工资或合理工资、雇主缴纳社会保险金及更好的工作环境，但是工会的组建问题已经成为其中一些事件的主要争端。在2004年日资友利电罢工事件中，罢工领导人列出的主要要求之一就是组建工会；2007年发生在一家德资企业的罢工事件中，在其已存在工会组织的前提下，工人要求普通基层工人代表也能加入工会委员会；2010年本田罢工工人也提出了类似的要求。

　　因此，"全总"内部的改革者已经清醒地认识到，为了更好地表达工人的利益诉求和加强工会的基层组织建设，基层工会干部需要实行民主选举。"全总"希望通过此举实现三项目标：第一，通过使基层工会干部对工人负责，工会干部会深感肩上的责任重大，自然就优先考虑工人的利益；第二，随着工会干部对工人越来越负责，工会直选能够提供一种转变途径，使工会演变为更为社会化的人民团体；第三，随着工会激励更多地是为了满足工人的利益诉求而非官僚主义的行政命令、解决工人在工作场所发生的冤情而非仅仅管理工人的福利。尽管尚未能通过颁布选举条例来使直选工作制度化，但最终还是达成了一个折中的方案，即一方面认为在国有企业和公共事业单位开展直选是合适的，另一方面又认为在民营企业或外资企业进行直选不大合适。不过，说"不大合适"并不意味着直选是被禁止的，这表明改革派在想方设法为地方试点提供可能性。例如，广东省总工会已经规定，工会直选可以首先在外资企业，尤其是在跨国公司中开展起来。

　　迄今为止，富有社会变革意义的工会民主选举基本上出自基层。地方工会的各级干部坦然承认，基层的工会民主选举，包括直选工会主席的情况，是来自基层的做法，是工人的要求；如果只是凭借工会干部自己现在具备的胆识和能够付出的精力，很难实现这种变化。工会的民主选举，基本上可以使原来难以作为的维权体制转换为能够维权的体制，无序的员工权益诉求可以纳入较为有效的维权体制。然而，正如一些学者提出的，工会基层直接选举要制度化依然存在较大的阻力。就全国的一般情况而言，雇主显然不愿意看到一个强大的工会，地方政府从实现经济目标和政权稳定的角度也不愿意工会强大。但是，政府和上级工会，又力求显示出民主化的进步。工会基层直接选举往往与跨国公司开展的社会责任有关。虽然也有来自政府、工会等方面的动力，但是缺乏足够的内生的原动力。由于这些不同力量的作用，中国工会基层直接选举乃至整个工会今后会如何发展，趋向尚不够明朗。[①]

由以上的论述，我们可以看到在中国近三十多年的转型历程中，老产业工人正逐步退出历史的舞台，而新一代的产业工人正在形成之中，其中又有相当一部分是年龄在 30 岁以下的农民工。面对这一全新的产业工人群体以及他们的利益和价值诉求，代表中国工人利益的唯一法定机构——工会必然面临着变革的巨大压力与挑战。工会基层直选即是一种有益的探索，虽然其未来的前景尚不明朗，然而终究已逐渐地改变了中国工会的社团特征，将它向更为民间化的社会组织方向推进了一大步。

纵观历史，改革开放以来的三十多年，政府主办的社会组织的政治角色相对以前有所弱化，而社会功能性角色明显增加。因此，如何寻找党和政府需求与其所代表群众需求的最佳结合点，是此类组织进行自我调节和改革的关键所在。

**（二）底层力量：新社会组织的社会建设功能**

基于前文所述的关于社会组织集体行动的几种逻辑的阐述，笔者认为当代中国的新社会组织主要具有下述几项主要的功能。

**1. 集体利益增益的功能**

从经济方面而言，社会组织具有集体利益增益的功能。与利益逻辑相对应，该项功能主要是由经济类的社会组织表达和实现的，按照民政部的分类，主要指以行业协会为主体的商业服务类组织和以农村专业经济协会为主体的农业及农村发展类组织。它们旨在通过政商之间的游说疏通活动及其他

---

① 冯同庆、石秀印：《工会基层直接选举调查及其思考》，《工会理论研究》2005 年第 4 期。

公共服务的提供，维护并增进组织成员的合法权益。在中国的新社会组织中，此类组织获得了政府最大程度的鼓励和支持。

当然除了经济职能以外，它们也承担了相应的社会职能，如今假冒伪劣产品充斥于市场，这些经济类社会组织通过行业自律等自我管理和约束机制来对"市场失灵"进行调节。目前国内外对行业协会功能的研究，主要围绕社会整合、经济成本与经济发展展开。研究者认为行业协会是适应充满竞争力量的环境作出的积极反映。它具有市场支持和市场补充两大贡献，它提供了一种信任逻辑，使商业扩张更具有效性，能满足商人在利益上的既定需要。[①] 相应地，在中国广大的农村地区，该功能则主要是由农村专业经济协会来承担的，除了实现农民增收和提升农产品竞争力的目的以外，也起到农村社区整合的功能。在民政部门登记注册的社会组织中经济服务类组织占16%（见表5-6）。

2. 社会服务与慈善的功能

与慈善福利的逻辑相对应，社会组织的这一功能主要是对政府福利保障提供的拾遗补缺。目前国家正极力倡导和鼓励社会组织在该领域发挥其作用。在民政部门登记注册的社会组织中社会服务类组织占13.5%（见表5-6），此类组织占样本总量的39%（见表5-7）。

表5-7 社会组织的工作领域

| 工作领域 | 数量（个） | 有效百分比（%） |
|---|---|---|
| 法律维权与劳工服务 | 23 | 8.8 |
| 社会服务 | 101 | 39 |
| 环境与动物保护 | 40 | 15.4 |
| 教育与文化 | 44 | 17 |
| 社区发展 | 24 | 9.3 |
| 农村发展 | 9 | 3.5 |
| 卫生医疗 | 5 | 1.9 |
| 商业发展 | 2 | 0.8 |
| NGO 支持组织 | 9 | 3.5 |
| 科学研究 | 2 | 0.8 |
| 总 计 | 259 | 100 |

注：总量：263，缺失：4，有效数量：259。
资料来源：香港中文大学 CCSS 社会组织数据库，2012。

---

① 邱海雄、陈健民主编《行业组织与社会资本》，商务印书馆，2008，第2~3页。

3. 促进社会事业发展

在民政部门注册的社会组织中，社会事业类组织占有较大的比重，统计显示此类组织占 46.5%（见表 5－6），它们广泛地分布于科、教、文、卫、体等社会事业的各个领域，其中特别值得关注的是民办教育与医疗事业的发展。2007 年全国各类民办学校达到 9.52 万所，民办培训机构 2.23 万所。2006 年营利性医院达到 4000 家左右，占全国医院总数的 20.3%。[①] 作为社会事业主体的民非，其经济活动规模占 GDP 规模的 0.33%，就业人口占所有非农就业人口的 0.41%。[②] 以上数据显示，促进社会事业的发展已经成为新社会组织的主要职能之一，它们在推动政府职能转变、提供公共服务等方面承担了重要的社会功能。

4. 监督政府的功能

社会组织的这一功能是与理性维权的逻辑相对应的。伴随着经济的飞速发展，官员腐败、官民矛盾与劳资矛盾等问题也日益凸显，并引起社会公众的关注。然而由于政府并没有对此作出及时有效的回应，政府层面最重要的劳工维权组织——工会的职能转变也举步维艰。因此，越来越多的民间自发的社会组织开始作出积极的回应，通过维权活动和价值倡导践行保护公民权益的使命。

那些将自身的工作领域锁定在法律维权、环境保护和动物保护的组织均在一定程度上呈现出这一功能，这些组织占样本总量的 24.2%（见表 5－7）。而这一比例在珠三角地区更高，据不完全统计，在该地区有三十家左右的农民工民间组织，且大部分集中在深圳。它们广泛活跃于劳工维权、工伤探访、女性关怀、文化建设等领域，依靠国际资助、志愿者支持以及媒体关注等因素而生存。[③] 值得注意的是，此类组织多为商业注册或未注册状态。在民政部门登记注册的法律类组织仅占 1% 不到的比重（见表 5－6）。

5. 推动社会制度变革与价值倡导的功能

从文化方面而言，社会组织具有推动社会制度变革与价值倡导的功能，

---

① 国务院发展研究中心社会发展研究部课题组著《社会组织建设》，中国发展出版社，2011，第 39 页。

② 国务院发展研究中心社会发展研究部课题组著《社会组织建设》，中国发展出版社，2011，第 47 页。

③ 郑广怀、朱健刚主编《公共生活评论》，中国社会科学出版社，2011，第 143～157 页。

可以说那些主要从事教育和文化事业、学术研究以及培训的社会组织，通过学术与文化交流，在促进专业发展的同时，直接或间接地推动着社会制度的改良和变革，并倡导进步与发展的文化价值观念。在民政部门登记注册的组织中此类组织占7%（见表5-6）。

### （三）主体地位：社会组织在社会建设中的定位

从以上对当代中国社会组织在社会建设进程中的功能分析，我们可以清楚地看到数量庞大且不断增长的社会组织已经成为社会建设的重要力量。社会组织作为现代公民美德的培育者、政府善治的推手，以及社会安全阀机制的载体，在社会建设中显示了其主体性地位。

#### 1. 培育现代公民精神

社会组织通过其开展的项目和活动促进了社会资本的产生，培育了现代社会的公民美德与参与精神，倡导了社会公正的理念。

首先，从笔者所采访的一些机构可以发现，它们通过4~5年扎根于基层社区的工作，与政府、企业、学术机构以及其他公益组织建立起了非常密切的合作关系网络，这种互信的产生和合作关系的建立是基于对该公益组织的目标和使命的认同，这也标志着社会资本的形成，而这种社会资本又成为此类组织进一步获得和整合人力与资金资源的基础。

其次，公益组织中的很多项目都需要大量志愿者参与。这些项目设计背后的理念就是希望借此培育现代社会的公民美德和参与精神。我们的调查显示，在过去一年中，志愿者为组织提供服务的时间平均值达到9612.04小时。因此对于许多社会组织，尤其是草根组织而言，志愿者成为组织日常运作和项目开展的主要力量。

最后，在改革开放的三十年中，由于国家需要的是经济效率的提升和GDP的高速增长而往往忽视了社会的公正，比如户籍制度的存在，使农民工始终无法享受与户籍居民同等的待遇，从而引发一系列的社会问题；又比如城乡二元体制的存在，使教育与医疗等公共服务的均等化之路步履艰难。如果说政府是通过一系列的社会政策，学者是通过著书立说在推动社会向更加公正的方向发展的话，那么社会组织则是以活动和项目动员公民参与到促进社会公平公正的实践中。

#### 2. 政府善治的推手

作为政府善治的推手，主要体现在两个方面，一方面社会组织是对政府公共服务职能的拾遗补缺。无论是农民工生存技能培训及其子女的关怀，社区心理咨询与生态环保的志愿服务，还是西部贫困县的综合教育水平的提升，这些服务项目都在一定程度上促进了国家相关政策的出台，如缩小城乡差距继而实现城乡一体化政策，环境保护与可持续发展政策，教育均等化政策等。同时，多数社会组织往往利用其身处大中型城市的地理优势，将其服务范围延伸至中国经济发展相对较落后的地区，或是希望将在社区服务中探索出的经验移植到全国其他地区。

另一方面，社会组织是政府与民众，尤其是社会底层民众之间对话沟通的桥梁。改革开放这三十年来，我国在经济上取得巨大成就的同时，也产生了社会阶层分化，下岗失业人员与农民工构成了一个城市社会的底层；城乡二元结构与户籍制度使农业劳动者，尤其是中西部地区的农业劳动者成了整个中国社会分层架构中的中下层与底层。① 而一些社会组织正是以这些处于社会底层的民众为服务对象，将政府的相关政策传递给他们，也将他们的声音传递给政府，从而缓解社会矛盾促进社会和谐。

3. 现代社会的"安全阀"

现代社会既是一个分工明细、合作互助的系统，也是一个充满竞争和冲突的系统。当前的中国正从一个传统的农耕社会向现代的工业社会转型，在此过程中，官员腐败、社会不公等社会问题滋生，个体心理的不适、动荡和不安加剧，社会系统的紧张状态也随之加强。而各类社会组织正起到缓解这种社会紧张状态的"安全阀"和个体心理焦虑的"减压器"的作用。

由此，我们可以发现在现代社会中，不同旨趣与地位的个人可以通过参加各类社会组织的活动，增进人与人之间的信任，促进互助机制的建立，实现社会的自我管理和自我服务。在表达各自的利益诉求和价值关怀，并通过实际行动来改善现状的同时，心理的焦虑与紧张状态得到了释放，并在沟通和对话中获得认同感、满足感和归属感。

通常我们容易将冲突简单地理解为仅具有破坏功能，尤其是在强调和谐社会的当下中国，然而我们还需要看到它蕴含的建设性功能，即"安全阀功能"。我们可以发现由于目前中国的党政官员对冲突的建设性功能认识不足，整个中国社会系统缺少一种排泄矛盾和对立情绪的制度即"安全阀机制"，而这种机制的缺失就使得当代中国社会的主要矛盾，如官民矛盾、劳

---

① 陆学艺主编《当代中国社会阶层研究报告》，社会科学文献出版社，2002，第9页。

资矛盾等直接以一种群体性事件（即暴力冲突）的形式呈现出来，而无法将发生冲突事件之前的不满或对立情绪为"安全阀机制"所吸纳（见图5-1）。因此作为社会"安全阀"的社会组织在社会转型中就像一个巨型的海绵一样稀释了个体的焦躁不安，缓解了群体间的紧张与冲突。在当今中国急速展开的工业化、城市化与现代化过程中，社会组织通过化解社会矛盾而推动了社会整合。这也就解释了何以社会组织建设在当代中国社会建设中具有主体性地位。

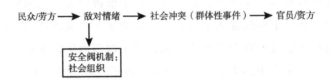

图 5 - 1　安全阀机制

　　社会组织在近三十多年的迅速发展，既是政府自上而下推动催生的结果，也是中国公民对自身的经济利益和文化价值诉求追寻的结果。我们可以将如今的社会组织比作 20 世纪 80 年代的民营经济，虽然还处于一个草根的初创阶段，然而已经展现出了当下中国民间所蕴藏着的自力更生、协同向上的生命力。

## 第三节　当代中国社会组织的发展困境

　　尽管在近二三十年的时间里，中国的社会组织已经有了飞速发展，尤其是其中经济服务、公共服务与慈善公益类的组织得到了政府积极的支持，然而社会组织相对于政治组织、经济组织而言还处于弱势地位，作为一个整体依然面临较为相似的发展瓶颈和问题。

### 一　政府主办的社会组织面临的困境

　　对于政府主办的社会组织而言，官僚化倾向严重，社会服务功能发挥不充分是其面临的最普遍的问题。具体而言，此类组织由于其组织方式和人员管理与政府机构类似，存在的问题也与政府机构类似，包括腐败滋生、内部激励机制缺乏、收入分配不规范、难以适应新的经济社会环境等。因此如何顺利实现职能转型是此类组织谋取长远发展的关键。

### 二　新社会组织面临的困境

对于新社会组织而言，可以将其所面临的困境主要概括为以下几方面。

#### （一）合法性困境

新社会组织面对的最大困境就是合法性的问题。非营利性是社会组织的关键特征，非营利法人是很多国家非营利组织的主要存在形式。但是我国的《民法通则》中没有非营利法人一类，这一基本架构的缺陷阻碍了非营利组织相关法律的出台。这就使得社会组织享有什么权利、享受什么优惠政策、应该承担什么义务等基本问题都比较模糊。[①] 结果就使得社会组织的合法性长期以来受到政府和社会公众的质疑，其从业人员也无法在整个社会评价体系中获得相应的位置和社会认可。

#### （二）资金困境

来自政府、企业和国际基金的资助均很缺乏，资金严重不足。表5-8显示，感到有资金困境的组织占样本总量的76.4%，在组织所面临的各项困境中位列榜首。政府采购虽已逐步开始惠及公益慈善组织，但真正能获得政府采购的组织数量并不大，而且资金额度小。我们的调查显示只有占样本总量20%的社会组织接受过来自政府的资助，资助额占组织总收入的比重的平均值为20.3%。企业捐款的减免税规定不明确，现今也只有一部分社团和基金会获得捐赠税前扣除资格，所有的"民非"都不享有此资格。以北京市为例，在北京市民政部门登记注册的社会组织中享有该资格的社团为2家，基金会为80家，仅占北京市公益性社会组织的1/4。非公募基金会的设立和运作由于时间较短尚不成熟且依然面临多方面的限制。与中国港台和海外的基金会相比较而言，一方面我国政府对其缺乏信任，另一方面随着中国综合国力的提升，这些国际的基金会也开始逐渐将项目撤出中国。依照发达国家和中国港台地区的经验来看，公益组织的资金主要来自政府购买和公募，还有一部分来自企业和个人的捐赠，由此可见我国的此类组织的资金匮乏与政策的制约息息相关。

---

① 国务院发展研究中心社会发展研究部课题组著《社会组织建设》，中国发展出版社，2011，第12页。

表 5-8　社会组织面临的困难

| 组织目前面临的各项困难 | | 数量(个) | 有效百分比(%) |
|---|---|---|---|
| 资金问题 | | 201 | 76.4 |
| 人才问题 | | 145 | 55.1 |
| 政策问题 | | 92 | 35.0 |
| 社会认可度欠缺 | | 22 | 8.4 |
| 办公场所不固定或场地问题 | | 20 | 7.6 |
| 服务对象的问题 | | 14 | 5.3 |
| 环境问题 | 中国大环境问题 | 9 | 3.4 |
| | 地方环境问题 | 3 | 1.4 |
| | 总计 | 12 | 4.8 |
| 各类资源欠缺 | 专业资源欠缺 | 7 | 2.7 |
| | 硬件设施欠缺 | 8 | 3.0 |
| | 信息资源欠缺 | 2 | 0.8 |
| | 总计 | 17 | 6.5 |
| 组织内部问题 | 内部管理问题 | 29 | 11.0 |
| | 组织发展模式问题 | 24 | 9.1 |
| | 经验不足 | 9 | 3.4 |
| | 领导者的问题 | 6 | 2.3 |
| | 时间问题 | 4 | 1.5 |
| | 工作专业性欠缺 | 20 | 7.6 |
| | 总计 | 92 | 34.9 |
| 理论欠缺 | | 2 | 0.8 |
| 运输问题 | | 1 | 0.4 |
| 研究成果无法投入实施 | | 2 | 0.8 |
| 信息交流 | | 8 | 3.0 |
| 安全问题 | | 3 | 1.1 |

资料来源：香港中文大学 CCSS 社会组织数据库，2012。

### (三) 人才困境

人才困境是社会组织发展的第二大困境，占样本总量的 55.1%。笔者从调查中也深切地感受到了这一点，许多社会组织的员工流动都很大，许多机构的负责都感叹找不到人、留不住人。在笔者看来，其实资金问题是导致人才困境的最主要的原因，除了部分的非公募基金会和政府主办的社会组织以外，绝大多数新社会组织，尤其是草根组织员工的工资待遇与事业单位和政府部门比要低很多，各项福利保障待遇也不健全，办公条件比较差，有的甚至可以说十分艰苦。同时，由于合法性的问题，职业发展前景不明，对优秀人才吸引力不强，从而影响到组织的整体人员素质和能力。

### （四）政策困境

除了资金和人才困境以外，政策困境是阻碍社会组织发展的又一阻力，占样本总量的35%。制度环境的不健全当然是导致政策困境最主要的原因，而在各项政策困境中，笔者认为首要的就是注册困境。我们的调查显示在民政部门登记注册的组织仅占样本总量的29.5%（见表5-9）。其主要原因有以下三点。

表5-9　社会组织的注册性质

| 注册性质 | 数量（个） | 有效百分比（%） |
| --- | --- | --- |
| 尚未注册 | 70 | 26.8 |
| 社会团体 | 31 | 11.9 |
| 民办非企业单位 | 46 | 17.6 |
| 商业机构 | 74 | 28.4 |
| 在港/澳/台注册（此数据中组织均在香港注册） | 5 | 1.9 |
| 挂靠在别的机构下 | 34 | 13.0 |
| 其他 | 1 | 0.4 |
| 总　　数 | 261 | 100 |

资料来源：香港中文大学 CCSS 社会组织数据库，2012。

首先，登记注册的资金门槛高。1988年颁布的《基金会管理办法》规定建立基金会必须有10万元的注册基金。而新颁布的《基金会管理条例》规定全国性公募基金会的原始基金不低于800万元人民币，地方性公募基金会的原始基金不低于400万元人民币，非公募基金会的原始基金不低于200万元人民币，原始基金必须为到账货币资金。

其次，双重管理制度的限制。找"婆家"（业务主管单位）的要求，提高了准入成本，导致大量新社会组织不愿或无法注册登记，另外在"婆家"拒绝履行审查许可职责时，社会组织缺乏权利救济手段。因此有些社会组织由于担心业务主管单位的随时变更，而宁愿选择工商注册或仅在社区备案。

最后，地域性的限制政策。在同一行政区域内已有业务范围相同或者相似的社会团体和民办非企业单位，没有必要成立的将不予批准筹备或登记，以及禁止设立分支机构或代表机构的政策性规定，人为地赋予某些社会团体或民办非企业单位以垄断地位和特权，这样使其他同类组织无法注册，从而社会组织就无法在一个开放的环境中公平竞争。而如今的社区发展正呼唤大量的社会团体和"民非"的产生，于是在制度设计与社会需求之间产生了一定的张力。

社会组织在发展上产生上述这些困境的关键因素是：国家对新社会组织应该采取先规范后发展，还是规范与发展同步推进这两种不同战略选择尚未达成共识；另一方面也来自政治上的担心，害怕它们会发展成为体制外的异己力量挑战党和政府的权威。这也是我国政府在建构社会组织发展的制度环境时，采取监管控制与培育发展并重方针和选择性支持与选择性限制并举的重要原因。其结果就导致许多新社会组织只能以工商身份注册，甚而在尚未注册的情况下开展项目活动。

随着市场经济的发展以及政治与社会的变革，社会组织的发展是大势所趋，因此政府应该如何对待此类组织、与之形成何种关系、制定出何种相应的法律法规，成为社会建设领域愈来愈迫切的问题。

**（五）组织内部能力建设问题**

新社会组织除了面对由外部环境而引起的各种困境以外，其自身在组织能力建设上也面对诸多挑战。如今已有越来越多的组织清晰地认识到了这一点，我们的调查显示有35%的社会组织认为组织内部存在问题，其中内部管理、组织发展模式和专业性欠缺问题又是其中最核心的问题（见表5－8）。

如前文所述，首先，现今社会组织发展的阶段相当于20世纪80年代民营企业所处的阶段，组织的发展在很大程度上取决于组织领导人的德行、意志、能力和胆识，而兼具这些才能的领导者在整个社会组织领域中可谓屈指可数。一方面是因为这样的领袖本身是可遇不可求的，另一方面也受到上述外部困境的制约。其次，由于我们的整个教育中，无论是家庭还是学校均缺少公民教育，因此人们在理念上没有公民意识，这样组织在建设和成长的过程中，需要先对团队的成员进行公民理念的培育。再次，社会组织的管理不同于企业和政府，参与式的民主治理模式在中国完全是新鲜事物，因此一切都还在习得的过程中。最后，许多社会组织如今都是项目导向，这也就意味着组织的生存完全依赖于项目，因此组织的员工时常面对巨大的压力，而无法专注于业务的精专和能力的提升。

此外，组织治理结构的不完整以及自身诚信透明和自律机制的缺乏，就使其难以整合和动员各种社会资源，从而限制组织长远的发展。我们的调查显示有 41.1% 的组织没有理事会，77.7% 的组织没有监事会。此外有 32.8% 的社会组织从未接受过第三方的财务审计（见表 5-10）；在接受审计的组织中，对其进行审计的机构也是千姿百态（见表 5-11）。由此可见，新社会组织治理架构和财务规范制度的不成熟，严重损害了它的社会信用度。

**表 5-10　社会组织接受财务审计的比例**

| 组织是否接受来自第三方的财务审计 | 数量（个） | 有效百分比（%） |
|---|---|---|
| 接　受 | 172 | 67.2 |
| 不接受 | 84 | 32.8 |
| 总　数 | 256 | 100 |

资料来源：香港中文大学 CCSS 社会组织数据库，2012。

**表 5-11　社会组织接受审计的机构**

| 审计的组织 | 数量（个） | 有效百分比（%） |
|---|---|---|
| 会计师事务所 | 43 | 24.9 |
| 审计公司 | 43 | 24.9 |
| 项目方或资助方 | 33 | 19.1 |
| 政府部门 | 17 | 9.8 |
| NGO | 21 | 12.1 |
| 财务公司 | 4 | 2.3 |
| 律师事务所 | 1 | 0.6 |
| 内部审计 | 2 | 1.2 |
| 不知道 | 9 | 5.2 |
| 总　数 | 173 | 100 |

资料来源：香港中文大学 CCSS 社会组织数据库，2012。

# 第四节　促进中国社会组织发展的思考

当前，中央已开始意识到社会组织建设的重要意义。党的十七届二中全会提出"更好地发挥公民和社会组织在社会公共事务管理中的作用，更加有效地提供公共产品"。鼓励社会力量兴办公益事业成为社会组织建设的重要方向。党的十八大又进一步提出要在改善民生和创新社会管理中加强社会建设，"强化人民团体在社会管理中和服务中的职责，引导社会组织健康有序的发展，充分发挥群众参与社会管理的基础作用"。

应该说政府和社会组织都肩负着一项共同的使命——改善社会福利、促进社会发展以及推动实现社会和谐。这两者在实现目标的过程中，都有各自的强项和弱项，社会组织的强项在于它不仅提供服务，还培养一种公民美德，以及社会自我组织和管理的能力。这是现代社会的重要特征之一，也是走向现代化的必经之路。

在改革开放三十多年的时间中，社会建设始终滞后于经济建设，仅以社会组织建设这一项指标来看就十分明显。民政部统计的数字显示，在第三产业 2007 年产生的附加值中，社会组织所占比例可谓是微不足道，只有 0.3%。而且，社会组织尽管也能提供就业机会，能为日益增多的求职大学生尤其是社工专业的毕业生提供岗位，但它对服务行业就业率的贡献也只有 0.3%——大约是世界平均水平的 1/30。与这些数字相呼应的情况是，近来社会捐款数量虽然在增加，但我国社会组织的资金规模只占到国内生产总值的 0.35%，相比之下，美国非营利组织占 GDP 的比例高达 2%。① 如何发展和壮大社会组织，发挥社会组织在社会建设中的主体地位和作用，是社会建设的一项重要内容。

## 一 社会组织发展的国际经验

在西方国家中，非营利组织均在社会福利与服务提供中扮演重要的角色。这一角色扮演的重要性产生于现代西方"福利国家"的危机。通过提高生活标准，它培养了人们对其能够提供的基本服务水平的期望日益增多、不满越来越多。20 世纪 70 年代末和 80 年代初，一批保守党领导人在选举中获胜，新公共管理运动兴起，大批西方国家开展削减成本的项目。随着公共财政受到限制，非营利组织作为国家提供服务的潜在替代者而大量出现。

1981 年，密特朗的社会主义政府设立了一个特别的社会经济跨部门委员会。该委员会专门用来管理和支持非营利组织的发展，并在 1984 年被上升到部级地位。英国撒切尔政府大力发展志愿部门和"积极的公民权利"。欧洲委员会成立了一个特别理事会——DGXXIII，来处理志愿部门的事务，

---

① 曹飞廉：《北京公益性社会组织案例分析》，陆学艺等主编《2010 年北京社会建设分析报告》，社会科学文献出版社，2010，第 199~200 页。

并起草了法律草案对在欧洲层次的非营利组织进行治理。在整个欧洲，非营利部门已经成为一支重要力量。1989 年和 1990 年，形成了一些新的组织，以代表欧洲地区的志愿部门——对基金会来说，有欧洲基金中心；对协会来说，有 CEDAG；对于更宽泛的志愿部门来说，有 ECAS。

得益于信息技术的革命以及全球范围内中产阶级的增长，在过去的 20 年中，非营利组织得到了迅猛的发展。在亚非拉的发展中国家与地区中，人们也在组建协会、基金会和其他相似的机构来提供公共服务、促进发展、防止环境恶化、保护公民权利，以及实现许多其他的目标。[①]

## 二 政府主办社会组织的改革建议

从具体的政策层面而言，笔者认为对于政府主办的社会组织，目前主要的任务包括：改进运行机制，克服行政化倾向；改进工作内容，转变工作方式，把工作重心放到基层；面向群众，积极探索并建立区别于党政机关、符合组织特点的运行机制；建立起适应社会主义市场经济要求的组织架构和运行机制。

人民团体应成为枢纽型社会组织，主动加强与新成长社会组织的联系，构建网络型社团。例如工商联适应私营经济迅速发展的形势，深入基层和各行各业，组织体系迅速壮大。工商联同时采用"民间商会"的名称，弱化其统一战线组织的性质，强化其民间角色和经济角色，已经成为私营企业主的利益代表，发挥了十分积极的作用；全国妇联长期以来关注横向组织网络的发展，在有些地区，妇联参与推动妇女研究社团、妇女联谊会等妇女社团的发展，构建了网络化的妇联团体会员体系，比较成功地实现了转型。

其他人民团体，如"全总"等应借鉴这些做法，实现自我转型。例如"全总"在面对那些自发成立的工会、工人维权组织时，不要将其视为洪水猛兽，予以排斥和打击，可主动加强联系，将其吸纳为联系组织或团体会员。[②]

## 三 新社会组织发展的建议

对于新社会组织的发展而言，笔者提出以下几点建议。

①　萨拉蒙：《公共服务中的伙伴》，商务印书馆，2008，第 256～284 页。
②　国务院发展研究中心社会发展研究部课题组著《社会组织建设》，中国发展出版社，2011，第 21～23 页。

**（一）加大政府购买社会组织服务的力度**

从目前我国新社会组织的整体处境来看，资金的匮乏可谓是其生存发展最大的障碍。我们的调查显示，目前新社会组织，尤其是草根组织的收入主要来自民间捐赠；其次来自销售及服务的收入；最后才是来自政府采购的收入，仅占组织总收入的20.3%，并且获得政府采购的机构仅占样本总量的20.5%（见表5-12）。而德国非营利组织收入的64%来自政府，法国非营利组织收入的58%来自政府，英国和日本非营利组织收入的45%来自政府，即便从全球34个国家的社会组织收入来源情况来看，来自政府的收入也占到34%。由此可见，政府对我国的新社会组织，尤其是草根组织的扶持力度与欧美发达国家和其他发展中国家相比显然是弱太多了。由于我国新社会组织的收入过度依赖于民间慈善捐赠，因此其资金来源具有较高的不稳定性，这样不仅影响到组织项目的可持续性，还会对组织生存造成严重威胁。

表5-12　社会组织的收入来源

单位：%

| 收入来源 | 来自该途径的收入在非营利组织总收入中的比例均值 | 受到该来源支持的组织比例 |
|---|---|---|
| 政府 | 20.3 | 20.5 |
| 销售及服务收入 | 31.4 | 28.5 |
| 会费 | 17.4 | 11.0 |
| 民间捐赠 | | |
| 基金会赠与 | 65.1 | 48.3 |
| 其他NGO赠与 | 38.2 | 29.7 |
| 直接个人捐赠 | 29.5 | 51.0 |
| 企业捐赠 | 23.2 | 33.5 |
| 其他 | 39.9 | 11.8 |

资料来源：香港中文大学CCSS社会组织数据库，2012。

基于上述分析，笔者认为加大政府购买社会组织服务的力度应成为推进社会组织建设的当务之急。其实党政的高层已经看到了此方面的需求，2012年中央财政安排专项资金，支持社会组织参与社会服务，出台了"中央财政支持社会组织参与社会服务项目"。希望通过财政支持，构建对社会组织引导型的政策体系，指导和调动社会组织在社会服务领域发挥积极作用。项目预算总资金达到了 2 亿元。然而从获得立项的组织性质来看，依然是以官办或有官方背景的社会组织为主，来自民间的草根组织的比例很小。然而，正是这些由民间自发形成并扎根于社区的新社会组织成为社会整合不可或缺的力量，政府只有给予这些草根组织和政府主办的社会组织同样的甚至更大的政策与资金扶持力度，我国的社会组织才能朝着良性的方向发展运作。

政府在购买社会组织服务的过程中应该遵循以下原则：①遵循市场规律。政府购买社会组织服务需要遵循双方的契约关系，尊重双方的责权利。应避免用传统的行政命令，打破市场自主规律，否则会伤害到社会组织提供服务的积极性。②遵循项目规律。社会组织服务项目不能按照领导意志或项目实施者的意愿来"设计"项目方案，而是应针对特定的社会问题和需求来制定可行的项目服务方案。③避免锦上添花的项目。政府购买服务首先应遵循公益性原则，将有限的资源满足最需要帮助的困难群体的服务需求。④避免只转移责任，不转移资源。⑤项目公开透明、公平公正。建立公开、透明、规范、有序的参与机制，建立公开透明有第三方审评监督的招投标和项目评价制度，尤为重要。

未来三到五年，政府购买服务还处于一个基础建设阶段，该阶段的核心任务是培育"公益市场"，就是首先要培育出一大批能够承接政府购买服务的社会组织，建立起可持续的公平公正的购买与评价体系。对此，可以将社会组织通过购买项目的实施，自身能力是否得到提升作为重要指标。社会组织既是政府购买服务的资源受益者，又是推动者、建设者。政府与社会组织应该秉承互谅互信、互帮互助的合作伙伴原则，携起手来，通过扎扎实实的实践示范、专业成效，来争取社会各方的认同和支持，共同开辟党委领导、政府负责、社会协同、公众参与的社会管理创新路径。①

**（二）加强新社会组织的自身能力建设**

政府在政策与资金上的支持当然是新社会组织发展的前提条件和重要保障，而它们如何加强自身的能力建设，则是促使公益界健康发展的另一项必备的条件。而在能力建设领域，最为关键的是如何培育自我造血机制。我们的调查显示，销售及服务收费占到机构总收入的 31.4%，这个比例本身并

---

① 李涛：《社会组织在政府购买社会工作服务进程中的功能和角色——北京协作者参与政府购买社会工作服务经验总结与思考》，《社会与公益》2012 年第 8 期。

不算低，然而与世界其他国家的平均水平 53% 相比就明显偏低了。而且受到该来源支持的组织的占比仅为 28.5%，在美国这一比值达到 68.9%。这就说明我国的新社会组织，尤其是草根组织的自我造血能力还是相对较弱的。

笔者认为在此政府和社会组织可以借鉴英国社会企业的模式，来推动社会组织的自我造血机制的建设。截至 2006 年年初，英国有 5.5 万家社会企业活跃在社会领域的方方面面。它们不但创造了 80 亿英镑的国内生产总值，而且吸纳了数十万被市场经济淘汰的劳动者，实现社会公平并消除社会排斥。

此外，能力建设的另一大领域就是组织的公信力和透明度。我们的调查显示新社会组织的财务制度不规范不成熟，严重损害了它的社会信用度。而公信力是此类组织的生存之本，若社会组织无法在这一原则性问题上坦诚面对公众的问责，那它必然无法在公益领域生存。

与此同时，政府从财政和税收等方面加大力度扶持新社会组织发展的同时，也要加强对社会组织的评估和监督，建立公益问责和公共部门的社会问责制度。笔者认为可以引入科研院校和媒体作为评估和监督的主体。这样既能相对客观地了解项目实施的具体成效，又能监督公益组织在财务上保持公开与透明。

### （三）建立和完善社会组织法律体系

我国现行有效的有关社会组织的法律法规主要有《中华人民共和国公益事业捐赠法》《民办教育促进法》《红十字会法》等法律，《社会团体登记管理条例》《民办非企业单位登记管理暂行条例》《基金会管理条例》《彩票管理条例》等行政法规，此外还有一些财政部、民政部、国家税务总局等制定的政府规章。从整体上看，现阶段我国还没有一部统一的社会组织领域的法律。这意味着我国有关社会组织的法律法规已滞后于社会组织的发展。这就导致如前文所述的"合法性"危机成为社会组织发展的首要困境。

许多学者建议根据《宪法》保障人权和结社自由的宗旨和当前社会间组织发展的现实情况，研究制定"社会组织促进法"或"社会组织法"之类的统一法律，为制定相关的管理法规和政策提供基本的法律依据。在实施步骤上，一方面可以在逐步修订完善具体政策法规的基础上，加大经济发达、社会组织相对成熟的地区地方性立法探索的力度；另一方面可以针对不同类别的非营利组织分别立法予以规范。以此为制定一部统一的民间组织管理基本法律创造条件。①

　　法律是社会组织健康发展的基础，也是当前社会组织建设最难突破的一个环节。虽然完善立法不是一朝一夕能够完成的，但必须有规划，坚持不懈地作好理论准备。

---

① 黄晓勇主编《中国民间组织报告（2008）》，社会科学文献出版社，2008，第49～53页。

# 第六章  社会管理

【摘要】社会管理不仅包括国家对社会的宏观调控，而且包括社会组织和公众对社会管理的协同和参与、对立法的参与、执法的监督和行动的自律。社会管理的主要模式有社会控制模式和合作治理模式。现代社会管理是积极的、预防性的社会管理，而不是消极的、治疗式的社会管理。合作治理是现代社会管理的基本方式，多元主体是现代社会管理的基本格局，服务导向、基层自治和公众参与是社会管理的基本走向。社会管理创新要从理念创新和机制创新入手，形成管理与服务融合、有序与活力统一的多元共治、共建共享社会管理新模式。

经过三十多年的改革开放，中国的现代化已经进入一个新的历史转折时期。这一时期，经济社会不协调的矛盾引发了突出的利益冲突、社会失序等问题，加强和创新社会管理成为当前社会建设的迫切要求和繁重任务。党的十八大报告强调"要围绕构建中国特色社会主义社会管理体系，加快形成党委领导、政府负责、社会协同、公众参与、法治保障的社会管理体制，加快形成政府主导、覆盖城乡、可持续的基本公共服务体系，加快形成政社分开、权责明确、依法自治的现代社会组织体制，加快形成源头治理、动态管理、应急处置相结合的社会管理机制"。

学界一般认为，当前对社会管理问题的着力强调，主要源于社会问题、社会矛盾、社会冲突的不断增加，以及由此所形成的对社会生活的冲击。在面临诸多压力和挑战的情况下，很容易形成对社会管理的误解，即把社会管理片面地理解为一种消极的、防范性的手段，误解为加强权力对社会的全面控制。其实，社会管理的真正目的是改善人类的生存状况；而积极的社会管理则以主动的建设和变革为手段，以改善社会的状况，建设一个充满幸福感的、更好的社会为目标。公平正义是积极社会管理的实现途径，健全社会机制是积极社会管理的关键。① 为此，我们需要根据经济社会形势的发展，通过改革社会管理体制，发挥政府、企业、社会三者各自的作用，尤其要充分发挥社会组织和公众在社会管理中的作用，不断创新社会管理的理念和机制，在改善民生和完善公共服务的基础上不断优化社会管理。

## 第一节　社会管理的基本问题

社会管理是推进社会建设的重要内容之一。推进社会建设，要求加强和创新社会管理。那么，社会管理到底是什么？它包含哪些方面的内容？具有怎样的特征？是否存在不同的社会管理模式？等等。接下来的分析要回答这些基础性问题。

### 一　社会管理概念辨析

到底什么是社会管理？国内学者给出了各种各样的定义。有社会学家指出，广义的社会管理，是指整个社会的管理，即指包括政治子系统、经济子

① 孙立平：《走向积极的社会管理》，《社会学研究》2011 年第 4 期。

系统、思想文化子系统和社会生活子系统在内的整个社会大系统的管理。狭义的社会管理，主要指与政治、经济、思想文化各子系统并列的社会子系统或者社会生活子系统的管理。① 也有学者认为，广义的社会管理是指政府及非政府组织对各类公共事务包括政治的、经济的、文化的和社会的事务所实施的管理活动，与公共管理是同等范畴的概念。狭义上的社会管理是对社会公共事务中除了政治统制事务和经济管理事务以外的那部分事务的管理与治理。② 还有人认为，社会管理是政府及社会组织通过行政和社会机制，重点围绕各种社会问题，对人们的社会生活进行干预。其目标是促进社会生活秩序，解决社会问题，提高社会生活的效率，提高人民的生活质量。③ 还有学者认为，社会管理是政府和民间组织运用多种资源和手段，对社会生活、社会事务、社会组织进行规范、协调、服务的过程，其目的是为了满足社会成员的生存和发展的基本需求，解决社会问题，提高社会生活质量。④ 另有社会学家认为，社会管理通常是指以政府主导的包括其他社会组织和公众在内的社会管理主体在法律、法规、政策的框架内，通过各种方式对社会领域的各个环节进行组织、协调、服务、监督和控制的过程。⑤

总体来看，当前关于社会管理的定义，国内形成了两派观点：一是秩序派，一是民生派。前者强调社会秩序的控制；后者侧重于改善民生，通过公共服务，提高人民生活质量。民生派对社会管理的主张相当于西方的社会行政和社会政策，主张通过改善人民福利，实现社会和谐；而秩序派的主张强调对社会秩序的管控，这种观点是最为流行的观点，见诸各种官方文件和报刊。

在西方发达国家的话语体系中，并没有完全同中国的"社会管理"一词对应的概念。在西方文献中，很少看到社会管理（social management）这个概念，但行政管理（administrative management）、社会政策（social policy）、社会评估（social evaluation）、社会干预（social intervention）、（新）公共管理（new public administration）、社会治理（social governance）

① 郑杭生：《总论：社会学视野中的社会建设与社会管理》，载郑杭生主编《走向更讲治理的社会：社会建设与社会管理》，中国人民大学出版社，2006，第2页。

② 李程伟：《社会管理体制创新：公共管理视角的解读》，《中国行政管理》2005年第5期。

③ 孙炳耀：《社会管理与社会工作》，载《加强社会工作人才队伍建设问题主题研究班参考资料》，2007，第207页

④ 何增科：《社会管理与社会体制》，中国社会出版社，2008，第4页。

⑤ 李培林：《创新社会管理是我国改革的新任务》，《人民日报》2011年2月18日，第7版。

之类的概念比较普遍。从现有的西方社会管理文献和大学的课程来看，社会管理主要包括两个方面：一方面是指政府部门及其下属机构对社会服务的管理，包括对社会服务的评估、规划等；另一方面是指社会服务机构、慈善组织和其他 NGO 自身的管理，包括资金的募集和管理、人力资源的管理、服务项目的管理、公共关系等方面。这涉及宏观社会管理和微观社会管理两个层次，宏观社会管理就是通过政府的立法和福利政策，政府对社会组织的减免税等财政政策来消除贫困，协调社会关系，促进社会公平正义，这更多地体现在社会政策方面。在财政政策方面，西方国家为改善普通居民以及脆弱群体的福利，充分利用减免税收政策，鼓励对公益事业的捐赠，学校、医院、基金会及其他非政府组织受惠很大，这些社会服务机构在社会管理和服务中发挥了巨大作用。除此之外，政府通过项目招标购买社会组织服务，把大量的资金输入到社会组织。

综合来看，社会管理是指政府、企业、社会组织和公众等社会行动主体秉持公平和民本的原则，制定、运用或依照法律、政策、道德等社会规范，以经济的、行政的、文化的和社会的机制合理配置社会资源，提供社会服务，协调各大社会主体之间、社会成员之间的多重关系，对社会不同领域进行服务、协调、组织和控制的过程或活动。社会管理不仅仅涉及国家对社会领域的宏观调控，还包括社会组织和公众对立法的参与、执法的监督和行动的自律。

从社会管理目标看，社会管理不仅是化解社会风险、维护社会秩序，而且要提高社会生活、社会发展的质量。它是以积极的手段来配置社会资源，满足公众的需求，协调社会关系，进而促进社会和谐，维护社会秩序。社会秩序和基本民生都只是一个基础，只是一种底线要求，社会管理应该还有更高的目标，即通过建立合理的社会管理格局，激发社会活力，调动各个社会主体组织和参与社会管理的积极性和潜能。

从社会管理的主体看，社会管理有三个层次：国家的社会管理、社会组织的社会管理、公众的社会管理。国家的社会管理包括制定社会法规，对社会事业、社会保障、社会组织的财政投入和依法监管，对个人生老病死等事务相关的福利的宏观管理。宏观管理不仅仅是政府部门的事情，还必须有公众的参与。社会组织的社会管理包括社会组织内部事务管理和对国家社会管理的参与和倡导。公众的社会管理包括公众之间关系的自我协调，对社会组织的参与和外部监督以及对国家社会管理的参与、配合、批评和建议。其中，国家处于主导作用，组织和动员社会组织和社会成员参与社会管理。

社会管理的主要内容包括四个方面：一是社会管理法规的立法和修法，要保障人民群众参与社会管理法规的立法、修法和监督执法，使完善的社会管理法规成为社会管理的保障；二是公共服务，包括教育、医疗、住房、就业、社会保障、社会救助等方面；三是协调国家、市场与社会的关系，理顺国家、市场和社会各自角色与职能，充分发挥社会组织的社会职能；四是依法维护社会秩序，保障社会的平稳运行和发展。

## 二 社会管理模式的选择

从社会管理的层次来看，社会管理包括三个层次，分别是社会管理模式、社会管理理念和原则、社会管理的具体技术。其中，社会管理模式是一系列因素和行为的固定组合。对于国家如何实施社会管理，不外乎两种方式，即消极的社会控制模式和积极的合作治理模式。无论是社会控制，还是合作治理，都是实现社会秩序的有效方式。在社会发展的不同阶段和时期，或侧重社会控制，或侧重合作治理，抑或是两种模式的混合体。对于这两种模式，古典社会学家斯宾塞和涂尔干均有论述。

### （一） 社会控制模式

社会控制（social control），又称社会约制，是由美国社会学家罗斯（Edward A. Ross）1901 年在《社会控制》一书中提出的。在罗斯看来，社会控制具有三层含义：①作为社会过程或状态的一种描述。在这层含义上，社会控制是指社会组织利用社会规范对其成员的社会行为实施约束的过程。②作为规范遵从的一套保障机制。这一定义来源于上一层面，在 20 世纪 50 年代比较盛行。③作为一套社会成员学习社会规则并社会化的方法。[1] 当代社会控制已经成为对越轨行为的一系列组织化反应方式。

社会控制分为软控制和硬控制等多种手段。硬控制即利用警察、监狱、监控等惩罚性的手段来实现社会秩序的稳定，主要由政府的内政部和司法部门来实施；而软控制的手段则是通过学校、宗教机构、医院、社会服务机构、社会舆论的手段来进行服务和干预，促进社会认同、社会团结来实现社会秩序。

---

[1] R. Meier, "Perspectives on the Concept of Social Control," *Annual Review of Sociology*, No. 8 (1982), pp. 35 – 55.

社会控制作为一种社会管理理论，可以追溯到 19 世纪末 20 世纪初的欧美社会学研究。当时，欧美的社会学家就开始关注社会控制问题，对社会控制系统进行了比较全面的阐述，涉及社会控制的原理、方式及其变迁等，以应对广泛存在的转型期越轨行为，探寻社会秩序的实现问题。斯宾塞曾经把社会管理的模式概括为两种：军事独裁社会的强制命令管理模式，工业民主社会的自愿契约管理模式。他认为军事社会的典型特征始终是强迫它的各个单位进行各种联合行动。犹如士兵事事都以指挥官的意志为转移那样，公民无论是在私人事务中还是在公共事务中，都要以政府的意志作裁决。军事社会所维持的合作，是一种强制性的合作。与此相反，工业社会的典型特征是志愿合作和个人的自我节制。工业民主社会"始终是以个人具有同样的自由，包括商业活动的自由为其特征的。社会在多种形式的活动中所进行的合作是一种志愿的合作"①。苏联的社会是一种比较典型的军事社会，社会管理中强制的成分过多而志愿合作的成分很少。现代英美民主国家是工业民主社会，在社会管理中更多强调的是志愿合作、法制和契约管理。

社会控制更多的是一种强制力，或者是禁止性的力量，具有潜在的冲突对抗性。其对象常常是不具有合法性的越轨行为。这内在地规定了社会控制的秩序取向和强制取向。因此，社会控制下的社会秩序是一种具有客观被动性，甚至是消极性的秩序。不过有些时候，这种外在的强制力可能为被控制客体所内化和认可，形成合法性控制。社会控制的目的并不在于简单地约束客体的行为，而根本上是为了协调个人与个人、组织、社会以及社会各部分之间的关系，以保持社会的有序稳定。而这为社会控制成为一种社会管理理论提供了可能性。

### （二）社会治理模式

"治理"（governance）是在 20 世纪 90 年代以来逐渐兴起的一种社会管理模式。西方学者，特别是政治学家和政治社会学家对治理概念作出了新的不同界定。最初，治理概念被广泛地应用于政治发展研究中，特别是被用于描述后殖民地和发展中国家的政治状况。② 当前，治理概念逐渐从政治领域

---

① 贾春增：《国外社会学史》，中国人民大学出版社，2000。
② 俞可平：《引论：治理与善治》，载俞可平主编《治理与善治》，社会科学文献出版社，2000，第 1~15 页。

扩展到更大范围的社会领域。社会治理就是市民社会同政治国家、市场主体一道来调节和实现社会秩序。

社会治理强调多元主体通过协商协作方式实现对社会事务的合作管理。社会治理更强调多元主体之间协商协调的持续互动过程，反对单纯的命令和控制，倡导政府社会管理的透明化、法治化和利益相关方参与社会政策决策。社会治理倡导社会自治，倡导参与式治理。社会治理强调尊重社会成员的社会政治权利，主张激发社会成员的权能，使社会成员在社会治理过程中拥有发言权和影响力。社会管理包含社会服务的内容，但社会成员在政府提供的社会公共服务中更多的是作为社会服务的对象被动地接受服务而没有更多的选择权。社会治理倡导社会成员主动表达需求，自主提出所需要的服务项目，政府则对项目的实施提供资助，社会组织自主组织实施服务项目并接受资助方的评估。社会成员和社会组织不再是单纯享受社会服务的被动对象，而是需求的表达者、项目的选择者和服务的供给者。[1]

建立在三方合作基础上的社会治理实际上是合作治理（collaborative governance）。作为一种在公共领域的多中心合作机制，合作治理建立在直接民主和发达市民社会的基础上，摆脱了传统少数服从多数这种决定论政治。合作治理具有这样几个方面的特征：三方互动是连续性的；社会组织等第三部门的志愿参与特征；公共领域；去中心化；透明性，可监督。在某种程度上来说，这种合作治理理论是一种福利国家所具有的治理理论。具体说来：①在社会治理理论中，"一头独大"的政府备受诟病。遵循着非人格的理性逻辑的科层制政府在现代社会活动中存在严重的失灵问题。而那些扁平化、网络化的小政府则很受欢迎。在政府定位上，则强调公共服务购买职能和服务外包方式的公共服务型政府。这种政府是一种最小权力的政府。②在社会事务领域，发育完善的市民社会组织遵循着志愿性行为原则，实现社会自治。社会治理理论的一个重要观点便是增强社会自主性，试图尽量依靠市场来限制政府。③按照西方民主和社会发展思想来看，在国家与社会之间仍存在一个连接部门，即市场。这尤其体现在20世纪90年代后的新自由主义思潮下的市场自由转型过程中。它要求政府通过准市场机制为社会提供公共服务。

社会治理是国家统治方式的一种新发展。社会治理的本质则在于不再依

---

① 何增科：《从社会管理走向社会治理和社会善治》，《学习时报》2013年1月28日。

靠基于政府的强制权威或制裁所实施的统治机制，而是建立在社会自治的基础上，实现国家、市场和社会的自发秩序。社会治理的根本目的在于创造条件以保证社会秩序和集体行动，避免社会混乱和失序。

### 三　现代社会管理的原则性理念

现代社会管理是以人为本的积极的社会管理、预防性的社会管理，而不是官本位的消极社会管理、治疗性社会管理；是更加注重社会志愿的契约性管理，而不是以强制为主的强制性管理。以民生事业建设和社会服务为主导，多元化的社会治理格局以及基层自治和公众参与是基本取向。

#### （一）合作治理是现代社会管理的基本方式

合作治理的本质在于，政府不再是唯一的社会管理主体，政府与其他社会组织具有平等的社会管理地位。众多的研究者之所以看好合作治理模式，是因为它更适合新的社会结构对于新秩序的内在要求，能够成为更加科学、民主、合理的社会管理模式。

合作治理具有三方面特征①，一是主体多元化。行政主体的一体性造成公共产品的供给垄断，行政主体的唯一性导致以往的行政改革无非是政府本身的机构重组。随着社会的变迁和公共行政的发展，自 20 世纪 70 年代末兴起的全球性公共行政改革，革命性地破除政府的行政一体性和公共产品的供给垄断性。许多本由政府承担的社会管理职能转由其他社会组织来承担。这时的政府已经不是社会管理的唯一机构。从社会管理中部分地解脱出来的政府，可以专心制定公共政策及监督公共政策的执行。在公共治理的过程中，政府不再唱"独角戏"。其他社会组织，特别是民间组织（公民组织）直至公民，同样是社会管理的主体。二是权力分散化。多元主体直接带来社会治理的多层级和公共权力的多向度。资源分散表现为公共权力不再集中于中央政府，而是分别授予不同层级的地方政府。不仅如此，公共权力也转移到社区、公民组织，从公共部门转移到私营部门和第三部门。公共权力的多向度分化决定非政府组织、私营部门可以参与公共服务和公共事务的管理过程。三是机制综合化。公共行政改革，将单一的行政机制扩展为市场机制、行政机制、志愿公益机制等多方面机制，并且共同发生作用。管理公共事务既可

---

① 侯琦、魏子扬：《合作治理：中国社会管理的发展方向》，《中共中央党校学报》2012 年第 1 期。

以依赖公共机制，也可以通过市场机制、志愿机制等；既可以凭借传统的政府权威，也可以通过协商、对话、合作等手段，实施多重治理和反复互动，以求达到社会管理绩效的最大化。

**（二）多元主体是现代社会管理的基本格局**

党的十八大报告明确提出，要建立"党委领导、政府负责、社会协同、公众参与、法治保障"的社会管理格局，也就是说在新的社会管理环境下，应该充分发挥多种社会主体在社会建设中的作用，突出社会管理的法治依据和行动准则。2012 年 10 月 10 日，中国政府网公布《国务院关于第六批取消和调整行政审批项目的决定》，明确提出，"凡公民、法人或者其他组织能够自主决定，市场竞争机制能够有效调节，行业组织或者中介机构能够自律管理的事项，政府都要退出。凡可以采用事后监管和间接管理方式的事项，一律不设前置审批"。这就要求把社会组织和公民及法人作为社会管理的重要主体，绝对不能忽视他们的作用。

在社会管理中，政府起着主导的作用，但是社会管理的具体过程是渗透在整个社会生活中的，政府要大力支持各类社会组织发挥作用，要成为民生工作和公众服务的制度安排者、规划者、监管者，通过政府采购、业务外包等方式，把一些直接提供服务的职能交由社会组织承担，使社会组织与政府共同承担提供公共服务的责任。政府可以每年安排专项经费，以专项扶持、以奖代补等方式对社会组织进行资金支持，调动他们参与社区服务、承接政府购买服务项目的积极性，从而形成多元化参与的社会自主服务与政府服务协调统一的社会管理体系。

在计划经济体制下，中国的社会事业和社会服务都是由官办的机构来提供的。改革开放以来，随着经济的发展，人民群众对社会服务的需求数量越来越多样化，质量也越来越高。民办的社会组织包括学校、医院等非营利机构也开始出现，以满足丰富多样的社会需求。但是由于中国对社会组织实行登记机关和业务主管单位双重管理以及对社会组织的偏见，导致社会组织的类型和数量都比较少，社会事业和社会服务主要还是由官方垄断。只有社会组织发展起来了，社会日益增长的多样化的需求才能得到满足，社会管理的多元格局才能建立起来，社会管理的成本才能下降，真正的长治久安才能实现。

**（三）推进基层自治和公众参与是现代社会管理的主要取向之一**

公民广泛参与社会事务，可以激发参与热情，充分调动自身的能动性，实现自愿协调与强制管理的统一，可以减少社会管理的死角。目前中国公民参与社会管理的渠道还比较狭窄，主要的渠道就是通过参与社区的自治来参与社会管理。但是社区建设和管理中行政命令的成分多，自治的成分少，公民参与的热情不高。党的十八大强调"政社分开"，实际上是要在基层社会管理中充分发挥社会组织和社区的作用。中国在城乡社区实行社区自治制度，但是多年以来基层社区组织更多的是完成各级政府交办的任务，承担了更多的行政职能，没有发挥发展社区、服务群众的职能，群众也没有被动员起来广泛地参与到社区管理中去。自下而上的自治和参与，可以大大节约社会管理的成本。在农村建立健全村民会议及其代表会议、村务公共监督小组、民主理财小组、村委会各下属委员会，引导农民成立专业协会、老年协会、红白理事会等社团、行业组织和社会中介组织，发挥它们提供服务、反映诉求、规范行为的作用，发挥治安巡防协会、文化娱乐协会等社会组织的服务性、公益性、互助性作用，逐步形成以党组织为核心、群众性自治组织为基础、群众广泛参与的治理结构。在城市社区完善治理结构，理顺居委会、党支部和社区服务站的关系，充分发挥各类社区组织（包括文化、体育、志愿组织）以及业主委员会和物业组织的作用。应该完善社区治理机制，实行村级和社区重大事务民主决策，在村社党组织的领导下，对村级和社区重大事务进行民主决策，提升重大事务决策民主化、科学化、规范化水平。在城市社区要完善社区党支部、居委会和社区服务站的关系，充分发挥业主委员会的职能。

**（四）推进公共服务是现代社会管理的主要取向之二**

在服务中实施管理，在管理中体现服务，不断提高国民福利，是现代社会管理的基本导向之一。西方社会福利体系的发展过程实际就是利用公共服务应对社会失序和社会问题的过程。欧美各国建立起社会保险制度，建立了从摇篮到坟墓的社会福利体系。社会福利体系的建立是西方资本主义不仅没有灭亡而且还稳定持续发展的重要原因。因而建立社会福利体系，提供社会服务成为世界各国包括发展中国家进行社会管理的基本方式。而社会问题和社会不稳定的真正根源是公共服务的不足和公共服务本身的不公。公共服务是满足社会成员基本需求的工作，基本需求得到满足，社会问题和矛盾就会减少很多，社会就会稳定。基本需求得不到满足，就会产生大量的社会矛盾和社会问题。

加强和创新社会管理，要顺应人民群众的期待，切实保障人民群众的经济、社会、政治和文化权益，让发展成果惠及全体人民。要坚持广覆盖、保基本、多层次、可持续的基本原则，深化社会保障制度改革，逐步扩大社会保障覆盖率，提高社会保险统筹层次，稳步提高社会保障水平，完善城乡社会救助制度，重点解决好教育公平、物价稳定、流动人口服务管理等问题。合理调整收入分配关系，努力缩小城乡、区域、行业和社会成员之间的收入差距，努力实现人人享受基本生活保障目标。①

### 四　社会管理与社会建设的关系

社会管理是社会建设的重要内容。当前，我国处于重要的历史转折时期。新时期的战略任务是推进社会建设，实现社会现代化。而社会建设是同经济建设、政治建设、文化建设和生态建设并重的"五大建设"之一，是一个系统工程，不仅包括以教育、医疗健康、就业、增收、社会保障为重点的民生建设，还涉及社会体制改革和社会管理创新。党的十八大报告明确指出，加强社会建设，要围绕构建中国特色社会主义社会管理体系，加快形成党委领导、政府负责、社会协同、公众参与、法治保障的社会管理体制，加快形成源头治理、动态管理、应急处置相结合的社会管理机制。因此，加强和创新社会管理，是推进社会建设的题中之义。

从概念上"社会管理"小于且隶属于"社会建设"。对"社会管理"有广义和狭义两种理解，狭义的"社会管理"主要集中在社会治安、信访和公共安全工作方面，主要目标是维护社会秩序和稳定、营造良好的社会环境，这是"社会建设"的前提条件。广义的"社会管理"既包括对社会治安、信访和公共安全的管理，也包括对教育、卫生、社会保障、社会救助、社会慈善、社会组织、公众参与等社会事业和公共服务的管理；既包括对"稳定"的管理，也包括对"和谐"的促进，是党和政府推动"社会建设"的基本手段。

从任务和目标看，"社会管理"和"社会建设"是异曲同工的两个侧面。只不过前者着眼于"治理"，后者侧重于"建设"。社会建设是一个庞大、复杂的系统工程，社会管理则渗透在这个工程从规划到实施的每一个环节，以保障工程的顺利实施和目标的实现。通过社会管理协调社会关系、规范社会行为、解决社会问题、化解社会矛盾、促进社会公正、应对社会风

---

① 吴欣元：《积极创建社会管理新格局》，《光明日报》2011年10月4日，第3版。

险、保持社会稳定。因此，社会管理是有序推进社会建设、实现社会现代化的重要环境保障。①

## 第二节　中国社会管理面临严峻的问题和形势

社会管理是社会建设的重要组成部分。随着工业化、信息化、城镇化、市场化、国际化进程不断加快，中国经济体制深刻变革、社会结构深刻变动、利益格局深刻调整、思想观念深刻变化，社会管理面临着新的形势和一系列新问题，而社会管理理念、体制、机制、制度、方法、手段等方面存在许多不适应的地方。正是在深刻分析、全面把握经济社会发展新的阶段性特征的基础上，从中国特色社会主义事业发展全局出发，中央高层作出了加强和创新社会管理的重大战略部署。2004 年，党的十六届四中全会明确提出"加强社会建设和管理，推进社会管理体制创新"，中央已经明显意识到新时期加强社会管理、推进社会建设的紧迫性；2011 年初，中央又专门召开了省部级主要领导干部关于加强和创新社会管理的专题研讨班，以此加快推进社会建设；2012 年，党的十八大报告又强调要围绕构建中国特色社会主义社会管理体系，加快建立健全社会管理体制和机制。中央这样重申加强和创新社会管理，有着深刻的社会背景和复杂的社会形势。

### 一　对社会管理的理解比较偏狭，在某种程度上将社会管理等同于社会控制

在社会管理中片面强调社会秩序的管控，忽视社会服务，忽视社会组织和公众在社会管理中的作用。党的十八大提出了建设"党委领导、政府负责、社会协同、公众参与、法制保障"的社会管理新格局。在社会管理中，党委和政府的领导不可缺少，社会组织和公众的积极参与也同样不可忽视。有些地方和部门片面强调政府对社会的单向控制；控制的手段则是"维稳"，维稳的目标指向又偏重于维护某地方、某部门的"政绩"，说到底是维护某些党政部门及其领导人的权位或利益，而不是重在维护社会大众的公平正义、民生福祉。这又违背了中央提出建设和谐社会的初衷，也使社会建设、社会管理走进社会管制的狭窄胡同，甚至偏离和谐社会的大目标，侵犯

---

① 石英：《社会管理是推动社会建设的基本手段》，《中国社会科学报》2011 年 5 月 17 日，第 12 版。

公民权利，加剧社会矛盾与冲突。①

有些党政干部把"创新社会管理"的任务消极地、片面地、墨守成规地理解为以党和政府为单一主体加强对社会的管理；而不是依靠社会的自治和政府与社会的协同治理。把社会管理理解为对社会的行政管制、政治控制、强力压制；对社会矛盾冲突与社会危机不是着重疏导，而是围堵、遏制，甚至打压。把管理的对象主要落实在"进一步加强和完善流动人口和特殊人群管理和服务"。把 5 亿网民、3 亿多微博用户以及所有手机用户管起来，强化对公民及舆论的控制。比如，深圳市当局为主办世界大学生运动会、"营造社会的和谐稳定""展开排查清理百日行动"，把 8 万名所谓"治安高危人员"清理出深圳，而这些"特殊人群"并非现行违法或犯罪分子。②

## 二 各类群体性事件大幅增长，社会矛盾有加剧的趋势

近年来，中国社会矛盾和冲突不断增加。1993 年，爆发群体性事件 8700 起，2005 年增加到 87000 起。尽管因为对群体事件的定义和标准不一，数字也许是不准确的，但是社会冲突增加的趋势是明显的。一些群体事件涉及上万人参与，社会冲击力很大。

目前的社会矛盾有以下几个特点：一是社会矛盾主要集中在农村土地征用、城镇房屋拆迁、国有企业改制、涉法涉诉、农民工欠薪、环境保护等领域。2011 年在广东省汕头市乌坎村的事件就是一个很突出的例子，前几年的孟连事件、石首事件等也表明，部分地区矛盾十分尖锐。二是社会矛盾涉及多个社会阶层。既有农民、城镇居民、离退休人员、个体工商业者、出租车司机、学生，也有军队退役人员、原民办教师、退休教师等特定人群。三是社会矛盾触点增多、燃点降低。有些一般性矛盾纠纷因处理不及时、不妥当，容易演化为大规模群体性事件。四是社会矛盾关联性增强，历史遗留问题和改革发展中的问题、经济领域问题和社会领域问题、合理诉求和不合法方式、多数人合理诉求和少数人无理要求。五是有暴力化的倾向，一些地方政府机关受到冲击或打砸抢烧，一些地方出现大规模的群殴事件，在冲突中出现伤亡现象，导致必须出动武装警察才能恢复秩序。近年来还出现了很多"无直接利益冲突"的泄愤事件。

---

① 郭道晖：《我看社会管理的新方向》，《炎黄春秋》2012 年第 1 期。
② 郭道晖：《我看社会管理的新方向》，《炎黄春秋》2012 年第 1 期。

### 三　社会管理成本越来越高，成为公共财政支出的一大项目

社会管理成本越来越大，公共安全支出越来越高。2011 年中国公共安全支出预算数为 6244.21 亿元，略高于国防支出预算的 6011.56 亿元；2012 年"公共安全"预算是 7017.63 亿元，比 2011 年执行数增长11.5%。① 有关国际反恐专家将"公共安全支出"分为两大类：一类是预防和应对公共安全造成威胁的自然灾害的经费，另一类是预防和应对对人的生命财产安全构成威胁的各种社会公共安全事件的经费，"维稳开支"也是其中极少的一部分。② 实际上，这几类开支都属于社会管理支出。除了国家财政的社会管理投入，各类社会单位为维护安全也同样花费巨大的人力和财力。一些地方的农村甚至实行了"封村"式的社区化管理，把村庄用围墙围起来，再组织一支保安队伍维持治安。每个住宅小区都有一支保安队伍，居民家庭也安装防盗门和防盗网，居民自身的安防支出数额巨大，难以估量。

除了物质的投入以外，人力的投入也难以计量。由于"零指标"和"一票否决"的巨大压力，地方政府把维稳当作首要任务，扩大编制、增设机构，通过大规模动员，力保辖区无事。对于部分可能制造麻烦的"重点人"，采用"多跟一"，实施 24 小时监控。地方政府有时还会发动大量志愿者，配合相关部门，以至于非常时期，一切都要给"维稳"让路，基层政府许多工作人员都有"承包"的任务。③

### 四　社会公众和社会组织对社会管理的参与性不足

社会组织无论是在传统社会秩序的维护还是在现代社会管理中都发挥着巨大的作用，以及无可替代的整合作用。但在中国，一些干部官员对社会组织的社会作用认识不清，这严重制约了社会组织的发展，社会组织的成立阻力重重，发展步履艰难。社会组织在社会生活中具有无可替代的作用和巨大

---

① 2012 年中国的公共安全支出内容包括：完善政法经费保障体制，稳步提高地方政法经费补助水平，支持地方特别是中西部地区化解政法机关基础设施建设债务；提高公共服务和社会管理能力；加强基层监管部门食品检验检测能力建设，促进保障食品安全。

② 陈统奎：《预算内公共安全支出引关注》，《南风窗》2012 年第 15 期。

③ 孙立平：《"维稳"新思路：利益表达制度化，实现长治久安》，http://www.infzm.com/content/43853。

的社会能量，在改善人民福祉，维护社会团结和稳定、保障人的安全方面发挥着巨大的作用。随着经济社会的发展，人民群众对社会组织的社会服务需求在不断地增加，对社会组织的参与热情不断高涨，但是社会组织的管理理念、体制、机制、方法、技术依旧落后。因此，我们需要按照党的十八大要求，建立政社分开、权责明确、依法自治的现代社会组织体制。

社会管理需要广大公众的积极参与，但是目前公众参与社会管理与社会服务的渠道并不畅通。公众的参与需要平台和机制，需要一系列支持公众参与的制度，也需要基础条件。很多时候，政府的社会决策过程并没有公众参与的机会，决策的各类信息事先也不发布，不举行听证会，群众没有参与权、知情权、表达权、监督权，无法对有关决策发表意见。一些地方对于群众提出的不同意见和建议置之不理，有的甚至打击报复。我们各级政府的决策机制中信息并不透明，群众在公共事务决策中很少有机会发表意见，在政策的执行中无法进行监督，只有在结果出来后，要么被动接受，要么引发信访不断。

## 五　各管理部门间缺乏有效的统筹协调

社会管理的内容包括很多方面，涉及的主管部门也很多。其中涉及劳动与社会保障部门、民政部门、卫生部门、教育部门、住房与城乡建设部门、规划部门、计生部门、金融部门、财政部门、水利部门、农业部门、信访部门、环境保护部门、工会、共青团、妇联以及公检法司等政法部门。因此，社会管理需要有一个部门来进行统筹协调和规划。

目前，在中央层面把社会治安综合治理委员会改为中央社会管理综合治理委员会，来统筹协调各个部门进行社会管理。它是在原中央社会治安综合治理委员会 40 个成员单位的基础上，增加 11 个部门为成员单位，下设办公室和若干专项组。由此，一些地方也相应地成立了社会管理综合治理委员会办公室。从中央到地方的这种新机构设置及其主要职能来看，主要还是沿袭原来"综治办"的工作，重视社会秩序的管控，缺乏对民生福利的保障和社会服务的有效供给，缺乏对社会组织的培育和发展，缺乏社会的协同和公众的参与。在社会管理统筹和创新方面并无多少实质性的举措和变革，难以发挥统筹协调社会管理创新的重大任务。因此，需要一个能够切实统筹协调众多承担社会管理职能的、能调动各方面资源的一个社会管理综合协调部门。

现阶段社会管理问题的出现是多方面的，既有现阶段经济社会发展水平限制带来的问题，也有工作不到位带来的问题；既有长期历史遗留的问题，也有社会深刻变革带来的现实问题；既有思想观念上的问题，也有体制机制上的问题。但是，根本的原因是我们的经济社会已经发生了全局性的巨变，而社会管理的理念和体制机制还是沿袭计划经济体制下的一套做法，官本位思想严重，消极被动地穷于应付。因此，必须通过加强和创新社会管理，妥善处理各种社会问题，应对各种社会风险，以推动经济社会持续健康地发展。

## 第三节　当前中国社会管理的改革与创新

创新社会管理就是要实现从以政府单一主体、以单位管理为主要载体、以行政办法为主要手段、以管制为主要目的传统模式，转向政府行政管理与社会合作治理、居民自治管理良性互动、社区管理与单位管理有机结合，多种手段综合运用，管理与服务融合、有序和活力统一的多元治理、共建共享的新模式，使社会管理与发展社会主义市场经济、民主政治、先进文化以及与建设和谐社会的要求相适应。

### 一　社会管理理念创新

加强社会管理，首要的就是政府解放思想，改变传统的管控思维，树立社会管理的新思维和新观念，从而提高社会管理的效果，促进社会的和谐发展。

#### （一）树立以人为本、以服务促管理的社会管理理念

社会管理关系到广大人民群众的切身利益，因此要本着以人为本的原则，用科学的程序和手段制定社会政策，使政策更加契合实际，符合人民群众的需求和愿望。官本位的做法一是为民做主，替民做主，总以为比群众高明。二是根本漠视公众的利益，只考虑自己的政绩和利益，与民争利，损害公众利益或者公众的个人利益。很多地方官员在制定政策时，只看上级的脸色和好恶，不看人民群众的意见，决策缺乏民意基础，甚至损害群众利益。这往往是增加社会矛盾，而不是缓和社会矛盾。以民为本的积极社会管理，要求在制定政策之前，一定要进行科学的调查研究，倾听群众的意见；在制定政策的过程中，也要多方征询和论证，从而科学地制

定政策；在政策的实施过程中不断地吸纳群众的意见和建议，逐步去完善政策。

要以服务促管理的方式来推进社会管理。以服务促管理的理念目前并没有贯彻到社会管理中去，把社会管理简单地看作对社会秩序控制的思维根深蒂固，难以扭转。运用监控手段、强制手段简单高效、立竿见影，但是社会成本巨大，缺乏可持续性，也容易制造对立和不满。社会管理的核心是建立一种公正、合理、繁荣的秩序，而不仅仅是实现社会的稳定。因此，提供更多优质的公共政策和公共服务，引导、激励社会成员形成积极向上的社会风气、营造公平合理的社会氛围是社会管理的核心。因此，对社会问题和社会秩序的管理一定不能简单粗暴，一定要追根溯源，通过公共服务消灭社会问题和社会失序的源头，从而达到社会和谐。

政府的公共服务主要靠制定和落实社会政策来实现，因此要从人民群众的需要出发，深入群众调查研究，听取民意，制定合理的符合群众需要的社会政策。同时要把已有的政策贯彻落实到位，让广大群众分享经济繁荣的成果。在各级政府的财政预算和投入中，一定要把大部分支出用于教育、医疗、就业、住房等民生领域，而不是用于安装更多的视频监控设备，不是用于雇用更多的协警和保安。

**（二）要确立多主体参与的合作治理理念**

大量的公共问题不能单靠国家，也不能依赖市场而获得解决，因此，社会管理也不是政府单独控制所能长久的。社会自治和自我治理早已根据公共产品的不同特性，从不同的角度分别提出合作治理的要求，进而展示出社会管理的最佳出路——打破政府提供公共产品的垄断地位，实行公私部门之间的合理竞争，让公众自由地选择公共产品和公共服务。就是说，有效的社会管理模式应该整合各种社会资源，发挥多元主体的各自优势。转型时期的中国社会，尤其需要超越自治，实行合作治理。

合作治理是中国社会管理的发展方向。认清发展形势、实现思想观念的转变，是当前实现合作治理的基础。各级政府及其工作人员率先摒弃旧的管理理念，摆正自己的位置，变"代替人民当家做主为辅助和促进人民当家做主"，变"政府规制人民为政府也接受规制"，变政府"独家治理"为同其他社会管理主体合作治理。在社会治理方面，明确政府与社会组织之间是平等、互利、合作的关系，决不允许政府凌驾于全社会之上。而政府不过是规则的制定者、公共平台的构建者、社会对话的组织者。社会组织也要增强自主性和社会责任感，以维护公共利益为不可替代的目标，并为脱离和背离社会责任的行为承担相应的后果。①

### 二　创新社会管理体制与机制

党的十八大报告指出，加强和创新社会管理，提高社会管理科学化水平，要求创新社会管理体制和机制，要求通过公共服务供给方式来加强基层社会管理和服务体系建设；建立利益协调机制，确保广大社会成员的参与和表达权利；突出法治在社会管理中的依据地位。具体来说，创新社会管理，可从以下几个方面入手。

#### （一）成立社会建设和社会工作统筹协调部门

在更加重视社会管理基层基础建设的同时，还应该同步考虑社会管理的顶层设计，特别是社会管理体制机制方面的顶层设计。长期以来，中国的社会管理主要由两个部门在抓，一是由政法委牵头的社会管理部门，另一个是由民政部门牵头的基层社会管理机构。政法委系统的社会管理更多地涉及维护社会稳定，例如公安、司法、综治、信访等部门主抓的平安建设、治安维稳等工作。政法系统的社会管理创新工作近年来取得了很大的成绩，但是，社会管理涉及劳动就业、社会保障、教育文化、医疗卫生、收入分配、民政等多个部门，需要在更大范围内、更高层次上设立一个统筹协调和管理的机构来推进这项工作。

2011 年 8 月 21 日，中央社会治安综合治理委员会更名为中央社会管理综合治理委员会，在中央成立社会管理综合治理委员会以后，各地方成立了相应的机构。这些机构都是原来的社会治安综合治理委员会翻牌建立的，牌子换了人员基本没换，工作思路没有根本转变。因此，有必要成立一个社会建设的统筹协调部门，统筹推进社会管理和社会建设。成立社会建设和社会工作统筹协调部门，以社会建设为内容加强社会管理，在社会建设过程中创新社会管理，避免单纯的社会管理模式。

2009 年北京市成立社会工作委员会和社会建设办公室之后，北京各区县也相应地成立了社会工作委员会和社会建设办公室。社会工作专门机构的成立，有力地推动了社会建设和社会管理工作。在北京之后，大庆市、上海

---

① 侯琦、魏子扬：《合作治理：中国社会管理的发展方向》，《中共中央党校学报》2012 第 1 期。

市、南京市、广州市、深圳市、成都市等地方也先后成立了社会建设和社会管理的综合协调部门，在社会管理创新方面进行了创新和探索，取得了显著的成绩。目前社会管理的工作涉及 30 多个部门，要转变社会管理理念，创新社会管理就需要有权威和资源的部门来进行协调和指导。因此，有必要把"发改委"的社会规划职能交给社工委，从而提高社工委的统筹协调力度，全面规划、督办和指导社会管理工作。

### （二）增加对民生工作和社会建设的财政投入

社会管理工作的实质是要通过政府和社会的干预来矫正市场经济所带来的市场失灵，实现社会秩序的稳定和社会的公平与正义。政府主要通过财政、税收、金融、行政、法律等手段进行干预，而财政手段是核心。公共财政一般分为经济性支出、社会性支出和维持性支出。经济性支出是用于经济发展的支出，社会性支出是用于社会事业和民生事业的支出，维持性支出是指用于政权的运转，包括一般行政、法律和司法等方面的支出。社会保障、教育、医疗卫生、就业、住房等问题的解决都需要政府投入大量的公共资源包括人力物力和财力。

多年以来，我们在经济发展和基础设施建设方面投入较大，而对社会服务方面投入较少，因此政府要改变以往分配公共财政资源的定势，把新增财力大部分用于社会建设与社会管理，逐步增加社会性支出的比例。对于维持性的支出也需要合理的分配，逐步增加法律和司法等方面的支出，减少一般行政开支的比例。在社会管理领域也要合理分配资源，把更多的资源投入到民生领域，着力解决社会公平问题，作好预防性、保健性社会管理，只有这样治疗性、反应性的开支才能降下来。也就是说要做好源头治理，不要等问题闹大了才去管理，导致社会管理的成本不断加大。

### （三）充分发挥社会组织和社区组织的社会管理职能

党的十八大强调要"加快形成政社分开、权责明确、依法自治的现代社会组织体制"，大力发展和培育社会组织。社会组织在社会服务的供给、社会关系的协调、社会秩序的维护、社会公平的倡导方面具有无可替代的作用，也具有巨大的能量。要发挥社会组织在社会管理中的作用需要从以下几个方面着手：第一，转变对社会组织的看法，解放思想，克服社会组织恐惧症，放手发展社会组织；第二，完善社会组织法规，通过法规来扶持、规范社会组织，对非法组织依法取缔，对合法组织依法支持；第三，加强对社会组织的财政支持，通过财政杠杆来引导社会组织扮演好协同社会管理的角色。

社区组织是社会管理的重要主体，在基层社会管理中扮演着核心的作用，因此要充分发挥社区自治组织和其他社会组织的社会管理职能。在城乡社区治理、基层公共事务和公益事业中实行群众自我管理、自我服务、自我教育、自我监督，是社会管理的重要方式。要健全充满活力的基层群众自治机制，以扩大公众的有序参与、推进信息公开、加强议事协商、强化权力监督为重点，拓宽范围和途径，丰富内容和形式，保障人民享有更多参与社会管理的权利，发挥基层各类组织的协同作用，实现政府管理和基层民主的有机结合。

**（四）培育公民成为社会管理的能动主体**

社会管理离不开公众的参与，公众的参与既表现在人力的奉献、资金的捐献等，也表现在对决策的建议和政策的批评等。要发挥公众的参与作用，首先，要做好政府经济社会信息的公开，信息不公开群众无法评判，也无法提出合理的建议。第二，发展社会组织，完善基层组织。社会组织和社区是公众参与的基本平台和机制，不发展社会组织，不完善社区民主制度，公众就无法参与社会管理。第三，建立群众参与决策的机制，重要的决策要召开听证会，重视社情民意的收集工作。第四，要敞开言路，对网络的控制要适度，要让公众有自己发声的地方。第五，完善人民代表大会制度，人民代表应该是专职代表和政治家，要有意愿、有能力、有精力去听取人民群众的意见，真正代表人民群众的利益。

成都农村设立的村民议事会就很好地激发了村民参与社会管理。村民议事会是村级自治事务的常设议事决策和监督机构，由村民们民主选举产生村民小组议事会，再从每个小组议事会中推选 3～5 人成立村民议事会，不定期商议村级自治事务。村民议事会对村民会议负责并报告工作，接受其监督。村"两委"成为村民议事会的执行机构，负责落实议事会的各项决定。村民议事会会议每季度至少召开一次。村民议事会和村民小组议事会召开会议时，会议召集人应保证其成员充分发表意见，不得随意干涉。村党组织、村民委员会、村民议事会成员或 10 名以上年满 18 周岁的村民联名，可以向村民议事会或村民小组议事会提出议题。村民小组议事会成员可以向村民小组议事会提出议题。其他村级组织也可向村民议事会或村民小组议事会提出议题。对意见分歧较大的议题，会议召集人应当提议搁置议题，经实到会半数以上人员的同意，交由下次会议审议表决。村民议事会和村民小组议事会的表决原则上应采用无记名投票方式进行。表决结果应公开计票、当场公布。由于充分发挥了公众参与的作用，有效地调动了村民参与社会管理的积极性，社会管理的效果非常好。

党的十八大指出"坚持用制度管权管事管人，保障人民知情权、参与权、表达权、监督权，是权力正确运行的重要保证"。凡是涉及群众切身利益的决策都要充分听取群众意见，凡是损害群众利益的做法都要坚决防止和纠正。只有这样，才能保障人民群众真正参与社会管理，群众的智慧和能量才能真正在社会管理中发挥作用。总之，要使公民成为社会管理、社会建设的能动主体，而不是被动参与者。

# 第七章　社会规范

【摘要】社会规范建设是社会建设的系统组成部分。自改革开放以来，与社会转型相伴随的，包括社会价值观建设、法制建设和道德文明建设在内的有中国特色的社会规范建设一直在进行中。与此同时，社会失范是令人触目惊心的社会事实。究其原因，中国社会的现代化转型及其应对模式是社会失范存在和社会规范难行的根本所在。凡事无信不立。当前社会规范建设应以社会信用为基点，首先在社会信用建设的基础上营造良好的遵从规范的氛围，进而务实地推进社会规范的系统建设。

改革开放以来，中国的经济建设取得了举世瞩目的成就，中国的现代化水平与世界中等发达国家的差距在缩小。与此同时，我国也出现了比较严重的社会失范问题，食品安全、建筑安全、见利忘义、诚信缺失等屡见不鲜。在推动社会现代化的进程中，社会建设该如何行动，才能改变社会失序局面，重建社会规范秩序？这是加快社会建设不得不解决的整合和秩序问题。

## 第一节　社会规范的界定与功能

究竟什么是社会规范？学界对此有着不同的看法。我们拟从社会学角度和相关维度对之进行界定，并简要分析它在社会建设进程中的社会功能和意义。

### 一　社会规范的界定及其基本维度

从社会结构要素角度入手，习俗、道德、宗教、纪律和法律、禁忌等，都可以被看作社会规范的要素[①]。从历时性角度来看，禁忌、习俗（习惯）、惯例、道德（宗教）和法律总体上处于依次产生和发展的过程。综合而言，社会规范是人类为了共同生活的需要，在社会互动过程中形成的规矩。社会规范有成文和非成文之分，规范的来源有理性选择和非理性选择两类，规范的动力有自上而下和自下而上两种。为观察和分析当前中国的社会规范建设，本章尝试用新的维度来考察社会规范。

通常来讲，社会规范（social norm）就是指人们在社会实践中的行为规矩、社会活动的准则。它是以一定的价值观念为核心、以某些社会角色身份为载体、以特定的社会情景为场域，而在互动关系上具有一定社会认同的"适当性"规定。从此定义看，社会规范的界定内在地包含以下三个维度。

#### （一）价值维度是社会规范的内核

社会规范的价值维度规定着"人们相信什么"，以人的认识和反思能力为基础，在人们接受某种信念与理想的过程中得以形成。一个社会中占主导地位的价值标准，是社会规范系统中"一套发挥决定性影响作用的因素，正是它影响到任何一种特定的技术、法律和交流的持续存在、增长或失败[②]"。也有人称之为深层的社会规范，就是具有本质性意义的社会规范，

---

① 庄平：《社会规范系统的结构与机制》，《社会学研究》1988 年第 4 期。

② 拉兹洛：《文化与价值》，《哲学译丛》1986 年第 1 期。

是规范系统中的"内核"。它往往透过现象性规范暗示人们"应该有什么行为",通过本质性规范引导人们处理好自我与他人、自我与社会、社会与自然的关系,规定相关责任和义务的行为目标以及忠诚与践诺的选择方向。

社会规范的价值维度以规定事物的有用性为出发点,但又不能只看到自己眼下的直观事物,不能单纯依靠事实来说明。这既是一个关于现实社会生活准则、律令和义务的意义系统,也是一个以确立积极向上的信仰、引导人们领悟人生意义为核心关怀的符号体系。价值具有普遍性和超越性,"如果一个人在某种情况下应当这样做,那么所有的人在类似的情况下都可以这样做①"。价值也具有选择性和有效性,"价值是伴随某种牺牲(或者排除)而选择认为值得达到或值得获得的客体②"。能够满足欲望的东西是有价值的,通过抑制欲望获得满足的东西也是有价值的。"理想的"还是"需要的"?目的与手段在价值理想与价值选择的关联中变得鲜活,抽象的律令与社会生活的法则一体两面地展现出来,理念生活与现实生活纠结互构。

不论怎样,价值规范总要对社会实践和生活世界中的一般性法则做出回答,如果主流价值规范不能对公平、利益、资源和机会配置等基本问题做出清晰而权威性的回答,社会必然会因价值观念的混乱而出现失范问题。

### (二) 角色和关系维度是社会规范的载体

人们在生活中是以某种身份和角色来定义自身的,人们依据身份规定和角色期待去调节和引导行为。人类学家的研究表明,大多数原始社会都基于亲属关系来构造社会秩序,个人身份的角色意识最早就是由亲属关系决定的。迄今为止,在血缘和姻亲基础上产生的亲属结构,仍为社会基本身份和角色规范的主要来源。但随着社会分工的发展,个人日趋社会化,地缘、业缘等也成为影响角色和关系的重要因素。而且,角色间的财产关系、权力关系等以更为明晰的方式呈现出来。

社会角色及其关系维度是社会规范的重要载体,承载着人们需求的满足、行为的期待和各种权利义务的归属。但在决定社会需求时,并不是所有成员的欲望都能平等地被吸纳或者反映到社会需求中。那么,如何让社会成员按照身份角色遵循关系规范而行事?外力压服的作用有限且成本过高,因而良好的互动预期及由此生发的行为一致性是无为而治的良策。而良好的预

---

① 潘勉:《论价值规范》,中国社会科学出版社,2006,第16页。
② 作田启一:《价值社会学》,宋金文、边静译,商务印书馆,2004,第4页。

期必然需要这样的坚实基础，即，社会成员普遍认可并遵从社会合理的利益分配格局、资源和机会享有资格及运行机制行事。如果利益的分配出现过度集中、资格的享有出现封闭等趋势，社会角色紧张等情况必然发生并会日趋恶化。

### （三）行为维度决定着社会规范的现实走向

行为维度的规范告诉人们要学会什么，如何选择和怎样进行社会行动，它往往是通过学习和模仿等社会化过程为个人习得。个人对行为规范的态度与其行为目标有关。行为目标往往受长远目标、价值实现和欲望满足三者的左右。"观察者是根据'作为手段的有效性'、'价值的一贯性'以及'欲望满足的切实性'三个范畴之一或者全部对所观察对象行为进行说明的。"①马克斯·韦伯把为了实现价值、抑制一时性冲动、系统地分配生活动力的行为视为价值合理行为，而将根据欲望满足—阻碍的平衡决定行为、计算收支得失的行为称为（工具）目的合理性行为②。我们也可以将受理想主义支配的行为称为价值取向，受工具利益或现实主义制约的行为称为目的取向或动机取向。剥离理念型的原理分析，现实社会中人们的行动选择，总是在特定的社会情景中进行，并通过适应性认同在社会互动中得以完成。

社会规范的行为维度主要是对人的行为施加禁令和约束，为每个人划出自由行动的范围，确保人的相对自由行动。同时，作为个人观念形态的社会规范，也是个人用来对自身与别人的行为进行比较时遵循的参照系。它作为评价自己与他人交往关系的标尺和准绳，可以用于辨明情况、评价交往伙伴，也可将被评价的现象和准则与之对比、评估，从而制订出适应未来社会行动的协调方案或调节性策略。如果这个环节解决不好，社会规范必然缺少行动力，社会成员也会受利益的驱使而在社会行动时进行个体自我利益最大化的权宜选择；为实现自我权益最大化，就会不惜损害他人或牺牲公义。

社会规范的三个维度是相互关联的。价值、角色和关系、行为三者只有相互契合、相得益彰，才能保障社会规范体系效用发挥到最大化，才能保障社会秩序的良性运行和可持续发展。没有价值内涵的行为规范再强大，即使以强力和暴力为后盾亦不能持久。价值理想如果不能与角色和关系规范相协调，再有用的价值、再美好的理想也终将覆灭和崩溃。每一种社会规范的建

---

① 作田启一：《价值社会学》，宋金文、边静译，商务印书馆，2004，第6页。
② 马克斯·韦伯：《经济与社会》，林荣远译，商务印书馆，2006，第56页。

立，都或多或少会涉及资源、机会和权力的再分配。在生活世界中，规则的有效性必然转化为（主体间）规则的认同和规则的实践问题。这些基本问题解决不好，必然会导致社会失范的发生。

## 二　社会规范担负着社会建设的整合功能

推进社会规范建设对于整合社会、实现社会秩序，具有重要意义，是实施社会建设的重要组成部分。从宏观层面看，社会规范是指一个获得公认的社会制度体系；从微观层面讲，社会规范主要指向约定俗成的个人或群体的行为模式。社会规范建设是社会建设体系中不可或缺的部分，与四大建设中的文化建设关系最为密切。社会规范建设与文化建设既相联系又有区别。文化建设内涵丰富而广泛，文化建设包括器物、制度和价值观念诸方面，其建设非一朝一夕之功可成。社会规范建设也内在地包含着制度与价值观念的含义。只是在社会建设视角下，社会规范建设更强调以社会角色为载体的、社会公认的行为和关系准则的建设。在社会建设的体系中，社会规范建设就是要通过重新界定社会角色与社会资源、机会的关系规范，建立起有利于经济社会协调发展、有利于文明有序的个体行为规范和社会行动准则。具体来说，社会规范在社会建设中具有三方面意义。

### （一）　社会规范关系着社会共同目标的形成

社会规范的整合功能在于，它使个体的价值目标与社会中普遍存在的价值目标及制度化手段发生联系。理想的社会规范既可以满足整个社会的基本价值追求，又可以指导社会成员通过合法手段实现个人价值与目标。个体在其社会角色实践时，既进行着自我价值的实现，也完成着对社会共同价值与目标的追求。

### （二）　社会规范关系着利益协调与权益保障

从制度层面来说，社会利益分配和权益保障格局设计的理念根源与社会规范高度相关。社会利益分配和权益保障必然涉及社会角色及其权利和义务等问题。是遵循"差等"原则还是"均等"或者"平等"的原则，是社会利益协调和权益保障的基础。依据社会角色确定个人相关的权责是社会规范的本质属性。

### （三）　社会规范关系着个人选择与主观感受

社会规范是人们进行价值诉求的参照系，它制约着人们进行诉求表达和矛盾调处的途径与行为选择，深刻影响着个人的主观感受。尤其在全球化的信息时代，在不确定性因素有增无减的环境中，人们更会依靠他人的指导，对群体和组织的依赖增强。如果群体成员在角色互动中达成共识、获得认同，则个人的满意度和幸福感会提升；反之，个人的主观感受则降低并会增强对社会失范的感知度与敏感性。

## 第二节 中国社会规范建设的制度安排

中国的社会转型是从传统社会向现代社会的转型，从熟人社会向生人社会的转型，也是从计划经济向市场经济的转型。在这个转型过程，社会规范建设必然担负着双重的任务：一是要改变或调适传统中国以"礼"为核心、以五伦为基础而建立于熟人关系之上的礼俗文化的社会规范体系，重点引导人们树立社会主义核心价值观、走法治化之路，建立适合现代社会秩序整合的规范体系；二是要适合中国从计划经济向市场经济迈进的实际需要，建立起适合经济社会协调发展、与国际接轨的社会规范体系。新中国成立以来的社会主义思想改造，"文化大革命"中的政治为纲，以至"文化大革命"之后的拨乱反正，改革开放以来的社会主义市场经济体制改革和社会主义法律体系建设等，都体现了社会规范建设的努力。具体来看，改革开放以来，政府主导下的社会规范建设的基本做法主要集中在以下三方面。

### 一 社会主义价值观建设

以"德治""儒教"为典型特色的中国传统文化价值，以"民主""人权"为主要内容的西方文化价值以及马克思主义的价值理念的这"中""西""马"三种取向共存的局面，是当前中国社会价值观的客观现实。党和国家对于社会主义价值观建设的基本立场是："我国的社会价值观一方面从国外吸收其他民族和国家的优秀文化和理念，一方面重新发掘中国传统文化的精华，同时根据中国的国情和目前的经济体制和发展水平进行总结创新，然后试图在这个多元基础上创造出能够与目前中国特色社会主义社会相一致的社会价值观。"[1]

中国共产党本着"解放思想、实事求是"的精神，在社会加速现代化和思想文化多元的背景下，对主流意识形态进行了一系列重要调整。邓小平理论从理论上全面、系统、科学地回答了"什么是社会主义、怎样建设社

---

[1] 王伟光主编《中国社会价值观变迁30年》，中国社会科学出版社，2008，第200页。

会主义"的问题；"三个代表"重要思想回答了"建设什么样的执政党、怎样建设执政党"的问题；科学发展观创造性地回答了"实现什么样的发展，怎样发展"的问题①。改革开放以来，中国主流的社会价值观建设即就此展开。2006 年 10 月，党的十六届六中全会首次明确提出了"社会主义核心价值体系"的命题。2007 年底，党的十七大首次将"建设社会主义核心价值体系"写入全会报告。十七大报告明确指出：社会主义核心价值观是社会主义的核心。2011 年，十七届六中全会提出了"社会主义核心价值观是兴国之魂"的重要论断；全会还指出，社会主义核心价值体系是社会主义先进文化的精髓，决定着中国特色社会主义的发展方向。2012 年，党的十八大再次重申了这一论断。

那么，究竟什么是社会主义核心价值体系？一般而言，社会主义核心价值体系包括四个方面的基本内容，即马克思主义指导思想、中国特色社会主义共同理想、以爱国主义为核心的民族精神和以改革创新为核心的时代精神、以"八荣八耻"为主要内容的社会主义荣辱观。为培育和践行社会主义核心价值观，要"倡导富强、民主、文明、和谐，倡导自由、平等、公正、法治，倡导爱国、敬业、诚信、友善"②。它们规定着整个社会主流价值体系的基本特征和根本走向。

## 二　社会主义法制建设

1978 年，中国共产党十一届三中全会公告明确提出："为了保障人民民主，必须加强社会主义法制，使民主制度化、法律化，使这种制度和法律具有稳定性、连续性和极大的权威，做到有法可依，有法必依，执法必严，违法必究。从现在起，应当把立法工作摆到全国人民代表大会及其常务委员会的重要议程上来。"十一届三中全会确立的"发扬社会主义民主，加强社会主义法制"方针，是我们国家的根本任务和现代化建设的重要目标之一。由此，中国的法制开始恢复重建。

如果说中国共产党十一届三中全会为新时期法制建设扫除障碍创造了思想条件，那么，1982 年《中华人民共和国宪法》则为法制的发展和振兴奠定了新的法律基础。以此为基础，1993 年，全国人大常委会提出，在今后

---

① 王伟光主编《中国社会价值观变迁 30 年》，中国社会科学出版社，2008，总序。
② 《十八大报告辅导读本》，人民出版社，2012，第 32 页。

五年内要制定 150 多部法律，其中大部分是有关市场经济建设的立法。1995年，党的十四届五中全会正式提出了"依法治国"，会议通过的《关于国民经济和社会发展"九五"计划和 2010 年远景目标建议》指出，"依法治国，建设社会主义法制国家"作为我国民主法制建设的远景目标纲要确定下来。1997 年 9 月，党的十五大报告对"依法治国"作了进一步的阐述，把"依法治国"作为治国的基本方略确定下来，并同时提出"到 2010 年形成有中国特色的社会主义法律体系"。截至 2010 年底，通过了现行宪法修正，制定了现行有效法律 236 件，行政法规 690 多件，地方性法规、自治条例和单行条例 8600 多件。2010 年《中国法治建设报告》明确指出："一个以宪法为核心和统帅，以法律为主干，涵盖宪法及宪法相关法、民法、商法、行政法、经济法、社会法、刑法、诉讼和非诉讼程序法等多个法律部门，包括法律、行政法规、地方性法规等多个层次的法律规范，内部科学、和谐、统一的中国特色社会主义法律体系已经形成。"[①]

社会主义法制建设的目标就是要实现"依法治国"。简言之，"依法治国"就是依照法律来治理国家，就是依照体现人民意志和社会发展规律的法律治理国家，而不是依照个人意志、主张治理国家；要求国家的政治、经济运作、社会各方面的活动统统依照法律进行，而不受任何个人意志的干预、阻碍或破坏。从目前的实践来看，中国的法律体系"是以宪法为统帅，法律为主干，包括行政法规、地方性法规、自治条例和单行条例以及规章在内的由七个法律部门组成的统一整体"[②]。此体系是我们依法治国的重要基础。正如党的十八大报告明确提出的："法治是治国理政的基本方式。"

### 三　公民道德建设

道德是具有基础性质的社会规范。有"礼治"传统的中国，一直把道德建设问题放在非常重要的位置上，极其重视道德规范对于社会秩序的价值和意义。改革开放以来，公民道德建设常常与精神文明建设结合在一起，被摆在重要的位置。1981 年 2 月 25 日，全国总工会、团中央、全国妇联、中国文联、中国爱卫会、全国伦理学会、中华全国美学学会等 9 个单位联合做

---

① 《中国法治建设年度报告（2010）》，http://www.law‑lib.com/fzdt/newshtml/22/20110707105243.htm。

② 张志铭：《转型中国的法律体系建构》，《中国法学》2009 年第 2 期。

出《关于开展文明礼貌活动的倡议》，号召全国人民特别是青少年开展以"讲文明、讲礼貌、讲卫生、讲秩序、讲道德"和"语言美、心灵美、行为美、环境美"为主要内容的"五讲""四美"文明礼貌活动。1982年2月14日，中共中央办公厅转发了中共中央宣传部《关于深入开展"五讲四美"活动的报告》，确定每年3月为新中国"全民文明礼貌月"，以"五讲四美"为主要内容的建设社会主义精神文明的群众性活动很快在全国展开。

1982年，党的十二大报告明确提出："大力推进社会主义物质文明和精神文明的建设……实现社会风气的根本好转，实现党风的根本好转。"1986年，党的十二届六中全会通过《中共中央加强社会主义精神文明建设的决议》。1996年，《中共中央关于加强社会主义精神文明建设若干重要问题的决议》首次正视存在的问题："一些领域道德失范……假冒伪劣、欺诈活动成为社会公害。"这是改革开放以来第一次在党的重要文件中，明确提出"假冒伪劣、欺诈活动成为社会公害"的命题。

2000年，江泽民在中央思想政治工作会议上讲话时提出"以德治国"思想。① 2001年，《公民道德建设实施纲要》指出：要逐步形成与发展社会主义市场经济相适应的社会主义道德体系。在全社会大力倡导"爱国守法、明理诚信、团结友善、勤俭自强、敬业奉献"的基本道德规范。把公民道德建设融于科学有效的社会管理之中，逐步完善道德教育与社会管理、自律与他律相互补充和促进的运行机制，综合运用教育、法律、行政、舆论等手段，更有效地引导人们的思想、规范人们的行为。大力提倡爱岗敬业、诚实守信、办事公道、服务群众、奉献社会为主要内容的职业道德，要把遵守职业道德的情况作为考核、奖惩的重要指标。加强公民道德建设，共产党员和领导干部的模范带头作用十分重要。此纲要还指出："社会的一些领域和一些地方道德失范，是非、善恶、美丑界限混淆……不讲信用欺诈欺骗成为社会公害。"这是改革开放以来，在党的重要文件中，第一次将"不讲信用欺诈欺骗"与"社会公害"联系在一起。它力图通过大力加强基层公民道德

---

① 即"为了在发展社会主义市场经济的条件下更好地建设有中国特色社会主义，我们必须建立与之相适应的社会主义法律体系，同时必须在全社会形成与之相适应的社会主义思想道德体系。法律和道德……相互联系、相互补充。法治以其权威性和强制手段规范社会成员的行为。德治以其说服力和劝导力提高社会成员的思想认识和道德觉悟"，"要坚持不懈地加强社会主义法制建设，依法治国，同时也要坚持不懈地加强社会主义道德建设，以德治国。"参见中共中央文献研究室《江泽民论有中国特色社会主义（专题摘编）》，中央文献出版社，2002，第335～337页。

教育、深入开展群众性的公民道德实践活动、积极营造有利于公民道德建设的社会氛围、努力为公民提供支持等形式全面提升社会道德水平。

2002 年，党的十六大报告明确指出，"依法治国与以德治国相辅相成"，要"切实加强思想道德建设"，"要建立与社会主义市场经济相适应、与社会主义法律规范相协调、与中华民族传统美德相承接的社会主义思想道德体系"。此后，学界以及社会各界对于道德领域的诚信、信用等一系列问题持续关注并不断升温①。2007 年 10 月，党的十七大报告指出：要"以增强诚信意识为重点，加强社会公德、职业道德、家庭美德、个人品德建设"。2011 年，党的十七届六中全会提出"把诚信建设摆在突出位置"，之后由国务院总理主持召开的国务院常务会议部署制定社会信用体系建设规划。2012 年 11 月，党的十八大报告明确指出："全面提高公民道德素质，是社会主义道德建设的基本任务。……深入开展道德领域突出问题的专项教育和治理，加强政务诚信、商务诚信、社会诚信和司法诚信建设。"

## 第三节　当前中国社会规范存在的问题及其原因分析

长期以来，我国的社会规范建设一直在进行中，但社会规范建设不力以及社会失范严重的现象却是深刻的社会现实。失范是一种社会事实，它在任何社会都会存在。但一旦失范的频度与强度深刻影响到社会成员对社会公平公正的感知与幸福感受则必须给予足够的重视。

### 一　社会失范严重冲击社会规范建设

所谓社会失范，一方面是指社会的价值与规范体系产生紊乱而导致功能丧失，无法指导与约束社会成员的思想与行为，使整个社会秩序呈现无序化状态；另一方面也是指社会成员违背主导的社会规范的行为②。中国从 20 世纪 70 年代末开始从计划经济向市场经济转型，由此社会失范的现象不断出现。从 90 年代中后期起，经济领域、政治领域、文化领域的失范行为呈爆发状态，社会失范现象迭出并逐渐泛滥为严重的社会问题。社

---

① 鞠春彦：《超越理想——社会诚信建设谈》，载王处辉主编《国学及其现代性》，知识产权出版社，2013，第 358 ~ 372 页。

② 朱力：《变迁之痛——转型时期的社会失范研究》，社会科学文献出版社，2006，第 52 页。

会失范深刻影响人们对于社会规范认知和遵从，其问题主要集中在以下方面。

### （一）规范解组削弱社会规范的整合能力

"规矩乱了"，不是指无规范可言，也不是完全意义的规范解体。朱力曾对"规范解组"问题进行过深刻的剖析。他认为，规范解组是指在社会转型时期规范体系处于某种混乱状态，它使社会规范的功用不能有效发挥。在规范解组的状态下，规范自身的合理性和规范的操作层面都出现了问题。劣质规范、工具性规范、虚置规范，以及规范的疏漏和重叠等，都对规范自身合理性提出了严峻的挑战。规范合理性的背后，涉及的是权力、资源和机会的再分配，对此问题问责指向的是规范的权威性、适用性和通行度。规范解组的严重后果在于：人们对于如何确认社会规范的价值维度产生了困扰。

### （二）权力寻租严重损害政府公信力

政府是社会制度的主要供给者，政府的政策干预和行政管制对于社会利益协调和权益分配与保障有根本性影响。政府公职人员通过手中的权力，运用公权力，以政府决策的机会干预正常的经济活动来谋利，这就是权力寻租。权力寻租就是把权力商品化，或曰以权力为资本，去参与商品交换和市场竞争，谋取金钱和物质利益。通常所说的权力寻租包括权物交易、权钱交易、权权交易、权色交易等。权力寻租损害了社会规范的公正性与合法性，使权力因异化而成为社会失范的源泉之一。规范需要依靠权力来维护和实施，没有政府权力本身的廉洁公正、程序化操作，就无法使以法律为核心的社会规范达到整合全社会秩序的目标。

### （三）不义取财极大扰乱市场经济秩序

在财富观念日益受到推崇的条件下，人们把越来越多的精力投放到工业、商业和服务业等容易创造和增值金钱和财富的领域。实现社会物质生活极大丰富，满足人们精神生活的增长需求，与此同时获得劳动者应得的报酬份额本无可厚非。但围绕追求财富目标衍生出无序竞争和"劣币驱逐良币"的状态则相当危险。追求经济利润的最大化，是商业运行的基本法则。但目前一些经商者对财富的贪欲，正在挑战人性的道德底线。不义取财使市场经济中应有的公平交易秩序紊乱。为了私利不择手段的鄙俗的贪欲需要强有力社会规范的约束，"市场失灵"正好为"政府调控"预留了空间。

### （四）道德滑坡成为社会生活的日常景观

中国是仪礼之邦，我们的道德文明建设也一直处于常抓不懈的状态。可是在社会转型和价值观念急剧变化和多元的社会条件下，人们的交往越来越功利和工具化了。越来越多的人不再遵从共同的道德伦理，不再遵从内心良知的呼唤，想方设法找机会钻空子以规避惩罚，把"支出—收益"的算计放在了首位。为了名利，弃道德规范如草芥的事情举不胜举，甚至演变为日常生活的景观。底线伦理受到拷问和诘责。

## 二　社会规范不力的原因分析

社会失范、失序的出现不是因为这个社会没有了规范，而恰恰是规范建设与失范现象的并存共生，是潜规则对显规则肆无忌惮的挑衅。透过社会失范现象，我们可以看到什么？是现实利益最大化的角逐与博弈，是对社会秩序的挑战与破坏，是对社会公平正义的漠视与践踏。为何会如此？下面尝试对社会失范的原因进行简要分析。

### （一）社会价值目标与实践逻辑脱节

为什么人们常感觉理想的规范与现实运行的规范存在脱节？客观地讲，弥合理想与现实的隔阂绝非易事，若能实现二者的"和而不同"已属最佳状态，更何况人们的头脑中几乎缺少理想与现实有效对话的平台？现有的社会价值观建设在这方面所做的工作甚少。社会价值目标与生活实践逻辑脱节是不容回避的事实，这也是造成社会失范的深层原因。"中""西""马"三种取向共存的局面是当前中国社会价值观的客观现实，党和国家也屡次提到要注意"吸收""借鉴""取精去粗"，实际上从社会规范的价值维度上，这个问题从未真正地得到过反省。

以传统价值观念的生存状态为例：传统是难以割裂的，中国的传统价值观念惯性存在，但处于百姓"日用不知"的情况中，传统价值规范在现代社会没有得到应有的疏导和转化。由于近百年来知识界在思想上的分歧和混乱，中国文化的"传统"与"现代"纠结一直没有解开：不是主张用"西方文化"来打倒"中国传统"，便是主张用"中国传统"来抗拒"西方文化"的惯性思维没有根本扭转。"二元对立"的思维方式一直拖累着理性的思考与行动，也无益于中国现代化建设。中国现代化表面变动很大，从科技、制度以及一部分风俗习惯都与百年前截然异趣，但在精神价值方面则并无根本的突破。有学者曾经指出："中国现代化的困难之一即源于价值观念的混乱；而把传统文化和现代生活笼统地看做两个不相容的对立体，尤其是乱源之所在。以'现代化'等同于'西化'，无论在保守派或激进派中都是一个相当普遍的现象。这是对于文化问题缺乏基本认识的具体表现……整体地看，中国的价值系统是禁得起现代化以至'现代以后'的挑战而不致失去它的存在根据的。"① "'天地之性人为贵'……仅就人得尊严一点而言，中国文化早已是现代的，不必经过俗世化才能产生。"②

剖析当前中国诸多的思想观念冲突，因"经济利益分割和社会贫富分化等社会矛盾引起的思想观念冲突"最为根本。诚如有的人指出：要解决这一冲突，"仅凭经济制度和社会政策等方面的调整，并不一定能够起到有效的化解作用。必须同时针对社会不同层面思想观念的矛盾，做出必要的引导与调适，才能使经济社会发展获得一个健康稳定的思想文化基础"。③ 解决问题的方案到哪里去找？不仅仅西方文化中才有"公平"之观念。回顾中国传统文化，"均平"思想一直在中国封建社会稳定结构中扮演重要角色，并且"均平"就是唐宋以来农民起义的旗号。所以，如何从中国传统基本价值与核心观念出发，适应社会现代化的基本需求，完成社会主义核心价值观的调整，并在百姓生活实践环节中发挥其价值功用的最大化，是值得花大力气解决的真问题。

### （二）社会结构变迁诱发社会角色及其关系深刻变动

从社会学角度讲，社会角色是指与人们的某种社会地位身份相一致的一整套权利、义务的规范和行为模式。在社会转型的过程中，社会角色在社会结构或社会关系体系中所处的地位自然会发生变化。相应的，与其地位身份相一致的权利、义务也会发生某种变化。中国改革开放以来发生的变化影响广泛而且深刻，在这样的社会环境中，社会角色的先赋性和自致性也发生了很多根本性变化。就社会分层的情况看，当代中国社会阶层结构的基本形态，"由十大社会阶层和五种社会经济地位等级组成"。④ 处于不同社会层级位序中的社会成员所拥有社会资源和机会的差异性是明显的，不同社会阶层之间的流动和变化仍在进行中，变动中的利益博弈也在持续。在这一过程中，与人们在社会关系体系中所处地位相一致，符合社会期望、获得社会认同，并能够与生活社会和谐共融的价值规范和行为模式还远未形成。

---

① 余英时：《中国文化的现代诠释》，江苏人民出版社，2003，第32~33页。
② 余英时：《中国文化的现代诠释》，江苏人民出版社，2003，第12~13页。
③ 刘少杰：《重新认识文化研究在中国社会学中的地位：兼论孙本文对文化社会学研究的贡献与局限》，《社会科学研究》2012年第5期。
④ 陆学艺：《当代中国社会阶层研究报告》，社会科学文献出版社，2002，第8页。

社会角色及其关系的变动中最可怕的不是变动，而是变动之中出现的不确定性，尤其是特权的介入以及不信任的产生。在陌生人为主体的社会中，以工具性为主的弱连带关系增强了。以工具性为主的弱连带关系未必带来尔虞我诈，但它影响到社会的信任结构。如果在一段长时期、高频度的交换中，双方都呈现可信赖行为，也可能建立起信任关系。这正是哈定的互相为利信任理论陈述的信任关系①。只是在弱关系增长的同时，由于社会转型期社会流动性的增加，社会交换的重复博弈在相对减少。而且，对于偏好以情感为基础的强连带信任关系的中国人来说，适应并认同以工具性交换为主的弱连带信任关系，需要一个社会调适的过程。于是诸多因素叠加的结果就是：社会信任结构脆弱—社会认同下降—社会失范—社会价值多元；也因此，社会责任意识普遍缺失，具有合理约束力的道德律令普遍缺位，作为强制性行为规范的法律变成了维护社会秩序的最后防线，已有的社会共识不断受到挑战。

**（三）法律规范缺乏稳定性，制度真空与制度冲突并存**

习俗、道德、宗教、纪律、法律、禁忌等都是社会规范的有机组成部分。自改革开放以来，中国一直谋求走法治之路。法律是社会规范体系中最具有强制力的部分，这符合现代化方向的路径选择。但由于中国国情的复杂性与不平衡性，中国只能以渐进式改革实现社会转型。于是，社会规范的"破与立"几乎是同步发生。法律由国家制定或认可，并由国家机构保证其实施，它应体现着社会全体成员的共同愿望，对社会成员及社会关系的权责做出具有普遍性和继承性的规定。

从国家立法的实际来看，中国的具体国情和改革开放的时代特点是国家立法工作的基础和出发点。"以成熟的经验为立法根据，以实践来检验立法的思想，是全国人大及其常委会30年来所奉行的一条重要的立法指导思想。"②这一价值取向是由中国所处的立法环境所决定的，也确实起到过积极的作用。但它也可能导致偏好从现实的实际出发，而忽视历史的实际在现行法律中的延续。而且，中国"法律体系构建中这种以立法为中心、以行政为辅助的运作模式"，也可能导致立法迁就现状的情况出现。其结果是：立法机关在法律中常常不得不倾向于用原则性的规定代替具体化、细致化的规定，更为具体的内容常常留待行政法规、地方性法规或者规章乃至司法解释去规定。法律

① 罗家德、叶勇助：《中国人的信任游戏》，社会科学文献出版社，2007，第81页。
② 刘松山：《国家立法三十年的回顾与展望》，《中国法学》2009年第1期。

规定的原则不仅增加了其他机关的立法和释法任务，提高了下位立法或者某些部门的规定抵触法律的概率，也实际上损害了法律的权威和可操作性。

比如，从2007年2月25日发布的《国务院办公厅关于开展行政法规规章清理工作的通知》开始，到2008年1月15日国务院总理温家宝签署《国务院关于废止部分行政法规的决定》为止，在不到一年的时间里，国务院各部委、地方各级人民政府、专家学者及社会各界人士共对第五次行政法规清理范围内的655件行政法规进行了评析，并提出了废止、失效和修改的意见和建议，对每一件法规都给出了明确的废止、失效和修改理由（见表6-1、表6-2、表6-3）。

表6-1　655件行政法规发布日期

| 发布日期 | 发布年限 | 行政法规数量 | 占总数的百分比(%) |
|---|---|---|---|
| 1949～1966年 | 30年以上 | 30 | 4.6 |
| 1973～1986年 | 20～30年 | 103 | 15.7 |
| 1987～1996年 | 10～20年 | 253 | 38.6 |
| 1997～2006年 | 10年及以下 | 269 | 41.1 |
| 合　计 | | 655 | 100 |

表6-2　655件行政法规的建议

| 发布日期 | 行政法规数量 | 建议总数 | 废止建议总数 | 失效建议总数 | 修改建议总数 | 平均建议总数 |
|---|---|---|---|---|---|---|
| 1949～1966年 | 30 | 594 | 302 | 113 | 179 | 19.80 |
| 1973～1986年 | 103 | 1718 | 746 | 287 | 685 | 16.68 |
| 1987～1996年 | 253 | 3177 | 774 | 264 | 2139 | 12.56 |
| 1997～2006年 | 269 | 1493 | 97 | 59 | 1337 | 5.55 |
| 合　计 | 655 | 6982 | 1919 | 723 | 4340 | |

表6-3　继续有效的行政法规

| 发布日期 | 行政法规数量 | 继续有效行政法规数 | 占同期行政法规总数百分比(%) |
|---|---|---|---|
| 1949～1966年 | 30 | 1 | 3.30 |
| 1973～1986年 | 103 | 0 | 0.00 |
| 1987～1996年 | 253 | 9 | 3.55 |
| 1997～2006年 | 269 | 49 | 18.22 |

在立法中，"立、改、废"是不可缺少的工作环节，它们共同构成了立法的完整体系。但以上数据呈现出来的行政法规清理的实际情况，难免会给人造成朝令夕改的印象，以至于破坏人们对于法律权威的敬畏心理。尤其是，社会成员获得资源和机会的资格与机制的不确定性在急剧提高。

从经验出发，这就可能忽视或者不习惯用长远的眼光对社会关系进行有预见性的规范，往往一些法律刚刚制定，就已经滞后了。法律法规制定缺乏必要的前瞻性和预期性，就会影响到政策的稳定性和连续性。公众发现法律规范缺少了前瞻性、严肃性与严谨性，就会影响到他们对于法律规范的遵从，更会影响到公众对政府的信任。而政府失信的现实，会进一步削弱社会规范的整合能力。或者，渐进性改革路径制度设计的试错机制，由于为政策的修改留足了回转空间，这实际上也就助长了政策法规制定者的怠惰和不严谨，从而对中国的法制化进程起到实际上的阻滞作用。有学者明确指出："中国在构建法律体系过程中所涉及的'法律位阶'的系统化作业方面，似乎做了减法，将法律规范或法律渊源基本限于各种抽象一般的国家法形态，而不涉及非国家的规范性文件以及各种具体个别的规范形态。与此不同，在与'法典编纂'概念相关的方面，中国的法律体系构建活动则做了一个很大的加法。中国努力构建的'法律体系'显然范围更为宏大，按照法律体系——法律部门——法律部门的分支——法典和单个法律文件——法律规范的概念序列，作为法典编纂对象的'法典'层次比较低，其中所包含的理性建构的力度也相形要弱。而这皆与后发现代化国家的'赶超'特点相关。"[1] 这些情况都表明，制度真空（旧制失效而新规未立）与制度冲突（新旧制度之间或共时态制度之间相互冲突）在社会急剧转型期并存，以至于人们无所适从，社会失范、失序难免发生。

## 第四节　未来时期现代社会规范建设的重点任务

社会规范的建设是人类社会的永恒议题，是社会建设系统工程中不可或缺的组成部分，其基本目标就是要建设和维续一个良序社会，即建立和完善与经济现代化、政治现代化、社会现代化、文化现代化相适应的规范体系，促进社会公平，构建和谐社会。古今中外，社会规范建设的根本路径无外乎

---

[1]　张志铭：《转型中国的法律体系建构》，《中国法学》2009 年第 2 期。

德治与法治、自律与他律。即便存在第三种，亦不过是上述两类的混合形式而已。当前和今后一段时期，中国的社会规范建设的根本任务不在于社会规范方案的推陈出新，而在于现有社会规范方案的系统整合，尤其要重建公众对于社会规范的信任与信心。所以，面对当前社会规范与社会失范并存，潜规则堂而皇之挑战显规则的社会现实，社会规范建设的基本任务或内容是：以社会信用建设为立足点，推动以社会角色和社会关系为基础，以务实的社会价值建设为导向，以法治为保障的社会规范系统建设。

## 一　以信用体系为社会规范建设的立足点

凡事无信不立，信用是现代化的生命线。信用的保障与规范的恪守，与公民个人的道德修养息息相关，更与社会氛围、制度环境的关系密切。我们要进行的建设需要超越抽象的道德理想，深入到社会制度的层面，还要深入到社会生活规范的方方面面。

### （一）以公信力为核心，加强政府信用建设

政府是社会建设的重要推手，是社会规范的引领者。政府通过制定、发布、执行一系列的法律法规，对社会各主体进行角色权利和义务的规定，对社会公民进行社会行为规范，对社会价值观进行塑造和引导。而政府本身的诚信是政府合法性的内在基础，政府本身的行为规范建设是社会规范建设的"领头羊"。

从目的论出发，政府的目的是维护与促进人民的利益或社会的公共利益，政府合法性的基础就是政府的诚信品格。按照契约论观点，国家乃人民依据契约组建的，政府统治权力的依据直接来自组成国家的契约或者来自人们通过社会契约建立国家之后的委托。政府合法性的基础在形式上是人民的同意，实质上还是以政府诚信为基石。不论是目的论还是契约论，实质上都是以诚信作为政府合法性的内在诉求。

政府失信是社会普遍失信的重要因素之一，政府不诚信会对社会信用秩序的混乱起到推波助澜的作用。"一个不守信用、出尔反尔的政府将直接成为公众道德水准普遍降低的加速器，也将成为整个社会信用滑坡的根本原因。"① 当前，政府的诚信存在明显不足。2012 年 7 月底至 8 月初，《小康》杂志社联合清华大学媒介调查实验室，在全国范围内开展

---

① 韩震、田成有：《诚信政府的缺失与构建》，《行政与法》2003 年第 6 期。

"中国信用小康指数"的调查，结果显示，政府公信力得分均低于 70 分
（见表 6 - 4）。

表 6 - 4　2005 ～ 2012 年政府公信力的民意调查

| 分值＼年份 | 2005 | 2006 | 2007 | 2008 | 2009 | 2010 | 2011 | 2012 |
|---|---|---|---|---|---|---|---|---|
| 政府公信力得分 | 60.5 | 60.5 | 60.6 | 61.5 | 62.2 | 63.0 | 65.0 | 67.8 |

近年来，政府公信力有"小步前进"，但总体分值并不高。"相当长的
时期内，政府自身的诚信建设，主要还是依靠道德教育、依靠政治思想工
作、依靠群众运动，在制度建设上未取得大的进步。"[1] 同时，在建立市场
经济的过程中，一些地方政府又做出了许多备受公众诟病的行为：政府决策
的短视、随意，践诺能力差、出尔反尔，信息不公开不透明、暗箱操作，形
式主义严重、搞政绩工程，执法违法、知法犯法、以权谋私等都是对政府权
威与公信力的严重损害。在政府诸弊之中，"与民争利"和"朝令夕改"是
影响社会规范建设的最大元凶。

"与民争利"极大损毁了政府在人民心中的形象和信誉。在与民争利
中，政府变成了一种利益主体，政府以行政管理作为争利行为的掩护，
打着公共利益的旗号，借制定规范文件、出台政策或措施或其他行使自
由裁量权的契机，谋求部门利益甚至个人利益之实，酿成了可怕后果。
一旦公众对于政府执政为民的基本立场产生质疑，不论这个世界有怎样
明确的社会规范，整个社会的失范依然会有增无减。"朝令夕改"损害的
是规则的权威性，破坏的是法治的基础。"稳定制度的优越性在于，人们
已使自己的优点最佳地适用于老的制度，并养成了近乎本能地遵守它们
的习惯。因此，制度的稳定性减少了制度的执行成本，提高了制度的可
信赖性，并因此促进着人际交往。"[2] 国家总体方针的稳定性对于公众社会
生活的现实影响力有限，老百姓更关注与日常生活相关的衣食住行等方面
政策法规的变动。如果对于这方面的变动预期不足或者不认同，公众的机
会主义考量会增加，对政府的不信任也会增强。而政府面对质疑和不信

---

①　杨秋菊：《政府诚信建设研究——基于政府与社会互动的视角》，上海财经大学出版社，
2009，第 125 页。

②　柯武刚、史漫飞：《制度经济学》，韩朝华译，商务印书馆，2004，第 114 页。

任，则会更多依赖强制和制裁推行国家意志。但惩罚性规范越来越多，并非法治社会的标志。① 因而，加强社会规范建设，以公信力为核心的政府信用建设必须先行。

诚信是法制政府的应有之义。2004 年国务院发布《全民推行依法行政实施纲要》，提出十年建成法治政府的伟大目标，但上述"中国信用小康数据"中的"政府公信力"得分状况告诉人们：中国的政府信用建设仍然任重道远。

要从哪些方面进行政府诚信的建设，全社会已有相当多的系列方案，它们包括：①加强宣传教育，强化政府官员的诚信意识，营造诚信氛围，加强公务人员的思想道德和业务素质教育和培训；②建立透明政府，突出行政的公开公平，提高政策透明度，促进政府管理的民主化、科学化、制度化；③在重大决策中，积极听取专家学者意见，重视并培育公众的社会参与增加决策的科学性和民主性；④深化人事制度改革，健全干部管理体制和行政行为规范制度机制；⑤建设政府法律责任制度；⑥加强对政府行政权力的监督和制约，政治监督、司法监督、群众监督要多管齐下。当然还有很多建议。以上建设实际上就在进行中。可这样的建设在效果评价时得不到高分，是值得深刻思考的问题。问题的原因诸多，笔者认为一个前提基础必不可少，即需回到社会规范建设的基本价值维度和现实实践维度上寻找根源。诚信政府、政府信用等的规范建设，从根本上而言就是政府规范的建设。在 21 世纪，政府不再是全能型的，它是要与社会实现良性互动的有限政府。政府应该与社会协调，政府要与公众一起破除"青天大老爷"的情结；只有界清政府应有的价值预设和角色定位，政府信用的行为建设才能务实展开，社会规范的标识方能凸显。

### （二）以公平交易为核心，完善市场信用

在中国特色社会主义市场经济的建设中，交易活动成为非常普遍的社会现象。按照社会分工和劳动贡献率获得社会报酬是现代人的共识之一。市场交易活动能否坚持自愿、平等、公平、诚实信用的原则，是影响经济规范建设的关键，也是影响公众幸福感与公平感的关键。

自改革开放以来，市场作为资源配置机制解决了"计划与市场之争"。但即使在市场经济的改革方向已经确立的今天，各种扭曲价格、不当竞争等

---

① 赵震江：《法律社会学》，北京大学出版社，1998，第 143 页。

抑制市场在资源配置中起基础作用的现象仍然层出不穷。市场经济既是法制经济，又是信用经济。法制经济是从市场经济制度的角度上而言的，信用经济是从市场经济的道德基础上而言的。恪守信用道德对维系市场经济社会的正常运转具有极其重要的意义，即"诚实信用属于市场活动的道德准则"。2003年10月，党的十六届三中全会通过的《中共中央关于完善社会主义市场经济体制若干问题的决议》指出："建立健全社会信用体系。形成以道德为支撑、产权为基础、法律为保障的社会信用制度，是建设现代市场体系的必要条件，也是规范市场经济秩序的治本之策。增强全社会的信用意识，政府、企事业单位和个人都要把诚实守信作为基本行为准则。按照完善法规、特许经营、商业运作、专业服务的方向，加快建设企业和个人信用服务体系。建立信用监督和失信惩戒制度。逐步开放信用服务市场。"

围绕这一决议，一系列市场信用建设的方案被提出来，它们包括：①明晰产权，保障企业利益是公平交易的前提。因为企业产权不清是市场信用危机的制度因素，信用必须以明晰的产权界定为基础。正如科斯定理所述，在产权明晰的条件下，不论制度如何确定，交易成本都是最低，社会资源都将得到有效配置。市场经济下，交易主体必须占有一定的财产，并对占有的财产拥有充分的处分权，这是市场信用赖以形成和存在的物质基础。信用关系的实质是财产关系，即财产权利和财产实体的让渡。如果产权不清，交易主体就没有独立的财产，交易关系必然混乱不清，市场主体要么以他人的财产进行交易，要么根本没有财产承担自己的义务。这种状况不仅难以形成新的信用关系，甚至会使原有的信用关系遭到破坏。②建立公平交易的市场保障体系。如建立产品信息的实名档案和黑名单制，推动质量信用信息资源的共享，降低信用信息的搜寻成本，节约交易费用，增加信用缺失行为的机会成本。③通过相关行业协会，发挥并健全市场经济交易主体的自律功能，增强其社会责任。

市场信用建设的关键是规范交易主体的行为。它必然要求相应社会规范的具体化、细致化和可操作化。在行为规范的环节，清晰的社会情境规定、量化而有实效的奖惩措施非常必要。针对一些严重威胁公平交易的市场经济的社会失范现象，要达到立竿见影和长治久安的治理效果，果断重拳出击是首选。中国的食品安全问题为什么屡禁不止？还是打击力度不够！阿根廷在20世纪70年代也曾遭遇食品安全问题，为此阿根廷政府颁布了食品安全专项法律，"推行实名失信记录，对构成一定损害的无良商贩处于重罚，禁其三代以内从事食品生产行业"，结果食品质量安全问题有了根本好转。市场经济中的理性人是趋利避害的，是精于算计的。马克思在《资本论》里说过："如果有100%的利润，资本家们会铤而走险；如果有200%的利润，资本家们会藐视法律；如果有300%的利润，那么资本家们便会践踏世间的一切。"社会有趋利致富的冲动，有投机牟利的空间，有跨界移民的后路，而国家却没有苛严法制的震慑，那么怎样的宣传也会徒劳无功。市场的信用建设必须要有精细甚至严苛的法律法规为其保驾护航。

### （三）以个人信用为基础，促进个体自律

归根究底，社会的发展与建设要落实到以人为本。社会规范建设的体系不管如何宏大健全，最终必定由具体的个人行动者来落实和实现。因此，个人的信用异常关键。个人信用所包含的内容不仅是现在的，还有过去的个人信用，它是一个人综合信息的全面反映。也正因为如此，检索历年的社会诚信研究成果，剖析其观点立场，"道德归因"成为社会共识之一。但"道德是人类最高理想……一经提出，既无商量折衷的余地，或褒或贬，故事即只好到此结束"。① 而且，道德毕竟是个人内在的修炼与价值追求。道德修为不是一蹴而就的事情，它是伴随个人的社会化进程在潜移默化之间涵养而成。如果社会核心价值观不能在个人社会化的适当时期很好地实现对社会个体的价值观与道德引领，那么后来什么样的外力塑造都只能发挥有限作用，甚至滋生潜在的反作用。

如此，"加强社会公德、职业道德、家庭美德、个人品德建设"时，如何落实到"个人"就值得深入探讨。人从来不是抽象的，社会中的人是各种社会角色的综合体，处于各种社会关系的节点上。人从来不是孤立的，人总是生活在特定时空中，与特定群体互动、在特定的社会组织和社会情境中完成社会实践活动。人性本无善恶，好逸恶劳、少劳多得是人本性中自然的成分。恪守诚信、遵从规范、奉献利他也是人性中的固有，只是因其社会性突出而更需适当的社会情境和社会互动方式培育和激发。以个人信用为基础，通过个人征信体系的建立为陌生人社会准备熟人社会信用赖以存在的社会性条件具有可行性。在整个诚信系统中，个人诚信的建设就是要把每个人都还原为普通的个人，无论你是社会精英还是草根百姓，个人的信用标识都具有唯一性，具有平等性含义。个人的信用记录、信用评价等应既不会因个

---

① 黄仁宇：《现代中国的历程》，中华书局，2011，第217页。

人的社会地位的升迁与流动发生质的变化，也不会因其所属群体社会形象的变化而突变或冲抵。要从人类基本的社会角色出发，在特定的社会情境中，依从社会化的发展机理，通过培育社会个体的自律，营造整个社会的信用与规范氛围。

具体来说，①个人诚信的培育要从娃娃抓起，把社会诚信与社会规范的一体化教育贯穿于社会化过程中。要重视为人父母者的综合培训，并把孩子从应试教育中解放出来。人的精力是有限的，人的生命历程不可逆，如果个体在价值观塑造的最佳时期没有获取正确的世界观和人生观，他在未来的社会实践中就很难会有符合社会价值理想的社会实践。②以社会角色属性为出发点，进行人的思想道德教育和行为规范培育。中国共产党一直非常重视党风建设，1980年，"诚实守信"就写入了《关于党内政治生活的若干准则》；但时至今日，党政领导干部的违法违纪并未减少。高官落马后其腐化生活的曝光昭示了"人的社会性高于其政治属性"的真谛。"做事先做人"，每个人在家庭、职业以及与他人互动关系中都按照社会价值规范既定的权责行动，并由此获得声誉与认同，社会风气自然向好。③借助现代网络技术之便利，让社会舆论发挥更大作用。在大众麦克风的时代，阳光下的藏污纳垢必然越来越难。每个人的心中都有一杆秤，每个人都把心中的标准亮出来，人人都有发言权将推进社会互动与社会协商，它们对于社会信用环境的净化和社会规范的建设都有积极意义。

## 二 务实推进社会规范的系统建设

社会规范的建设就是要通过重新界定社会角色与社会资源、机会的关系规范，建立起有利于经济社会协调发展，有利于社会群体、社会个体幸福生活的秩序氛围，明确有利于社会秩序的行为规范和社会行动准则。从这个层面去审视转型中国的社会规范建设，至少要做好以下三方面工作。

### （一）不断细化和明确社会规范价值体系

我们党和国家一直非常注重社会主义价值观的引领和培育。党的十八大从坚持和发展中国特色社会主义、巩固全党全国人民团结奋斗共同思想基础的高度提出"积极培育和践行社会主义核心价值观"的战略任务，"倡导富强、民主、文明、和谐，倡导自由、平等、公正、法治，倡导爱国、敬业、诚信、友善，积极培育社会主义核心价值观"。在这个表述中，"富强、民主、文明、和谐体现了发展目标上的规定，是立足国家层面提出的要求；自由、平等、公正、法治体现了价值导向上的规定，是立足社会层面提出的要求；爱国、敬业、诚信、友善体现了道德准则上的规定，是立足公民个人层面提出的要求。这三个层次的理念相互联系、相互贯通，实现了政治理想、社会导向、行为准则的统一，实现了国家、集体、个人在价值目标上的统一，兼顾了国家、社会、个人三者的价值愿望和追求。"①

可与社会主义价值观建设相伴随的社会价值观的多元与纠结状况，也是事实。价值维度是社会规范的内核，社会规范的价值维度要对"人们相信什么"做出适当规定，要对人们的社会实践和生活世界中一般性法则做出回答。核心价值观是一定社会形态社会性质的集中体现，在社会思想观念体系中处于主导地位，决定着社会制度、社会运行的基本原则，制约着社会发展的基本方向。如今，核心价值体系对于人们普遍关心的"物质生活""社会生活""精神生活"的原则性指导基本具备，如何让其与个人自我价值定向相契合则仍需着力。做好这件事的前提是：要对中国人价值观的基本特质有整体性的认识。毫无疑问，当代中国人价值观的基本特质中具有传统性与现代性并存的特征。

有的研究指出："当代中国人价值观结构的八个因素，按认同强度递减可排列为品格自律、才能务实、公共利益、人伦情感、名望成就、家庭本位、守法从众、金钱权力。"② 这个研究结果表明：当代中国人价值观仍然与中国传统文化长期沉淀形成的"人以德立"的深层结构保持高度一致，人们仍然高度认同"先立德而后立身"的社会期许价值观。随着现代化进程的推进，人们在价值判定中强化了对才能标准的择定，增加了对"公共利益""守法从众"的认同，同时"人伦情感、名望成就、家庭本位、金钱权力"因素也占据重要位置。只有综合考量影响中国人价值观的结构性因素，细化有助于践行的社会规范价值体系，才能更好地营造有利于社会主义核心价值体系的生活情境和社会氛围。

**（二） 依据社会角色及其关系确定规范边界**

角色和关系维度是社会规范的载体。如果社会规范的这个维度不清晰，价值就会因其抽象性和超越性过强而丧失可操作性，进而沦为空洞的口号。转型中国，传统社会结构发生了根本性变化，现代社会结构尚在形成之中。

---

① 吴逸：《从核心价值体系到核心价值观》，《检察日报》2012 年 11 月 13 日。

② 金盛华等：《当代中国人价值观的结构和特点》，《心理学报》2009 年第 1 期。

在中国向现代社会的转型过程中，社会成员面临的挑战始料未及：差序格局在乡土社会是天然合理的，但在现代社会遭到诟病；代际补偿是伦理社会中重要的基石，却因"生而平等"原则而摇摇欲坠；社会利益、资源和机会的享有资格与运行机制正悄然发生着变化，人们的心理态度、价值预期并没有随之而变。在如此情势下，人不能很好理解并履行自己所处地位所赋予的权利和义务；由于角色紧张、角色冲突而出现的社会焦虑等社会病可想而知。

当社会角色的紧张与冲突得到有效缓解，个人的自我修为、满意度和幸福感都会有相应地提高。也正因为如此，全面提高公民道德素质被当做完善社会规范建设、实现秩序社会的良方之一。十八大报告明确提出："要坚持依法治国和以德治国相结合，加强社会公德、职业道德、家庭美德、个人品德教育，弘扬中华传统美德，弘扬时代新风。"公民道德建设需要社会公德、职业道德、家庭美德、个人品德教育"四位一体"的共建，但这"四位"有各自不同的领域和规范的标准，要超越抽象的、理想化的道德建设，从社会角色及其关系的维度入手是务实推进道德建设的关键。一个特定的人，在家庭、职业、公共领域中都是一个具体的、活生生的"好人"，很难设想他会是一个社会规范的严重违规者。社会成员的价值观念如何，行为是否合适、符合规范，必然通过他所处的地位、他所承担的社会角色来呈现。只有明晰社会角色在家庭、职业领域中差异性的权利、责任和义务，让社会成员对自己所担负的家庭伦理、职业伦理和公德意识等有具体化的认识，逐步培育公德高于私德的规范意识，才有利于社会建设主体规范意识的内化并提供方向性的行动指导。只有让社会规范合乎社会生活逻辑，社会规范建设的落实才能以人为本，见人变实。

### （三）以法治建设保障社会规范的有效运转

法治本身是一种规范的落实，而行动规范则要求对社会成员追求利益享有和资源机会配置行动时的准则予以法律规定。如果这个环节解决不好，社会规范必然缺少有效行动力，社会成员也会受利益的驱使而在社会行动时进行个体自我利益最大化的权宜选择。社会规范的行为维度不仅告诉人们要学会什么，如何选择和怎样进行社会行动，更要有强力以保障具体规范的执行，并通过对失范的惩处以训诫和教化。因为法律的改变相比社会习俗和民德更加容易。于是，通过国家立法机关制定或者认可的、以强制力为后盾，用以指导、约束人们行为的法律在社会规范体系中的位置凸显。法制的作用在于让每个人对自己利益的追求在全社会所承受的范围之内。"法律强权的实质在于对一个特权集团以合法原因，通过合法途径、在合法的时间执行权力形成公众同意。"①

党的十八大提出："法治是治国理政的基本方式"和"加强重点领域立法"，这对于社会规范建设的意义重大。在转型社会的现实和风险社会的诸多不确定性因素下，法治还无法实现程序正义与结果正义的双重诉求。现阶段，法治化追求的价值一则可以保障法律在"社会规范增益减害过程中发挥的关键性作用"，二则可以使有强制力保障的社会规范得以落实，培育社会成员社会行为的遵从习惯。现阶段，通过法治至少可以谋求程序正义的实现，这对于缺乏法治传统的社会文化的现代转向，以及训练社会成员的规范意识和守法行为都是必要的。

总之，"规"为"尺规"，"范"是"模具"。社会规范建设就是要让社会建设的参与者在普遍认同的社会价值观指导下，按照自己的角色身份进行社会现代化实践。社会规范的有效推进要求"现代"与"前现代"的文化习惯必须并存共荣，要求法律、契约提供充分的保障基础；要求互惠、道德义务、社会责任与信任给予配合；要求政府主导与公众参与的共同努力；尤为重要的是："这些所靠的并非是理性的思辨，而是人们的习惯"。②

---

① 休斯、克雷勒：《社会学和我们》，周扬等译，上海社会科学院出版社，2008，第42页。
② 弗朗西斯·福山：《信任：社会繁荣与道德的创造》，李宛蓉译，远方出版社，1998，第17~18页。

# 第八章 社会体制

【摘要】社会体制是指在不同社会主体之间配置社会资源、机会，以及规范社会主体行为和权利义务的一系列体系化规制，社会体制改革的任务是使资源机会配置趋合理化。当前我国社会体制存在的主要问题是形成于计划经济时期的社会体制滞后于现行社会主义市场经济体制，同时社会体制内部存在双轨运行、"强国家—弱社会"资源配置格局以及利益关系协调难点等问题。因此，社会体制改革成为新历史转折时期中国全面改革的突破口以及当前社会建设的中心环节和首要任务。改革的基本思路是以社会事业体制和城乡二元体制改革为重点，构建"政社分开、各司其职"的社会体制，改革和优化社会资源分配体制，并以机制建设为保障，积极推动社会体制改革和创新。

社会建设已经成为中国特色社会主义事业总体布局的重要组成部分。社会建设的展开，标志着中国现代化进入了新的历史转折时期。要进行社会建设，就要明确社会建设要"建"什么、如何"建"等基本问题。从中国现实情况看，加快社会体制改革、构建适应我国社会主义市场经济体制需要的社会体制，已成为当前社会建设的中心环节和突破口。

## 第一节　社会体制的界定及在社会建设中的定位

在中国，关于社会体制的研究既是一个老问题，也是一个新问题：说它是一个老问题，是因为"大社会"① 概念下的社会体制研究论题一直存在②；说它是一个新问题，是因为长期以来在政策上并没有把"社会"③ 作为一个相对独立的领域进行建设，社会一直被视为一种社会形态或"经济和政治的附庸"④。相比较经济领域，中国的社会领域，无论是在理论研究还是建设实践层面，都相对滞后。

进入新世纪新的历史转折时期，"社会体制"的概念和社会体制改革的议题逐渐凸显。2006 年，"社会体制"概念首次出现在党的十六届六中全会通过的《中共中央关于构建社会主义和谐社会若干重大问题的决定》这一文献中；2007 年 10 月，十七大报告提出必须"推进社会体制改革，扩大公共服务，完善社会管理，促进社会公平正义"，继续论述了社会建设和社会体制等问题；2008 年 7 月，国务院常务会议审议通过的《关于 2008 年深化经济体制改革工作的意见》，第一次把"社会体制"问题单列出来，要求积

---

① 按照"社会"的领域，其被区分为"大社会""中社会""小社会"。所谓"大社会"是指内含经济、政治、文化三大领域的、作为整体而存在的社会；所谓"中社会"，是指经济、社会二分法语境下的社会，经济领域之外的其他领域被统称为社会；所谓"小社会"，是指"五分法"语境下的社会，即经济建设、政治建设、文化建设、社会建设、生态建设"五位一体"格局中的社会概念。

② 20 世纪八九十年代有一些学者专门研究社会体制，如《各种社会主义体制的比较和分类》（苏绍智，《经济社会体制比较》1985 年第 1 期）；《关于经济社会体制的比较研究》（荣敬本，《当代世界社会主义问题》1986 年第 3 期）；《社会体制初论》（杨彬，《学习与探索》1995 年第 4 期）；《社会体制的生成与转换》（杨彬，《吉林大学社会科学学报》1996 年第 4 期）；《试论社会制度及其基本制度与社会体制》（王孝哲，《安徽大学学报》1995 年第 4 期）。

③ 此处"社会"指"小社会"范畴。

④ 李友梅：《关于社会体制基本问题的若干思考》，《探索与争鸣》2008 年第 8 期。

极探索社会体制改革的有效途径，破解社会体制改革难题；2010 年，《中共中央关于制定国民经济和社会发展第十二个五年规划的建议》把社会体制改革作为全面改革的先导，强调"必须以更大决心和勇气全面推进各领域改革"；2012 年党的十八大明确提出"加强社会建设，必须加快推进社会体制改革"，将社会体制改革作为社会建设的中心环节提了出来。

如何在中国建立与社会主义市场经济相适应、促进经济社会协调发展的社会体制，是创造性的新事业，必然存在着许多未知和不确定的因素。时至今日，中国学界、政界对于社会体制的认识还没有达成明确的共识，何为社会体制、如何进行体制改革等问题仍处于探索之中。因此，对社会体制以及相关概念进行界定和论证，是进行认真和有意义对话讨论的前提条件。

## 一　社会体制的内涵与外延

### （一）社会体制的内涵

目前，学术界对于社会体制基本内涵的研究形成了几种重要的观点。如有学者从社会管理的角度认为，"社会体制是国家为维护社会秩序、促进社会发展而就社会建设和社会管理所做出的稳定的、富有约束力的制度安排"[①]；有学者从主体和内容上界定社会体制，认为社会体制是"在特定的国家或地区内反映政府、市场与社会组织职能，体现中央、地方各层级政府事权、财权责任，是社会管理、公共服务、解决社会问题和社会发展的机制与制度的结构和样式"[②]；也有学者认为"社会体制是指在特定的社会中，人们之间社会关系的模式"[③]。

究竟什么是社会体制呢？我们认为，社会体制是指在不同社会主体之间配置社会资源、机会，以及规范社会主体行为和权利义务的一系列体系化规制。具体可作如下阐释。

1. 社会体制是一种规则或者制度安排

体制是人们在生活中使用频率很高的一个词语，如培养竞技性体育人才的制度或方式被称为"举国体制"，用来概括城市和乡村差距的制度或政策被称为"城乡二元体制"，还有目前国人常常使用的体制内、体制外概念

---

[①] 何增科主编《中国社会管理体制改革路线图》，国家行政学院出版社，2009。

[②] 秦德君：《从社会体制上推进社会建设》，《探索与争鸣》2011 年第 2 期，第 38~41 页。

[③] 丁元竹：《当代中国社会体制的改革与创新》，选自第二届中国社会管理论坛"深化社会体制改革与推进科学发展"，2012。

等。虽然体制这个词随处可见、可听，但对于何谓体制又似乎很难说得清楚。举国体制是说国家培养体育人才的一种方式和做法，城乡二元体制是指资源与机会配置在空间分布上的不同制度安排，体制内、体制外则是指资源机会在两个体系内不同的配置规则。可以看到，在我们通俗的话语中，体制被认为是一种规则或者制度安排。在学术语境中，哈耶克把体制和社会解释为"共同在场"，认为体制就是一种规范、规则。①

2. 社会体制规范社会资源与机会的配置

美国早期社会学家萨姆纳在阐述社会体制的产生过程时，剖析了体制与资源配置之间的关系。人类在满足生存需要的过程中，相互间在占有、使用资源上存在矛盾，为了解决占有与分配资源上的矛盾，人类努力寻求以最小的代价获取最大的方便，于是有了人类共同的生活方式，这就是民俗；民俗进一步发展就是民德；民德进一步发展，经过人们对它进行系统的组织、抽象，上升为系统并加以条文化，就会形成体制②。社会是人类生活的共同体，人们要满足需要，必须采取有效技术，向环境获取资源。社会体制就是人们在向环境获取资源过程中创制的行为规范或制度安排。从体制的产生过程看，社会体制的核心是人类为了更好地生存发展而对社会资源、机会采取的配置规则或制度安排。

所谓社会资源是指活跃于社会生活领域里的社会产品。一个国家或地区一年内生产的全部产品的总和是这个国家一年的社会总产品或社会总资源（GDP）。这些总产品有三种配置取向，一是用于企业的扩大再生产，一是用于职工的工资，还有一个就是供国家公共财政使用。用于企业再生产的资金属于经济领域的资源；职工工资关涉经济和社会两个领域，在经济领域工资属于生产成本，在社会领域工资反映着社会群体的分配原则和利益关系，属于社会资源；国家公共财政（包括中央和地方）是再分配手段，主要用来满足社会成员的公共需要和基本生存需要，属于社会资源。在本章中谈到的社会资源主要指用于每个社会成员的资源，包括居民收入和国家财政资源两部分。

所谓机会，是指社会成员享有的某种社会权利③，比如向上流动的机

① 哈耶克：《法律、立法与自由》，邓正来译，中国大百科全书出版社，2000，第317～318页。
② 宣兆凯编著《新编社会学概论》，中国人事出版社，2000，第250页。
③ 1949年，马歇尔在其《公民权与社会阶级》一书中构建了权利体系分析框架。马歇尔指出，公民权包括三个基本维度或曰三个组成要素，即民事权、政治权、社会权。社会权利指的是社会成员充分分享社会遗产并按照社会通行标准享受文明生活的权利等一系列权利。

会、受教育的机会、就业机会、享受公共服务的机会等。与社会资源的概念相联系，机会也可以理解为社会成员获取社会资源的可能性或概率。

由于不同群体在表达和追求社会资源和机会的能力上存在差异，社会体制就是以公平有效的制度安排确保社会成员在社会资源与机会获得上的大体均衡。

3. 社会体制厘清社会主体的行为和权限

体制分析离不开主体，体制和主体的关系包括两方面：社会体制对社会主体行动的限制[1]以及社会主体对社会体制的影响和选择。社会主体是社会体制的主要构成要素，社会体制需要回答社会主体的构成、范围、层次和领域，廓清社会主体的权利和义务关系。

社会主体包括宏观主体和微观主体，宏观主体指国家、社会、市场三大主体；微观主体指全体社会成员，包括个人、不同阶层、不同人群等。国家、市场和社会的关系，是现代社会最主要的三大主体，这三者关系的变化是西方社会发展过程中一个很重要的线索。现代社会的大变革实际上都涉及这三者权利、义务关系的调整。社会体制是现代社会三大组成部分在社会建设领域的聚合和结构安排，因此，社会体制的一个重要内容就是廓清这三者的权利义务关系以及三者有机的、合理的组合框架与结构。

社会主体同资源机会分别构成社会体制的纵横两条坐标轴（纵轴为资源机会，横轴为社会主体），一系列制度安排将二者连接起来共同构成了社会体制。

**（二）外延：社会体制是具体层面的社会制度**

一个国家的制度是由一套制度体系组成的，包括根本层面的制度、基本层面的制度和具体层面的制度[2]。在中国，根本层面的制度是人民代表大会制度，体现着中国特色社会主义制度的本质；基本层面的制度主要包括基本政治制度和基本经济制度，包括中国共产党领导的多党合作和政治协商制度以及公有制为主体、多种所有制经济共同发展的基本经济制度，反映着我们国家和社会的性质；具体层面的制度就是人们现在常说的体制，即"某一领域、方面的所有具体制度的总和"[3]，包括经济体制、政治体制、文化体

---

① 体制一经形成，就具有规范主体行为的能力。

② 任理轩：《当代中国发展进步的根本制度保障——关于坚持和完善中国特色社会主义制度的思考》，《人民日报》2012 年 6 月 13 日。

③ 王孝哲：《试论社会制度及其基本制度与社会体制》，《安徽大学学报》（哲社版）1995 年第 4 期，49 页。

制和社会体制。

社会体制就是社会领域①规范社会主体行为和关系及资源机会配置的所有具体制度的总和。社会体制可以是某一具体的制度安排，如社会管理体制、社会组织体制，也可以是某类制度的总称，由若干具体制度配套组合而成，具有系统性，如城乡二元体制包括户籍制度、收入分配制度、社会保障制度、就业制度等；又如教育体制包括办学制度、教学制度、学籍管理制度、升学制度、考试制度、毕业制度等多种具体制度。

当前中央文件中谈到的社会体制改革，主要是指具体层面的社会制度变革，包括机制的建设。机制建设是社会体制改革的有机组成部分。机制建设是指完善和健全保障制度顺利推行的运行程序、技术操作方法和工作手段的完善和健全。

## 二　社会体制改革：资源机会配置公平合理

### （一）社会体制改革的中心任务是使资源机会配置趋合理化

社会体制不是一成不变的，不同历史时期、不同制度背景、不同经济社会环境使得社会体制在国家和地区间存在很大差异，社会体制经历着生成、适应、完善和变革的过程，需要随着实践的发展与时俱进。因此改革的命题始终存在。社会体制改革即是社会主体根据时代发展的需求，对原有体制和制度进行的自上而下或自下而上两种方式推动的制度创新活动，改革实质就是打破原有的资源配置格局，适应新的发展需求，对资源机会、权利义务进行重新配置和规划，即改变旧的规则，建立新的规则。当前，中国社会体制改革的重要任务是改革已经滞后的体制或不合理的社会体制，在社会的各个领域重新配置和调整资源与机会，即重新调节利益格局，重新规划社会主体的权利义务关系，使资源机会配置趋合理化，以适应变化了的社会主义市场经济体制。

### （二）社会体制改革的目标是建立公正、有序、和谐的社会环境

一个稳定的社会首先必须是一个公平的社会。没有公平正义，难谈社会稳定。一份对地方党政领导干部群体的调查显示，超过半数（占总数52%）的官员认为现在社会是不公平的②。社会资源和机会配置公平是社会稳定的

---

① 此处"社会领域"指经济、政治、文化、社会、生态五位一体格局中的"小社会"。

② 王庆德：《地方官员群体的社会稳定观——以山东省为例》，《理论动态》2013年第1期。

基础，当资源和机会在社会中的配置出现过度集中与重叠时，伴随的是社会的失衡和社会冲突的出现。"社会"自身独特的价值追求就是公平正义，社会体制改革的历史使命，就是寻找实现公平正义的制度安排。因此，社会体制改革的目标就是坚持公平公正原则，最终造就出和谐、有序、认同度高的社会环境。

**（三）社会体制改革的主要内容**

当前，学界对于社会体制改革的内容主要是以十七大报告提出的六个方面为标准，即将教育、医疗、就业、社会保障、收入分配、社会管理等领域作为社会体制改革的主要内容。例如何增科认为，社会体制改革主要包括社会事业促进体制和社会管理体制，社会事业促进体制包括了就业、教育、医疗、保障等几个方面[①]；宋晓梧在《中国社会体制改革 30 年回顾与展望》中将社会体制分为劳动就业体制、收入分配体制、社会保障体制、教育体制、医疗卫生体制和社会管理体制[②]，与十七大的分类相似；秦德君则将社会体制划分为社会运行体制、社会组织体制、社会保障体制、社区构成体制和社会管理体制[③]。

根据党的十七大、十八大基本思想，以及在现实中对社会结构和社会运行影响重大的体制安排，我们认为，当前我国社会体制改革应从纵横两个坐标轴展开，一是"主体性体制"，从社会主体行为和权限角度展开，改革内容涉及政府—市场—社会三者的宏观体制架构、现代社会组织体制、社会管理体制等；二是"资源性体制"，从资源与机会配置角度展开，改革内容包括城乡二元体制（户籍制度改革、农民工体制改革）、社会事业体制、社会保障体制、收入分配体制等。当然这两方面内容不是截然分开的，社会主体方面的改革必然涉及资源与机会的配置问题，资源与机会配置的重新调整也离不开社会主体的作用。

## 三 社会体制改革是社会建设的中心环节

目前，中国已经进入经济社会建设并重的新历史转折时期，"加强社会建设，必须加快推进社会体制改革"的基本思路已经明确，社会建设就是

---

① 何增科主编《中国社会管理体制改革路线图》，国家行政学院出版社，2009。
② 宋晓梧主编《中国社会体制改革 30 年回顾与展望》，人民出版社，2008。
③ 秦德君：《从社会体制上推进社会建设》，《探索与争鸣》2011 年第 2 期，第 38～41 页。

建设社会，建立新的社会秩序和激发社会活力。在此行动过程中，社会体制必须构建起社会建设的制度与规则框架，回答社会建设的一些基本问题，包括社会主体的权利义务，如何有效合理地配置资源机会，如何决策，如何参与社会生活等。社会体制构建的是社会建设行动的基本宏观架构和运行轨道，为社会建设进行"制度和规则设计"，统帅整个社会建设体系，贯穿于社会建设各个阶段和环节，是社会建设领域的"顶层设计"。它不同于社会建设的其他组成部分，更多涉及的是制度层面和规则层面的东西，规范着社会主体的行为和资源机会的配置，覆盖社会建设领域的方方面面。没有社会体制的完善和推进，社会建设就谈不上实质性的推进和突破。从当前开展社会建设的实践来看，社会体制不完善和不健全是制约社会建设的壁垒和瓶颈。因此，在社会体制层面推进社会改革，是中国现代化进程中面临的重大问题，是中国社会建设的中心环节；或者说理解当代中国社会体制的特点及其改革方向，是社会建设的基础性工作和首要任务。

## 第二节　当前社会体制改革存在的主要问题

中国从 20 世纪 70 年代末开始的改革开放，重点是经济体制的改革。经过三十多年的改革，中国已经初步建立了社会主义市场经济体制，推动了经济长达三十年的持续高速增长，应当说基本完成了以经济建设为重点的任务。社会体制提出时间虽然不长，但其包含内容的许多方面作为经济体制的重要组成部分，从 70 年代末期就启动了改革步伐。30 年多年来，社会体制改革取得了一些成就，促进了经济社会发展。比如，社会保障制度经过初步探索、制度框架构建阶段，当前正处于体系全面建设时期，在制度设计层面上基本建立了覆盖城乡的社会保障体系。城市居民基本医疗保险制度和农村最低生活保障制度的建立，填补了过去的制度空白；农民工工伤保险、医疗保险、养老保险制度的探索，也在逐步完善。在实际工作层面上扩大了社会保障覆盖面，截至 2011 年底，全国参加城镇基本养老保险人数为 28391 万人，覆盖了将近 3 亿人口；参加城镇基本医疗保险人数为 47343 万人，覆盖了将近 5 亿人口，比 2007 年超出 1 倍多；失业和工伤保险覆盖 1 亿以上职工，特别是农村新型合作医疗从 2003 年的少数试点已经迅速扩展到全国，覆盖了 7 亿农村人口。社会组织发展迅速而且类型多样，从民政部门登记注册情况看，1988 年全国民政部门登记注册的社会组织仅有 4446 个，到 2010

年达到 44.6 万个。另外，教育、医疗等社会事业总量和规模迅速增长，国家将更多的资源投入社会公共事业，30 年来成绩显著。

在社会事业总量和规模迅速增长的情况下，中国经济、社会发展不协调、经济建设与社会建设"一条腿长、一条腿短""一条腿粗、一条腿细"的矛盾依然突出，当一个问题或一个矛盾十年甚至几十年都没能解决，那么这个问题的根源就是体制性或结构性的。

## 一　现行社会体制已不能适应变化的市场经济体制

当前中国社会的主要矛盾是经济发展和社会发展不协调，这种不协调首先表现在现行社会体制滞后于社会主义市场经济体制。经济基础决定上层建筑，这是马克思主义基本原理中最具生命力的结论。社会发展的现实也证明，某种特定社会体制的形成，尽管有多方面的因素起作用，但主要是受特定的经济体制制约的结果，经济体制的运行为社会体制的生成、转换、运行提供了原始的驱动力和物质保障。中国现行的社会体制即形成于计划经济时期，其生成、运行来自计划经济体制的驱动和物质保障。

### （一）计划经济体制与一体化社会体制的产生

在任何一个社会中，按照哪种原则在社会成员中配置资源，决定着一个社会体制的特点。弥散型分配原则对不同种类资源实行不同的分配原则，在这样的社会中，拥有某种资源较多的人或群体不一定也拥有较多其他种类的资源。一体化分配原则指各种不同的资源按照某种单一的原则进行分配，其结果往往是各种资源都集中、重叠到某一类社会主体中。

1949 年中华人民共和国成立以来，效仿和参照苏联的做法，在"一五"计划期间，建立起高度集权的计划经济体制，其特点在于，一是全部资源集中统一归国家所有；二是国家通过指令性计划加行政命令的方式集中统一配置资源，国家高度集权，成为资源配置的唯一主体。

计划经济体制下，国家高度垄断资源和机会的情况延续到社会领域，国家对社会"采取了一个大包大揽的设计取向"[①]：一方面将社会吸纳于国家体制下，社会资源成为国家资源；另一方面国家承担起全部社会职能，社会运行演变为行政运行。

---

① 任剑涛：《事业单位改革能否成功关键在政府》，《改革参考》2011 年第 16 期。

### 1. 国家吸纳社会

列宁曾在《国家与革命》中设想，"整个社会变成一个'辛迪加'，政府则成为这个'辛迪加'的总管理处，社会全体成员是这个总管理处的雇员"；毛泽东在新中国成立之初也提出过将社会"组织起来"的想法。因此单位体制和人民公社制度遂成为现代中国一切社会组织的基本形式，全部社会成员被组织在单位体制内并严重依赖组织，"每一个就业公民不仅工资收入来自单位，而且诸如住房、副食补贴、退休金等社会福利保障也来自单位"①。国家通过对单位和公社的控制，实现了对社会成员的全面控制，也即实现了对社会的控制和吸纳。

### 2. 社会运行行政化

在"一五"计划时期，社会发展领域的活动单位也逐步转向国有或集体所有制形式，社会事务、教育事业、公共卫生、文化事业、体育事业、科技事业等社会事业基本是国家包办，"所需经费由国库支出"②，1949～1966年，国家兴办了大量学校和医院，而且一些规模较大的国有企业也举办普通中小学、职业学校、职工学校、成人学校、幼儿园及各类医院等。国家包办了一切社会事业，全部承担起民生和公共服务供给的职能，同时政府通过行政级别、财政拨款等强化了学校、医院等各类本应当属于社会组织的行政特色，使社会运行行政化。

### 3. 资源机会配置二元化

计划经济时期，一切皆为国家"发展重工业、限制城市化"的工业化战略服务，为控制资源配置和人口流动，国家在资源机会的空间分布上采取了二元化的制度取向。1958年出台的《中华人民共和国户口登记条例》，将全国人口分为农业人口和非农业人口，规定农业人口只能从事农业劳动，居住在农村，不能从事非农活动，更不能向城镇迁移，转化为非农业人口。由此，城乡分割的户籍制度确立。与此相应，资源机会配置向城市倾斜，包括社保、教育、医疗在内的整个福利再分配体系向城市户籍人口倾斜，城乡二元就业制度、城乡二元社会保障制度、教育制度纷纷建立，城乡二元社会体制形成。

总之，计划经济时期的社会体制沿袭计划经济体制的特点，国家既是资

---

① 路风：《单位：一种特殊的社会组织形式》，《中国社会科学》1989年第1期。
② 黄恒学：《中国事业单位管理体制改革研究》，清华大学出版社，1998，第2页。

源机会的占有者也是配置者，是配置资源和规范社会运行的唯一主体，整个社会在行政指令下形成了一体化资源配置原则，这种社会体制符合计划经济体制对资源与机会的统一性和计划性配置的要求，承担起计划经济体制下管理社会和整合社会的功能。

**（二）经济体制转型加速与社会体制滞后**

20 世纪七八十年代，中国社会进入第二个重大的历史转折期，原有的计划经济体制逐渐被社会主义市场经济体制所取代，尤其是 20 世纪 90 年代以来中国的市场化步伐加快，经济系统内部发生重大变化：建立和完善了社会主义市场经济体制；建立了以家庭承包经营为基础、统分结合的农村双层经营体制；形成了公有制为主体、多种所有制经济共同发展的基本经济制度；形成了按劳分配为主体、多种分配方式并存的分配制度；形成了在国家宏观调控下市场对资源配置发挥基础性作用的经济管理制度等。毋庸置疑，旧有的计划经济体制已被取代，到 90 年代末叶，中国已经基本建立起社会主义市场经济体制。

可以说，中国已经基本完成了转型意义上的市场化进程，经济体制基本改了过来，但是计划经济时期形成的社会体制（包括资源机会配置方式、社会运行方式、国家单一权力主体）没有随着经济体制的改革而进行相应的变革，或者说有的进行了改革，但改革不到位；如今，社会体制基本上还是计划经济时期留下来的，为计划经济服务的。国家吸纳社会、社会运行行政化以及资源配置二元化现象没有得到根本改变，现行社会体制已经滞后于社会主义市场经济体制。

**1. 社会事业体制滞后于市场经济体制**

科技、教育、文化、体育、医疗卫生等社会事业领域，是国家之外"社会"的重要组成部分，但在中国，至今还主要是由国家包揽和承担一切的管理体制，仍然存在严重的政社不分、以政代社、以政干社的旧体制问题。改革开放以来，事业单位虽然也进行过一些改革，比如高校内部管理体制改革、人事聘用制度改革等，但多数是各个领域自身的改革；有些改革取得了一定的成效，有些改革并不成功，甚至诱发了新的问题。如 20 世纪 90年代的医疗卫生产业化改革被认为是失败的；高校这类事业单位仍被称为计划经济的最后一块堡垒。这些社会事业仍体现着国家办社会的思维，教育体制仍是政府包办教育，主管部门统得过多，管理过死，行政化色彩太浓，仍由政府任命学校校长、医院院长等。总体来说，社会事业体制还没有破除计划经济的藩篱，还没有按照社会主义市场经济体制的要求改革调整过来，与社会主义市场经济还不相适应。

2. 现行社会管理体制不能适应变化了的市场经济

1978 年市场化改革以来，随着住房、社会保障、医疗等日益市场化，单位体制已经日益失去组织和管理社会成员的功能，人民公社制度也随之解体；现在，越来越多的人从"体制内"流向"体制外"，越来越多的劳动者在非公有制组织就业，越来越多的流动人口去异地谋生。改革初期，中国只有不足 0.04% 的劳动者在"单位"以外工作，如今在城市就业总人口中，"体制内人员"由过去占 95% 以上下降到 25% 左右，将近 80% 的劳动者在体制外就业，整个社会越来越开放。市场经济打破了原有的单位体制格局，原有的单位管理网络和资源配置能力已经弱化，很多体制外的流动人口处于无人管理的状态；但政府作为社会管理的唯一主体，面对错综复杂的社会矛盾和社会问题，体制机制和管理思维仍停留在传统计划体制层面。开放的社会与传统封闭的管理体制、管理思维存在矛盾，社会管理体制滞后于社会主义市场经济体制。

3. 城乡二元体制制约了市场经济的发展节奏

社会体制的滞后影响了市场经济的节奏和结构，好的社会体制会推动经济体制向好的方向发展，而滞后的、不协调的社会体制会使市场经济偏离轨道。中国计划经济时期保护的就是城市户籍人口，城市户籍人口享受教育、医疗、住房、保障等社会福利，经济困难时有布票、有粮票、有油票，保证其最基本的供应。如今这种体制基本没有改变，农村和城市享受着不均等的公共服务，农村人口进入城市打工却享受不到城市的公共服务。这跟国家财政体制的资源分配是有关系的，本来财政资源的分配可以缩小市场本身分配所造成的差距，而现有的财政分配却从整体上强化了资源分配的不平等。

总之，社会体制滞后于经济体制，已经成为当前中国新的历史转折时期的重要症候。处于改革深化期的社会主义市场经济体制和没有改革或改革不到位的社会体制并行，很不协调，这是目前诸多经济社会矛盾、问题产生而且久解不决的一个重要原因，是当前社会体制改革中存在的最主要问题。

## 二　现行社会体制存在双轨运行及定位不清的问题

"双轨制"是在 20 世纪 80 年代中国经济体制改革过程中产生的一个词语，意即"市场轨"和"计划轨"并行。中国经济体制改革是从价格体制改革入手的，当时的政策设计是分步放开价格控制，实施"双轨制"，一种物资两种价格，一种属于计划内价格，一种是市场价，市场价高于计划价；比如同样是 1 吨石油，计划内的价格是 100 元，计划外的价格是 644 元。价格双轨制避免了价格一次性放开给经济带来的巨大冲击，它的目的是逐步理顺政府和市场的关系；但计划与市场的双轨运行使得"官倒""倒卖"成为当时的热门词语。价格双轨制最终在市场经济体制的确立下走向尾声。

如今，中国社会体制改革在一些领域已经启动，但改革的结果是在社会建设领域出现了计划和市场双轨并存的现象。最典型的是社会事业领域，一方面政府办社会体制没有改变，社会事业仍具有浓郁的行政化色彩；另一方面市场经济逻辑侵入社会事业的方方面面，侵蚀了社会事业本身的公益性质。

**（一）社会事业体制中计划与市场的双轨运行**

最典型的是学校和医院，出现了行政化和市场化同时"在场"的现象。近几年围绕高等教育最多的话题是"高校行政化"，高校行政化表现在内外两方面。从外部环境看，政府仍是高校的主管单位和主办部门，管理着高校的办学和运行。大学校长的来源体现着大学的独立精神，而中国大学校长的产生却来自行政化渠道，基本上按照党政干部的方式来处理，直接由主管部门任命，"其中'985 工程'中的 38 所国内知名高校还要由中组部直接管理。对应'985 工程'的启动，中国高校中开始有了一批副部级干部，现在有 31 所大学的党委书记和校长是副部级"。[①] 从内部看，行政化已经侵入高校内部的教学、科研以及教师职业发展等领域；在学校内部，行政化左右了学术资源与机会的分配。

不光是大学，所有的事业单位如研究机构和医院都是这样。行政化犹如顽疾，深深禁锢着成千上万专业技术人员的活力，"这样的体制，即使是好的学者，最后也会成为官僚。最近几年，官僚化发展特别快，业务做得好，给你最重要的荣誉就是去当官，这比学术界给你的荣誉更加重要"。[②]

与此同时，市场化也随着 20 世纪 90 年代市场经济的全面推进而冲击着事业单位，学校、医院、研究机构等都走上市场化道路。事业单位改革的方向，是越来越不像政府机关，越来越像企业，也就是所谓"推向市场"。20

---

① http://zhidao.baidu.com/question/218176206.html.

② 《高校行政化是现在体制的必然结果？》，http://news.qq.com/a/20100319/000978.htm。

世纪 90 年代中期，教育实行教育产业化路线，教育的城乡差距、地区差距比以前加大了；在产业化思路下，教育内在的品质发生很大变化。学校普遍看重经营创收，普通居民的教育支出急剧上升，成为百姓难以承受之重。而且教育事业市场化表现为"宏观垄断，微观搞活"，宏观的教育资源由政府控制，微观上每个学校都自己去创收。

医院也是如此。1992 年 9 月，国务院下发《关于深化卫生改革的几点意见》。根据这个文件，卫生部提出"以工助医、以副补主"。此后，一系列能够"创收"的"新做法""新举措"，诸如点名手术、特殊护理、特殊病房等很快在医疗系统全面开花，医疗卫生事业走向市场化。1989～2001年，全民医疗费用的增长速度几乎是城市居民人均收入增长速度的 1 倍，是农村居民人均收入增长速度的 2 倍；1980 年，城乡居民个人卫生支出占卫生总费用的比重不过 23%；到 2000 年，已高达 60.6%。

行政化与市场化并存使得事业单位改革举步维艰，加剧了社会的不公平，影响着公众享受公共产品和公共服务的质量，20 世纪 90 年代以来公众普遍感受的"上学难、看病难、住房难"等现象就是这种双轨体制的集中反映。

**（二）社会事业体制中的权责定位不清**

双轨体制的关键是没有处理好政府、社会、市场的权责关系。社会与国家的区分是随着现代工业文明的产生和资本主义市民社会的兴起而始。其作为一个资源和机会再分配的重要领域，主要是以维护社会公正、社会整合为目的而进行的。因此，一方面，社会事业的一个特点是"社会性"，即不以局部利益和政府部门利益为导向，而为整个社会服务；另一方面，"事业"一词与"企业"相对，不以营利为目的，为社会成员的生产与生活提供支持与服务，其特性是追求公益，不唯私利，具有"公益性"。因此，社会事业通常是与行政部门和企业相并列的活动，主要是以提高全社会福利为导向的，体现经济效率和社会公平双重目标的，有政府行为参与的，能在宏观层面制定统一政策并实施调控的公益性事业。[①]

社会事务的"社会性"特点强调社会事业应适当远离"行政化"，但中国社会事业长期存在以政代社、以政干社现象，政府长期"越位"，因而

---

① 梁鸿、徐进：《社会事业、公共财政投入与经济增长：一个内生框架》，《东南学术》2008年第 3 期。

"行政化"、政府逻辑成为阻碍社会改革和社会事业发展的顽疾。社会事业的"公益性"特点呈现非营利目标和福利导向。20世纪90年代，中国政府在市场经济大潮中逐步从经济领域退出，让位于市场，同时政府从公共领域退出，将教育、医疗等社会事业的发展推向市场，这种以营利为目的的市场逻辑，显然侵蚀了社会事业的公益性，造成政府在公共领域的"缺位"。

正是政府职能的"缺位"和"越位"，导致了市场化和行政化在社会事业中的固化，这成为当前社会体制改革亟待解决的问题。

### 三 "强国家—弱社会"资源配置格局仍未打破

计划经济体制形成了国家一统的"总体性社会"格局，政府在经济、政治、文化、社会领域高度集权，被称为"强政府""大政府"：而社会被吸纳到国家体制中，失去独立空间和领域。改革开放后，社会空间逐步被释放出来，但总体上没有改变"强国家—弱社会"格局。

#### （一）社会组织发育程度低，作为重要主体参与社会建设不够

社会组织作为社会建设的重要主体之一，既是现代公民美德的培育者，也是政府善治的推手，并且承载着社会安全阀功能。社会成员可以通过参加各类社会组织的活动，增进人与人之间的信任，促进互助机制的建立，实现社会的自我管理和自我服务。

改革开放以来，中国社会组织经历了快速的规模增长，但社会组织发育成熟度低，普遍质量不高。截至2010年，在各级民政部门登记的社会组织总数已经达到44.6万余个，其中大多数行政色彩浓厚，依然是"官办、官管、官运作"，缺乏社会组织应有的民间性、自治性、自愿性和自主性。部分社会组织政社不分，经费来自国家财政拨款或行政性收费，工作人员大部分来自政府机关（如大多数行业协会的负责人以及高层工作人员主要是政府和企业的离退休干部）。社会组织的独立性越弱，反映社情民意的表达渠道就越难真正拓宽，社会不同利益群体间的自我协调机制也就越难以广泛建立，"这必然造成政府在社会管理方面继续维持'管得过宽、管得过细、管得过死'的局面"①，"强政府—弱社会"格局仍然难以改变。

非营利性是社会组织的关键特征，非营利法人是很多国家非营利组织的主要存在形式。但是中国目前的社会组织在发展方面存在严重的外部困境和

---

① 宋晓梧主编《中国社会体制改革30年回顾与展望》，人民出版社，2008，第8页。

内部困境,其中最大困境就是合法性的问题。如《中华人民共和国民法通则》中没有非营利法人一类,这一基本架构的缺陷阻碍了非营利组织相关法律的出台。这就使得社会组织享有什么权利、享受什么优惠政策、应该承担什么义务等基本问题都比较模糊①,以至于社会组织的合法性长期以来受到政府和社会公众的质疑,其从业人员也无法在整个社会评价体系中获得相应的位置和社会认可。

社会组织在中国先天不足,后天又面临诸多困境和屏障,以至于今天形成"社会"一脉在现代"国家—市场—社会"框架下的短板和弱势地位,致使该由社会承担的功能或旁落政府、市场,造成整个社会市场化、行政化、功利化、官僚化倾向过浓过重;或无人问津、无人管理,造成社会的部分缺失以及秩序的紧张。

### (二) 中央地方财政体制不顺

从资源配置的角度看,中央和地方体制属于社会体制的一部分。中国的中央地方体制形成于计划经济时期,即中央高度集权。20 世纪 80 年代以来,中国在扩大地方自主权和企业自主权上取得了较为明显的进展。1993年和 1997 年,中央政府先后两次增强中央政府的经济调控能力,财政分配制度的重心又开始向中央集中。2005 年和 2008 年,中央先后两次实行宏观调控,对货币供应、资源供给等要素配置权限进行集中,进一步加大了中央的权力。而地方政府则抓住加入世贸组织、推进城市化等改革机遇,在发展自主权和财政分配权上获得较大进展。

但从总体上说,地方的积极性没有有效调动起来,主要原因在中央和地方财政收支体制不顺。1994 年分税制改革以来,地方政府的财政收入占整个财政收入的比重逐年下降,从 1993 年的 78% 下降到 2005 年的47.7%,财力向中央集中,同时原先由中央负责的公共服务、社会管理的义务和责任却逐级下放,地方政府的支出任务远远超出了自身的收入能力。体制上的困境使得地方政府各自为战,各谋其利,造成的一个结果是中央的许多政令不通或政令变形,在一定程度上阻滞了改革之路。2006年中央为了遏制投资过热、抑制房地产价格,出台了"国六条"和"国八条",但是在地方政府追求体制外收入的强大动因面前,收效甚微。而

---

① 国务院发展研究中心社会发展研究部课题组:《社会组织建设》,中国发展出版社,2011,第 12 页。

且很多体制外资金的取得是无规则的，这种不透明的制度安排也为地方官员的腐败敞开了方便之门。

## 四 利益关系协调成为当前社会体制改革的难点

在计划经济体制向社会主义市场经济体制转型的过程中，中国社会同时进行的是由传统农业社会向现代工业社会的转型，社会转型伴随着社会分化，包括贫富分化、城乡分化、阶层分化、利益分化、组织分化等，其中利益分化是核心。社会分化过程中，原有的资源与机会的分配模式不断嬗变，社会资源的流向发生了新的变化，资源流向的新变化造成了一种新的利益分配模式，使一些社会集团得益，另一些社会集团受损，产生了社会不平等。

站在何种立场上、以何种方式来协调社会转型过程中发生的利益冲突，是一个国家体制改革过程中的关键性问题之一。一个相对稳定的社会结构具有一种分配社会利益的功能，即通过各种强制性或非强制性的、合法的或非法的以及由各种文化传统所制约的方式，使得各个社会集团能按照某种固定的渠道得到自己的一份利益。在这种惯性下，已经掌握着权力资源、经济资源或文化资源的精英阶层在改革中形成了一种稳定的利益获得途径，并努力使之定型，"基本利益格局形成后就要求不要往前走了，要维持现状，然后希望把我们认为所谓过渡型的体制因素定型化，形成一种相对稳定的体制，这个体制是最有利于利益最大化的混合型体制"。① 因此任何一种试图改变现有利益格局的尝试，都会遭到利益集团的顽强抵制。中国目前体制改革的难点就是既得利益群体左右改革走向，利益关系协调成为改革的难题。改革总是在推进中，但触及改革深层次问题，尤其是涉及获利群体的利益调整时，改革就变得举步维艰。户籍制度改革如此，收入分配制度改革亦如此。

### （一）户籍制度改革

户籍制度形成于计划经济时期，曾经为当时工业化、城市化优先发展需要的社会稳定起到一定作用。随着市场经济体制的建立和改革开放的逐渐深入，其作为社会制度的正功能在不断消减，而影响现代社会发展的负功能却不断增强。2005 年底，中国开始着手改革户籍制度。截至 2009 年 3 月，已有河北、辽宁等 13 个省、市、自治区相继取消了农业户口和非农业户口性质的区别。2012 年 2 月 23 日，国务院办公厅发布《关于积极稳妥推进户籍管理制

---

① 孙立平：《转型陷阱：中国面临的制约》，《南方都市报》2012 年 1 月 1 日。

度改革的通知》，提出取消中小城市的户籍限制，为户籍制度改革亮了一盏绿灯。但总体上看，改革效果既不明显也不理想，半个多世纪根深蒂固的户籍制度承载了人们太多的喜怒哀乐和利益纠葛，改革非一朝一夕之事。

如今，各地的户籍改革高度涉及城乡利益格局的重新调整。户籍制度背后是公共资源、公共权力和公共设施在城乡之间的配置和分布等。城市是获利者，最好的学校和医院以及公共设施都在城市，城市人口从出生就享有优于农村人口的各种公共服务和福利。因此户籍改革需要深层次触动的是已经形成的城乡利益格局，比如更多农村孩子入城就学会"挤占"城里孩子的教育资源，异地高考同样会影响资源占有地的资源配置走向。

### （二）收入分配制度改革

收入分配制度改革方案酝酿了近十年，几易其稿，久议不决，颁布时间一拖再拖，背后涉及的同样是利益格局的调整问题。比如，总体改革方案中提到要建立健全职工工资的正常增长机制、促进基本公共服务均等化、不断缩小城乡收入的差距等多方面内容；同时，也对于垄断行业工资总额和工资水平的双重调控、提高城乡居民收入等方案，着重给出了明确目标和要求。提高劳动者的劳动收入符合国家政策和大部分民众的需求，但改革需要调整现有资源配置格局，需要有人承担改革的成本，这时优先获得利益的群体和部门纷纷站出来，为维护既得利益极力左右分配体制改革的走向。

无论是深化经济体制改革，还是有效推动社会体制改革，破解现有利益格局，协调利益关系，是改革顺利推进的前提，是不得不跨越的重要一步。"长痛不如短痛"，今天到了务必改革的关键时期。

## 第三节　社会体制是新历史转折时期全面改革的突破口

1978 年改革开放以来，由经济而社会、政治、文化等各个领域的改革，日益走向深入，但在经济社会结构性矛盾突出而亟须加强社会建设的这一新的历史转折时期，社会体制改革成为全面改革的突破口。

### 一　进一步推进社会建设亟须突破体制瓶颈

自 2002 年党的十六大提出全面建设小康社会以及 2004 年提出构建社会主义和谐社会、加强社会建设和社会管理以来，在各方力量推动下，中国已进入亟须重视社会建设的新阶段。目前我们正在进行的社会建设，即是从人民群众最关心、最现实、最紧迫需要解决的保障和改善民生事业、社会事业建设做起，着力解决好老百姓就业难、上学难、看病难、社保难、住房难、养老难等基本民生问题，并从加强和创新社会管理入手，解决影响社会和谐稳定的突出问题，这也是党的十八大报告中明确提出的"在改善民生和创新社会管理中加强社会建设"的基本思想。

可以说，近 10 年中国社会建设得到一定的重视和发展。以民生社会事业为例，2011 年，城镇居民人均可支配收入 21810 元，比 2002 年增长 1.8 倍，扣除物价因素，年均实际增长 9.2%，农村居民人均纯收入 6977 元，比 2002 年增长 1.8 倍，年均实际增长 8.1%，是改革开放以来增长最快的时期之一；2011 年，城镇居民人均住房建筑面积 32.7 平方米，比 2002 年增加了 8.2 平方米，农村居民人均住房面积 36.2 平方米，增加了 9.7 平方米。[①] 2012 年，国家财政性教育经费支出占国内生产总值 4% 的目标逐步接近；从 2012 年起，各级财政对新农合的补助标准从最初的每人每年 10 元提高到每人每年 240 元，农民个人缴费为每人每年 60 元，农民看病难、看病贵的问题得到有效缓解。从国家财政支出比重看，2003 年国家用于教育、科技、文化、社保就业和医疗的支出占总支出的 29.38%，2010 年这个比重上升到 34.8%，年均增长 0.77 个百分点。[②] 在社会管理方面，各地在实践过程中积极探索，形成了广东模式、上海模式、北京模式、浙江模式等。

民生问题和社会管理问题受到了各级政府的重视，在近些年获得了较大改善和不断发展，民众也获得了一定实惠，但民生建设中存在的问题依然严峻，民众不满意、不认同的声音仍不绝于耳。这主要表现在民众对民生和社会事业建设中的普惠性和公平性问题的质疑。

比如，不同地区、不同群体享受着不均等的公共服务和民生待遇。就城乡来说，城市和农村的公共服务差距大。《2010 中国卫生统计年鉴》显示，2009 年，城市和农村人均卫生费用分别为 2176.6 元和 562 元，二者之间的差值达到 1614.6 元。就群体来说，城市中的本地居民和外来居民存在住房、就业、子女入学、保障等方面不同的地位差别，流动人口的子女不能在流入地参加高考，一些工作岗位不招收非本地户籍人员等。这导致了愈演愈烈的

---

① 《十八大报告辅导读本》，人民出版社，2012。
② 该数据根据中国统计年鉴相关数据计算得出。

群体间纷争和冲突，"非沪籍女生就异地高考约辩：被斥为'蝗虫'""京籍家长与非京籍家长在市教委信访办发生争吵"等消息充斥网络。又如，本地居民之间也存在资源配置上的不均。被人诟病较深的"重点学校"问题，使得本地居民因占有权力、金钱的区别而面对不同的公共服务。

社会建设搞到今天，在初步解决了总量的增长问题后，民众关注的焦点越来越多地转向资源机会的配置方向和配置机制问题，体制带来的不公平、不和谐、不安定是现在亟须解决的问题，这是当前社会建设能否取得成功的关键和突破口。这个问题如果解决得好，社会建设就上了一个台阶，得民心、顺民意，经济社会协调发展就前进了一大步，整个社会就会进入和谐开放自由的阶段；如果解决得不好，目前这些社会矛盾、社会问题就解决不好，也解决不了，社会建设已取得的成就也会大打折扣甚至消失殆尽。

## 二　进一步深化各领域改革亟须寻找突破口

党的十八大报告指出，2020 年中国将全面建成小康社会。为实现这个宏伟目标，十八大明确了进一步改革的重要性和紧迫性，"必须以更大的政治勇气和智慧，不失时机深化重要领域改革"。改革在升温，社会和公众对改革的期待也在升温。而在各领域改革中，又以"社会体制改革"最为民众所关切，其一举一动更容易让民众感同身受。

全面改革的最终目的是为了激发发展活力，满足人的需求，实现社会和谐。从功能上说，经济体制改革创造财富，释放经济发展活力，提高了社会富裕程度；政治体制改革实行民主、法治，扩大公民基本权利；社会体制改革关注个人感受和权益，促进社会公平、和谐、有序；文化体制改革通过道德建设、诚信建设，提高社会文明程度；生态文明建设和改革是为了解决资源、环境与人口发展之间的矛盾，实现经济社会可持续发展。五大领域的改革作为一个体制序列，共同支撑起中国改革开放和现代化的基本骨架。中国改革以经济体制改革为先，基本完成了从计划经济向市场经济的转变，释放了巨大的经济发展活力，创造了举世瞩目的经济成就，一举成为世界第二大经济体。现在一些经济学家提出"重启改革议程"，呼吁进行经济体制的二次改革，但实际上中国目前出现的一系列问题不仅仅源自经济内部，很多问题产生的根源在于社会体制、政治体制或文化体制领域改革的滞后，功夫更多已在其外。

进入 21 世纪，国家逐步调整改革发展战略，和谐社会、社会建设的实践被积极推进，"社会"这个领域在经济、政治、文化三位一体格局中逐步发育起来，显示出自己的独特属性及重要性。2006 年，党的十六届六中全会首次提到社会体制改革，"社会体制"这一词语走上我国整体改革进程的前台。

**（一）从现实情况看，不进行社会体制改革，中国现代化发展没有出路**

"经济高速发展，政治基本稳定，社会矛盾凸显，文化繁而未荣"，是当前中国各领域改革的真实写照。改革开放以来的较长一段实践中，由于长期偏重经济建设，社会体制改革和社会事业发展相对滞后。在物质财富十分匮乏的情况下，集中精力抓经济建设是必要的，但社会事业发展和社会体制改革长期滞后于经济发展和经济改革，的确带来了相当尖锐的社会矛盾和大量突出的社会问题。社会发展严重落后于经济发展，这成为当前中国最主要的社会矛盾；主要矛盾解决得好，其他社会矛盾和冲突也会相应得到缓解。因此，下一个十年中国应该突出社会体制的改革，以解决社会的主要矛盾作为改革的突破口。

**（二）从民众的需求看，目前中国民众感受最深的是社会领域存在的不公正、不和谐、不安全和不认同的问题**

每一个公民作为社会的一分子，最迫切的需求是希望经济体制改革的成果延伸到社会领域，使每一个人享受到改革的福祉，拥有个人的权利和良好的生存环境。中国作为一个赶超型的后发现代化国家，在改革之初选择了以不平衡发展来追求长远的平衡，以暂时的局部牺牲来换取整体的发展战略。到了目前，中国的发展战略正处在一个关键的转型期，时代发展呼唤改革从整体主义走向个体，关注每一个公民的权利、利益和福利保障，实现社会公正、社会和谐。

**（三）社会体制改革和政治体制改革密切相关**

改革开放以来，中国的政治体制改革从未间断过，但目前社会张力很大，社会矛盾凸显。在这种形势下，只能积极稳妥地推进政治体制改革，中国特色社会主义政治发展道路也明确了政治体制改革的渐进性。而且，"在目前，群体性事件主要是民众表达利益诉求或情绪的一种方式，不是针对政权的政治性活动"①。社会体制改革在全面改革的次序中相对较易把握，而

---

① 参见于建嵘 2009 年 12 月 26 日在北京律师协会的演讲《守住社会稳定的底线》，http：//wenku. baidu. com/view/1b0b4d5f804d2b160b4ec021. html。

且直接关乎民众；从改革的策略上讲，由社会体制改革入手较为稳妥和慎重，改革的效果也更易显现。加大社会体制改革的力度，培育社会组织，承担许多政府管不好也不应管的事情，在社会组织中培养社会民主，只有整个社会比较成熟了，政治民主建设才能搞好。

"社会体制起作用的对象是全体社会公民"[1]，公平和均衡是其运行的首要原则。因此，要把社会体制改革作为全面改革的先导。没有社会体制改革或社会体制改革滞后，经济体制、政治体制和文化体制改革都会步履维艰。

### 三　社会体制改革成为新历史转折时期的关键

中国经历了30多年的改革开放，如今进入到新的历史转折时期，世情、国情、社情较30年前发生了深刻变化，中国面临新一轮社会转型关口的挑战。

一方面，经济上已经达到现代化的中期阶段，经济转型基本完成，社会主义市场经济体制基本建立，在未来的时期内，因体制改革"红利"带来的持续了30年之久的经济高速增长态势会逐渐转向平稳发展。从目前情况看，经济发展面临的下行压力和潜在风险有所加大。国际经济环境短期内难以明显好转，近一个时期美国的失业率仍处于高位，整个房地产市场仍继续低迷，走出经济困境面临诸多制约；欧洲债务危机仍处于高危阶段，银行业危机风险大，欧元区可能出现财政金融风险和经济衰退恶性循环的局面，严重影响世界经济复苏进程。全球经济复苏乏力仍将持续一段时间。这将对中国稳定出口增加难度。从经济发展的未来走向看，目前中国处在一个重要的转折关口，持续30年的"内需和外需双轮驱动的经济增长模式"难以继续；一旦出口增速下降，经济增速下降，内需增速也会下降，因此能否应对经济下行压力和潜在风险，仅依赖国家的经济发展战略的调整已不足够，强大的社会力量和有序的社会运行可以为其奠定社会基础。

另一方面，体制转型释放了巨大的发展活力，资源、人口都流动起来了。中国的现代化之路属于后发外源型，在成功实施追赶战略的60多年后，目前中国现代化进程快速进入工业化和市场化并进的发展阶段。和西方先发内源型现代化相比，中国的现代化进程表现出更多内源与后发的重叠性、冲突性，发达国家现代化进程中曾出现过的问题、中国自身历史和环境带来的

---

[1]　杨彬：《社会体制初论》，《学习与探索》1995 年第 4 期，第 93 页。

问题以及全球化带来的新变化和新问题，时空压缩般的同时出现在中国今天的现代化进程中。"人流""金流""物流""信息流""意识（思潮）流"这五种流动，在"四化"（工业化、城市化、市场化、国际化）进程中，在"三交织"（境外因素和境内因素相交织、网上动向和网下动向相交织、传统安全问题和非传统安全问题相交织）的复杂态势下，日益活跃。① 这"五、四、三"是一个大趋势，影响及于当代中国社会的各个方面，中国社会正处于一种激越变革的历史时期。某种意义上说，社会转型甚至比经济转型还要更加严峻，对当前的社会治理模式尤其是计划经济时期形成的社会体制提出了前所未有的挑战。在复杂的社会变迁下，怎样才能真正做到既保护和发扬由改革开放带来的巨大活力，又使社会安定有序、各得其所，怎样才能真正建立起适应社会主义和谐社会的新的社会安全架构，都对创新和改革社会体制提出了要求。

社会转型关口，中国社会矛盾凸显，群体性事件、上访走访、社会冲突频发。据有关方面提供的数据，自 1993 年以来，全国群众来信来访总量出现回升，一直持续了 10 多年。② 中国社会科学院的信访调查报告显示，2003 年国家信访局每年接待的接受上访人群和信件达 100 万人次以上，2003 年因此被中国媒体称为"信访洪峰年"。2004 年的形势更加严峻，国家信访局受理群众来信比 2003 年上升 11.7%，接待群众来访批次、人次，分别比 2003 年上升 58.4% 和 52.9%。③ 当前中国出现的大量社会矛盾和冲突事件，与"利益表达机制的缺失"有关④，与公共服务不到位、资源机会分配不公有关。面对贫富差距日渐拉大的现实，要做出相应的调整，就需要更加注重公平，解决好资源机会的配置问题。因此，解决矛盾和问题的突破口就在于社会体制的改革。

总之，改革开放 30 年来，中国经济增长迅速，综合实力迅猛提高，GDP 产值已跃居世界第二位。发展到今天，我们现在的发展不能说没有成效，不能说不快，但快速发展中隐藏着危机和不确定感，不少地方甚至危机

---

① 郑必坚：《五种流动挑战社会治理》，《光明日报》2012 年 8 月 13 日。
② 王永前：《国家信访局局长称：80% 上访有道理》，http://www.cctv.com/news/china/20031120/100764.shtml。
③ 邵道生：《信访工作：将"群体性事件"消弭于未萌期》，《廉政瞭望》2005 年第 9 期，第 12 页。
④ 清华大学社会学系社会发展研究课题组：《以利益表达制度化实现社会的长治久安》，清华大学社会发展论坛打印稿，2010，第 15 页。

相当深刻，根本原因就是社会体制建设严重滞后，快速发展往往是毕其功于一役得来的，而不是靠定型的规则来实现的。时下政府的很多做法是急功近利的，并不符合事物演化的基本逻辑，这样的发展就可能不稳定、不协调、不持续。"从制度建设来审视中国的崛起，中国是一个'脆弱的大国'"①的说法切中问题的要害，今天中国存在的诸多社会问题主要源自体制的落后或者是体制的缺失。因此，社会转型关口，关键是要建立起与社会主义市场经济体制相适应的社会体制，在改革方向上突出公平公正，理顺公平和效率的关系、国家和社会的关系，这些是社会体制改革要回答的问题。

## 第四节　未来一段时期社会体制改革的基本思路

那么我们到底需要什么样的社会体制？社会体制究竟应该怎样改革？从宏观层面上说，社会体制改革要适应两种社会转型：一种是适应从农业社会向工业社会的转型，建立与工业社会相适应的工业社会体制；一种是适应从计划经济体制向计划经济体制的转型，建立适应市场经济体制的社会体制。从微观层面上说，任何一种体制或制度安排都对应着一种利益格局，社会体制改革的目标即要通过体制和制度重新安排，使每一个人都拥有公平发展的环境，享有公平公正的福祉，每个人都能得到全面发展。基于这样的目标，我们对社会体制改革重点建议如下。

### 一　抓好社会体制改革的顶层设计，明晰改革的抓手

要推进社会建设，必须像当年推进经济建设先进行经济体制改革那样，一定要进行社会体制改革，建立起适应社会主义市场经济体制的社会体制。

中国的经济体制改革始于 20 世纪 80 年代初。改革之路纷争不断，尤其是对基本理论问题的争论左右着改革：有计划和市场的关系之争，有价格改革和产权改革顺序之争，有社会主义和资本主义道路之争，更有 20 世纪 80 年代末到 90 年代初期中国整体改革的倒退和经济发展的停滞之争。一路走来，真理在实践的检验下越辩越明。而推动改革一路向前的则是饱满的改革精神和敢于冲破宿习与制度藩篱的勇气。任何一项改革都有阻力，都要付出成本，而同时需要的就是改革的精神和勇气。目前中国已经到了大力推动社

---

① 郑永年：《中国需要的是制度崛起》，《中国改革》2008 年 3 月 29 日。

会体制改革的关键时期。如果说经济体制改革最初使大部分人获利的话，社会体制改革的任务就是破除已经形成的利益格局，进行资源的重新配置。这项任务更艰难，所以社会体制改革需要更大的勇气和改革精神，大胆改革计划时期遗留下来的社会建设制度、机构设置、资源机会配置机制等，建立健全与社会主义市场经济相适应的现代社会体制。习近平总书记在近期"新南巡"中讲道："要坚持改革开放正确方向，敢于啃硬骨头，敢于涉险滩，既勇于冲破思想观念的障碍，又勇于突破利益固化的藩篱"，这指示了我们深化改革的方向。

经济体制改革给出的另一个经验就是改革方案的总体设计。经济体制改革之初，为回答如何改革的问题，国家组建了专职机构研究改革方案，同时吸纳大量的经济学家参与改革方案的设计，改革在有理有据的规划中步步推进。当前社会体制改革也需要总体设计和宏观决策。体制问题是全局性、系统性的，不是一个地区能解决的，一个地区也很难独自突破，需要全国统筹，当然地方经验和智慧同样不可忽视。中国社会所有的"老大难"问题，基层都有解决的办法，可先在地方试点，允许地方搞活，发挥各地智慧，再将地方经验上升至全国，同时强化中央顶层设计；完全照搬西方不行，老一套做法也不行，因此符合中国国情的顶层设计极其重要。具有主导性的政府行为，既要为改革提供整体设计，提供价值观、方向、规划和目标，还要通过简政放权，培育社会、地方参与力量，激励自下而上的基层创新。

改革还有一个先后顺序问题。当初，经济体制改革中价格改革和产权改革谁先谁后之争也是异常激烈，最后选择了先价格改革、通过价格放开搞活市场，然后进行所有权改革之路，目的是将最艰难的国有企业改革放在最后。社会体制改革也要有先后顺序，当然不是僵化的。比如，国家是从民生入手搞社会建设。若从目前情况看，社会体制改革可以以社会事业体制改革为抓手。中国的社会事业单位横跨政府和社会两个领域：一方面政府办社会的体制需要改变；另一方面社会事业单位是中国社会组织的重要表现形式，承担很多社会职能，事业单位职能定位必须厘清。解决好事业单位改革问题，将会同时解决政府和社会两个领域的问题。

社会事业体制改革首先需要明确区分社会领域的"基本"与"非基本"属性。教科文卫体等社会事业，以及就业、收入分配、社会保障、社会稳定等民生事业，都具有双重属性：一是"事业"的属性，或公益的属性，作为一种"公共产品"向全社会提供，属于政府保"基本"的范畴；二是

"产业"的属性，作为一种"社会服务"由社会成员按需购买，属于"非基本"的范畴，可由政府提供，也可借助企业或社会组织来承担。改革的关键是，在保"基本"的公共服务领域，政府要承担起公共管理者和公共服务者的角色，以公正公益坚持该类事业改革的发展方向；在"非基本"部分，可通过产业化、市场化来解决，积极引导社会力量参与社会事业的举办，转变政府单一的投资者、管理者、经营者的管理体制。以教育为例，九年义务教育属于政府保基本的范畴，当前需要解决的体制问题包括城市的"重点校"问题、农村的"村小没落""县中沦陷"问题，以及城乡教育资源不均等问题。大学教育属于非基本范畴，改革的关键是"去行政化"，加大社会办学的比重及法律政策支持，以市场和社会需求引导大学的办学方向。

另外，城乡二元体制改革也是关键。应采取渐进改革的方式，可以有计划、有步骤地放宽中小城市和小城镇落户条件，逐步在有条件的地方实现农民工与城镇居民享有同等待遇。户籍制度的改革需要财政体制的配套改革，要同步推进中央财政对农民工主要流入地的地方财政的转移支付等相关财政制度改革等。

## 二 构建"政社分开"体制，积极培育社会建设主体

社会体制改革牵涉到许多最基本的理论和政策问题。经济体制改革的成功得益于学界对于"国家与市场关系"的长期探讨，进而在理论和实践中理顺了二者的关系。当前中国社会体制改革首先要解决的基本理论问题，同样是理顺国家与市场、社会的关系，明晰政府与社会、市场的边界，确定它们之间的关系，规定各自的角色，使之各归其位。

中国的现状是政府延续计划经济的高度集权特性，一直没有摆脱"强政府"的身份，市场在30多年的经济体制改革及政府权力下放中逐渐确立了自己的地位，明确了自己的职能，在资源配置上也发挥着"强市场"的作用。唯有社会，先天不足，后天乏力，既有政府的强势吸纳，又有市场的侵蚀[1]，处于"弱社会"状态。虽然改革开放以来国家直接控制之外的社会

---

[1] 匈牙利政治经济学家卡尔·波兰尼敏锐地揭示出，社会历史变迁如同钟摆式轮回，当市场经济发展到一定程度，必然侵蚀"社会"这一根基；因而"社会"必然要发起自我保护性的反制运动而成为"能动社会"。

空间一直在成长，它们与政府的相互关系以及在社会治理中的作用也得到了普遍的承认，但是国家主导的局面一直没有改变。

改革的思路首先是改变思想观念。改革的步伐越是迈向体制的深层，就越是需要思想解放和理论创新。整个社会特别是政府应该怎样看待"社会"，看待社会和政府的关系，这是目前亟须厘清的问题。在现代社会，政府和社会的关系表现为各司其职，分工明确。政府承担着公共服务、经济调节、市场监管、社会管理四项职能，社会则履行其提供公共产品、提供安全阀、整合和管理社会的职能。同时，在国家与社会的关系中，社会还可以帮助政府解决"越位"和"缺位"问题，起到拾遗补缺的作用。具体地说，有以下几个方面。

第一，"社会"能够帮助政府增强合法性。现代社会，政府已经不能大权独揽，分权、分治已为必须，"社会"作为一个行动主体的存在，形成了辅助政府的社会力量，可以帮助政府赢得和增强在现代社会中的合法性。

第二，"社会"可以使政府成为利益关系的第三方。政府包揽全部社会职能，造成的一个结果是独力难支，民众不满意；另一个结果是"有事找政府"，政府成为所有社会矛盾和冲突的源头。政府放权，使社会成为社会建设的主体之一，积极培育社会力量，很多矛盾冲突可以通过社会帮助解决，可以分散政府的执政风险，避免政府在社会矛盾中处于风口浪尖的位置，使政府处于一种更合理和有利的位置；比如在劳资关系中，政府可以作为调停者而不是利益方出现，当然国家该承担的责任不能推卸。同时，民间社会组织得到充分发育，可以形成化解社会矛盾和社会冲突的社会性机制。

第三，"社会"可以降低社会治理成本。目前政府承担社会管理的主要职能，但随着社会矛盾的日益突出，国家用于社会治理的成本越来越高，引入社会主体，强化社会自我组织和自我管理，可通过社会内部自身消解社会矛盾，降低社会治理成本。

第四，"社会"弥补政府在公共事务中的缺位。政府不能代替社会（越位），也不能不管社会（缺位）。现在的问题是政府把属于社会的职能纳入体制内，独立承担起全部公共事务，在资源、能力有限的条件下，必然造成政府在公共服务方面的某些缺位。

因此，社会体制改革的方向是：政社分开、权责统一，政府的归政府，社会的归社会；合理界定和理顺政府、市场、社会三者之间的权力边界和结构关系，改变强政府、强市场、弱社会的格局。解决政府一方面投入不足

（缺位）、一方面干预过多（越位）的问题，改变社会参与不够和能力不足、市场资源整合不够等状况。政府尤其要敢于和善于简政放权，改变长期以来对社会服务和公共管理大包大揽的局面；要通过社会自治、政府购买、相互合作等方式，还权于社会。对于公共服务，政府主办公益性强、获利少的，而将竞争性公共服务交给市场，还有一些可以向社会组织购买。同时积极培育社会组织，规范社区建设，使之承担更多的社会职能。

正如有学者所言："在一个日益分化和市场化的利益结构中，国家不应该、也不可能再扮演过去的主体角色。而当国家完成了这种角色的转变时，国家也就能够更好地承担起社会管理者和规则维护者的角色。"① 因此，构建和厘清"国家—市场—社会"的体制框架，是当前推动社会建设的重要举措。

### 三　改革和优化社会资源分配体制，构建和谐的利益关系

利益关系是社会体制改革的核心。关注社会体制改革，首先要关注利益关系，尤其是收入分配关系。中国现行分配体制仍延续计划经济时期的国家整体发展战略思维，在资源配置上坚持先中央后地方，先城市后农村，先整体后个人的政策倾向，由此形成的城乡二元结构以及围绕着户籍制度而生成的利益结构，到今天依然难以彻底撼动，改革开放并没有改变这一发展逻辑。而且改革开放以来形成的既得利益格局还在进一步固化这种现状。因此，当前的社会体制改革要从社会资源分配体制的公平公正入手，极力打破现有利益格局，着力构建和谐的利益关系。

#### （一）调整社会群体间的利益关系

邓小平同志早在改革开放之初就提出，可以允许一部分人通过诚实劳动和合法经营先富裕起来。市场经济的快速成长也造就了一批市场的"弄潮儿"。但目前先富裕起来的人中有一些是依赖非正当、非合理、非合法的攫富机制获取财富的，造成占有社会财富的巨大差距，带来极大的不公平。一是因垄断带来的高额收入，二是以权力获得资源和利益，三是因产权缺失使部分人通过对矿产资源等的占有攫取财富。

改革的思路是进一步规范收入分配秩序，在制度上确保社会成员能够平等地通过自己的劳动获得财富。坚决打击取缔非法收入，规范灰色收入，逐

---

① 李路路：《和谐社会：利益矛盾与冲突的协调》，《探索与争鸣》2005 年第 5 期，第 4 页。

步形成公开透明、公正合理的收入分配秩序；深化垄断行业收入分配制度改革，完善对垄断行业工资总额和工资水平的双重调控政策；严格规范国有企业、金融机构经营管理人员特别是高管的收入，完善监管办法。同时建立资源产权制度，明确土地产权、资源产权和垄断行业的经营权，确保农民对土地的占有、使用、支配和收益的权利，从制度源头上杜绝财富的两极分化。

### （二）理顺国家、企业和个人之间的利益关系

在一定既定的总量范围内，居民收入、企业收入、政府收入是"跷跷板"，是此消彼长的关系。这些年国家财富总量迅速增长，但居民收入在其中的比重逐渐下降，表明财富集中到了企业、政府那里，"社会总储蓄结构里居民、企业、政府各自增长情况：这些年有三个数，居民涨了2个点，企业涨了4个点，政府涨了8个点"①。从劳资关系看，在"金三角"的结构（劳方、资方、政府）中，劳动权一直处于比较弱势的地位；市场经济改革中，资本逐渐走上历史舞台，并在劳资关系中处于强势状态。

收入分配改革首先要提高居民收入在国民收入分配中的比重，提高劳动报酬在初次分配中的比重；加大财政、税收在初次分配和再分配中的调节作用，创造条件让更多群众拥有劳动工资之外的财产性收入，如股票、存款利息、证券以及各种红利等。

### （三）协调城乡之间的利益关系

城市人均收入和农村人均收入差距，从2002年以来仍然差距较大，2012年大约是3.2∶1；如果考虑到城市里各种各样的社会保障、公共服务的话，差别会更大。中国不能缩小城乡差距，就很难缩小全国收入差距。这就需要：一是进行社会保障、公共福利的均等化调整，解决农村的公共服务不足的问题，尤其是加大教育和医疗的投入，尽力缩小城乡差距；二是放开户籍制度，把农村人口变成市民，同时进行社会保障、医疗、养老、就业等政策的一体化改革。

### （四）处理好中央和地方的利益关系

目前中国中央和地方体制存在的问题是：一是中央总体性的顶层设计不够，很多政府行为具有随意性，在社会事业发展方面，一方面强调积极推进社会建设，搞好民生，另一方面在金融危机时又发生转向，政策缺乏稳定性和长期性；二是地方积极性不高，没有充分调动和发挥地方政府和群众的智

---

① 常修泽：《对中国分配问题的深层思考》，《学习月刊》2012年2月24日。

慧，形成可供借鉴的地方性改革探索和改革经验不多。因此，宏观体制改革的关键是制定相应的法律法规，明确中央和地方权力关系以及权力范围、幅度和实现形式及执行程序，建立必要的审查程序和监督机制，同时理顺中央和地方财政体制，充分发挥地方的积极性和智慧。

### 四　以机制建设为保障，推动社会体制改革和创新

在社会转型过程中，国家一直试图通过体制转换和建立法律秩序为社会提供新的制度安排，并以此重新规范、整合社会领域；然而，制度建设及规范的效力常常没有达到预期的效果，不可回避的是新的制度安排在推进过程中深受社会结构的制约。

一般来说，影响社会发展进程的因素，有社会体制这条暗线和社会结构这条明线，二者相互制约，相互影响。制度推进并非只是人为地制定一些规则，制度的有效运作离不开阶层、群体间的社会互动和社会利益的平衡，离不开社会各阶层的认同和遵从。因此，在将体现一定价值取向的规则和制度向社会领域进行推进时，由于社会结构的分化、社会不同利益群体的生成，在体制转型中实际出现了制度双重倾向，导致制度在推行过程中会出现变形、扭曲。比如"低保"政策在各地实施时出现了权钱交易和利益结盟。各方面都在"上有政策，下有对策"；同样一种体制安排，处于不同地位的利益群体会有各种阐述和做法。因此，为增强社会体制改革的有效性以及制度安排的合理性，需要建立一些社会机制加以引导和保障。

一般说来，机制建设是社会体制改革的有机组成部分。好的制度需要良好的机制来推动和保障，具体的运行机制包括科学的运行程序、操作方法和工作手段。机制建设就是指完善和健全保障制度顺利推行的运行程序、技术操作方法和工作手段。比如，对于某一公共政策的制定和实施方法，可以建立不同利益主体之间的理性对话与谈判机制，通过听证会、民主恳谈会、协商对话、民意测验、信息公开、开门决策等方式来听取多方意见；建立诉求表达机制，坚持媒体开放、信息公开等原则；建立政策实施的监督机制和评估机制等。从长期来看，社会机制建设的核心是公民民主参与政策的制定，造就民众（社会）对于改革的参与机制是至关重要的，这对于打破原来的利益格局，改变社会力量的对比，将起到很重要的作用。

# 第九章　社会结构

【摘要】社会阶层结构是社会结构的核心，是一个国家或地区社会结构的骨架，社会结构的任何变化都会集中反映到社会阶层结构的变化中。21世纪初"当代中国社会结构变迁研究"课题组发表了《当代中国社会阶层研究报告》，将中国社会分为十大阶层，引起了全社会乃至国际社会的广泛关注。10年过去了，随着中国经济社会的巨大发展，当代中国社会阶层结构发生了深刻变动，十大阶层的规模、内涵等都发生了重要变化，当代中国社会阶层结构朝着现代化社会阶层结构继续演进，尤其是中产阶层以年均约 900 万人的增速快速崛起。当代中国社会阶层结构变动呈现新的基本特征：社会阶层结构仍处于调整之中，但权力机制作用强化；中产阶层自我社会认同度普遍偏低；社会阶层关系复杂化。当前我国社会阶层结构仍不合理，而社会建设是调整优化社会阶层结构的必要手段。

这是一个发展成就巨大的时代，也是一个发展成本巨大的时代，更是一个居安思危的时代。改革开放 30 余年来，中国社会结构发生深刻变动，可以说是"几千年来未有之变局"。这种变动一方面给经济社会发展带来巨大活力，另一方面也产生诸多社会矛盾和问题。当前，这些社会矛盾和问题呈现结构性特征，涉及面广、关联性强、各种利益关系错综复杂，解决起来难度前所未有，并且一些问题长期得不到解决，影响到中国社会稳定与和谐发展。结构性问题是深层次的问题，必须加快社会结构优化和调整，而调整社会结构必须通过社会建设来实现。

社会结构是指占有一定资源、机会的社会成员的组成方式及其格局，包括城乡结构、区域结构、组织结构、分配结构、消费结构、阶层结构、人口结构、家庭结构等。[①] 社会结构理论研究表明，社会阶层结构是社会结构的核心，社会结构的任何变化都会集中反映到社会阶层结构的变化中来。在这个意义上，社会阶层结构是判断社会结构变动的重要指标，形成合理的社会阶层结构是优化社会结构的重点。因此，本章将集中讨论 21 世纪以来中国社会阶层结构的变化，并在此基础上提出通过社会建设优化社会阶层结构的对策与建议。

## 第一节　21 世纪以来中国社会阶层结构的深刻变化

2002 年，"当代中国社会结构变迁研究"课题组推出了第一部研究报告《当代中国社会阶层研究报告》。该报告对改革开放 20 余年来的中国社会阶层结构进行了深入分析研究，指出经过 20 余年的经济社会发展，当代中国社会阶层发生了剧烈分化，整个社会由原来的"两个阶级、一个阶层"分化为"十大阶层"。这一研究成果，当时在国内外引起强烈反响，一时之间，社会上纷纷热议社会分层，并将自己"对号入座"。这一研究甚至在国内引发了持续近 10 年的"社会分层研究热"。

21 世纪第二个 10 年，中国进入了新一轮的经济社会发展成长阶段，中国社会阶层结构究竟发生了怎样的变化？沿着 2001 年"当代中国社会结构变迁研究"课题组划分十大阶层的思路，我们进一步观察分析 21 世纪第一个 10 年中国十大阶层的发展变化状况。

---

① 陆学艺主编《当代中国社会结构》，社会科学文献出版社，2010，第 10 ~ 12 页。

## 一　改革开放 30 余年来中国社会阶层结构的总体性变化

根据推算和比较，与改革开放初期和 20 世纪初期相比较，最近 10 年中国社会阶层结构发生了深刻变化，十大社会阶层在整个社会阶层结构中的比重出现明显改变（见表 9 – 1）。

表 9 – 1　当代中国社会阶层结构变化对比（1978 ~ 2010 年）

单位：%

| 十大阶层 ＼ 年份 | 1978 | 2001 | 2010 |
|---|---|---|---|
| 国家与社会管理者 | 0.98 | 2.1 | 2.3 |
| 经理人员 | 0.23 | 1.6 | 2.7 |
| 私营企业主 | 0.00 | 1.0 | 2.2 |
| 专业技术人员 | 3.48 | 4.6 | 6.4 |
| 办事人员 | 1.29 | 7.2 | 7.3 |
| 个体工商户 | 0.03 | 7.1 | 10.1 |
| 商业服务业员工 | 2.15 | 11.2 | 11.3 |
| 产业工人 | 19.83 | 17.5 | 22.7 |
| 农业劳动者 | 67.48 | 42.9 | 30.4 |
| 无业失业半失业者 | 4.60 | 4.8 | 4.6 |

资料来源：1978 年数据来源为陆学艺主编《当代中国社会阶层研究报告》，社会科学文献出版社，2002，第 44 页；2001 年数据来源为陆学艺主编《当代中国社会流动》，社会科学文献出版社，2004，第 13 页；2010 年数据根据《2010 年第六次人口普查主要数据公报》《2011 中国统计年鉴》和中国社会科学院 2011 年全国综合社会调查（CGSS）数据推算。

——国家与社会管理者阶层。到 2010 年这个阶层所占比例为 2.3%，与 2001 年相比，增加了 0.2 个百分点，呈现微弱增长趋势。

——经理人员阶层。2010 年经理人员阶层所占比例为 2.7%，与 2001 年相比，增长了 1.1 个百分点。

——私营企业主阶层。中国私营企业主在 1981 年仅有 2 户，到 2000 年初私营企业主已经发展为 395.3 万人，到 2011 年迅速扩大为 1985.7 万人。2011 年中国私营企业主的人数是 2000 年的 5 倍多。

——专业技术人员阶层。2010 年专业技术人员阶层所占比例为 6.4%，比 2001 年增加了 1.8 个百分点。

——办事人员阶层。2010 年这个阶层所占比例为 7.3%，与 2001 年相比，增加了 0.1 个百分点。

——个体工商户阶层。到 2010 年这个阶层所占比例为 10.1%，与 2001

年相比，增加了 3 个百分点。

——商业服务业员工阶层。这个阶层维持比较稳定的状态，与 2001 年相比，到 2010 年，这个阶层所占比例仅增长了 0.1 个百分点，为 11.3%。

——产业工人阶层。到 2010 年这个阶层所占比例为 22.7%，与 2001 年相比，增长了 5.2 个百分点，净增 4661 万人。产业工人阶层新增人员以农民工为主体。

——农业劳动者阶层。到 2010 年这个阶层所占比例为 30.4%，比 2001 年减少了 12.5 个百分点。10 年间，中国减少了 8000 万多农业劳动者。

——无业失业半失业者阶层。到 2010 年，这个阶层所占比重为 4.6%，比 2001 年减少了 0.2 个百分点。

以上数据对比表明，近 10 年来，中国社会阶层结构发生了明显改变，即除了农业劳动者阶层比例大幅度减小、无业失业半失业者阶层比例基本没有变化之外，其他阶层比例总体上呈现增长趋势（见图 9 - 1）。

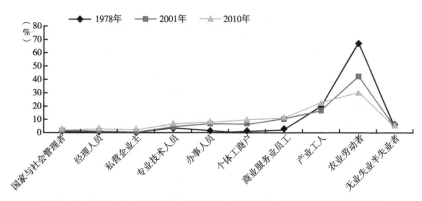

**图 9 - 1　1978 年、2001 年、2010 年中国"十大阶层"变化趋势图**

## 二　当代中国社会阶层结构正朝着现代类型继续演进

《当代中国社会阶层研究报告》的一个重要观点是："该大的阶层没有大起来，该小的阶层没有小下去。"前者是指社会中间阶层还没有大起来。据课题组当时测算，中国的社会中间阶层 2001 年约为 16%。后者是指农业劳动者阶层还没有小下去，到 2001 年还占 42.9%。

2010 年，中国社会阶层结构的变化是：该小的阶层在继续缩小，该大的阶层在继续增大。农业劳动者阶层到 2010 年大约占 30.4%，比 2001

年减少了 12.5 个百分点；中国社会中间阶层到 2010 年大约占 26%，比 2001 年大约增长了 10 个百分点。但"该大的阶层没有大起来，该小的阶层没有小下去"这一格局并没有发生根本性的变化（见图 9 - 2、图 9 - 3）。这表明中国社会阶层结构朝着"橄榄形"社会结构方向继续演进，有待进一步优化。

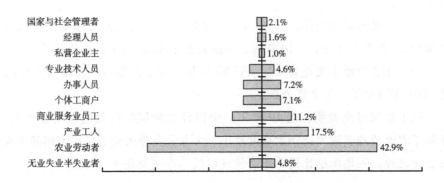

**图 9 - 2　2001 年中国十大社会阶层结构图**

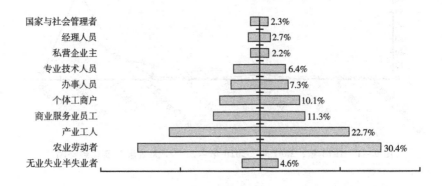

**图 9 - 3　2010 年中国十大社会阶层结构图**

## 第二节　21 世纪以来中国十大社会阶层的重要变化

进入 21 世纪以来，中国社会阶层结构发生了深刻变化，不仅每个阶层的规模发生了变化，其内涵也发生了重要而深刻的变化。现就这十个阶层自身的变化及其对中国社会未来发展的影响进行简要分析。

## 一　国家与社会管理者阶层

国家与社会管理者阶层是体制内核心部门的管理者、领导者，这个阶层在社会结构中处于优势地位，掌握着最重要的组织资源，在社会资源和机会配置中处于优势地位。改革开放30余年来，中国国家与社会管理者阶层的规模总体上呈现扩大的趋势。1978年国家与社会管理者阶层的比重为0.98%，到2001年增加为2.1%，增加了1.12个百分点。到2010年增加到2.3%，与2001年相比，增加了0.2个百分点。

如果分时段看，20世纪80年代之前的很多重要领导职位是由革命时期的军政干部来担任的。这个阶层在20世纪80年代以前所占有的文化资源较少，文化水平普遍不高。早在1981年，邓小平同志就深刻指出："选拔培养中青年干部这个问题，是个战略问题，是决定我们命运的问题。现在，解决这个问题已经是十分迫切了，再过三五年，如果我们不解决这个问题，要来一次灾难。"[①]

20世纪90年代以后，这些干部中的绝大多数由于年龄原因以及响应邓小平同志提出的干部"四化"要求，逐渐退出了领导岗位，由新中国成立后参加工作的干部所接替。这个阶层并不是生产资料的所有者，但他们可以控制、支配一部分生产资料，因而他们的工作条件较好，名义工资收入虽然不多，但享有各种待遇，实际收入相对较高。20世纪80年代以后，这个阶层通过进修、培训、自学等多种形式，提高了文化水平，特别是大量本科以上学历的青年知识分子加入其中，使得这个阶层拥有了相对较高的文化资源，文化水平普遍提高。

进入20世纪90年代中期后，尤其是2006年1月1日开始实施《公务员法》以来，"凡进必考"逐渐成为进入公务员队伍的主要途径，公务员考试也成为大专院校毕业生进入公务员队伍的主要通道，一支高素质、专业化的公务员队伍逐步建立，并成为执政队伍的新生力量。国家与社会管理者阶层是公务员队伍中的优秀代表和核心力量。这个阶层除拥有重要的组织资源之外，其所拥有的经济资源和文化资源也在不断增加。多项社会调查资料显示，改革开放以来，国家与社会管理者阶层是改革发展过程中获益最多的社会阶层之一。特别是在东部发达地区，这个阶层的成员工作比较稳

---

① 中共中央文献研究室编《邓小平年谱》，中央文献出版社，2004，第753页。

定，有升迁机会，社会福利好，社会声望高，成为社会上很多人理想的职业目标。

从 20 世纪 90 年代中期以后，每年的公务员考试报考人数越来越多便证明了这点。进入 21 世纪以后，这种竞争呈现白热化趋势，公务员职位炙手可热。2001 年国家公务员招录人数为 4500 名，最终录取比例为 7.3∶1。到 2010 年，招录人数为 15290 名，审核通过的报名人数达到 144.3 万，最终录取比例为 59.7∶1（见表 9 - 2），为历年最高纪录。

表 9 - 2　2001～2013 年国家公务员考试报考情况汇总

| 年份 | 招考职位数（个） | 招录人数（人） | 审核通过（万人） | 参考人数（万人） | 录取比例 |
|---|---|---|---|---|---|
| 2001 | — | 4500 | — | 3.3 | 7.3∶1 |
| 2002 | — | 4800 | 6.2 | 5.6 | 11.7∶1 |
| 2003 | 5400 | 5475 | 12.5 | 8.8 | 16∶1 |
| 2004 | 4036 | 7572 | 18.2 | 12 | 15.8∶1 |
| 2005 | 5456 | 8271 | 31 | 29 | 35∶1 |
| 2006 | 6053 | 10282 | 54 | 50 | 48.6∶1 |
| 2007 | 6361 | 12724 | 74 | 53.5 | 42∶1 |
| 2008 | 6691 | 13787 | 80 | 64 | 46.4∶1 |
| 2009 | 7556 | 13566 | 105.2 | 77.5 | 57.1∶1 |
| 2010 | 9275 | 15526 | 144.3 | 92.7 | 59.7∶1 |
| 2011 | 9763 | 15290 | 141.5 | 90.2 | 59∶1 |
| 2012 | 10486 | 17941 | 133 | 96 | 53.5∶1 |
| 2013 | 12901 | 20839 | 150 | 112 | 53.7∶1 |

资料来源：根据历年报考公务员的数据整理。

国家与社会管理者阶层成为当前社会成员追求的目标，但近年来在这个阶层中出现贪污腐败、玩忽职守、滥用职权，甚至与民争利等行为，严重损害了这个阶层所代表的国家、政府的形象，引起了其他社会阶层的强烈不满。2000 年以来，检察系统立案侦查的职务犯罪案件件数、涉案人数、涉案处级以上干部人数一直维持在高位，其中不乏那些位高权重的厅级、省级干部（见表 9 - 3）。当然，这些年来，随着国家对干部队伍的建设和管理，以及惩治腐败力度的进一步加大，这个阶层的主流是积极向上的。改革开放以来取得前所未有的巨大发展成就，与这个阶层付出的巨大努力是分不开的。

表 9 - 3　历年立案侦查的职务犯罪案件、人数等统计表

| 年份 | 立案侦查的职务犯罪案件件数（件） | 职务犯罪案件涉案人数（人） | 其中贪污贿赂大案件数（件） | 涉案县处级以上干部数（人） | 其中 | |
|---|---|---|---|---|---|---|
| | | | | | 厅级干部（人） | 省级干部（人） |
| 1990 | 51373 | — | — | 1188 | — | — |
| 1991 | 46219 | 51705 | — | 924 | 34 | 1 |
| 1988～1992 | 214318 | 95818 | — | 4629 | 173 | 5 |
| 1993 | 56491 | 19357 | 30877 | 1037 | 64 | 1 |
| 1994 | 32150 | 39802 | — | 1915 | 88 | — |
| 1995 | 83685 | 12835 | 63953 | 2262 | 137 | 2 |
| 1996 | 39743 | — | 15945 | — | — | — |
| 1993～1997 | 387352 | 181873 | 172983 | 3175 | 265 | 7 |
| 1998 | 35084 | 40162 | — | 1820 | 103 | 3 |
| 1999 | 38382 | — | — | 2200 | 136 | 3 |
| 2000 | 45113 | — | — | 2680 | 184 | 7 |
| 2001 | 36447 | 40195 | — | 2670 | — | 6 |
| 1998～2002 | 207103 | — | — | 12830 | — | — |
| 2003 | 39562 | 43490 | 18515 | 2728 | 167 | 4 |
| 2004 | — | 43757 | — | 2960 | 198 | 11 |
| 2005 | — | 8490 | — | 2799 | 196 | 8 |
| 2006 | 18241 | — | — | 2736 | 202 | 6 |
| 2003～2007 | 179696 | 209487 | — | 13929 | 930 | 35 |
| 2008 | 33546 | 41179 | 17954 | 2687 | 181 | 4 |
| 2009 | 32439 | 41531 | 18191 | 2670 | 204 | 8 |
| 2010 | 32909 | 44085 | 18224 | 2723 | 188 | 6 |
| 2011 | 32567 | 44506 | 18464 | 2524 | 198 | 7 |

资料来源：历年《最高人民检察院工作报告》，见 http：//www.spp.gov.cn/site2006/region/00018.html。

总体而言，从发展趋势上看，国家与社会管理者阶层成员不断增加，但由于受到编制等因素的影响，其增加幅度相对较为缓慢。与此同时，由于这个阶层拥有较多的组织资源，在资源和机会的配置中处于优势地位，在中国"学而优则仕"的文化传统作用下，这个阶层在未来相当长一段时间仍是其他社会阶层向上流动的目标阶层。

## 二　经理人员阶层

经理人员阶层为大中型企业中非业主身份的高中层管理人员，其主要由三部分人员构成：第一，国有企业的干部；第二，较大规模的私营企业或高科技产业领域中民营企业的职业经理人员；第三，通过企业股份化而使自己从业主型的创业者转变为职业经理人，主要是指"三资"企业中的高层管理人员。

改革开放 30 余年来，尤其是进入 21 世纪以来，经理人员阶层不仅在规模上不断扩大，所占比例从 2001 年的 1.6% 扩大到 2010 年的 2.7%，增加了 1.1 个百分点，而且其经济社会地位也在不断提升。

1. 经理人员阶层规模不断扩大

经理人员阶层活动的载体是企业。据统计，进入 21 世纪以来，中国工业企业数量由 2001 年的 17.13 万个，增加到 2010 年的 45.29 个，增加了 28.16 万个，增加幅度为 164.4%。另根据 2004 年和 2008 年两次经济普查数据，企业法人单位数增加了 170.9 万个，增长 52.6%（见表 9-4）。总体而言，随着企业数量的增加，经理人员阶层的规模也随着增长。

表 9-4　若干年份工业企业个数以及企业法人单位数量的变化

单位：万个

| 年份 | 全国工业企业数量 | 第一次经济普查企业法人单位数 | 第二次经济普查企业法人单位数 |
| --- | --- | --- | --- |
| 1990 | 50.44 | — | — |
| 1995 | 59.21 | — | — |
| 2000 | 16.29 | — | — |
| 2001 | 17.13 | — | — |
| 2002 | 18.16 | — | — |
| 2003 | 19.62 | — | — |
| 2004 | 21.95 | 325.0 | — |
| 2005 | 27.18 | — | — |
| 2006 | 30.20 | — | — |
| 2007 | 33.68 | — | — |
| 2008 | 42.61 | — | 495.9 |
| 2009 | 43.43 | — | — |
| 2010 | 45.29 | — | — |

资料来源：历年《中国统计年鉴》，中国统计出版社；国务院第一次全国经济普查领导小组办公室、中华人民共和国国家统计局：《第一次全国经济普查主要数据公报》，中国统计出版社，2006；国务院第二次全国经济普查领导小组办公室、中华人民共和国国家统计局：《第二次全国经济普查主要数据公报》，中国统计出版社，2010。

2. 经理人员阶层实力不断增强

经理人员阶层社会经济地位的变化主要以国有企业经理人员为例说明。近年来，国有经济的"进退"问题成为社会广泛关注的重要话题。根据统计，全国工业企业数量由 2000 年的 16.29 万个增加到 2010 年的 45.29 万个，增长了 1.78 倍。而国有企业的数量由 2000 年的 5.35 万个下降到 2010 年的 2.03 万个，减少了 3.32 万个，国有企业数量在全国工业企业中的占比由 2000 年的 32.8% 下降到 2010 年的 4.5%，减少了 28.3 个百分点；国有企业总产值占全国工业企业总产值的比重由 2000 年的 47.3% 下降到 2010 年的 26.6%，减少了 20.7 个百分点。但国有控股工业企业资产总额、国有控股工业企业主营业收入分别增长了 3.7 倍、3.6 倍。平均每个国有控股工业企业资产总额从 2000 年的 2.4 亿元增加到 2010 年的 29.2 亿元，平均每个国有控股工业企业主营业收入从 2000 年的 0.78 亿元增加到 2010 年的 9.57 亿元（见表 9－5）。由此可见，虽然国有企业数量大幅度减少，实力却不断增强。

表 9－5　2000 年以来国有企业数量、总产值、资产总额、主营业收入变化

| 年份 | 全国工业企业数量（万个） | 国有企业数量（万个） | 国有企业数量在全国工业企业中的占比（%） | 国有企业总产值占全国工业企业总产值比（%） | 国有控股工业企业资产总额（亿元） | 国有控股工业企业主营业收入（亿元） |
|---|---|---|---|---|---|---|
| 2000 | 16.29 | 5.35 | 32.8 | 47.3 | 126211.24 | 42203 |
| 2001 | 17.13 | 4.68 | 27.3 | 44.4 | 135402.49 | 44444 |
| 2002 | 18.16 | 4.11 | 22.6 | 40.8 | 146217.78 | 47844 |
| 2003 | 19.62 | 3.43 | 17.5 | 37.5 | 168807.70 | 58028 |
| 2004 | 21.95 | 3.18 | 14.5 | 35.2 | 215358.00 | 71431 |
| 2005 | 27.18 | 2.75 | 10.1 | 33.3 | 244784.25 | 85574 |
| 2006 | 30.20 | 2.50 | 8.3 | 31.2 | 291214.51 | 101405 |
| 2007 | 33.68 | 2.07 | 6.1 | 29.5 | 353037.37 | 122617 |
| 2008 | 42.61 | 2.13 | 5.0 | 28.4 | 431305.55 | 147508 |
| 2009 | 43.43 | 2.05 | 4.7 | 26.7 | 493692.86 | 151700 |
| 2010 | 45.29 | 2.03 | 4.5 | 26.6 | 592881.89 | 194340 |

资料来源：历年《中国统计年鉴》，中国统计出版社。

3. 国有企业的经理人员阶层享有更多的特权和优越的经济保障

国有企业在资源和机会配置方面可以获得更加优惠的政策。以国有企业获取贷款为例，有研究指出，国有企业在 2001～2008 年少支付的利息费用为 2.8469 万亿元[①]。类似这样的优惠政策，给国企增加利润提供了巨大空间。

国有企业经理人员的社会经济地位也明显优越于私营企业主，这表现在以下两个方面：一是在薪酬方面具有优越性。根据 2009 年有关材料，中央企业负责人平均年薪达 68 万元，90% 在百万元以上。[②] 另外一份由人力资

①　《政协委员：国有企业的高额利润来得有问题》，《21 世纪经济报道》2011 年 3 月 4 日。
②　车丽：《人社部：逐步提高最低工资　监管国企高管工资》，中国广播网，见 http://www.chinanews.com/cj/2011/04－18/2980962.shtml。

源和社会保障部、财政部、国资委等部委联合制定的相关文件显示，国企高管年薪与企业职工平均工资的倍数关系为 10～15 倍。二是优越的发展条件，这是私营企业主永远无法比拟的。国有企业的经理人员是体制内人员，在成为经理之前，多数为公务员，至少是事业单位高层管理干部。对于他们而言，企业无论盈亏，他们的报酬和待遇是基本不变的。

尽管经理人员阶层，尤其是国有企业的经理人员的社会经济地位获得了巨大的提升，但这个阶层也不断遭到社会的批评和质疑，这集中体现在企业社会责任方面。国有企业不同于一般的私营企业。首先，要为整个国民经济的发展提供公共产品和基础设施，为其他经济成分创造稳定的运行环境和条件；其次，要带头实施政府经济社会发展的政策，贯彻执行国家宏观调控政策；最后，要弥补市场失灵，克服市场盲目性，推进经济的稳定发展。然而，近年来，国有企业不仅在垄断领域大展拳脚，甚至在一些非垄断领域肆意扩张，与私营企业一决高低。总之，缺乏社会责任的国有企业成为社会抱怨的对象，饱受争议。

总体来看，不论对国有企业经理人员有怎样的批评和质疑，经理人员阶层社会经济地位不断提升已成为不争的事实，其社会经济地位远高于私营企业主阶层。近年来，社会上一些精英群体纷纷离开私营企业，甚至外资企业，进入国有企业，在某种程度上也印证了这点。

### 三　私营企业主阶层

私营企业主是改革开放以后中国出现的一个新生阶层。新中国成立后，随着 1956 年"三大改造"运动的完成，公有制成为在国民经济中占据主体地位的所有制形式，私营经济基本被消灭。到 1965 年，传统的中国资产阶级完全失去了经济上存在的基础。1978 年改革开放以后，私营经济恢复发展，不同于传统资本家的私营企业主阶层产生了。尽管这个阶层的发展经历了一个比较曲折的历程，但终归发展壮大起来了。到 2010 年，私营企业主阶层在中国社会阶层结构中已占 2.2%。这个阶层的产生、发展与壮大，给中国经济社会发展带来了不可估量的活力。

第一，私营经济成为中国社会投资的重要力量。到 2010 年底，全社会固定资产投资总额中，私营企业经济占 51.1%，远高于国有经济、外资企业的 42.3%、6.6%。

第二，私营经济的发展极大地带动了就业。到 2010 年，私营企业的从业人员达到9407.6万，大约占2010年总就业人口的12.3%。据全国工商联统计，截至2012年10月，在民营企业就业的人数已达1.5亿，而且每年都吸纳80%以上的新增就业人员。

第三，为社会底层的人群提供了向上流动的机会。私营企业主是一个新生的阶层，处于体制外阶层最高位置。一方面给那些位置较低阶层的人群，尤其是体制外的位置较低的人群以奋斗的目标和希望；另一方面给那些位置较低的阶层提供了实现向上流动的空间和机会，最大限度地激发了社会的活力。

从1989年起，相关部门开始对私营企业的发展情况进行统计。统计数据表明，中国私营企业主户数从1989年的9.1万户增加到2011年的967.7万户，增加了105.3倍；私营企业主从21.4万人增加到1985.7万人，增加了91.8倍；雇佣人员由164万增加到10353.6万，增加了62.1倍。另外，统计数据显示私营企业注册资本总额由1989年的84.5亿元增加到2011年的257900亿元左右，增加了3051倍多（见表9－6）。

表9－6　1978～2011年私营企业发展状况

| 年份 | 私营企业户数<br>（万户） | 企业主人数<br>（万人） | 雇工人数<br>（万人） | 注册资本总额<br>（亿元） | 缴纳税金<br>（亿元） |
|---|---|---|---|---|---|
| 1978 | 0 | 0 | 0 | 0 | 0 |
| 1981 | 2（户） | — | — | — | — |
| 1989 | 9.1 | 21.4 | 164.0 | 84.5 | — |
| 1990 | 9.8 | 22.4 | 170.8 | 95.2 | 2.0 |
| 1995 | 65.5 | 133.9 | 956.0 | 2621.7 | 35.6 |
| 2000 | 176.2 | 395.3 | 2392.7 | 13307.7 | 414.4 |
| 2001 | 202.9 | 460.8 | 2713.9 | 18212.2 | 660.9 |
| 2002 | 243.5 | 622.8 | 3247.5 | 24756.2 | — |
| 2003 | 300.6 | 772.8 | 4299.0 | 35304.9 | — |
| 2004 | 365.1 | 948.6 | 5017.0 | 47936.0 | — |
| 2005 | 430.1 | 1109.9 | 5824.1 | 61331.1 | 2715.9 |
| 2006 | 498.1 | 1271.7 | 6586.3 | 76028.5 | — |
| 2007 | 515.3 | 1396.5 | 7253.1 | 93873.1 | — |
| 2008 | 657.4 | 1507.4 | 7904.0 | 117356.7 | — |
| 2009 | 740.2 | 1650.6 | 8607.0 | 146400.0 | — |
| 2010 | 845.2 | 1794.0 | 9407.6 | 192100.0 | 8202.1 |
| 2011 | 967.7 | 1985.7 | 10353.6 | 257900.0 | — |

资料来源：历年《中国工商行政统计年鉴》，中国工商出版社。

除了数量规模扩大之外，私营企业主阶层另一个重要特征就是阶层实力在不断增强，主要体现在如下几个方面。

第一，经济实力更加雄厚。1995 年私营企业主的注册资金为 2621.7 亿元，而 2010 年为 192100 亿元，后者是前者的 73.3 倍。而 2010 年私营企业主的户数仅为 1995 年的 12.9 倍；2010 年私营企业主的人数仅为 1995 年的 13.4 倍。私营企业主的经济实力愈来愈雄厚。

第二，文化水平普遍提高。在普通人心目中，私营企业主就是有钱的老板，人们很容易将他们与暴发户联系起来。这些人给人们的总体印象是除了有钱，一般没有什么文化程度。事实上，随着经济社会的发展，这些年私营企业主阶层的文化程度逐步提高。不同年份对私营企业主文化程度的调查数据显示，1999 年私营企业主中大专及以上文化程度的人占样本数的 38.1%，到 2007 年这一数字已经上升为 61.8%，增加了 23.7 个百分点（见表 9-7）。

表 9-7　不同调查年份私营企业主文化程度分布

| 年份 | 小学以下（%） | 初中（%） | 高中中专（%） | 大学专科（%） | 大学本科（%） | 研究生（%） | 合计（%） | 样本数（个） |
|---|---|---|---|---|---|---|---|---|
| 1999 | 2.9 | 19.6 | 39.5 | 25.9 | 8.8 | 3.4 | 100.0 | 3066 |
| 2001 | 2.2 | 17.4 | 41.6 | 34.0 | | 5.8 | 100.0 | 3250 |
| 2003 | 1.7 | 12.9 | 33.6 | 31.1 | 15.0 | 5.7 | 100.0 | 2998 |
| 2005 | 1.5 | 12.6 | 36.6 | 31.7 | 13.1 | 4.5 | 100.0 | 3806 |
| 2007 | 0.9 | 8.1 | 29.3 | 26.9 | 22.2 | 12.7 | 100.0 | 4049 |

资料来源：全国工商联研究室编《中国改革开放 30 年民营经济发展数据》，中华工商联合出版社，2010，第 172 页。

第三，政治地位不断提高。作为掌握相当多经济资源的社会阶层，私营企业主必然逐步增加政治参与的要求。国家也逐渐改变了传统上对私营企业主的态度，把其作为社会主义建设的重要力量，并且为他们参政、议政提供了多种渠道。根据有关材料，1993 年第八届全国政协委员中有 23 位私营企业主，第九届、第十届分别有 48 位、65 位，到第十一届已超过 100 位。在全国人大代表中，第九届有 48 位私营企业主，第十届有 200 多位，到第十一届达到 300 位左右。根据全国工商联的不完全统计，各级人大代表和政协委员中有 7 万多私营企业主。

2009 年发布的《第八次全国私营企业主抽样调查数据分析综合报告》

指出，在4098个有效样本中，担任人大代表和政协委员者，共有2101人，占受访者的51.3%，其中全国和省级人大代表分别为18人和68人，全国和省级政协委员分别为8人和63人；担任县级和乡镇级人大常委会主任者分别为2人和5人；担任县级政协主席者4人。

政治参与的增加，在某种程度上意味着这个阶层在政治上的成长，也表明这个群体政治力量与日俱增，标志着"他们作为自为社会阶层的逐步形成"①，当然也愈来愈成为左右社会发展方向的重要社会行动者之一。

第四，中共党员的比例逐年提高。历次私营企业主抽样调查数据显示，私营企业主中的中共党员比例总体上呈逐年提高趋势（见图9-4）。尤其是进入21世纪以来，私营企业主中中共党员比例增速有所加快。2010年进行的第九次全国私营企业主抽样调查数据显示，私营企业主中中共党员比例提高到39.8%，与2000年相比，增加了20个百分点。

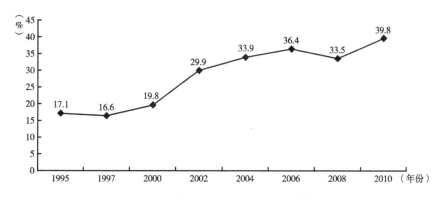

**图9-4 1995～2010年私营企业主中中共党员所占比例变化趋势**

资料来源：根据历次私营企业主抽样调查数据整理。

私营企业主中之所以有如此高比例的中共党员，主要是与私营企业的发展环境有密切的关系。一是20世纪90年代初期，许多知识分子下海经商，甚至一些党政干部也加入其中，有相当部分发展转变为私营企业主。二是当年全国乡镇集体企业有比例不小的党员。这些企业转制之后，部分党员逐步发展成为私营企业主。三是1995年之后，中国对国有企业进行改革转制，通过租赁、拍卖等形式转变为私营企业或私人租赁经营的企业。这些转制企

① 张厚义：《中国私营企业主阶层20年》，见汝信、陆学艺、李培林主编《2012年中国社会形势分析与预测》，社会科学文献出版社，2012，第281页。

业中原来的厂长、供销部门负责人等也转变为私营企业主。这些原来的厂长、供销部门负责人等绝大多数是中共党员。此外，在新经济组织中社会领域党建工作得到了加强，私营企业党员数量有了一定提高。

改革开放以来，私营企业主阶层从无到有，从小到大，逐步发展壮大，创造社会财富，拓展就业渠道，承担社会责任，为中国经济社会发展做出了重要贡献，得到了社会的广泛认可。然而，在数量规模不断扩大以及实力逐步增强的同时，私营企业主阶层也饱受社会争议，争议的一个方面是其财富来源的合法性问题。尤其是部分一夜暴富的私营企业主，公众对其所积累的财富是否干净存在很大质疑。争议的另一个方面是私营企业主是否承担了相应的社会责任。近年来部分私营企业主炫富、奢靡、制假、造假、欺压劳工等行为，引发了广大公众对私营企业主阶层的强烈不满。

值得注意的一个动向是，近年出现了包括私营企业主在内的经济精英群体与政治精英群体"强强联手"的迹象，通过利益结盟扩张各自的经济利益。在经济上占优势地位的私营企业主群体压制、侵占甚至限制另一部分处于劣势地位群体的合理利益和利益增长空间，导致了不公正的资源与机会配置结构的形成，进而成为产生新的社会矛盾和冲突的重要因素。

## 四 专业技术人员阶层

专业技术人员阶层是指在各种经济成分的机构中专门从事各种专业性工作和科学技术工作的人员，一般都具有中高级职业技术水平、不占有生产资料、具有一定自主性，是体制内或体制外非体力劳动者。改革开放30余年来，中国专业技术人员得到长足发展，他们成为中产阶层的主体力量。进入21世纪以来，专业技术人员阶层发生了如下重要变化。

第一，规模持续稳定扩大。专业技术人员所占比例由2001年的4.6%增长到2010年的6.4%，增加了1.8个百分点，达4870万。

第二，专业技术人员分布结构发生重要变化。根据统计，2000年中国公有企事业单位专业技术人员为2887万，到2010年为2816万，这10年基本稳定在2800万人左右。

2004年和2008年两次全国经济普查数据显示，2004年国有企业从业人数与2008年相比，减少了近4000万，相反，私营企业从业人员却增加了3774万。

国有企业从业人员中，具有研究生及以上学历人员、具有大学本科学历人员、具有大专学历人员的总和，从 2004 年的 2800.8 万人下降到 2008 年的 686.4 万人，减少 2114.4 万人；具有高级技术职称人员、具有中级技术职称人员的总和，从 2004 年的 1123 万人下降到 2008 年的 342.9 万人，减少 780.1 万人；高级技师、技师、高级工的总和，从 2004 年的 2874.7 万人下降到 2008 年的 606.1 万人，减少 2268.6 万人（见表 9 - 8）。

表 9 - 8　2004 年、2008 年国有企业、私营企业从业人员、文化教育程度、专业技术职称等比较

单位：万人

| 年份 | 企业类型 | 从业人数 | 具有研究生及以上学历人员 | 具有大学本科学历人员 | 具有大专学历人员 | 具有高级技术职称人员 | 具有中级技术职称人员 | 高级技师 | 技师 | 高级工 |
|---|---|---|---|---|---|---|---|---|---|---|
| 2004 | 国有企业 | 6120.2 | 81.1 | 968.0 | 1751.7 | 231.5 | 891.5 | 1751.7 | 231.5 | 891.5 |
| | 私营企业 | 5375.1 | 23.47 | 211.54 | 490.1 | 52.9 | 190.9 | 490.1 | 52.9 | 190.9 |
| 2008 | 国有企业 | 2202.2 | 24.8 | 249.8 | 411.8 | 194.3 | 148.6 | 411.8 | 45.7 | 148.6 |
| | 私营企业 | 9149.2 | 53.0 | 478.7 | 1107.4 | 76.7 | 274.1 | 1107.4 | 76.7 | 274.1 |

资料来源：国务院第一次全国经济普查领导小组办公室、中华人民共和国国家统计局：《第一次全国经济普查主要数据公报》，中国统计出版社，2006；国务院第二次全国经济普查领导小组办公室、中华人民共和国国家统计局：《第二次全国经济普查主要数据公报》，中国统计出版社，2010。

私营企业中，具有研究生及以上学历人员、具有大学本科学历人员、具有大专学历人员的总和，从 2004 年的 725.11 万人上升到 2008 年的 1639.1 万人，增加幅度为 913.99 万人；具有高级技术职称人员、具有中级技术职称人员的总和，从 2004 年的 243.8 万人增加到 2008 年的 350.8 万人，增加幅度为 107 万人；高级技师、技师、高级工的总和，从 2004 年的 733.9 万人增加到 2008 年的 1458.2 万人，增加幅度达到 724.3 万人。

第三，私营企业成为专业技术人员的孵化器。为了在激烈的市场竞争中图存求变、做大做强，一些私营企业，尤其是一些中小企业在促进科技进步方面做出种种努力，成为培养管理、科技和高技能职业技术人员的孵化器。根据有关统计，2000 ~ 2009 年，全国规模以上的工业企业中，有 R&D 活动的小企业从 10156 个增加到 23953 个，年均增长 10.0%，所占比重从 58.8% 提高到 65.8%。数据还显示，仅占全国中小企业总量 5.7% 的科技型企业，实现了 80% 以上的新产品开发；在所有国家级高新技术开发区中，中小型民营科技企

业占到 80% 以上。[①] 一大批企业经营管理方面的专业人才和大量拥有一技之长的专业技术人员在企业发展中迅速成长，推动了经济发展，促进了科技进步。

第四，某些领域的专业技术人员社会评价下降。教育机构、医疗机构以及科研机构等是专业技术人员从业的主要领域，这些领域多与寻常百姓的民生问题息息相关，如教育、医疗等与社会公众的日常生活直接相关。正是因为这样，专业技术人员在从业过程中稍有不慎，便有可能引发公众的不满。这些年来，由于各种原因，公众对部分领域的专业技术人员的评价普遍不高。如近年来频繁发生的"医闹"是社会公众对专业技术人员阶层不满的典型体现。

## 五 办事人员阶层

办事人员阶层是指协助单位和部门负责人处理日常行政事务的专职办公人员，主要由党政机关中的低层公务员、各种所有制企事业单位中的基层管理人员和非专业性文职人员等组成。他们是体制内或体制外不占有生产资料的非技术型非体力劳动者。2010 年，这个阶层在整个社会阶层中所占比例为 7.3%，与 2001 年相比，增加了 0.1 个百分点。这与其本身所分布的行业以及从事的职业有密切的关系，尤其是其工作的协助性特征，决定了这个阶层不会大规模扩张。

## 六 个体工商户阶层

改革开放以来，中国个体工商户得到了巨大发展，个体工商户数量从 1978 年的 14 万户增长到 2011 年的 3756.47 万户，年均增长 18.5%。个体工商经济在解决就业、增加财政收入、方便城乡居民生活、促进生活稳定等方面发挥了越来越重要的作用。21 世纪以来，中国个体工商户阶层的发展呈现如下特征。

1. 个体工商户数量稳定增长

从 2001 年的 2432.9 万户增长到 2011 年的 3756.47 万户，年均增长 132 余万户。从业人员从 4760 万人增长到 7945.28 万人，增加了 3185 万人，年均新增近 320 万人。其经营范围涵盖了批发和零售业，居民服务和其他服务业，住宿和餐饮业，制造业，交通运输、仓储和邮政业等众多领域。

2. 经营规模持续扩大

个体工商户注册资金数额不断扩大，注册资金总额从 2001 年的 3435.8

---

① 黄孟复：《中国民营经济发展报告（2010～2011）》，社会科学文献出版社，2011，第 21 页。

亿元增加到 2011 年的 16177.6 亿元，户均资金数额从 2001 年的 1.41 万元增加
到 2011 年的 4.31 万元。从业人员规模不断增加，户均从业人员从 2001 年的
1.96 人增加到 2011 年的 2.12 人（见表 9－9）。在一些行业特别是餐饮等劳动
密集型行业，有的小个体户逐步发展成拥有百人以上员工的个体大户。

表 9－9　1978～2011 年个体工商户发展变化状况

| 年份 | 个体工商户户数（万户） | 从业人员（万人） | 资金数额（亿元） |
|---|---|---|---|
| 1978 | 14 | — | — |
| 1981 | 182.8 | 227 | 4.58 |
| 1986 | 1211.2 | 1864 | 179.7 |
| 1990 | 1328.2 | 2093 | 397.4 |
| 1995 | 2528.5 | 4614 | 1813 |
| 1999 | 3160.1 | 6241 | 3439.2 |
| 2000 | 2571.4 | 5070 | 3315.3 |
| 2001 | 2432.9 | 4760 | 3435.8 |
| 2002 | 2377.5 | 4742.9 | 3782.4 |
| 2003 | 2353.2 | 4299.1 | 4187.0 |
| 2004 | 2350.5 | 4587.1 | 5057.9 |
| 2005 | 2463.9 | 4900.5 | 5809.5 |
| 2006 | 2595.6 | 5159.7 | 6468.8 |
| 2007 | 2741.5 | 5496.2 | 7350.8 |
| 2008 | 2917.3 | 5776.4 | 9005.9 |
| 2009 | 3197.4 | 6632.0 | 10856.6 |
| 2010 | 3452.89 | 7007.56 | 13387.6 |
| 2011 | 3756.47 | 7945.28 | 16177.6 |

资料来源：历年《中国工商行政统计年鉴》，中国工商出版社。

3. 成为私营企业主的后备力量

还有一些个体工商户经过不断的滚动发展和资本积累，经营规模逐渐扩
大，转为公司制企业、合伙企业或个人独资企业形式，谋求更大的发展，不
仅增加了私营企业数量，而且这些业主拥有了更高的社会经济地位，从而流
动上升为私营企业主阶层，成为私营企业主阶层的重要后备力量。

当然，中国个体工商户在经济社会发展中也遇到这样那样的问题，如一
些行业和领域对进入资格门槛设置过高，"名义开放、实际限制"的"玻璃
门"现象不同程度存在；又如受 2008 年以来全球性的国际金融危机和欧洲
债务危机以及国内经济下行压力影响，出现不同程度的经营困难；再如在税
费负担、融资贷款、社会化服务体系建设等方面还存在一些问题，特别是个

体经济量大面广，本小利薄，抗风险能力弱，出生和死亡变动频繁。这些问题不同程度地影响了中国个体工商户阶层的进一步发展壮大。

### 七 商业服务业员工阶层

商业服务业员工阶层是指在商业和服务业中从事非专业性的、非管理的工作人员。阶层分类指标确定此阶层的社会位置是在体制内或体制外第三产业中的受雇者和自雇者。2000 年以来，这个阶层总体规模变化不大，10 年来增加了 0.1 个百分点。这与 1978～2000 年增加 9 个百分点有很大变化。这些年商业服务业员工阶层变化的特点主要如下。

第一，从业人员规模庞大。根据统计测算，这个阶层人数达到 8000 多万人。

第二，从业领域广泛多元。从事第三产业的主要领域有交通运输、仓储和邮政业，批发和零售业，住宿和餐饮业，房地产业，居民服务和其他服务业等 14 个领域。其中一些领域由于经济社会的发展以及信息化的推动，成为新兴的或者蓬勃发展的服务领域，如快递业务、旅游业等。

### 八 产业工人阶层

如果对改革开放以来产业工人阶层的变化进行概括，可以用"复杂"来表述。1978～2010 年，二次产业就业人员的比重变动大致可以划分为四个阶段：第一阶段是 1978～1988 年的增长期，比重由 17.3% 增加到 22.4%。第二阶段是 1989～1997 年新一轮的增长期，比重由 21.6% 增加到 23.7%。第三阶段是 1998～2002 年，进入短暂的下降期，比重由 23.5% 下降到 21.4%，减少了 2.1 个百分点。这个阶段正是大规模国有企业改革期。第四阶段是从 2003 年开始至今，再次进入新一轮的强劲增长阶段，由 2003 年的 21.6% 上升到 2010 年的 28.7%，短短 7 年间增加了 7.1 个百分点。根据目前中国经济发展的势头，这个比重的上升还要维持相当长一段时间。

改革开放 30 余年来，中国产业工人阶层发生了以下三个重要变化。

一是体制内产业工人数量和地位下降。原来国有企业的产业工人阶层不仅在规模上减少了，其中 20 世纪 90 年代中后期进行的国有企业体制改革，使 3000 多万国有企业工人下岗失业，而且产业工人阶层的社会经济地位总体上也下降了，国有企业工人主人翁的地位和风光不再。

二是农民工成为体制外产业工人的主体。农民工是中国改革开放和工业化、城镇化进程中涌现的一支新型劳动大军,已成为产业工人的重要组成部分。根据相关调查,中国外出农民工的数量由 1983 年的 200 万人增加到 2000 年的 6133.4 万人[1],增加了 29.7 倍。根据 2010 年全国人口普查数据,2010 年外出农民工仍保持在 1.4 亿左右,这一数字是 1983 年的 70 倍。未来 30 余年,即到 2050 年,中国每年还有 300 万 ~ 500 万的农村剩余劳动力从农村转移到城市,累计为 1 亿左右。[2] 如此庞大的人口流动,在世界现代化史上是从未有过的。

与此同时,经过 30 余年经济社会的发展,当前农民工群体内部已发生了重要分化。根据相关研究,外出农民工已分化为私营企业主群体(农民工老板)、自雇佣的个体农民工群体、务工人员群体、无业或失业农民工群体等四大群体。在农民工群体中,当前中国老一代的农民工约为 6700 万,新生代农民工约为 8000 万多人。[3]

三是劳动争议增加。改革开放以来,中国劳动争议数量不断增加,尤其是进入 21 世纪以来,劳动争议案件以及涉及人数均大幅度增加。当期案件受理数 2008 年达到了最高值,是 2000 年的 5 倍多,接近 70 万件,涉及人数 121 万多。其中集体劳动争议案件也由 2000 年的 8247 件,上升到 2008 年的 21880 件,增加了 1.7 倍,涉案人数多达 50 余万人(见表 9 - 10)。2007 年通过的《劳动合同法》所引发的争议,以及 2010 年发生的富士康员工自杀事件和广州南海本田公司罢工引发的罢工潮,是体现中国劳资冲突的标志性事件。

近年来,中国集体劳动争议在整个劳动争议当中占的比例越来越高,并呈现组织性增强、冲突性增强、处理难度加大、特别容易产生连锁反应等特点。集体劳动争议主要集中在劳动报酬、经济补偿金和社会保险三方面,集中的行业有纺织、服装、电子、建筑工程施工等一些劳动密集型的中小企业,涉及的劳动者大多是农民工等弱势群体。

总体而言,改革开放 30 余年来,中国产业工人阶层总体规模上呈现发展壮大的态势,体制内产业工人阶层的地位在 1995 年前后经过短暂的下降

---

[1] 韩俊:《中国农民工战略问题研究》,上海远东出版社,2009,第 5 页。

[2] 根据国家人口和计划生育委员会流动人口服务管理司《中国流动人口发展报告 2012》有关数据推算。

[3] 宋国恺:《分群体分阶段逐步改革农民工体制问题——基于农民工分化与社会融合的思考》,《北京工业大学学报(社会科学版)》2012 年第 2 期。

表 9 – 10　历年劳动争议案件数及当事人数

| 年份 | 当期案件受理数<br>（件） | 劳动者当事人数<br>（人） | 集体劳动争议案件数<br>（件） | 集体劳动争议人数<br>（人） |
|---|---|---|---|---|
| 1995 | 33030 | 122512 | 2588 | 77340 |
| 1996 | 47951 | 189120 | 3150 | 92203 |
| 1997 | 71524 | 221115 | 4109 | 132647 |
| 1998 | 93649 | 358531 | 6767 | 251268 |
| 1999 | 120191 | 473957 | 9043 | 319241 |
| 2000 | 135206 | 422617 | 8247 | 259445 |
| 2001 | 154621 | 467000 | 9847 | 287000 |
| 2002 | 184116 | 608396 | 11024 | 374956 |
| 2003 | 226391 | 801042 | 10823 | 515000 |
| 2004 | 260471 | 764981 | 19241 | 477992 |
| 2005 | 313773 | 744195 | 16217 | 409819 |
| 2006 | 317162 | 679312 | 13977 | 348714 |
| 2007 | 350182 | 653472 | 12784 | 271777 |
| 2008 | 693465 | 1214328 | 21880 | 502713 |
| 2009 | 684379 | 1016922 | 13779 | 299601 |
| 2010 | 600865 | 815121 | 9314 | 211755 |

资料来源：历年《中国统计年鉴》，中国统计出版社。

后，近年来又有了复苏和提高，尤其是国有垄断企业的产业工人。体制外产业工人的地位总体上是上升的。"工人农民工化"真实地反映了工人和农民工社会经济地位的复杂变化。

## 九　农业劳动者阶层

10 余年前，《当代中国社会阶层研究报告》前瞻性地指出，"该小的阶层没有小下去"，就是指农业劳动者阶层规模过大。一方面，与西方发达国家相比，中国农业劳动者阶层规模过大；另一方面，与 1978 年相比，尽管农业劳动者阶层有所减少，但其规模仍然较大。10 多年过去了，农业劳动者阶层所占比例逐步减少为 30.4%，与 1978 年相比减少了 37 个百分点，与 2001 年相比减少了 12.5 个百分点。农业劳动者阶层的规模正在逐步缩小，但是与发达现代化国家相比，这个阶层的规模仍然过大。总体而言，当前的农民阶层呈现如下特征。

### 1. 现代意识日益增强

在中国农业劳动者阶层规模持续缩小的同时，农业劳动者不再是昔日传统农业社会自给自足的劳动者，农业劳动者的素质发生了质的变化。

首先，文化状况明显提高。根据有关统计，1985 年农村居民家庭劳动力中不识字或识字很少的占 27.9%，经过 25 年，到 2010 年，已经下降为 5.9%，减少了 22 个百分点，年均减少近 1 个百分点；与此同时，初中及以上文化程度的劳动力所占比例由 1985 年的 35.1% 增加为 2010 的 69.4%，增加了 34.3 个百分点，年均增长 1.37 个百分点（见表 9 – 11）。农村劳动力文化程度的大幅度提高，为提升广大农民的素质发挥了重要的基础性作用。

表 9 – 11　农村居民家庭劳动力文化状况变化

单位：%

| 文化状况＼年份 | 1985 | 1990 | 2000 | 2010 |
|---|---|---|---|---|
| 不识字或识字很少 | 27.9 | 20.73 | 8.09 | 5.9 |
| 小学 | 37.1 | 38.86 | 32.22 | 24.7 |
| 初中 | 27.7 | 32.84 | 48.07 | 52.7 |
| 高中 | 7 | 6.98 | 9.31 | 11.7 |
| 中专 | 0.3 | 0.51 | 1.83 | 2.9 |
| 大专及以上 | 0.1 | 0.1 | 0.48 | 2.1 |

资料来源：《中国农业统计年鉴 2011》，中国农业出版社，2011。

其次，生活水平不断提高。农村居民家庭耐用消费品的拥有量，尤其是家用计算机和移动电话等先进电子设备的拥有量不断增加，2000 年农村居民家庭平均每百户拥有的家用计算机、移动电话分别是 1 台、4 部，到 2010 年已经增加到 10.4 台、136.5 部，分别是 2000 年的 10 倍、34 倍多。逐步增加乃至普及的家用计算机、移动电话，已成为广大农业劳动者重要的生产生活工具。

最后，在现代化建设进程中，农业劳动者要求平等参与发展进程、共享改革开放成果。在民主法制建设中，农业劳动者要求更多参与乡村公共事务决策，更加注重依法保护自身权益，民主法制意识普遍提高。尤其是经过多年市场经济大潮的洗礼，农业劳动者已经成为市场主体，独立性、选择性、多样性日益增强，自主经营、自主择业、自主创业，平等参与市场竞争，独立承担市场风险。

2. 经济收入不断增加

改革开放 30 多年以来，广大农业劳动者经济状况有所改善。1980 年农村居民人均纯收入仅为 191 元，到 2010 年已经增加到 5919 元，增加了 30 倍。收入是消费的基础，其消费也由 1980 年的 162 元增加到 2010 年的 4382 元，增加了 26 倍。恩格尔系数下降 20.7 个百分点（见表 9 – 12）。这些数字充分表明农业劳动者阶层的经济收入不断增加。

表 9 – 12　农村居民经济状况变化

| 主要指标＼年份 | 1980 | 1990 | 2000 | 2010 |
|---|---|---|---|---|
| 农村居民人均纯收入(元) | 191 | 686 | 2253 | 5919 |
| 农村居民人均生活消费支出(元) | 162 | 585 | 1670 | 4382 |
| 农村居民家庭恩格尔系数(%) | 61.8 | 58.8 | 49.1 | 41.1 |

资料来源：《2006 中国统计年鉴》，中国统计出版社，2006；《2011 中国统计年鉴》，中国统计出版社，2011。

### 3. 农民的职业地位相对下降

农业劳动者阶层的规模持续缩小，对于中国社会结构的调整以及经济社会的发展具有革命性的意义。农业劳动者阶层的规模持续缩小的同时，其社会地位却相对下降。

尽管自 2000 年以来，中国免除了长达 2000 余年的农业税，与此同时，随着各种农业补贴的发放，广大农民获得了实实在在的好处，但这并没改变农民地位下降的势头。根据有关统计，1990 年农村居民工资性收入占纯收入的 20.2%，到 2000 年上升为 31.2%，到 2011 年已增加到 42.5%，分别比 1990 年、2000 年增加 22.3 个、11.3 个百分点。与此相反，家庭经营收入却持续下降，1990 年家庭经营收入占纯收入的 75.6%，到 2000 年、2011 年分别下降为 63.3% 和 46.2%，与 1990 年相比，2000 年、2011 年分别下降了 12.3 个、29.4 个百分点（见表 9 – 13）。

表 9 – 13　农村居民工资性收入、家庭经营收入在纯收入中的占比变化

单位：%

| 收入类型＼年份 | 1990 | 2000 | 2011 |
|---|---|---|---|
| 工资性收入 | 20.2 | 31.2 | 42.5 |
| 家庭经营收入 | 75.6 | 63.3 | 46.2 |

资料来源：历年《中国统计年鉴》，中国统计出版社。

农民家庭经营收入减少、工资性收入增加，表明农民从事农业生产获得的收入大幅度减少，获利空间非常有限，不得不转向非农生产，即通过外出打工、兼业等获取工资性收入以补贴农业生产和家庭支出。这些年来，大规模农民外出务工证明了这一点，也表明了广大农民通过从事非农生产增加经济收入以改善自身社会地位的努力和愿望。另外，这些年来物价、农业生产资料价格不断大幅度上涨，但农产品的价格涨幅不明显，以小麦和稻谷收购价为例可窥见一斑（见表9－14）。

**表9－14　1990年、2000年、2010年小麦和稻谷最低收购价对比**

单位：元/50公斤

| 最低收购价　　年份 | 1990 | 2000 | 2010 |
|---|---|---|---|
| 小　麦 | 46<br>41 | 57 | 白小麦 90<br>红小麦 86<br>混合麦 86 |
| 稻　谷 | 41 | 53 | 早籼稻 93<br>中晚籼稻 97<br>粳　稻 105 |

资料来源：国家发展和改革委员会网站，http://www.sdpc.gov.cn/jggl/zcfg/default.htm。

当然，我们要清醒地认识到，即使农业劳动者阶层已经发生了重要变化，但在就业结构中，第一产业的就业人口比重仍然高达36.7%，远高于发达的现代化国家。真实的城市化率居39%左右的水平，与农业劳动者相关联的农业、农村仍有相当大的发展空间。"农业基础仍然薄弱、农村发展仍然滞后、农民增收仍然困难"的基本格局并没有发生根本性的改变。

### 十　无业失业半失业者阶层

无业失业半失业者阶层是指无固定职业的人群。这个阶层所占比例由2001年的4.8%下降到2010年的4.6%，减少了0.2个百分点。这与这些年的经济快速发展以及各种就业扶持政策密切相关。

## 第三节　中产阶层正以年均约900万人的增速崛起

中产阶层是一个职业概念，属于社会学概念范畴。这与经济学家所提出的完全以经济收入为标准的"中等收入者"的经济学概念不同。"中产阶层"不等于"中等收入者"。"中产阶层"并不是某一个阶层，而是若干个阶层的总和，是以社会成员的职业为基础，同时参照其所占有的经济资源、权力资源、文化资源的多少来划分的。中产阶层是衡量社会阶层结构的核心指标，一个国家或地区的社会阶层结构是否合理，关键性指标就是看中产阶层的规模。庞大的中产阶层被认为是现代工业社会或后工业社会的一个重要特征。"中产阶层是公民社会的中坚力量，社会稳定的基础，同时也是耐用消费品的市场。"[①] "他们所创造的中产阶层的文化也被认为是现代社会的主流文化。"[②] 因此，通过加强社会建设培育发展壮大中产阶层是调整优化社会结构的核心任务。

## 一 中国中产阶层的发展及构成

中产阶层的规模是一个国家经济社会发展水平的重要标志，以下几个方面成为中国中产阶层不断扩大的主要来源：

——公务员是中产阶层的重要来源，加入公务员队伍意味着已经成为中产阶层的成员。根据有关数据，2008 年、2009 年、2010 年全国公务员的数量分别是 659.7 万人、678.9 万人、689.4 万人，此外，中国还有 88.4 万参照公务员法管理的群团机关、事业单位工作人员。近两年全国公务员的数量每年以 15 万多人的速度在增长。

——私营企业主是改革开放以后新产生的一个阶层。2000～2010 年，中国平均每年增加约 140 万名私营企业主，他们应该属于中产阶层。

——个体工商户是私营企业主阶层的后备军。2000～2010 年，平均每年增加约 103 万户个体工商户。在新增加的个体工商户中，有 2～3 成应该是中产阶层，即年均新增 20 万～30 万户加入中产阶层行列。如每户按照 2 人计算，新增 40 万～60 万名中产者。

——专业技术人员成为中产阶层的主体。根据统计数据，1990 年中国公有企事业单位的专业技术人员为 2285 万人，到 2009 年已增加到 2888 万人，20 年增加了 603 万人，年均增长约 30 万人。2008 年私营企业从业人员总数为 9149.2 万人，是国有企业总数 2202.2 万人的 4 倍还要多。在这些企业里，既有许多从原来国有企事业单位流入的专业技术人员，也有这些非公有制企业自己选拔培养的专业技术人员。根据有关统计数据，从 2004 年以来，非公有制企业的专业技术人员大致每年以 120 万的速度在增长。但是这样一个

---

① 清华大学社会学系社会发展研究课题组：《走向社会重建之路》，2010，第 18 页。
② 李春玲：《断裂与碎片》，社会科学文献出版社，2005，第 485 页。

庞大的群体由于种种原因未被估算到中国专业技术人员阶层中，更未被纳入中产阶层的范畴。年均新增的 120 万专业技术人员应属于中产阶层。

——农民工是中国工业化、城镇化进程中涌现的一支新型劳动大军，农民工既包括转移到城市并占绝对主体的务工人员，也包括经商人员。2010 年国家统计局农村司发布的《2009 年农民工监测调查报告》显示，外出农民工总计约 14533 万人，其中"自营者"占 6.4%，即农民工群体中包括了约 930 万的进城经商人员。这 930 万中包括占有相当多经济资源的老板和占有一定经济资源的自我雇佣者，按照 1/10 的保守估算，大约有 100 万为中产者。他们也应该被列入中产阶层。

——根据有关统计数据，2005 年、2010 年、2011 年中国农民专业合作社分别为 15 万户、37.9 万户、52.2 万户。根据这组数据推算，中国年均增加约 5 万户农民专业合作社。2011 年，农民专业合作社的成员总数达到了 1196.43 万人，包括种养专业大户、规模农业经营大户、运销经营大户、经纪人、农家能手等。农民精英成为组办合作社的主体力量。保守计算，每一专业合作社中有 10~20户中产者，每年新增 50 万~100 万人，他们属于农村中的中产阶层。

——随着中国经济社会的发展，各类社会组织也得到了发展。这些社会组织不仅吸纳社会各类人员就业，同时也成为中产者的孵化器。2001 年全国社会组织 21.1 万个，其中民办非企业单位 8.2 万个；2010 年全国社会组织共 44.5 万个，其中民办非企业单位 19.8 万个。民办非企业单位从 2001年的 8.2 万个增加到 2010 年的 19.8 万个，年均增加 1.16 万多个。如果将每个民办非企业的 3~5 名单位法人代表、实际负责人或者主要管理者视为中产者，年均增长 3 万~6 万名中产者。这些年并未将这类人员纳入中产阶层范畴。实际上，这类人员总量远高于这个数字。

——2001~2010 年，中国普通本专科大学毕业生累计约 3409 万，加上毕业的研究生约 226 万，总计约 3635 万人，平均每年约 363.5 万名毕业生进入社会，他们是中产阶层的后备军。根据中国近年高等教育发展的趋势，今后每年将有 500 多万，甚至 600 多万普通本专科学生陆续毕业走入社会，成为中产阶层的后备力量。

总体而言，进入 21 世纪以来，中国每年新增加 900 万名左右的中产阶层。这比我们课题组 2010 年测算的每年约有 800 万人进入中产阶层[1]还要多

---

① 陆学艺：《当代中国社会结构》，社会科学文献出版社，2010，第 23 页。

出 100 万。这表明，当前是中国中产阶层发展的黄金时期，中国中产阶层正以每年增加约 900 万人的速度崛起（见表 9 – 15）。

表 9 – 15    中国中产阶层来源构成及新增数量测算

| 中产阶层的主要来源 | 比重或人数 | 总计 |
|---|---|---|
| 公务员 | 2008 年、2009 年、2010 年年均增长约 15 万人 | 每年新增约 900 万名中产者 |
| 私营企业主阶层 | 2000～2010 年平均每年增加约 140 万名私营企业主 | |
| 个体工商户阶层 | 2000～2010 年，平均每年增加约 103 万户个体工商户，其中 2～3 成应为中产者，即年均新增 20 万～30 万户中产者。如每户按照 2 人计算，新增 40 万～60 万人进入中产阶层 | |
| 专业技术人员 | 1990 年中国公有企事业单位的专业技术人员为 2285 万人，到 2009 年已增加到 2888 万人，20 年增加了 603 万人，年均增长约 30 万人 | |
| | 根据第一、二次全国经济普查数据，非公有制经济（包括私营企业、私营独资企业、私营有限责任公司、私营股份有限公司、港澳台商投资企业、外商投资企业）中的高技术等级、中、高技术职称，大学本科学历以上的人员，年均增加 120 万人，他们属于中产阶层 | |
| 农民工中的老板和个体工商户 | 根据 2010 年国家统计局农村司发布的《2009 年农民工监测调查报告》显示，外出农民工总计约 14533 万人。其中"自营者"占 6.4%，即农民工群体中包括了约 930 万的进城经商人员。这 930 万中包括占有相当多经济资源的老板和占有一定经济资源的个体劳动者，保守估算 1/10 为中产者，大约有 100 万 | |
| 农村中的专业户、规模经营户、运销经营户等大户 | 2005 年、2010 年、2011 年农民专业合作社分别为 15 万户、37.9 万户、52.2 万户，年均增加约 5 万户。保守估算，每一专业合作社中有 10～20 户种养专业大户、规模农业经营大户、运销经营大户、经纪人或农家能手等，每年新增 50 万～100 万人，他们属于农村中的中产阶层 | |
| 民办非企业单位的法人代表、实际负责人或主要管理者 | 2001 年全国社会组织 21.1 万个（其中社会团体 12.9 万个、民办非企业单位 8.2 万个，基金会 0 个），2010 年全国社会组织共 44.5 万个（其中社会团体 24.5 万个、民办非企业单位 19.8 万个，基金会 2200 个），其中民办非企业单位年均增加 1.16 万多个，如果将每个民办非企业的 3～5 名单位法人代表、实际负责人或主要管理者视为中产者，年均增长 3 万～6 万名中产者 | |
| 普通本专科大学毕业生、研究生 | 2001～2010 年平均每年约 363.5 万名毕业生进入社会，他们是中产阶层的后备力量 | |

资料来源：相关年份《中国统计年鉴》、《中国农业统计年鉴》、国家民政部网站、国家公务员网；汝信、陆学艺、李培林主编《2010 年中国社会形势分析与预测》，社会科学文献出版社，2010。

### 二 中国中产阶层崛起的原因

改革开放 30 余年来，中国中产阶层规模不断扩大，这是中国经济社会发展的重要成果。中产阶层的崛起有如下几个方面的重要原因。

1. 现代化进程加快为中产阶层的形成提供了重要经济社会基础

中产阶层并不是某一个阶层，而是若干阶层的总和。2002 年"当代中国社会结构变迁课题组"发表的《当代中国社会阶层研究报告》将当代中国社会划分为"十大阶层"，并指出："与发达国家相比，现代化社会阶层结构的基本构成成分在中国已经具备，凡是现代化国家所具备的社会阶层，都已经在中国出现，有的已经具有相当规模。"经过 10 余年的发展变化，中国社会阶层结构构成成分及位序并没有发生变化。

这是因为中国已经初步具备了现代社会的产业结构和就业结构。如表9－16、表 9－17 中国与发达国家产业结构、就业结构的比较表明，从产业结构看，中国第一产业的比重呈下降趋势，第二、三产业比重呈上升趋势；从就业结构看，第一产业的从业人员的比重呈下降趋势，而第二、三产业从业人员比重呈上升趋势，这一趋势与发达国家的变化趋势是一致的。这种产业结构和就业结构决定了社会阶层结构不会产生一个新的社会阶层。

**表 9－16　中国、日本、美国、英国产业结构比较**

单位：%

| 国家 | 1980 年 | | | 2000 年 | | | 2010 年 | | |
|---|---|---|---|---|---|---|---|---|---|
| | 一产 | 二产 | 三产 | 一产 | 二产 | 三产 | 一产 | 二产 | 三产 |
| 中国 | 30.2 | 48.2 | 21.6 | 15.1 | 45.9 | 39.0 | 10.2 | 46.9 | 43.0 |
| 日本 | 3.7 | 41.9 | 54.4 | 1.4 | 31.8 | 66.8 | 1.5 | 29.3 | 69.3 |
| 美国 | 2.5 | 33.5 | 64.0 | 1.6 | 24.9 | 73.5 | 1.3 | 21.4 | 77.4 |
| 英国 | 2.2 | 42.8 | 55.0 | 1.1 | 28.7 | 70.3 | 0.7 | 23.6 | 75.7 |

注：日本、美国 2010 年产业结构数据为 2007 年数据，英国为 2008 年数据。
资料来源：历年《中国统计年鉴》，中国统计出版社。

这样的产业结构和就业结构条件下所形成的阶层结构，为中产阶层的形成提供了若干重要渠道。因为在阶层结构构成成分、位序不变的情况下，各个阶层会发生规模大小的变化、跨阶层之间社会流动的变化，以及社会阶层关系的变化。这种变化的结果就是每个阶层都会造就一批中产者，从而形成中产阶层。近年中国中产阶层以年均增加约 900 万人的规模崛起恰恰反映了这一现实情况。

表 9 - 17　中国、日本、美国、英国就业结构比较

单位：%

| 国家 | 1980 年 | | | 2000 年 | | | 2010 年 | | |
|---|---|---|---|---|---|---|---|---|---|
| | 一产 | 二产 | 三产 | 一产 | 二产 | 三产 | 一产 | 二产 | 三产 |
| 中国 | 68.7 | 18.2 | 13.1 | 50.0 | 22.5 | 27.5 | 36.7 | 28.7 | 34.6 |
| 日本 | 10.4 | 34.7 | 54.9 | 5.1 | 31.2 | 63.1 | 4.2 | 27.9 | 66.7 |
| 美国 | 3.5 | 29.3 | 67.2 | 2.6 | 23.0 | 74.4 | 1.4 | 20.6 | 78.0 |
| 英国 | 1.5 | 37.2 | 61.3 | 1.5 | 25.4 | 72.7 | 1.4 | 21.4 | 76.9 |

资料来源：历年《中国统计年鉴》，中国统计出版社。

**2. 职业结构的趋高级化为中产阶层的快速崛起提供了广阔空间**

改革开放以来，尤其是进入 21 世纪以来，随着中国经济持续快速增长，工业化、城市化、信息化、现代化水平不断提高，整个社会的职业结构进一步呈现高级化的态势。1980～2000 年，第一产业就业人员的比重减少了 18.7 个百分点，年均减少 0.935 个百分点；2000～2010 年，第一产业就业人员的比重减少了 13.3 个百分点，年均减少 1.33 个百分点。后一时段平均速度下降比前一时段更快，表明 21 世纪以来第一产业就业人口加速向第二、三产业转移。职业结构的趋高级化，为以高级职业为特征的中产阶层的快速崛起创造了更加广阔的空间。

**3. 长时段的经济持续快速增长为中产阶层崛起提供了强大动力**

近年中国中产阶层快速发展壮大，其强大的动力来源就是中国经济的持续快速增长。改革开放以来，中国 GDP 的增速保持在 10% 以上，即使是在金融危机的冲击下，2009 年仍超过 8% 的增速。随着经济持续快速增长，社会成员积累社会财富的方式发生了重要变化，积累社会财富的速度也随之加快，经理人员、私营企业主、专业技术人员等阶层中出现了迅速扩大的高收入群体，这进一步加速了中产阶层的发展壮大。

**4. 高等教育的发展加速了中产阶层的发展壮大**

在现代社会中，教育是社会流动的动力机制，有学者甚至把教育系统称为社会的"筛选器"。作为一种重要的资源，教育为每个社会成员实现向上流动提供了平等的可能或机会。近年来，中国中产阶层的快速发展壮大，与

高等教育的发展密不可分。自 1999 年中国高校扩招以来，招生规模不断攀升。1999 年中国高校扩招总数达到 159.7 万人，比 1998 年增加了 50 多个百分点。到 2010 年高校招生规模已经达到 661.8 万人，普通本专科在校学生达到 2231.8 万人。高等教育的毛入学率达到 26.5%，是 2000 年毛入学率 12.5% 的 2 倍还要多。高等教育的发展，尤其是高校扩招，使得数百万人获得了更多接受高等教育的机会，社会流动机会大幅增加，大量的高校毕业生成为中产阶层的后备军。

## 第四节  当前中国社会阶层结构变化的新特征

总体来看，经过 10 余年的发展变化，中国社会阶层结构的构成以及位序并没有发生变化。这是因为中国已经初步具备了现代社会的产业结构和职业结构，这种产业结构和职业结构决定了社会阶层结构的相对稳定性。阶层结构的变化只是各个阶层规模大小的变化、阶层之间社会流动速率的变化，以及社会阶层关系的变化。当前中国社会阶层结构变动呈现若干新的重要变化特征。

### 一  大跨度和体制内社会流动趋缓，权力在分层机制中的作用增强

社会流动从动态的角度，分析描述社会阶层结构分化中各层次间的互动，动力机制，时空范围、方向和速度，研究社会阶层结构分化的量变过程。改革开放 30 余年来，尤其是近 10 年来，中国社会阶层结构在发生重要变动的过程中，社会流动同时在发挥重要作用和深刻变化。社会流动的重要变化主要表现在如下几个方面。

#### （一）社会流动整体上仍然比较活跃

正如前文所分析，改革开放以来，尤其是进入 21 世纪以来，中国各社会阶层都发生了深刻变化，每个阶层不仅在规模上发生了不同的变化，而且在自身所占有的政治资源、经济资源、文化资源的状况方面也发生了不同程度的变化，更重要的是，不同位置的阶层成员多数实现了不同程度的向上社会流动。这表明当前中国社会流动并不是像一些学者所称的"停滞"，与此相联系的社会分层结构仍处于调整变化之中。

#### （二）社会流动出现结构性的调整变化

1. 大跨度社会流动减缓，短距离社会流动增加

大跨度的社会流动是指等级地位较低的阶层与较高的阶层之间的上下流

动，短距离的社会流动是指等级地位相近阶层之间的相互流动。总体而言，改革开放 30 余年来，中国社会阶层结构发生了巨大变化，但 1979～2000 年这 22 年，与 2001～2010 年这 10 年相比较，后 10 年整个社会流动减缓。尤其是等级地位较高的阶层的规模变化微小，而等级地位较低的阶层的规模变动相对明显。

2000 年前，农业劳动者阶层规模缩小，主要流向商业服务业员工阶层、个体工商户阶层、办事人员阶层和私营企业主阶层等；而 2000 年后，农业劳动者阶层规模缩小，主要流向产业工人阶层。从数据上来看，商业服务业员工阶层，1979～2000 年这 22 年，每年以 0.41% 的速度在增加，而 2001～2010 年这 10 年几乎没有什么变化。个体工商户阶层，1979～2000 年这 22 年，每年以 0.32% 的速度增长，2001～2010 年这 10 年，每年以 0.30% 的速度增长，减缓了 0.02 个百分点。办事人员阶层，1979～2000 年这 22 年，每年以 0.29% 的速度增长，2001～2010 年这 10 年，每年以 0.01% 的速度增长，减少了 0.28 个百分点。国家与社会管理者阶层，1979～2000 年这 22 年，每年以 0.05% 的速度增长，2001～2010 年这 10 年，每年以 0.02% 的速度增长。

2. 体制内社会流动总体减缓，体制外社会流动加快

在十大阶层中，国家与社会管理者阶层、专业技术人员阶层和产业工人阶层是体制内阶层的主体。国家与社会管理者阶层上文已分析，下文将重点分析专业技术人员阶层和产业工人阶层。

专业技术人员有体制内和体制外之分，公有经济企事业单位专业技术人员为体制内的专业技术人员。近 20 年来，公有经济企事业单位专业技术人员虽然绝对总量是增长的，但不同阶段增长幅度不同。1990 年公有经济企事业单位专业技术人员为 1648.4 万人，到 2000 年增加为 2165.1 万人，净增 516.7 万人，年均增长 51.67 万人；到 2010 年增加至 2269.7 万人，但 2000～2010 年这 10 年中仅增加 104.6 万人，年均增长 10.46 万人（见表 9－18）。

表 9－18　公有经济企事业单位专业技术人员变化

单位：万人

| 年　份 | 1990 | 2000 | 2010 |
| --- | --- | --- | --- |
| 人　数 | 1648.4 | 2165.1 | 2269.7 |

资料来源：《2011 中国统计年鉴》，中国统计出版社，2011。

产业工人也有体制内和体制外之分。国有单位就业人员的主体是产业工人。1990 年国有单位的就业人员为 10346 万，到 1995 年增加为 11261 万。随着 1995 年之后国有企业体制改革，大量工人下岗失业，国有单位的就业人员到 2000 年减少为 8102 万，到 2010 年减少为 6516 万，2000～2010 年这 10 年中减少 1586 万人，年均减少近 16 万人（见图 9－5）。体制内的产业工人逐年减少。

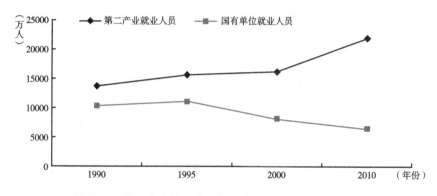

图 9－5　第二产业就业人员与国有单位就业人员变动比较

资料来源：《2011 中国统计年鉴》，中国统计出版社，2011。

体制内社会流动总体减缓，并不意味着整个社会流动减缓，相反，整个社会流动呈现加快态势，这是因为体制外专业技术人员阶层和产业工人阶层规模的大幅度增加促进了社会流动。

### （三）权力机制对社会分层的作用明显增强

改革开放 30 余年来中国社会阶层结构发生深刻变化，其根本的原因是社会流动的机制发生了重要变化，主要表现在意识形态的改变、所有制结构的调整、市场机制的引入，以及工业化、城市化的推进等几个方面的共同作用。进入 21 世纪以来，这些机制仍在不同程度地发挥重要作用，但有一个重要的现象逐渐显现出来，这就是，进入 21 世纪以来，权力机制在社会阶层结构变动中的作用不断强化。具体表现为："在市场关系中'滥用'国家行政权力"[1]，从而侵害其他社会成员的利益；假借社会管理之名扩展、强化权力，挤压社会空间。基于此，有学者发出了"重建权力还是重建社会"的质疑[2]。权力机制作用的强化导致当前中国社会阶层结构变动中大跨度社

---

[1]　李路路：《社会结构阶层化和利益关系市场化》，《社会学研究》2012 年第 2 期。
[2]　清华大学社会学系社会发展研究课题组：《走向社会重建之路》，2010，第 1～10 页。

会流动减缓,体制外向体制内流动难度加大。社会上广泛流传的"富二代""贫二代"便是权力机制作用持续强化的结果和具体表现。

## 二 中产阶层自我社会认同度普遍偏低

进入 21 世纪以来,中国社会阶层结构发生了重要变化,中产阶层不断发展壮大。但目前存在这样一个不可忽视的客观事实:一方面中产阶层规模在不断扩大,另一方面中产阶层自我社会认同度普遍偏低。

2005 年一项关于阶级意识的研究通过主观阶层认同的国际比较发现,中国城市公众的自我阶层认同表现出一种明显的"向下偏移"的倾向。该研究还指出,这种向下的"偏移"并不是一种整体性结构的偏移,而主要表现为自认为处于社会中层的人偏少,而自认为处于社会底层的人数相对较多。[1] 私营企业主阶层是中产阶层的重要来源,有学者通过对 1993 ~ 2008 年中国私营企业主的经济地位、社会地位、政治参与地位自我评价研究分析指出,这个阶层在这三个方面的自我认同地位存在大致相似的下降趋势。[2]

中国社会阶层结构的深刻重大变化,发生在 1978 年以来的世界现代化史上最大规模的社会转型期间,由此决定了这种变化的复杂性。特别是由于社会转型时期经济、政治、社会地位的不一致性较强,以职业为主要指标定义的中产阶层在经济地位上呈现普遍偏低的重要特征,与公众的主观判断产生较大的差异,因此就出现了看似悖论的现象:一方面学界指出近年来中国中产阶层不断发展壮大;另一方面社会上不时传来"被中产"的回应。正是这样,甚至有学者指出当前中国存在至少三重面貌的中产阶层:"公众舆论中的中产阶级形象"、政府提出的"中等收入者"、社会学家提出的中产阶级。[3] 这种现象恰恰表明了现阶段中国中产阶层缺乏足够的自信心。

中国银行私人银行与胡润研究院联合发布的《2011 中国私人财富管理白皮书》显示,在中国高净值人群(定义为可投资资产在 1000 万元以上的

---

① 李培林等:《社会冲突与阶级意识——当代中国社会矛盾问题研究》,社会科学文献出版社,2005,第 265 页。

② 陈光金:《中国私营企业主的形成机制、地位认同和政治参与》,《黑龙江社会科学》2011 年第 1 期。

③ 李春玲:《中国中产阶级的多重面貌》,见李培林等主编《金砖国家社会分层:变迁与比较》,社会科学文献出版社,2011,第 305 ~ 309 页。

人口）中，14%的人已经移民海外，另有 46% 的富人正在计划或者办理移民的过程中。等到后者也完成移民手续，那么，每 5 个有钱的中国人中，将有 3 个是外国国籍。[①] 中国超级富人的移民比例更高。招商银行与贝恩管理顾问公司联合发布的研究报告指出，在 2 万名拥有可投资资产超过 1 亿元的中国富人中，27% 的人已经移民，另有 47% 的人正在考虑移民，二者之和高达 74% 的比例。该研究报告指出，"这是一个惊人的世界纪录"[②]。

与国际上一些发达国家相比，日本以白领职业为特征的"新中产阶级"人数比重从 1955 年的 25.5% 上升到 1995 年的 43.2%。20 世纪 50～70 年代正是日本经济腾飞时期，日本以白领职业为特征的"新中产阶级"的增长，极大地提升了整个日本社会的信心。20 世纪 80 年代，仅有 1.2 亿多人口的日本，却有"一亿总中流"的说法，自认为属于中产阶层的人口约占总人口的 80%，这种民族自信心不言而喻。这与中国中产阶层社会认同度相对较低、缺乏自信形成了强烈的对比。

### 三　社会阶层关系趋向复杂化

改革开放以后，尽管不同社会阶层间存在差别，利益并不完全一致，但在经济发展过程中，各个社会阶层都是获益的，总体上是一种合作共赢的关系。但这 10 余年来，随着中国改革开放的深入，中国社会阶层关系发生了重要变化，主要表现在以下几点。

一是社会成员收入差距明显扩大。这突出地表现在以下几个方面：第一，在国民收入分配格局中居民收入呈下降趋势。居民收入在国民总收入中的比重、劳动报酬在初次分配格局中的比重下降。根据国家统计局 2000～2010 年资金流量表数据，劳动报酬在初次分配中的比重由 53.3% 下降到 47.8%，在国民收入中，政府收入占比由 14.5% 提高到 18.0%，企业收入占比由 17.9% 提高到 21.6%，居民收入占比由 67.6% 下降到 60.4%。[③] 第二，资本所得加速了财富积累和扩张，进一步导致收入差距明显扩大。第三，部分行业企业高管收入畸高，与一般员工收入差距过大，工资收入的平

---

① 中国银行私人银行与胡润研究院联合发布《2011 中国私人财富管理白皮书》，http：//www. hurun. net/zhcn/NewsShow. aspx? nid = 164。

② 招商银行与贝恩管理顾问公司联合发布《2011 中国私人财富报告》，http：//www. cmbchina. com/cmbinfo/news/newsinfo. aspx? guid = a712b024 - 6777 - 42f5 - 9660 - fb5514 c46de4。

③ 本书编写组：《十八大报告辅导读本》，人民出版社，2012，第 300 页。

均数掩盖了收入差距扩大的真实情况。

二是权力明显延伸强化。十八大报告在关于政治体制改革部分，谈到要建立健全权力运行制约和监督体系时指出："凡是涉及群众切身利益的决策都要充分听取群众意见，凡是损害群众利益的做法都要坚决防止和纠正。"这些年来，政府通过"维稳""社会管理"，甚至打着"改革"的旗号，使得权力不断延伸、明显强化，其结果是损害群众利益的事件时有发生，引发了群众的不满，甚至发生冲突。尤其是掌握公共权力的国家与社会管理者阶层权力过大，侵害和限制了其他阶层的利益和发展，导致其他阶层感觉权力过分强大，影响无处不在、无时不有。

群众利益受损的一大根源是政府管得过杂过宽，很多事情是不需要政府去操心的，而且实践也证明政府管不好。但政府或者出于权力本性，或者出于习惯，把许多不该管理的事情也管起来，且多是通过直接的行政干预，如审批、资格准入和价格管制等手段来调节和控制经济社会的运行。这一方面可能会助长民众被管的心理依赖，另一方面可能会产生群众权益被损害的情况。

三是精英结盟迹象明显。这10余年来，中国经济获得巨大发展成就，社会成员却普遍感受到不像改革开放初那样挣钱容易。除了资本要素成为积累财富的重要方式之外，精英结盟使得中下阶层普遍感受到获益减少。正如前文所说，这些年来，权力不断扩张，在扩张的同时，权力与资本结合形成了精英结盟，即政治精英与资本精英结合，政治精英与文化精英联盟，等等。各种结盟的后果是精英群体获得了更多的资源和机会，与此同时，也意味着其他社会成员将获得更少的资源和机会，甚至无法获得资源和机会，加深了精英与大众之间的裂痕。正是因为这样，有学者指出："中国的贫富差别如此巨大，主要的原因是来自靠权力取得的收入。"[①] 这也是近年来社会成员对社会不满的重要原因之一。

四是不同社会阶层之间的紧张与冲突加剧。总体而言，改革开放以来到2000年期间，随着经济社会的发展，尽管中国社会阶层结构发生了重要分化，但各个阶层之间的目标基本是一致的，即改革是社会各个阶层的共识。但随着经济社会的进一步发展，尤其是进入21世纪以来，各个阶层尽管存

---

① 吴敬琏：《靠权力取得财富的富人要严惩》，http：//finance. sina. com. cn/china/20121129/122313840672. shtml。

在合作，但阶层之间的疏离，甚至冲突意识明显增强。如近年来突出的劳资关系、不断蔓延的"仇富"和"仇官"情绪、居高不下的群体性事件等，则是阶层关系复杂化的具体表现。与此同时，阶层关系复杂化的一个重要特点，并不是这些年来某个阶层获得利益少了而产生了阶层之间的关系紧张，而是在各阶层普遍获益的前提下，由于获益差距明显拉大甚至悬殊而导致的阶层之间的关系紧张，以及由于权益受到侵害而产生的阶层之间的关系紧张。当前复杂的阶层关系主要表现在官民关系、警民关系、医患关系、劳资关系、本地人与外地人关系等若干方面。

## 第五节 通过社会建设优化社会阶层结构

改革开放 30 余年来，中国社会阶层结构发生了深刻变化，尤其是进入 21 世纪以来，社会阶层结构发生了明显变化，但社会阶层结构仍不合理，需要通过社会建设加以调整优化。

### 一 当前中国社会阶层结构仍不合理

进入 21 世纪以来，中国社会阶层结构发生了重要变化，但仍不合理，并且出现了阶段性的特征。正确认识当前中国社会阶层结构变动中存在的问题以及阶段性特征，有利于优化社会阶层结构。

1. "橄榄形"现代化国家社会阶层结构还未形成

到 2010 年，中国农业劳动者阶层大约在 30.4%，尽管比 2001 年减少了 12.5 个百分点，但依然偏大。在这个意义上说，中国社会阶层结构"该大的阶层没有大起来，该小的阶层没有小下去"这一趋势并没有发生根本性的变化。总体而言，农业劳动者阶层仍大还弱，中产阶层仍小不强。形成"橄榄形"现代化国家社会结构还有大量的工作要做。

2. 中产阶层规模偏小，社会认同度不足

中产阶层的规模和自信对于国家经济社会发展具有直接的影响。截至目前，根据我们的测算，中国中产阶层的规模为 25%~27%，这与现代化国家中产阶层的规模相比依然偏小。与此同时，中国中产阶层的自信不足，与日本等发达现代化国家相比，中国中产阶层的社会认同度提高还有很大空间。

3. 社会阶层关系出现复杂化状态

改革开放 30 余年来中国社会阶层结构发生深刻变化，是市场化、工业化、城市化等几个方面共同作用的结果。进入 21 世纪以来，尽管各个阶层之间合作是常态，但由于权力机制作用不断增强，侵害了部分社会成员的合法权益，社会成员之间收入差距持续扩大，导致各阶层之间逐渐疏离，甚至发生冲突，社会阶层关系复杂化。

## 二　社会建设是调整优化社会阶层结构的必要手段

社会阶层结构与社会结构一样，是一个非常复杂的体系，是无法直接调整的。通过直接改变收入分配规则即可收到调整收入分配结构的效果，通过调整产业政策即可收到调整就业结构的效果，但社会阶层结构则不同，需要立体综合的多种方式逐步调整。现代化历程以及当前中国经济社会发展的实践经验已证明，社会建设是优化社会阶层结构的重要路径，社会建设是发展壮大中产阶层的必要手段。

### 1. 回顾 10 年前调整社会阶层结构的政策建议

10 余年前，《当代中国社会阶层研究报告》指出，中国社会阶层结构发生了深刻的变化，现代化的社会阶层结构的雏形已经形成，但社会阶层结构与现代化的建设进程还不相适应，并此基础上提出了"创新社会制度、社会政策体系，培育合理的社会阶层结构"的设想和建议。

《当代中国社会阶层研究报告》提出了构建社会制度、社会政策新体系的五个基本原则，还提出了构建社会制度、社会政策新体系的四个主要环节：建立培育现代社会阶层结构的社会制度、制定相应的调节性社会政策，建立有效提升全体社会成员的竞争能力和适应能力的社会机制，建立有效协调各阶层利益的机制，建立健全基本社会保障体系等。

《当代中国社会阶层研究报告》还提出了制定支持不同社会阶层发展的具体社会政策：进一步明确国家与社会管理者阶层的地位、作用、利益与限度，培育一支高效、自律的公务员队伍；充分肯定私营企业主阶层的作用，引导这个阶层健康发展；大力发展教育事业，培育新社会中间层；创造就业机会，保障产业工人阶层的权益；稳定地权，减轻农民负担，加快农业剩余劳动力的转移等。

回顾并总结培育合理的社会阶层结构的政策性建议，有利于进一步深化对调整和优化社会阶层结构的认识。

第一，"创新社会制度、社会政策体系"，就是我们今天所说的"社会建设"。

第二，通过"创新社会制度、社会政策体系"，培育合理的社会阶层结构的目标和方向是正确的。

第三，10多年来，通过"创新社会制度、社会政策体系"，培育合理的社会阶层结构，有些方面我们做到了，如减轻农民负担、由国家财政（县级以上）来支撑农村教育等；有些方面还没有做到，如改革户籍制度、彻底稳定地权等；有些方面做得还不到位、不彻底，如切实保障产业工人阶层的合法权益、培育一支自律的公务员队伍等。检讨和梳理10多年前的政策建议，要求我们在未来的发展中，进一步加大社会建设力度，调整优化社会结构。

### 2. 壮大中产阶层是社会建设的重要目标

未来30年，优化社会阶层结构需要突出如下三个方面的战略性思考。

第一，发展壮大中产阶层是社会建设的重任。中产阶层是衡量社会阶层结构的核心指标。庞大的中产阶层被认为是现代工业社会或后工业社会的一个重要构成部分，代表了民主、富裕、发达，是推动社会进一步发展和改革的动力，也是社会稳定的结构性基础。当前中国中产阶层规模过小，尽管近年增长速度不小，但其质量不高，中产阶层仍非常脆弱。当前中国在发展中面临的一些问题，主要是由中产阶层规模不够大造成的，如社会缺乏稳定的基础、市场缺乏有能力的消费群体、政治改革缺乏有素养的民主力量等。

市场机制是培育、产生中产阶层的重要机制。它引导产业发展并带动了就业，培育并形成了中产阶层。但市场机制并不能保护和发展壮大中产阶层。保护和发展壮大中产阶层的重任则由社会建设来承担。包括以医疗保障、社会保障、教育、住房、收入分配等社会政策为主要内容的社会建设，为中产阶层提供了重要的社会保护，不至于使得已经跨入中产阶层行列的社会成员，由于缺乏社会保护再次沦为社会底层或贫穷阶层。由市场机制不断生产出来的中产阶层进一步发展壮大，逐步扩大为庞大的中产阶层。近年来，"被中产"现象从反面也证明了这点。与此同时，有足够社会保护的中产阶层逐步从脆弱走向强健，从而增强自我认同度。一句话，市场机制生成了中产阶层，未来中产阶层的发展壮大却要依靠社会建设。

第二，规范权力以保护中产阶层的合法权益。社会建设的目标之一是构建公平合理的社会利益关系。公平合理的社会利益关系的建构不仅要制约权力的泛滥，更重要的是要切实维护社会成员的合法权益，给每个社会成员提供足够的社会保护。这些年来，我们取得了举世瞩目的发展成就，也牺牲了部分社会成员的合法权益。导致的后果是，不仅引起了社会成员的不满，甚至反抗，而且增加了政府维护社会稳定的成本，削弱了政府的公信力。因此，还权于民，让社会成员有足够的权力维护自己的合法权益不受侵害，从而保障已经成为中产阶层的成员不再轻易地演变为社会底层成员。与此同时，归权于民有利于提升政府的公信力，更有利于增强政府的自信心。

第三，藏富于民以提升中产阶层的自信心。当前中国中产阶层社会认同普遍偏低的重要原因之一是对当前收入分配的不认可。因为目前的收入分配结构导致职业地位与实际的经济社会地位存在较大的不一致，甚至形成强烈的反差。这些年来，分税制、垄断企业、土地征用、房地产、农民工体制等各种因素，使得社会成员的收入难以提高，尤其削弱了中产阶层的经济基础，导致中产阶层规模偏小，并且显得非常脆弱。因此，优化社会阶层结构的一个重要策略就是通过调整收入分配结构，实现还财于民、藏富于民，纠正收入分配结构不合理所导致的职业地位与实际的经济社会地位不一致的偏差，发展壮大中产阶层，提升社会各阶层，尤其是中产阶层的信心。

# 第十章 社会建设的历程

【摘要】从历史的视角来看，社会建设是中国现代化建设不可逾越的阶段。改革开放前，中国的社会建设在"总体性社会"结构框架下，依附在国家政权体系下，是国家政治建设的一部分。改革开放后，市场从"总体性社会"结构中独立出来，中国走上了以经济建设为中心的发展道路。社会建设在地位上从属于经济建设，导致经济社会发展不平衡、不协调的问题突出。党的十六大以后，我国进入以社会建设为重点的新阶段，社会建设作为国家五大建设之一被写进党纲。未来我国社会建设的重点是通过社会建设重建社会，从而达到国家、市场、社会三者之间力量均衡、相互制约。

社会建设是个颇具中国特色的概念，在中国几千年的历史发展进程中，虽然没有社会建设的提法，但社会建设的实践一直都在进行中，并形成了具有中国特色的社会建设模式。在当时自给自足的自然经济条件下，中国的社会建设更多的是一种自发行为，自觉的、现代意义的社会建设活动，到民国时期才逐渐兴起。当时中国的社会学家认为，中国社会问题产生的原因与西方不同，西方现代社会问题几乎无一不与工业革命引发的社会变迁有关，它是内发的，表现形式是工业革命之后劳工无产阶级化以及严重的劳资对立。中国社会问题主要动因则是外发的，是由西方文化输入造成中国社会内部失调引发的。因此，社会建设在中国具有特殊的意义，超出了西方社会政策和社会福利的范畴，是更广泛意义上的社会现代化。

社会建设涉及的领域非常广泛，研究当代中国社会建设的历程有个视角的选取问题。在社会建设的诸多领域中，社会结构是一种研究社会变迁的总体性视角，社会建设与社会结构的关系可以理解为社会行动与社会结构的关系，社会建设是塑造社会结构的一种努力与行为。社会结构从更宽泛的意义上讲实际上是国家、市场与社会的一种关系格局，具体来说就是资源在不同领域的配置问题。从社会结构的视角研究中国社会建设的历程，更容易把握整体变迁的规律与特点。

## 第一节　改革开放前中国的社会建设

中华人民共和国成立以来，中国的社会结构发生了两次重大变迁。第一次社会结构变迁，以 20 世纪 50 年代逐渐形成的"总体性社会"为标志。在这种社会中，国家对经济以及各种社会资源实行全面的垄断，政治、经济和意识形态三个中心高度重叠，国家政权对社会实行全面控制。[①] 作为社会成员的个体被"有计划"地安排在固定的社会空间、机会位置，每个个体都在一种基于政治权力——服从的组织体系中发生交往互动，人们的社会生活（吃穿住行、生老病死等）都可在其中获得相应的支持与资源供给。[②] 单位制、人民公社制、户籍制度、阶级分类制度以及高度一元化的意识形态

---

① 孙立平：《转型与断裂——改革以来中国社会结构的变迁》，清华大学出版社，2004，第 4~5 页。

② 李友梅：《中国社会生活的变迁》，中国大百科全书出版社，2008，第 47~50 页。

成为支撑这一总体性社会的基础性制度安排。在"总体性社会"结构框架下，社会建设依附在国家政权体系下，形成了我国独特的社会建设模式。

## 一 改革开放前中国社会建设的背景与条件

19 世纪中叶以后，中国面临一场前所未有的危机和大转型，被称为"总体性危机"。新中国成立后，中国走上了一条独特的社会主义现代化建设道路。在中国共产党的领导下，社会建设也在中国大规模展开。但在特殊的历史背景条件下，中国的社会建设模式具有明显的时代特征。

### （一）国家各级政权体系全面建立

1949 年中华人民共和国成立，中央人民政府和各级地方政府迅速建立起来。为了规范与促进地方各级人民政权的建立，中央人民政府政务院在 1949 年 12 月和 1950 年 12 月制定了省、市、县人民代表会议的组织通则和区、乡各界人民代表会议的组织通则，在 1950 年 1 月和 12 月先后制定了省、市、县人民政府组织通则和区、乡人民政府组织通则，1951 年 4 月又专门发出了《关于人民民主政权建设工作的指示》和 10 万人口以上的城市召开各界人民代表会议的指示。至 1952 年底，全国所有省、市、县、区、乡都召开了人民代表会议。1954 年全国人民代表大会常务委员会又通过了《城市街道办事处组织条例》，要求在 10 万人口以上的市辖区和不设区的市设立街道办事处，作为市（区）人民政府的派出机关。中央和地方各级人民政权的建立，使人民民主专政获得了日益牢固的群众，也为我国大规模的社会建设活动提供了组织保障。

### （二）高度集中的计划经济体制迅速确立

新中国成立后到 20 世纪 70 年代末，以毛泽东为核心的党的第一代领导集体在一片松散的乡土社会土地上以铺天盖地之势迅速建立起了一套高度集中的计划体制。1954 年我国制定和颁布了第一部宪法，其第十五条规定："国家用经济计划指导国民经济的发展和改造，使生产力不断提高，以改进人民的物质生活和文化生活，巩固国家的独立和安全。"这表明，计划经济体制已成为我国法定的经济体制。在抗美援朝和国民经济初步恢复后，毛泽东提出了"一化三改"的过渡时期总路线，即"社会主义工业化""改造农业""改造手工业""改造资本主义工商业"。到 1957 年第一个国民经济五年计划完成的时候，社会主义改造基本完成，基本建立起了公有制占绝对统治地位的 100% 计划经济体制。改革开放前，中国已经实施了 5 个五年计划。以这一体制为背景和基础，我国开始了新中国成立以来最早的社会建设，并逐步显现出计划体制下社会建设的特征。

### （三）苏联模式成为我国社会建设的主要借鉴

新中国成立后，中国实行"一边倒"的外交政策，当时苏联模式成为中国唯一的选择。中国在经济领域参照苏联模式建立起中央集中控制的计划模式，重视重工业的发展，中国第一个五年计划就是完全参照苏联模式制定的。在政治领域，在国家机构的设置和运作方式以及中央与地方关系上，中国也参照的是苏联模式。中国还以苏联为借鉴在全国进行了大规模的阶级成分的划分。在社会领域，中国也是以苏联为蓝本建立起来的，例如中国的高等教育制度就是以苏联为模板建立起来的。因此，改革开放前中国的社会建设模式深受苏联模式的影响，带有苏联的烙印。

## 二　改革开放前中国社会建设的主要特点

西方国家的社会建设是先解决了政治问题，然后随着本国工业化进程，为了解决经济发展中的社会问题而推进的。新中国成立之初，我国不具备这样的条件，经济发展和政治建设的任务都没有完成，社会建设是与经济建设、政治建设结合在一起进行的。另外，我们的政党是从革命党变成执政党的，国家领导人关于社会建设和管理的思想是在战争的环境下形成的，缺少现代社会建设的理念和方法。这一时期我国的社会建设具有以下几个特点。

### （一）政治动员与社会运动相互结合

在计划体制时期，从社会建设的组织和动员机制来说，政治动员无疑是最强大、最有效的动员力量。当时每一项社会建设都是作为政治任务进行部署的，每一项具体的社会建设成就都被赋予了强烈的政治意义。政治动员采用自上而下的路径进行，即政治号召、政府执行、单位配合、社会成员响应。在整个动员的过程中，社会力量没有作为一个独立的主体发挥支持或反对的作用。社会建设以政治为目标，与政治高度统一和融合，消除了社会整合与政治整合之间的紧张状态，使得国家、社会与个人高度统一，国家的整体效能得到了最大程度的发挥。例如 20 世纪 50 年代发起的"消灭血吸虫运动""除四害运动""扫盲运动"等都是采用领袖号召、全民参与的形式进行的，在短时期内均取得明显成效。改革开放前中国社会建设的这种特点是政府携革命战争年代中国共产党所具有的强大军事动员和政治动员能力及技巧，对整个社会保持着强大的渗透力、影响力和公信力，并由此形成了政府渗透于社会各个层面的建设模式。

在总体性社会中，政治动员又是同社会运动紧密结合在一起的。社会运动是一种有组织的集体行动，是一群人共同参与并推动某一目标或想法的活动。改革开放前，国家利用自己全国性的严密组织系统，将全国的人力、物力资源动员起来，通过社会运动的形式，以达成国家目标。据统计，在1949～1976年的27年间，全国性的社会运动有70余次，社会运动成为中国人社会和政治生活的重要组成部分。[①] 当时比较大的社会运动有1953年开始的农业合作化运动。在中央强大的动员力量下，到1955年3月，各地的农业合作社达到了60万个。[②] 1955年毛泽东《关于农业合作社化问题》发布后，合作化运动加快推进，到1956年底96.3%的农户都加入了合作社。[③] 农业合作组织不仅包括经济组织，还包括社会组织，例如农村合作医疗组织就是在此阶段发展起来的，后来在毛泽东的号召下，很快普及到了全国。1958年开始的人民公社化运动，更是共产党在农村实现共产主义社会理想的一种尝试。1958～1960年的"大跃进"运动、1959年开始的"反右倾"运动、1966年发起的"文化大革命"都是以社会运动的形式进行的。涉及教育、卫生、就业、收入分配、社会保障、阶级阶层划分等社会领域。因此，这一阶段的社会建设都是随着各种社会运动而潮起潮落，政治色彩比较鲜明。

### （二）国家全方位垄断与控制社会资源

卡尔·波兰尼曾将人类的经济生产方式分为三种类型：再分配经济、市场经济和互惠经济。其中，再分配经济以政治的和行政的权力为基础，在这种制度下社会物品的生产和分配都处在集中和再分配的过程中，产品和生产盈余都要上交中央，中央将这些集中起来的财富和物资以及劳务按照法律、习惯、意识形态及掌握再分配权力的社会群体的决策进行再分配，生产者与消费者缺乏横向的联系。[④] 国家对资源的再分配导致了民众对国家的高度依

---

① 李友梅：《中国社会生活的变迁》，中国大百科全书出版社，2008，第122页。
② 中共中央党史研究室：《中国共产党历史》（第二卷），中共党史出版社，2011，第232页。
③ 中共中央党史研究室：《中国共产党历史》（第二卷），中共党史出版社，2011，第344页。
④ Karl Polanyi, *The Great Transformation: The Politic and Economic Origins of Our Time*, New York: Rinehart, 1994, pp. 243-270.

赖。在国家对资源进行再分配的过程中，民众的衣食住行、生老病死都依托于国家，具有明显平均主义特征的社会主义福利体系由此形成。

新中国成立初期，我国效仿苏联建立了高度集中的计划经济体制。在物资比较匮乏的时期，为了集中力量建立起一个巩固的政权，国家几乎垄断了包括社会资源在内的所有资源，并享有对这些资源进行配置的最高权力。同时，社会资源达到了空前的集中，从而"使国家有效地控制了社会生活领域的各个方面，包括经济生活、政治生活、私人生活、人口流动、思想意识、价值观念等"①。国家不仅成为生产资料的垄断者，而且也是生活资料的发放者，乃至权力与威望的配置者。国家不仅掌控着所有社会资源，而且通过对资源的调配来掌控单位和个人的命运，国家通过财政补贴的方式来直接担保，维护着各个单位组织长生不死。也就是说，各单位时刻享受着"软预算约束"制度所带来的保障，而其内部各项社会制度能否实施、如何实施以及能否持续下去，也都取决于国家政策和国家财力，个人通过对单位的依附，间接形成了对国家的依附。

新中国成立初期，私营工商业占有很大份额。1949 年私营工业产值在全国工业总产值（不包括手工业）中的比重为 63.3%，到 1952 年下降为 39%。1950 年私营工商业在批发方面占 71.6%，在零售方面高达 85.3%。1952 年全国城乡手工业工人和手工业独立劳动者达 1930 万人，产值 73.12 亿元，占工业总产值的 20.6%。② 从 1953 年开始，国家通过"一化三改"运动，初步建成"一大二公"的所有制结构。此后，在经济建设过程中，"左"的指导思想不断加剧，把各种非公有制经济看作社会主义的异己物和不稳定因素，盲目追求"一大二公三纯"的所有制形式。至"文化大革命"结束前的 1975 年，我国的所有制结构是：在工业总产值中，国家所有制占 83.2%，集体所有制占 16.8%；在社会商品零售额中，国家所有制占 56.8%，集体所有制占 43.0%，个体所有制占 0.2%，非公有制经济基本消失。③ 高度集中统一的计划管理体制否定市场机制的作用，微观经济主体无法成为自主经营、自负盈亏的独立的经济实体，国家完成了对经济资源的全面掌控。

---

① 李友梅：《中国社会生活的变迁》，中国大百科全书出版社，2008，第 41 页。
② 中共中央党史研究室：《中国共产党历史》（第二卷），中共党史出版社，2011，第 234～241 页。
③ 宗寒：《中国所有制结构探析》，红旗出版社，1996，第 37～38 页。

在社会生活领域，国家通过无所不包的再分配制度，为个人和家庭提供了生活所需的各种资源。例如当时我国政府在"生"的方面实施鼓励生育和补偿生育的政策，在"老"的方面实行养老保险和"五保户"供养政策，在"病"的方面开展公费医疗、合作医疗，在"死"的方面给予丧葬和抚恤救助。此外，政府在"教育"方面承包了从托幼机构到子弟小学再到高等教育的全程教育，还有住房价格补贴、班车服务、救灾救济以及各种生活福利等。这种福利政策尤其在城镇单位得到了全面体现，在农村，保障项目虽然不多，但国家规定农村收益分配采用按劳分配与按人口分配相结合的方式，收入分配中即含有福利的份额。而且这些政策的受益者众多，如城镇的劳动保险与职工福利几乎使所有城市居民受惠，农村合作医疗也曾惠及95%以上的农村人口。

### （三） 以政治整合替代社会整合

总体性社会否认私人领域与公共领域区分的合法性，个人与一个共同的权威联系聚集在一起，而不是在一个相互依赖的群体中建立直接的互动关系。整个社会的结构由过去"国家－民间精英或社会中间组织－民众"的三层结构变成"国家－民众"的二层结构。其重要特点是利用政府的力量，把各种社会组织纳入整个国家体系之中，并承担部分政府的职能。对此，康晓光等人用"行政吸纳社会"来指称。所谓的"行政"，即指"政府"或"国家"，也指"政府"或"国家"的行为。"社会"不是一般意义上的"社会"，而是指"公民社会""公共领域""法团主义"所指称的那种社会。"吸纳"意味着政府通过自己的一系列努力使得"公民社会""法团主义""公民社会反抗国家"之类的社会领域结构无法出现。而"行政吸纳社会"的主要方式是"控制"和"功能替代"。[1]"行政吸纳社会"强调的不是国家与社会的分离，更不是国家与社会的对立，而是国家与社会的融合。在其中，国家采取"社会的方式"进入社会，但是进入社会的国家已经不同于"纯粹的国家"，而"社会的方式"又打上了"国家"的烙印。[2]

新中国成立后，为了改变旧中国一盘散沙的局面，毛泽东提出："应当将全中国绝大多数人组织在政治、军事、经济、文化及其他各种组织里，克

---

[1] 康晓光、韩恒、卢宪英：《行政吸纳社会——当代中国大陆国家与社会关系研究》，新加坡世界科技出版集团，2010，第286页。

[2] 康晓光、韩恒、卢宪英：《行政吸纳社会——当代中国大陆国家与社会关系研究》，新加坡世界科技出版集团，2010，第287～288页。

服旧中国散漫无组的状态。"① 当时，除了在全国城乡建立了各级党和政府的政权机构外，国家在城市通过单位制、在农村通过人民公社制度把各种人群重新组织起来，纳入整个国家政权体系的控制之下。作为当时我国城市和农村社会的基本单位，单位和公社是社会建设任务的具体操作者，在当时同时承担着两个重要角色。这两个角色使单位和公社成为当时贯通国家与个人的重要桥梁。

"合作化运动"发展到 1958 年以后，一种比"高级社"更集中的组织——"人民公社"出现了。"人民公社"被毛泽东认为是实现共产主义的最好形式。1958 年 8 月，"北戴河会议"通过了关于在农村建立人民公社问题的决议，在全国掀起了人民公社运动的高潮。公社实行"政社合一"的管理体制，不仅负责指挥全社的农业生产，还对"工、农、商、学、兵"实行统一管理。以传统家庭为单位的社会生活方式，开始被以生产队为单位的集体生活方式取代。集政治、经济和社区组织于一体的公社政治体系，其实质是行政权力支配一切。农民被固定在准军事化体制框架内，缺少机会与空间。随着党组织、政权组织、经济组织和群众组织在农村基层社区的普遍建立，传统社会的落后社会组织被铲除；通过基层党组织、基层政权组织及其他各种类型的社会组织，政治中心与边陲社会被打通，原先分散的社区被吸纳到一个政治系统中。

在城市，国家对社会的整合和控制不是直接面对一个个单独的社会成员，更多的是通过单位来完成的。② 随着生产资料的公有制和计划经济的推行，全部的城市居民基本被组织在各种单位中。如果说传统的封建社会是各宗族组织的集合体，市民社会或者资本主义社会是各独立个人的集合体的话，那么在社会主义计划经济时代，社会可视为各单位的集合体。③ 美国记者弗克斯·巴特菲尔德认为："中国的单位提供着从摇篮到坟墓的人生所需……单位作为一个健全的体系，不仅发挥着社会和经济功能，而且发挥着社会治安的功能。""正因为中国人的基本人生需要依赖单位，故而单位对

---

① 中共中央文献编辑委员会：《毛泽东选集》（第一卷），人民出版社，1991，第 31 页。
② 李汉林：《关于中国单位社会的一些议论》，载潘乃谷、马戎编《社区研究与社区发展》，天津人民出版社，1996，第 1151～1152 页。
③ 曹锦清、陈中亚：《走出"理想"城堡——中国"单位"现象研究》，海天出版社，1997，第 67 页。

个人具有强大的控制力。"[1] 1948～1953 年是单位制的酝酿探索时期，这一"雏形"真正定型则是在 1956 年"一五计划"基本完成时。这样，到 20 世纪 50 年代中后期，这种以政治整合替代社会整合的总体性社会模式基本形成。

### （四）社会结构相对封闭与凝滞

改革开放前，中国社会结构明显分化为城乡两大社会群体，城市内部则分为干部、知识分子和工人群体。这种分化不仅是职业与阶层的差异，更是一种身份等级的差异。社会成员间有限的分化不是所谓的自致性分化，而是带有很强的先赋性色彩。对个人位置具有决定意义的主要是身份。个人位置在各方面高度整合，身份的差异与收入、声望、权力上的差异同构。[2]"这种阶级身份在农村分为地主、富农、中农、贫农、雇农等，在城市分为革命干部、工人、职员、自由职业者、高级职员、城市贫民、店员、资产阶级、工商业兼地主、小业主、手工业主、摊贩等。"这种身份体系，使各个阶层的人拥有不同的参政权利、声誉地位及活动自由度，尤其与人们向上流动息息相关的上大学、就业、提干等方面的机会紧密挂钩。很多机会是不向政治出身不好的阶层开放的。

新中国成立初期，我国进行了一次全国规模的阶级成分划定运动，即依据划成分的这一年各家庭家长的财产占有状况、收入来源等若干参数划定各家长的阶级成分，家长的阶级成分也便成为其他家庭成员的"家庭出身"。1949～1952 年国民经济恢复时期的三年，对社会阶级和阶层的划分主要依据经济状况和政治立场。1950 年 8 月政务院通过了《中央人民政府政务院关于划分农村阶级成份的决定》，1954～1956 年，比照《中央人民政府政务院关于划分农村阶级成份的决定》并参考个人职业划定了城市社会成员的阶级成分。到 1956 年，全国公民依据不同的阶级成分大体上被划分为八个等级：国家干部；工人；贫下中农（包括雇农）；上中农、中农；职员；小业主；资本家；地、富、反、坏。不同阶级成分的人在就业、招工、招干、入党、参军、晋升乃至求学等方面，所拥有的机会是不均等的。

1956 年底"三大"改造基本完成，生产资料私有制基本被消灭，标志着以

---

[1] 曹锦清、陈中亚：《走出"理想"城堡——中国"单位"现象研究》，海天出版社，1997，第 68 页。

[2] 孙立平：《转型与断裂——改革以来中国社会结构的变迁》，清华大学出版社，2004，第 1～21 页。

公有制为基础的社会主义制度基本建立，中国社会实现了从新民主主义到社会主义的转变。与所有制的变革一样，社会阶级、阶层结构也发生了重大变化。对于新的社会阶级结构，党的八大政治报告做了明确的阐述：官僚买办阶级已经在中国大陆消灭，地主阶级也已经消灭，富农阶级正在消灭中，这些剥削阶级的成员正在被改造为自食其力的新人；民族资产阶级分子正处于由剥削阶级变为劳动者的过程中；广大农民和其他个体劳动者，已经变成社会主义的集体劳动者；工人阶级成为领导阶级，知识分子已经改变了原有的面貌组成一支为社会主义服务的队伍。① 这样，新中国就形成了由工人阶级、农民阶级、知识分子阶层等几支基本力量所构成的新型社会结构，即"两个阶级一个阶层"的社会结构。但在实际社会领域，随着反右"扩大化"和"文化大革命"的发动，我国对阶级的划分从主要以经济为标准改变为以政治意识形态为标准，甚至在一段时间出现了主要以家庭出身为标准的"血统论"。

在社会流动方面，个人的政治身份决定了其社会生活的来源及其生活的富裕程度。首先，是城乡的户籍身份差别；其次，城乡内部又有阶级身份的差别。这一系列的差别基本由个人的出身所决定，在一种强有力的行政控制下形成，也靠强有力的行政控制来维持。如果没有外部条件的改变，这种固定化和先赋性的身份特征很难使处于社会底层的人依靠自己的力量向上层流动。阻碍社会流动的最主要因素是户籍制度。户籍制度的形成有一个过程，1953年4月，政务院发出《关于劝阻农民盲目流入城市的指示》；1958年1月9日，全国人民代表大会常务委员会第91次会议通过《中华人民共和国户口登记条例》，第一次以法律的形式将新中国成立以来日渐形成的城乡有别的户口登记制度与限制迁移制度固定下来。《中华人民共和国户口登记条例》对现行户籍制度产生决定性影响的条款是该条例的第10条第2款，即"公民由农村迁往城市，必须持有劳动部门的录用证明，学校的录取证明，或者城市户口登记机关的准予迁入的证明，向常住地登记机关申请办理迁出手续"②。户口迁移审批制度和凭证落户制度，是户口迁移控制政策的两项基本制度。该条例成为全国城乡二元户籍制度正式形成的重要标志。从此，中国公民的迁移自由权力实际上不存在了，从此有了城市户口、农村户口的

① 刘少奇：《中国共产党中央委员会向第八次全国代表大会的政治报告》，中国共产党第八次全国代表大会文件，人民出版社，1956，第9~10页。
② 俞德鹏：《城乡社会：从隔离走向开放——中国户籍制度与户籍法研究》，山东人民出版社，2002，第28页。

区别，农民从此不再能够随心所欲地进城定居。①1977 年 11 月 1 日，国务院批转的《公安部关于处理户口迁移的规定》，又强化了对户口迁移工作的严格管理。按"农业人口"和"非农业人口"进行管理的城乡二元户籍制度最终完全确立。

在"总体性社会"结构框架下，改革开放前我国虽然没有社会建设的提法，但社会建设的实践一直都在进行中，只不过在当时的社会背景下，社会建设是与政治建设、经济建设和文化建设结合在一起。应该说，在短缺经济的条件下，改革开放前的社会建设模式有其优越性，可以依靠国家强大的政治动员力量和中央集权的计划体制，最大程度上利用有限的社会资源，在短时间内解决老百姓迫切需要满足的生活和生产问题。但在"总体性社会"结构框架下，这种社会建设模式存在很大的弊端：造成国家动员能力极强而民间力量发育极弱，社会生活的运转只能依赖行政系统；缺乏中间阶层的作用，国家直接面对原子化的民众，其间缺少缓冲地带；不仅社会的自组织能力很弱，甚至社会本身的存在空间都被挤压得十分狭小；等级身份制盛行，结构僵硬；缺少自下而上的沟通机制，民众的意见凝聚和表达缺少必要的制度渠道。更为严重的是计划经济时期形成的一整套社会体制对当前我国社会建设的推进造成了不良影响。

## 第二节　转型期中国的社会建设

1978 年以后，中国走上了改革开放的道路，在经济领域推行市场化改革，市场开始逐步从总体性体制中分离出来，国家之外的力量逐渐成长和壮大，民间社会组织化程度增强，个人对国家的依附性明显降低，一个具有相对自主性的社会正在形成。但是相对于经济建设而言，我国的社会建设仍然处于从属地位，社会建设以政府为主导，服务于以经济建设为中心的国家战略。特别是市场逻辑在社会领域的推进与政府社会管理体制改革的滞后，导致社会公平性缺失，造成了一系列新的社会矛盾与问题。

### 一　社会转型与社会建设

社会转型是当今社会科学界普遍使用的一个热门术语，其基本内涵是指

---

① 俞德鹏：《城乡社会：从隔离走向开放——中国户籍制度与户籍法研究》，山东人民出版社，2002，第 23 页。

社会的整体性变动，特别是社会结构的整体性、根本性变迁。改革开放以来，中国社会结构最根本的变化是由"总体性社会"向"分化性社会"转变。这一变化的根本动因是体制改革。党的十一届三中全会提出了计划经济为主、市场调节为辅的基本原则，打破了计划经济一统天下的局面。1984年党的十二届三中全会通过的《中共中央关于经济体制改革的决定》，进一步提出社会主义经济是"公有制基础上有计划的商品经济"的论断。1987年党的十三大报告则开始强调计划与市场的作用都是覆盖全社会的，不再提计划经济为主。1992年初邓小平在南方谈话中明确区分了经济体制和社会基本制度。1992年6月江泽民在中央党校讲话中主张使用"社会主义市场经济"的概念，党的十四大正式把建立社会主义市场经济体制确定为经济体制改革的目标。到2000年党的十五届五中全会，我国已经初步建立起社会主义市场经济体制。

从计划经济体制转向社会主义市场经济体制，不仅仅是资源配置方式的变化。随着市场经济等价交换原则和供求机制、价格机制、竞争机制在我国经济发展中发挥越来越大的作用，计划经济体制下社会结构的单一性、行政性、集中性、封闭性特征正在发生根本改变。社会基础结构（人口结构、家庭结构）、社会空间结构（城乡结构、区域结构）、社会活动结构（就业结构、职业结构、组织结构）、社会关系结构（所有制结构、分配结构、利益关系结构、阶层结构、权力结构）和社会价值结构等都发生了巨大变化，呈现日益复杂化和多样化的局面。[1] 经济体制改革的深入和发展，催生了国家体制之外的社会主体，这些主体的生成和壮大，在推进体制外经济发展的同时，也导致社会建设模式发生了重大转变。

大部分学者都认为，改革开放以后中国进入了社会转型期，整个社会开始从传统型向现代型转变。具体来说，就是从农业的、乡村的、封闭的、半封闭的传统型社会，向工业的、城镇的、开放的现代社会转型。[2] 从具体数据来看，1977年我国的城市化率只有17.6%；在三次产业结构中，一产占29.4%、二产占47.1%、三产占23.5%；但在就业结构中有74.5%的劳动力在一产就业。当时我国基本上还是个传统的农业社会。20世纪80年代中期以后，我国政府放松了对农村劳动力流动的限制。特别是1992年以后，

---

①　陆学艺：《当代中国社会结构》，社会科学文献出版社，2010，第11页。

②　郑杭生：《60年，中国社会如何转型与发展》，《学习月刊》2009年第19期。

东部沿海地区经济迅速发展，吸引了大批农村剩余劳动力到城市就业。到2002年党的十六大召开之前，我国城市化率已经上升为39%。三次产业结构中，一产已经下降到15.4%，二产和三产上升到51.1%和44.4%，一产的就业人口降为50%。① 经过20多年的改革开放，我国的社会类型发生了根本改变。

社会转型并不仅仅是一种社会进步因素，转型也意味着变化与冲突。由于我国的社会转型与经济体制转轨同时进行，二者不断地发生摩擦与冲突，再加上转型过程中社会分化加剧、不同社会力量的角逐、社会规范的解组、新社会要素的不断生成，这些新旧要素的尖锐对立和冲突，以及由此导致的巨大张力的蓄积，使整个社会的进一步发展摇摆不定，各种发展潜能和发展方向的共时存在导致基本的社会安排难以定型。长期蓄积的矛盾、危机随时都可能爆发出来，打断社会的演进和转变过程，把整个中国社会推向所谓的"高风险社会"。这是改革开放后，我国推进社会建设的过程中，不得不面临的又一特殊环境。

## 二　转型期中国社会建设的主要特征

在社会转型的宏观背景下，从1978年中国改革开放一直到2002年党的十六大召开，中国的社会建设具有鲜明的时代特征。它在地位上从属于经济建设、服务于经济建设，在模式上借鉴了经济改革中的经验。在社会管理体制上，虽然没有摆脱计划体制的框架，但"一元化"的管理模式已经出现松动，特别是"单位制"解体后，社会组织、社区成为社会管理的重要载体。随着市场经济的发展，各种资源与要素自由流动，促进了社会结构由封闭逐渐走向开放。

### （一）　以经济建设推动社会建设

党的十一届三中全会所实现的路线转变，最根本的一条，就是从社会主义制度建立以后仍然以阶级斗争为纲，转变为以经济建设为中心、将发展生产力作为社会主义的首要任务。这一时期，我国政府突出强调以经济建设为中心，一切工作围绕经济建设展开，社会建设服务于经济发展。各项社会建设政策的推出是在"服务于经济建设"的思维下推出的，是作为经济体制改革的一项"配套工程"得以制定和实施的，给企业减负，给政府甩包袱，

---

① 国家统计局国民经济综合统计司编《新中国55年统计资料汇编》，中国统计出版社，2005。

成为当时政策制定的动机。社会建设本身并没有成为自觉目的。

这一阶段，改革与发展的中心是经济体制改革和建设，社会体制改革与社会建设只是作为经济体制改革的配套工作或重要内容在事实上得到一定的推进。由于我国经济体制改革一直坚持市场化取向，其目标是建立社会主义市场经济体制，而且改革是沿着由浅入深，由点到面，由农村体制改革向城市经济体制改革，进而到着力构建社会主义市场经济体制框架这样的基本轨迹逐步推进和不断深化的。因此，这一阶段的社会体制改革也正是按照市场取向改革的目标导向，根据建立社会主义市场经济体制的基本框架和目标要求，结合各地的实际不断推进、不断展开的。

1978～1992 年，我国对传统的劳动就业体制进行了局部的市场化改革，即我们通常所说的"双轨制"改革。1980 年 8 月的全国劳动工作会议提出，要实行劳动部门介绍就业、自愿组织就业和自谋职业相结合的"三结合"就业方针，打破了传统的计划型劳动就业体制，开创了通过市场化、社会化的方式来解决经济和社会问题的制度实践。1994 年《中华人民共和国劳动法》的颁布，标志着我国劳动就业体制的市场化转变。以此为核心，国家又颁布了一系列配套的劳动法规，初步构建起适应市场经济的劳动就业体制。国家全面推行劳动就业合同制，大力培育劳动力市场，建立劳动就业服务体系，实施再就业工程，建立失业保险制度，市场化的就业体制框架基本建立。

在教育、医疗、住房等社会事业领域，参照经济体制改革的模式，我国也进行了市场化改革。在计划经济时代，教育是政府投资，政府分配学生，学生费用是通过免费加助学金的形式由国家包办。高校收费改革从 20 世纪 90 年代初开始，到 1997 年完全并轨的时候，全国平均收费标准为年均 500 元左右。1999 年 6 月全国教育工作会议提出"教育产业化"，并在高校推行，到 2004 年时，高等教育收费飙升到了 5000 元左右。再加上住宿费和生活费，保守计算，每个大学生每年费用要 1 万元左右。[1] 20 世纪 80 年代中期，我国"医改"全面启动，基本目标就是仿效国企改革，"放权让利，扩大医院自主权，放开搞活，提高医院的效率和效益"，而改革的基本做法，则是"只给政策不给钱"。1992 年 9 月，国务院下发《关于深化卫生改革的几点意见》，鼓励医疗机构通过收费来养活自己。2000 年以后又出现了对国

---

① 　崔克亮、黄超：《中国教育改革市场化之痛》，《党政干部文摘》2005 年第 10 期。

有医疗机构的产权改革，一些地方出现出售乡镇卫生院和县级医疗机构的风潮，实质是政府"甩包袱"，用市场化的手段减轻自己的负担。20世纪90年代以前，我国的住房体制是国家、单位统包，居民住房以福利房和租赁为主。1994年7月，国务院下发了《关于深化城镇住房制度改革的决定》，标志着我国全面推进住房市场化改革的确立。1998年7月，国务院下发了《国务院关于进一步深化城镇住房制度改革加快住房建设的通知》，废除了住房实物分配的制度，确立了商品房的市场主体地位，促生了我国规模巨大的房地产市场。

改革开放后，我国社会建设的另一项重要行动是社会保障制度改革，其基本目的是配合当时的国企改革，为市场经济条件下的现代企业制度提供配套服务。新中国成立后，我国曾建立过社会保障体系，也基本符合当时计划经济条件下的社会需求。但随着经济体制改革的深入，过去以国家出资、单位管理为主的社会保障制度的弊端日益显现。我国于1984年开始了以建立新的社会统筹体系为主要内容的劳动保险体制改革。经过局部试点，1995年，政府颁布了《关于深化企业职工养老保险制度改革的通知》，提出"统账结合"的实施办法。1997年，国务院颁布了《关于建立统一的企业职工基本养老保险制度的决定》，统一企业和个人缴费比例、统一个人账户规模和统一养老金计发办法。1998年，国务院又颁布了《关于建立城镇职工基本医疗保险制度的决定》，我国开始在全国推行新的医疗保险制度改革，建立起由国家、单位和个人共同承担的医疗费用分担机制。这是我国社会保障制度从单位化走向社会化的重要一步。

**（二）社会管理方式从"集权"走向"分权"**

改革开放以前，我国社会是一种"总体性社会"。这种以政府为主体的社会管理体制与高度集中的计划经济体制是相匹配的。改革开放以后，随着高度集中的计划经济体制向社会主义市场经济体制过渡，政府包揽一切的高度"一元化"的社会管理体制越来越难以适应社会发展的需要，逐渐被扬弃，同时社会管理的主体、理念、目标都发生了深刻变化。

改革开放初期，我国的社会管理实际上是一种"单位办社会"的模式，工作单位为职工提供"从摇篮到坟墓"的一揽子社会福利，甚至承担一部分政府的行政管理职能。市场化改革以后，传统体制下的单一权力结构不能满足各个利益群体的需求，由此推动了国家公共权力体系的逐渐松动和权力资源的重新配置。社会管理开始从高度集权的行政"一元化"体制逐步向社会、地方分权和放权。中国以单位为基础的总体性社会开始出现裂痕。

在农村，随着家庭联产承包责任制在农村的全面实施，农民获得了较以往大得多的生产和经营自主权。"政社合一"的农村人民公社失去了存在的政治和经济基础，在短短几年中走向解体，农村社会管理需要在改造的基础上重构组织主体。根据 1982 年通过的《中华人民共和国宪法》有关规定，我国重新建立乡、民族乡人民政府作为农村基层政权单位，同时，在村一级建立了农民群众自治组织——村民委员会，取代了原来的生产大队，管理本村范围内的各种社会事务。1987 年 11 月，六届全国人大常委会第 23 次会议通过了《村民委员会组织法（试行）》。1998 年 11 月，九届全国人大常委会第 5 次会议修订并正式颁布了《村民委员会组织法》。经过多年的实践探索，村民自治基本普及，内容不断丰富，制度日趋完善，规范化的水平逐步提高。①

同时期，城市基层社会管理体制也发生了很大变化。随着高度集中的计划经济体制的松动和多种所有制经济成分的出现，作为社会控制细胞和福利供给者的单位对国家和上级的依赖性不断减弱，自身的独立性和自主性不断增强，逐渐成为相对单纯的工作场所，延续已久的单位制开始式微。此外，随着社会化服务的发展以及人们利益实现方式和途径的多样化，社会成员对单位的依赖性也在逐步地弱化。在这种情况下，高度"一元化"的社会管理体制的弊端日益暴露出来。为了解决这个突出的问题，1989 年我国颁布实施了《城市居民居委会组织法》，"街居制"得以恢复和发展。城镇社会管理体制由原来的"单位制为主、街居制为辅"逐步演变为"单位制＋街居制"。从 1990 年起，我国社区建设开始试点。2000 年 11 月，中央办公厅、国务院办公厅转发《民政部关于在全国城市推进城市社区建设的意见》后，社区建设进入全面推进阶段。我国的城市社会管理体制逐步由"单位制＋街居制"转变为"单位制＋社区制"的社会管理模式。

**（三）社会组织成为社会建设的重要力量**

20 世纪 70 年代末 80 年代初，大量的社会管理问题推动我国改革。从政治学和社会学的角度看，改革主要是政府放权让利，理顺政府与社会的关系，把属于社会的还给社会，主张资源的分散重组。这一时期社会建设的主体由中央政府向地方政府转移，由计划经济体制下的政府包办转向市场经济

---

① 龚维斌：《从单位管理走向社会建设》，《国家行政学院学报》2009 年第 4 期。

条件下的政企合作，并出现了独立于政府与市场之外的社会组织。社会组织在经济、政治、文化、社会、教育、科技等各个领域发挥着独特而重要的作用，成为沟通党和政府与人民群众的桥梁和纽带，成为我国社会建设中一支不容忽视的力量。

改革开放前，我国没有真正的社会组织，名义上的社会组织实际上是政府政权的延伸，真正独立于政府之外的社会组织基本消失。改革开放后，为了繁荣科学文化事业、促进经济的繁荣，我国开始支持各类学术性团体、科技组织和公益组织的发展。1978～1988年，社会组织在这一时期呈现爆炸式增长的局面，被学者称为社团史上"无法无天"的十年。据王名等人的研究推断，至少有一百万家左右的社会组织活跃在中华大地之上，其中有合法成立的社团，也包括大量非法社团。① 1988年7月，民政部成立了社会团体管理司；1988年9月，国务院通过了我国第一部关于基金会的行政法规——《基金会管理办法》；1989年，国务院颁布了《社会团体登记管理条例》，规定成立社会团体必须在民政部门登记注册，把社会团体的登记、监督和处罚权集中交给了民政部门。

1992年以后，我国开始对社会组织的发展进行规范，各类社会组织发展的法律法规相继出台，我国社会组织从计划体制下的无法可依状态，逐步走上专业化、法制化的轨道。国务院于1998年10月颁布了《民办非企业单位登记管理暂行条例》和新的《社会团体登记管理条例》，强化了双重管理体制，并明确规定了业务主管单位的职责，增加了社会组织注册的会员和资金下限。根据民政部门的统计，截止到2003年，我国有各类社会组织26.66万个，其中：社团14.1万个，民办非企业单位12.4万个，基金会954个。② 由于我国对社会组织的申请登记要求比较严格，除了在民政部门登记的社会组织外，我国还有在工商部门登记以及没有登记的草根性社会组织，据有关学者估计近千万个。

从国家与社会的关系来看，社会组织的兴起打破了政府"单中心"的社会管理格局，弥补了政府和市场能力的不足。社会力量的发育和成长为建构治理多元化的社会管理体制提供了社会支持。

---

① 王名：《走向公民社会——我国社会组织发展的历史及趋势》，《吉林大学学报（社会科学版）》2009年第3期。

② 《民间组织历年统计数据》，中国社会组织网，http://www.chinanpo.gov.cn/2201/20151/yjzlkindex.html。

### （四）社会结构更加合理与开放

在中国多年的改革过程中，市场开始逐步从总体性体制中分离出来，相对独立的社会力量也开始缓慢生长，一种更具有现代特征的社会结构正在逐渐形成。① 改革开放 30 年来最大的变化是市场机制或者经济因素成为社会分层的主要机制，至少成为与政治因素比肩的重要因素。可以看到，随着市场化的发展，除了经济因素的影响力上升外，家庭背景的影响力、教育的作用在改革前后都有显著变化。在城乡结构方面，我国城乡二元结构出现了松动，逐渐开始允许农民有限度地自由流动，进入城市在第二、第三产业部门就业。

1978 年后，我国农村开始推行家庭联产承包责任制。1984 年，全国已有 99.9% 的生产队实行了以联产承包为主要形式的责任制。家庭联产承包责任制的发展和完善，一方面使农民有了独立自主的经营权，农民可以从事符合自己意愿的劳动，让农民的职业分化成为可能；另一方面极大地调动了农民的生产积极性，提高了农业劳动生产效率，使农村产生了大量剩余劳动力，成为占全国人口 80% 以上的农业劳动力向外转移和农民分化的直接动力。这一时期，国家政策也放开了农民从事多种生产经营的空间，农民的经营范围由养殖业、种植业和简单手工业发展到加工业、运输业和商业，农村社会出现各种专业户、经营大户、个体户以及乡镇企业家，多种职业群体从原来单一的农业劳动者中分化出来。

改革开放之前，我国城市几乎是清一色的公有制经济，城市居民主要包括工人、干部、知识分子等社会阶层。改革开放以后，随着多种经济成分的出现和身份制度的松动，社会流动机制更有活力，城市社会阶层也开始出现分化。1982 年党的十二大报告中明确指出，"在农村和城市，都要鼓励劳动者个体经济在国家规定的范围内和工商行政管理下适当发展，作为公有制经济的必要的、有益的补充"，此后，个体经济有了较快的发展。1988 年，《宪法修正案》获得通过，私营企业获得合法地位，一些生产经营实力较强的个体户逐渐成长为私营老板，私营企业主阶层在我国开始出现。从 1985 年起，我国经济改革的重点由农村转向城市，其重点是扩大国营企业的自主权，推行企业承包责任制。国营企业的经营管理人员有了自主经营权，开始

---

① 清华大学社会学系社会发展研究课题组：《走向社会重建之路》，《民主与科学》2010 年第 6 期。

由经济管理干部转变为市场经济体制下的企业经理人员，而合同制下的工人则增添了失去国家各种社会保障的风险，转变为雇佣劳工。此外，这一时期我国的外资经济有了较大发展，外资企业的中高层管理人员、专业技术人员形成了一个高收入的白领群体。

1992 年，我国明确提出要建立社会主义市场经济体制之后，以工业化、市场化、城市化为旨向的经济改革进程大大加快，我国社会阶层结构和利益格局发生很大变化。1992 ~ 2003 年，经过 10 余年市场经济发展和其他改革政策的催化，以职业为基础的新的社会阶层分化机制逐渐取代过去的以政治、户口和行政身份为依据的分化机制，现代社会阶层结构已经初具雏形。依据对组织资源、经济资源、文化资源的占有状况不同，我国的现代社会阶层结构可以分为十大阶层，即国家与社会管理者阶层、私营企业主阶层、经理人员阶层、专业技术人员阶层、办事人员阶层、个体工商户阶层、商业服务业员工阶层、产业工人阶层、农业劳动者阶层和无业失业半失业人员阶层。①

在此期间，城乡二元结构也出现了松动，城乡之间人口流动加快。1984 年，国务院发布了《关于农民进入集镇落户问题的通知》，规定"除县城外的各类县镇、乡镇、集镇，包括建制镇和非建制镇，全部对农民开放"。1985 年，公安部颁布了《关于城镇暂住人口管理的暂行规定》，对那些不能加入城市户籍的农民实行暂住证制度，从法律上正式给予农民进城许可。1992 ~ 2002 年，党和政府继续鼓励农村剩余劳动力依托乡镇企业实现就地转移的同时，在一定程度上放松了农村剩余劳动力异地转移的严格限制。2000 年，为了推进小城镇健康发展，中共中央、国务院发布了《关于促进小城镇健康发展的若干意见》，规定"从 2000 年起，允许我国中小城镇对有合法固定住所、稳定职业或生活来源的农民给予城镇户口，并在子女入学、参军、就业等方面给予与城镇居民同等的待遇，不得实行歧视性政策，不得对在小城镇落户的农民收取城镇增容费或其他费用"。此项文件的出台标志着我国流动人口政策开始进入融合阶段。

## 第三节　新时期中国社会建设的探索与实践

党的十六大以后，我国的发展进入一个新的历史阶段，社会建设作为五

---

① 陆学艺主编《当代中国社会阶层研究报告》，社会科学文献出版社，2002，第 10 ~ 23 页。

大建设之一，受到中共高层的重视。新时期社会建设的任务就是通过社会建设行动，建设一个相对独立、自主的社会。社会建设的任务从社会结构的角度来看，实际上是重新调整国家、市场与社会的关系。如果说改革开放以前只有国家，没有市场与社会，主要通过强有力的国家政权解决了社会整合问题；改革开放后直到党的十六大召开，是市场力量的全面扩张阶段，主要解决的是经济发展的问题；那么进入新世纪以后，我国经济发展的问题已经基本解决，下一个阶段的主要任务应该是增加社会的力量，通过社会建设重建社会，从而达到三者之间的平衡、协调状态。

## 一　新时期中国加强社会建设的时代背景

在经济社会发展的不同阶段，需要解决的重点任务不同。改革开放前，我国的主要任务是巩固国家政权、走独立自主的发展道路。改革开放后，我国的主要任务是通过经济建设，解决落后的社会生产力与人民群众日益增长的物质文化需求之间的矛盾。在人民的整体生活水平达到小康后，我国的主要任务应该从以经济建设为主转为经济建设与社会建设并重，通过社会建设增加人民的福祉，化解社会矛盾，实现更大程度的社会公平。因此，社会建设作为一种国家的宏观战略选择，并不是哪一个或哪一届领导人心血来潮的偶然，而是改革开放进入新的时期后形成的一种全新的国家治理共识。[1]

### （一）　中国经济发展进入工业化中后期阶段

党的十六大以后，我国经济高速发展，经济实力显著增强。2003～2011年，中国经济年均增长 10.7%，经济总量占世界经济总量的份额，从 2002年的 4.4% 提高到 2011 年的 10% 左右；中国经济总量在世界的排序，从 2002 年的第六位上升至 2010 年的第二位。2010 年世界银行对全世界 190 多个国家和地区的人均 GDP 做统计分析，结果显示，人均 GDP 在 3976～12275 美元，属于上中等收入国家。2010 年我国人均 GDP 达到 4429 美元，进入上中等收入国家行列。在产业结构中，2010 年我国第一产业增加值占国内生产总值的比重为 10.1%，第二产业增加值比重为 46.8%，第三产业增加值比重为 43.1%，已经具备现代国家产业结构特征。从城乡关系的角

---

[1]　李友梅等：《当代中国社会建设的公共性困境及其超越》，《中国社会科学》2012 年第 4 期。

度来看，2011 年我国城市化率第一次超过了 51%，进入城市化加速发展阶段。2004 年以来，我国农村逐渐取消了沿袭几千年的"皇粮国税"，国家对粮食种植进行直接补贴，这表明我国工业反哺农业的"拐点"已经到来。无论依据经济发展的数量指标还是质量指标，我国经济发展水平已经处于工业社会的中后期阶段。我国在经济得到较快发展、物质基础比较厚实的基础上，有必要、有条件，也有能力实现社会的全面、协调发展。

（二）执政党的发展理念发生了重大转变

党的十六大以后，我国的发展观出现了明显变化，主要标志就是科学发展观和构建社会主义和谐社会两大战略思想的提出。2003 年党的十六届三中全会首次提出科学发展观，十六届五中全会进一步提出要"坚持以科学发展统领经济社会发展全局"。党的十七大则系统地阐述了科学发展观的深刻内涵，强调中国特色社会主义事业必须始终坚持贯彻落实科学发展观。党的十六届四中全会第一次提出构建"社会主义和谐社会"的战略任务，十六届六中全会全面系统地阐述了构建社会主义和谐社会的理论。这两大战略思想的提出，表明经过改革开放 30 年的实践，我们党对单纯的经济增长与整个社会的和谐稳定、健康发展的关系有了进一步认识。这种认识既以改革开放 30 余年所取得的"经济奇迹"为基础，同时也以对与这种"经济奇迹"相伴随的各种社会矛盾、社会问题的深切认识为前提。[①] 党和国家的最高领导层越来越认识到，加强社会建设对我国社会发展的重要性和紧迫性，推动社会建设与社会管理创新将是今后一定时期我国社会发展的一项重大任务。

（三）中国进入社会矛盾凸显期

当前我们党把社会建设和社会管理放置到重要位置，也是对我国进入"矛盾凸显期"的应对举措。2002 年我国人均 GDP 已经达到 1100 美元。根据世界和历史发展经验，人均国民收入达到 1000 美元，标志着一个社会进入了"黄金发展期"和"矛盾凸显期"。"黄金发展期"意味着社会发展面临新机遇，如果处理得好，能够顺利进入现代国家行列；而"矛盾凸显期"意味着社会问题的叠加，如果处理不好，有可能阻碍社会发展，陷入"拉美国家陷阱"。改革开放以来，在中国 GDP 增长翻番的同时，我国的社会不稳定事件也连创新高。1978 年，全国刑事犯罪事件 55.7 万件，2008 年为

---

① 王小章：《从以经济建设为中心到以社会建设为重心》，《浙江学刊》2011 年第 1 期。

488.5 万件，增长了 7.77 倍；1978 年社会治安事件 123.5 万件，2008 年为 741.2 万件，增长了 5 倍。群体性事件 1994 年开始统计，有 1 万多起，2008 年有 9 万多起。① 另外，经济发展过程中由于利益关系造成的劳资冲突、官民冲突不断发生，贫富差距扩大导致部分社会群体心态失衡，医疗、教育、住房等民生问题降低了群众的幸福感，等等。进入社会矛盾凸显期以后，迫切需要用社会建设来解决社会问题、化解社会矛盾。

## 二　新时期中国社会建设的探索与实践

党的十六大以来，社会建设成为政府部门和学术界高度关注的问题。目前尽管对社会建设的内涵与外延还存在很大的争议，但在实践领域，我国从中央到地方都进行了广泛的探索与实践，在某些地方和领域取得了重大突破。在我国进入全面建成小康社会的决定性阶段，有必要对这些成就进行归纳与总结，在此基础上探索有中国特色的社会建设模式。

### （一）社会建设被列入国家五大建设之一，成为中国特色社会主义现代化建设的重要组成部分

2004 年党的十六届四中全会之前，我国虽然有社会建设的实践，但并没有明确提出社会建设的任务，社会建设被放到经济建设或文化建设的框架之内，处于被动与从属的地位。党的十六大以后，我国的发展战略出现了明显的变化，特别是建设社会主义和谐社会目标的提出，为社会建设被列为国家建设的任务之一奠定了良好的基础。

2004 年召开的党的十六届四中全会有两大贡献：一是提出了构建社会主义和谐社会这个非常重要的战略思想。该思想一经提出就受到全国上下广大干部与群众的强烈关注和认同，成为与全面小康社会、社会主义现代化齐名的战略目标。二是提出了社会建设这个很重要的新概念，适应了我国工业化、城市化发展阶段的需要，对正在进行的各项社会组织、社会结构、社会秩序、社会事业等方面的建设，做了一个明晰的概括，明确叫社会建设，从而使上述诸方面工作的地位得到了提高，理论上有了依据，建设目标更加明确。② 2006 年党的十六届六中全会强调，新世纪、新阶段要把构建社会主义和谐社会摆在更加突出的地位，社会建设首次成为中央全会的主要议题，并

---

① 陆学艺：《社会建设论》，社会科学文献出版社，2012，第 28 页。
② 陆学艺：《关于社会建设的理论与实践》，《北京工业大学学报》2009 年第 1 期。

且对建设社会主义和谐社会进行了总体部署。

2007 年 10 月党的十七大报告则明确把社会建设单独作为一个部分，与经济建设、政治建设、文化建设并列为"四位一体"，写进新修改的党章总纲，并提出加快推进以改善民生为重点的社会建设六大任务："优先发展教育，建设人力资源强国；实施扩大就业的发展战略，促进以创业带动就业；深化收入分配制度改革，增加城乡居民收入；加快建立覆盖城乡居民的社会保障体系，保障人民基本生活；建立基本医疗卫生制度，提高全民健康水平；完善社会管理，维护社会安定团结。"党的十七大明确提出以社会建设推动国家建设，改变了以前以国家建设带动社会建设的观念，这标志着我党对社会建设认识的提高。

党的十七大以后，社会建设由理论走向实践，开创了中国社会主义现代化建设的新领域。为贯彻落实党的十七大精神，很多地方政府专门成立了推进社会建设的机构。北京市在十七大结束不久就成立了专门负责社会建设的"社会工作委员会"和"社会建设领导小组办公室"，社会建设的任务在不同层面上得到落实。2010 年党的十七届五中全会提出要加强社会建设、建立健全基本公共服务体系等内容。在随后制定的"十二五"规划纲要中专门涉及社会建设的内容有两篇 12 章。

2012 年 11 月 8 日，党的十八大召开，我国进入全面建成小康社会的决定性阶段。党的十八大报告在"四大建设"之后加入了生态文明建设，使我国形成了经济建设、政治建设、文化建设、社会建设、生态文明建设五位一体的总体布局。在社会建设的任务中重点提到了民生建设，详细阐述了教育、就业、收入分配、城乡社会保障体系建设、健康体系建设和社会管理创新六项内容。另外还对社会体制改革提出了新要求。

党的十六大以后，社会建设走向前台，成为我国五大建设任务之一，改革开放后我国重经济建设、轻社会建设的格局开始改变。今后随着我国社会建设各项任务的逐步推进，必将扩大社会领域的力量，促进相对独立的社会空间的形成，最终使我国的社会真正发育起来，形成国家、社会、市场三足鼎立、相互制约、协调发展的局面。

**（二）修正民生领域的市场偏差，政府公共责任开始回归**

改革开放初期，国家财力不足，导致公共物品供应不能满足老百姓日常生活的需要。20 世纪 90 年代以后，为了增加供给，我国政府盲目借鉴国企改革的经验，把政府应该承担的责任推向了市场，在增加供给的同时造成了公平性下降，引起了全社会不满。新世纪以后，随着我国政府能力的增强和发展理念的变革，我国开始对社会领域的发展模式进行反思。最终重新确立了国家在公共物品供给中的责任，但在具体方式上由过去的中央政府直接提供转变为国家立法和政策主导。国家和政府的职能定位也由过去的"经济型"进一步转变为"服务型"，其公共服务意识和社会管理意识大大增强。

2002 年党的十六大以来，教育改革和发展重在强化政府在促进教育公平方面的责任。国家采取转移支付、专项和政策倾斜等方式加大对农村特别是西部农村教育的扶持力度。2006 年，新修订的《中华人民共和国义务教育法》将义务教育全部纳入公共财政保障范围。2007 年，对农村义务教育阶段 1.5 亿学生全部免除学杂费和免费提供教科书，对其中 780 万贫困寄宿生提供生活补助。2008 年，免除了全国城市义务教育学杂费。城乡免费义务教育全面实现成为中国教育发展史上一个重要里程碑。2010 年 7 月颁布的《国家中长期教育改革和发展规划纲要（2010～2020 年）》明确提出，提高国家财政性教育经费支出占国内生产总值的比例，2012 年达到 4%。

2003 年"非典"以后，我国政府加大了对医疗卫生事业的投入力度。2002～2007 年，政府财政用于卫生的支出累计达到 6294 亿元，比上一个五年增加了 3589 亿元，增长了 1.33 倍。中央财政用于医疗卫生的支出逐年增加，2008 年达到 832 亿元，比 2003 年增长了近 14 倍。[①] 2006 年启动的新医改方案经过三年多的争论于 2009 年正式颁布，"新医改"方案强化政府在基本医疗卫生制度中的责任，加强政府在制度、规划、筹资、服务、监管等方面的职责，维护公共医疗卫生的公益性。建立健全覆盖城乡居民的基本医疗卫生制度，把基本医疗卫生制度作为公共产品向全民提供，是本次"医改"的最大亮点，也是我国医疗卫生事业发展从理念到体制的重大创新。

2007 年 8 月，国务院出台了《关于解决城市低收入家庭住房困难的若干意见》，强调把解决城市低收入家庭住房困难作为政府公共服务的一项重要职责，同时，进一步明确住房保障范围、保障标准，要求进一步建立健全城市廉租住房制度，改进和规范经济适用住房制度，逐步改善其他住房困难

---

① 《卫生事业改革发展回顾与展望》，新华网，http：//news.xinhuanet.com/politics/2009 - 03/18/content_ 11031807_ 4.htm。

群体的居住条件。胡锦涛同志在党的十七大报告的第八部分提出："健全廉租住房制度，加快解决城市低收入家庭住房困难。"这是党代会报告中第一次专门提及住房保障制度。2010 年 6 月，住房和城乡建设部等七部门联合出台《关于加快发展公共租赁住房的指导意见》，弥补了长期以来"夹心层"住房政策缺位。目前，以廉租房、经济适用房、公共租赁房为主要形式，"低端有保障，中端有支持"的住房保障政策框架日趋清晰。

在社会保障和社会救助方面，2003 年我国建立了城市生活无着落的流浪乞讨人员救助制度，同时有力推进企业退休人员社会化管理服务工作，中央财政开始直接出面推进农村新型合作医疗试点。2004 年社会保障制度首次明确载入宪法，中央政府首次发布了社会保障白皮书。2005年实施了下岗职工基本生活保障向失业保险制度并轨，以及对职工基本养老保险制度的进一步完善，做实个人账户试点扩大，城市医疗救助制度基本建立。2006 年国务院颁布新的《农村五保供养工作条例》，农村五保制度实现了由农民供养向财政供养的重大转变。2007 年开展了城镇居民基本医疗保险试点、全面推进农村最低生活保障制度建设，以及解决城镇住房困难户的问题等。2010 年通过了《社会保险法》，《社会救助法草案》由国务院法制办公布并征求意见。政府在构建全民社会保障网络体系上承担了更多的责任。

**（三）加强社会管理创新，重视社会组织在社会管理中的协同作用**

改革开放前，我国是高度一元化的社会管理模式，政府依靠强大的政治力量实现了社会整合。改革开放后，随着市场经济的发展，政府开始在一些领域让渡权力，有控制地允许一些社会组织的成立。但是我国一直都把社会稳定放在与经济建设同等重要的位置来对待，把维护社会稳定作为压倒一切的重大政治任务来抓。在"刚性"维稳思维模式下，加强社会控制成为各级政府的主要任务之一，社会自治与社会参与受到抑制。党的十六大以后，面对新形势，我国提出了"加强社会管理创新"的要求，把构建"党委领导、政府负责、社会协同、公众参与"的社会管理格局作为社会管理体制改革的目标。此目标的实现，关键在于发挥各类社会组织在社会管理中的协同作用。通过引导各类社会组织的发展，使政府从过去"不该管、管不了、管不好"的领域逐渐退出，把该市场做的事还给市场，该社会做的事交给社会。

党的十六大以后，我国对社会组织功能的认识逐渐深化，对社会组织的管理从严格控制到扶植发展。近年来，民政部和有关部门从财政、税收、社会保障等方面出台了一系列扶持社会组织发展的配套政策。为贯彻落实《企业所得税法》和《个人所得税法》，构建社会组织税收优惠政策体系，民政部、财政部、国家税务总局共同出台了《关于公益性捐赠所得税税前扣除有关问题的通知》《基金会公益性捐赠税前扣除资格审核工作实施方案》和《社会团体公益性捐赠税前扣除资格认定工作指引》等文件，出台了社会组织自身收入免税和资格认定的政策，建立了以民政部门的年检、评估为依托的民政、财政、税收三部门相互配合的社会组织税收优惠和监管体制。随着社会组织数量的不断增加，政府向社会组织购买服务逐渐兴起，社会组织的协同作用初步显现。

为了进一步发挥社会组织在社会管理中的作用，2011 年底，民政部、发改委印发通知，要求"十二五"期间，完善扶持政策，推动政府部门向社会组织转移职能，向社会组织开放更多的公共资源和领域。为规范社会组织的发展，2010 年 12 月，民政部颁布了《社会组织评估管理办法》，下发了《关于推进全国社会组织评估工作的指导意见》，形成了分类组织评估标准体系，完善了评估工作方法和程序。近期广东省推出了《关于进一步培育发展和规范管理社会组织的方案》，提出了创新社会组织管理体制机制的一系列重大改革措施。从 2012 年 7 月 1 日起，除特别规定、特殊领域外，将社会组织的业务主管单位改为业务指导单位，社会组织直接向民政部门申请成立，无须业务主管单位前置审批后再向登记管理机关申请登记。北京市宣布从 2011 年开始，工商经济类、公益慈善类、社会福利类、社会服务类这"四类"社会组织无须"挂靠"主管单位，可直接到民政部门登记。

经过近几年的培育与扶植，我国社会组织发展迅速。截止到 2010 年底，我国社会组织的数量约为 44.6 万个，其中社会团体 24.5 万个，民办非企业单位 19.8 万个，基金会 2200 多个。此外，在各级民政部门备案的农村专业经济协会 4 万多个，城市社区社会组织 20 万多个。全国社会组织目前有专职工作人员 618.89 万人，兼职工作人员 500 多万人，还有注册的各类志愿者 2500 多万人，[①] 基本形成了与我国经济社会发展相适应、门类齐全、层

---

① 廖鸿、石国亮：《中国社会组织发展管理及改革展望》，《四川师范大学学报（社会科学版）》2011 年第 5 期。

次不同、覆盖广泛的社会组织发展体系。可以预见，随着国家对社会组织功能认识的深化和管理体制的改革，未来我国社会组织将迎来一个大发展的时期。社会组织在社会管理中的"协同"作用更强。

**（四）统筹城乡关系，城乡"二元"结构实现局部突破**

在社会结构调整方面，党的十六大以来，"三农"问题受到进一步的重视，国家从战略高度提出了一系列促进农村发展、统筹城乡发展的政策，我国进入了"以工促农、以城带乡"的新阶段。在破除城乡"二元"制度上也取得了明显的进步，一些阻碍城乡流动的制度被废除，除了少数大城市以外，城市户籍有条件向部分流动人口开放。这一时期是新中国成立后我国城乡结构调整取得成效最大的时期之一。

城乡结构的变化跟我们党和国家的一系列政策调整有关，党的十六大以后，连续几年的中央一号文件都与解决"三农"问题有关。特别是 2005 年10 月，党的十六届五中全会通过的《中共中央关于制定国民经济和社会发展第十一个五年规划的建议》指出，"建设社会主义新农村是我国现代化进程中的重大历史任务"。要按照"生产发展、生活宽裕、乡风文明、村容整洁、管理民主"的要求，坚持从各地实际出发，尊重农民意愿，扎实稳步推进新农村建设。新农村建设掀起了建设社会主义新农村的高潮，建设的内容不仅仅限于经济领域，还包括社会领域。2008 年 10 月，中共十七届三次会议通过了《中共中央关于推进农村改革发展若干重大问题的决定》，提出统筹城乡经济社会发展，把构建新型工农、城乡关系作为加快推进现代化的重大战略。

在具体的政策上，2003 年中央决定全面推进农村税费改革试点工作，2006 年全面取消农业税，并先后出台粮食直补、良种补贴、农机具购置补贴和农资综合直补等一系列优惠政策。新型农村合作医疗制度从 2002 年开始试点，2003 年在全国推行。2011 年，全国参加"新农合"的人数为 8.32亿人，参合率超过 97%。各级财政对"新农合"的补助标准从每人每年120 元提高到 200 元。2005 年，农村义务教育阶段"两免一补"政策首先在全国 592 个扶贫开发工作重点县实施。2007 年，中央财政向 27 个省（自治区、直辖市）、3 个计划单列市和新疆生产建设兵团预拨了春季学期免除学杂费和提高公用经费保障水平资金 92 亿元，其中，免学杂费补助资金 75亿元，提高公用经费保障水平资金 17 亿元。2007 年，这一惠民政策扩大到了全部农村义务教育阶段 1.48 亿名中小学生。2007 年 7 月 11 日，国务院颁布《关于在全国建立农村最低生活保障制度的通知》，决定全面建立农村最低生活保障制度，把 3451.9 万农村居民纳入了保障范围。2009 年出台《关于开展新型农村社会养老保险试点的指导意见》，在全国 10% 的县（市、区、旗）进行试点。截至 2010 年底，全国 27 个省、自治区的 838 个县（市、区、旗）和 4 个直辖市部分区县被纳入国家新型农村社会养老保险试点，总覆盖面约为 24%。

党的十六大以来，在破除城乡二元结构，促进城乡人口流动等方面政府也实施了多项举措。党的十六届三中全会通过的《中共中央关于完善社会主义市场经济体制若干问题的决定》，第一次明确使用了"劳动力市场"这一概念，表明国家从根本上解决农村剩余劳动力的新举措。与此同时，国家也颁布了保证劳动力顺利转移的相关政策。2003 年 1 月，政府颁布了《做好农民进城务工就业管理与服务工作的通知》，提出了六项解决推动农民进城务工管理与服务工作的措施。2003 年 6 月 20 日，国务院废止《城市流浪乞讨人员收容遣送办法》，对农村人口的城市化采取了更为积极的推进政策。为解决农民工在社会保障、公共服务和劳动管理方面的突出问题，国务院 2006 年出台《国务院关于解决农民工问题的若干意见》，这是新中国成立以来对进城农民工经济、社会、政治权益保障提出的最完整、相关内容阐述最翔实的一份政府法规文件。

户籍制度是城乡"二元"制度的核心，2002 年以后我国实际上就放开了县级以下城镇的入户限制，只要有稳定的工作和固定的住所，就可以落户。党的十六届三中全会明确提出了深化户籍制度改革的要求，全国各地进行了改革的试点，2007 年全国已经有 12 个省、市、自治区取消了农业户口与非农业户口的划分，统一了城乡户口登记制度。2012 年 2 月 23 日，国务院办公厅发布了《关于积极稳妥推进户籍管理制度改革的通知》，核心内容是分类明确户口迁移政策，不得强制农民落户城镇。从户籍制度改革的内容来看，当前的重点在于改革户籍登记制度和迁移制度，而户籍制度背后的就业、福利、保障等深层制度的改革，还在进一步探索之中。

从新中国成立后 60 多年中国社会建设的历程来看，社会建设作为社会主义现代化建设的重要组成部分，是一个国家发展不可逾越的阶段。历史上凡是重视经济建设与社会建设的协调发展，社会往往和谐稳定；忽视社会建设的重要性，就会产生大量的社会矛盾与问题，阻碍整个社会的发展。社会建设作为构建现代社会结构的一种行动，需要良好的社会宏观背景条件作为支撑，特别是要注意处理好国家、市场与社会之间的关系，为社会建设提供多元的主体、资源和自由的空间。另外，从我国社会建设的历史发展进程来看，目前我国的社会建设已经进入关键时期，但是历史上形成的体制和制度障碍成为社会建设向前推进的主要瓶颈，未来社会建设必须在社会体制改革上取得突破。

# 附录A 美国经验对中国社会建设的启示

【摘要】19世纪后期到20世纪中后期是美国具有关键意义的转折时期，在经济迅速发展的同时，出现了贫富悬殊、秩序紊乱等社会危机，但美国在这一转折时期历经"进步运动""新政"和"伟大社会"为代表的三次社会改革，反垄断、保福利、扩民权成为美国推动社会建设与发展、促进社会和谐的重要历史经验，对当前中国推动社会建设与发展具有重要的启示意义。

19 世纪后期到 20 世纪中后期是美国具有关键意义的转折时期。在这近百年的时间里，美国经历了经济的迅速发展，同时也出现了贫富悬殊、秩序紊乱等社会危机，但美国在这个转折时期及时进行了社会体制改革，加强社会建设，较好地化解了社会危机，使社会发展适应了工业化进程。[①] 美国这一时期的发展经验，给当前正处于矛盾凸显期的中国社会提供了可资借鉴的宝贵经验。

# 一　世纪之交的美国

19 世纪后期，美国作为一个经济大国从西半球崛起，工业化、城市化迅速发展，国民财富急剧增多，社会发展面临空前的转型。1884 年，美国工业产值超过农业产值，成为工业国；到 1894 年，美国工业总产值超过英国，跃居世界之冠。1860 ~ 1910 年，美国城市人口从 621 万增为 4464 万，由占全国总人口的 19.8% 上升到 45.5%。与此同时，美国国民财富总值也从 1850 年的 70 亿美元增加到 1900 年的 880 亿美元，增长了 11 倍多。[②] 19 世纪 70 年代，美国经济居世界第四位，至 1893 年已居世界第一，把英、德、法三国远远地抛在后面。但是，工业化给美国社会带来丰富的物质财富的同时，并没有消除社会贫困等不和谐现象，反而出现物质丰富与社会和谐间的"二律背反"，即经济高速增长的同时，社会矛盾大量凸显，引起民众不满和社会骚动。这突出表现在以下几个方面。

其一，垄断组织迅速膨胀、增多。美国的工商界和金融界兼并狂潮方兴未艾，到 1899 年，美国有垄断组织 185 个，资本总额 30 亿美元，占全国制造业资本的 1/3，如全国铁路网在 1901 年已被六大垄断公司控制。垄断组织垄断生产和销售，使大批中小企业被吞并或破产，广大消费者也难逃被其奴役的厄运，经济运行机制遭破坏，经济活动陷入无序状态。此外，垄断组织还对森林和矿产资源进行掠夺性开发，使美国森林面积由内战前的 8 亿英亩锐减到 1901 年的不足 2 亿英亩，生态环境遭到严重破坏，引起举国关注。反垄断的呼声在全美国境内此起彼伏。

---

① 陆学艺：《社会建设论》，社会科学文献出版社，2012，第 114 页。
② 附录 A 所引数据如不另加注均整理自帕特南《独自打保龄球》，刘波等译，北京大学出版社，2011。

其二，社会分配不公和贫困化问题突出。进入垄断阶段后，据查理斯·B. 斯布尔在 1896 年的统计，1% 的美国人占有近一半的国家财富，12% 的美国人拥有近 90% 的国家财富。① 与此形成鲜明对照的是，广大工人、农民、移民和黑人却日益陷入贫困的深渊。1890 年，仅纽约市就有 50 万居民住在贫民窟。著名社会活动家罗伯特·亨特估计，在世纪之交，美国至少有1000 万人（约占总人口的 14%）长期处于贫困状态。

其三，工农贫困化直接引发社会骚动和阶级冲突。19 世纪后期，美国工人运动进入高潮，罢工潮此起彼伏，如 1886 年"五一"运动及秣市惨案②、1892 年荷姆斯特德钢铁工人大罢工。而 1894 年普尔曼公司引发的铁路工人大罢工有 60 万人参与，致使美国西部铁路交通瘫痪。工人们多次试图成立工会，但成立工会的努力被暴力和周期性的镇压给遏制，劳工在市场中的权利受到了严重破坏。③ 在这一时期，还爆发了美国历史上最大的一次农民运动——"人民党"运动。当时，美国农业走向商品化、机械化、资本化的趋势与美国资本主义走向垄断的历史进程并存。垄断资本在西部、南部的急剧扩张，一方面改变了内战后经济的地域结构，另一方面也造成了整个社会阶级结构的变化，迫使西部和南部农场主日益沦为垄断资本的附庸。这是一场农场主同垄断资本在铁路运输、资本来源、市场价格和土地所有权方面的斗争，构成了"人民党"运动的主要内容。农场主不断被垄断资本制约以及由此产生的矛盾冲突，决定了"人民党"运动是农场主与垄断资本之间的社会阶级斗争。19 世纪末期成为美国历史上阶级冲突最突出的时期。④

其四，19 世纪后期的美国，种族问题再次突显出来。1896 年 5 月 18日，在"普雷西诉弗格森案"中，美国最高法院通过了种族隔离法。这使得种族隔离迅速蔓延，"从火车到汽车，从渡船到黑帮，从动物园到剧院，从医院到监狱，白人种族主义者的警惕情绪遍布美国"⑤。同时，几乎所有

---

① 帕特南：《独自打保龄——美国社区的衰落与复兴》，刘波等译，北京大学出版社，2011，第 433 页。

② 1886 年 5 月 4 日芝加哥工人群众为争取八小时工作制在芝加哥秣市广场举行集会遭到镇压而发生的惨案。

③ 帕特南：《独自打保龄——美国社区的衰落与复兴》，刘波等译，北京大学出版社，2011，第 438 页。

④ 帕特南：《独自打保龄——美国社区的衰落与复兴》，刘波等译，北京大学出版社，2011，第 463 页。

⑤ 帕特南：《独自打保龄——美国社区的衰落与复兴》，刘波等译，北京大学出版社，2011，第 439 页。

的南方的州都剥夺了非裔美国人的政治权利，使用基于种族歧视的选举限制手段，如人头税、识字能力测试等。除了非裔美国人，亚洲人、犹太人等群体也遭受了多种歧视或隔离。可以说，19 世纪后期的美国，被阶级和种族划分开来了。[1]

可见，19 世纪后期的美国，经济财富的巨大增长并未使社会变得稳定与和谐，在取得惊人发展的同时，也形成了一个无序与分裂的社会、一个弱肉强食的世界。[2] 一个无序与分裂的美国社会，不但难以继续发展，甚至本身的存在都成了问题。于是，重建社会和谐的历史使命被提了出来。美国人相信社会弊病可以通过改革加以克服，从而使社会继续进步。[3] 在促进社会和谐的历史进程中，美国经历了三次极富转折意义的社会改革：第一次是以西奥多·罗斯福总统的改革为象征的"进步运动"；第二次是富兰克林·罗斯福主持的"新政"；第三次则是约翰逊总统时期的"伟大社会"改革。

## 二　"进步运动"

一般来说，美国史学界将 1900～1917 年美国所发生的政治、经济和社会改革运动统称为"进步运动"。"进步运动"同时在联邦、州和市三级展开，是以中产阶级为主体、有社会各阶层参与的改革运动，目的在于消除美国从自由资本主义过渡到垄断资本主义所引起的种种社会弊端，重建经济秩序和社会价值体系。"进步运动"从政治领域的争取妇女选举权、市政改革到经济领域的反垄断运动，从救济穷人和改善工人待遇的社会正义运动到自然资源保护，其范围囊括了社会生活的各个方面，影响深远，其中，反垄断起到了关键作用。

垄断资产阶级是 19 世纪后期美国社会中政治经济力量最强大的阶级。1896 年垄断资产阶级的代理人麦金莱当选为总统，标志着垄断资产阶级全面执掌了国家政权。垄断资产阶级本质上是最保守、最反动的阶级，他们剥削工农群众，压制民主运动，把"大骚动"年代（1884～1886 年）的工人运动和 1886 年劳工政党参加竞选纽约市长视为无产阶级政治革命的序幕，

---

① 帕特南：《独自打保龄——美国社区的衰落与复兴》，刘波等译，北京大学出版社，2011，第 440 页。

② 李庆余：《美国如何构建和谐社会？》，http：//www.jydoc.com/article/367836.html。

③ 李庆余：《美国如何构建和谐社会？》，http：//www.jydoc.com/article/367836.html。

感到战栗不安，惶惶不可终日。而一批较有远见卓识的垄断资产阶级政治家则认识到垄断带来的政治腐败、经济秩序混乱和贫困化等严重问题最终将危及自身统治，因而实行一些不损害自己根本利益的改革，如美孚石油公司的约翰·D. 洛克菲勒就要求制定一部《全国公司法》，规范公司行为，授权联邦政府监督金融活动和企业资金账户。渐渐地，从垄断资产阶级中分化出了一批支持改革的垄断资产阶级自由派，西奥多·罗斯福和伍德罗·威尔逊就是他们的政治代表。西奥多·罗斯福曾说："我所奋斗的核心是希望从毁灭中拯救这个国家的富人及其追随者。……我希望为我们的子孙后代保留我们曾经拥有过的同样的机会、自由、和平、正义和秩序。"① 垄断资产阶级自由派认识到当时改革的必要性并参与改革，这就使联邦政府领导全国范围的改革成为可能。

在反垄断的呼声中，20 世纪初，西奥多·罗斯福总统（1901～1908 年任总统）与伍德罗·威尔逊总统（1913～1920 年任总统）发动"进步运动"。他们主张用联邦政府的权力对现行秩序加以改革，约束资本横行，使公共权力关照人民大众的生活，从而使美国社会重新走向和谐。

西奥多·罗斯福的改革理念是调整个人财产与公共福利的关系，重新把公共福利置于个人财产之上。他说："我们正面临着财产对人类福利的新看法……有人错误地认为，一切人权同利润相比都是次要的。现在，这样的人必须给那些维护人类福利的人民让步了。每个人拥有的财产都要服从社会的整体权利，按公共福利的要求来规定使用到什么程度。"在这一理念指导下，西奥多·罗斯福将反垄断斗争的矛头指向摩根的铁路控股公司——北方证券公司，对它提出起诉。他又强迫一个煤矿接受政府对罢工的调解，这是联邦政府第一次支持有组织的罢工。此后，伍德罗·威尔逊继续主张摧毁垄断，使美国回到自由竞争状态。他认为政府只有割断同垄断集团或政治老板的联系，才能从这些禁锢的束缚中解脱出来。伍德罗·威尔逊的改革在反垄断与还政于民这两方面取得了重要成果。1914 年，国会通过《克莱顿法》与《联邦贸易委员会法》。《克莱顿法》加强了 1890 年通过的《谢尔曼反托拉斯法》。从此，这两个法律成为 20 世纪美国人民对垄断提出诉讼的有力武器。②

① 李庆余：《美国如何构建和谐社会?》，http：//www. jydoc. com/article/367836. html。
② 李庆余：《美国如何构建和谐社会?》，http：//www. jydoc. com/article/367836. html。

需要说明的是，"进步运动"虽然由垄断资产阶级自由派总统推进，其中坚力量却是美国的中产阶级，他们奔走呼号鼓动改革，做了许多具体的领导工作。19 世纪末的美国中产阶级主要由两部分人组成：一部分是中小企业主和农场主，又被称为旧中产阶级；另一部分是随工业化进程同步壮大的有强烈职业情感和社会责任心的自由职业者（各类专业技术人员、企业管理者和政府公务员），被称为新中产阶级。中产阶级特别是新中产阶级，是一个日益壮大的阶级，是一支举足轻重的社会革新力量。新中产阶级的人数不论是绝对数还是相对数都在快速增长。1870～1910 年，美国总人口增长两倍多，其中工人阶级增长 3 倍，农民增长 1 倍，旧中产阶级只增加了 2 倍，而新中产阶级增加了近 8 倍，人数从 75 万增为 561 万，成为中产阶级中的多数，占 63%。因垄断势力的扩张，中产阶级的经济和社会地位相对下降，使他们对专横跋扈的垄断寡头们深恶痛绝；同时出于社会责任感，他们对政治腐败和工业化带来的反社会、反人性现象予以揭露和批判，逐渐走上反抗道路。中产阶级反对垄断寡头的"金钱政治"，要求限制垄断资产阶级的专横跋扈，加强联邦政府对经济的监督和管理，维护正常健康的经济秩序，保障机会均等的发展机制。研究"进步运动"的著名史家霍夫施塔特较为公允地评价了中产阶级在进步运动中的作用："进步运动有别于人民党运动的是城市的中产阶级不但参加了反抗潮流，而且担负起领导责任。"[①]

除了中产阶级，工农群众也是垄断制度的直接受害者，他们要求伸张社会正义，公平分配社会财富，提高生活水平，改善工作环境。他们的积极参与是改革取得成果的必要保证。如美国熟练技术工人组织——美国劳工联合会（简称"劳联"）成立于 1886 年，1900 年有 54 万名会员，到 1904 年迅速发展到 167 万名会员。"劳联"在美国工人运动中居领导地位，在"进步运动"中，"劳联"领导工人阶级积极参加社会改革运动，并利用它与资产阶级的合作关系，争取到一些劳工和社会立法。

# 三　"新政"

正当"进步运动"风生水起、成就不断之际，1914 年第一次世界大战

---

①　邓超：《美国进步主义时期的社会控制与社会主义运动的衰落》，《当代世界与社会主义》2009 年第 4 期。

爆发。回顾历史，战争一般来说会对经济增长起到刺激作用，但也会使政府更多地依赖企业界，使改革向垄断企业让步。第一次世界大战之后的美国就是如此。伍德罗·威尔逊之后的美国共和党总统柯立芝①公开宣称"美国的事业是商业"。到 1929 年，美国在资本主义世界工业生产的比重已达48.5%，超过了当时英、法、德三国所占比重的总和，以至柯立芝总统声称，美国人民已达到了"人类历史上罕见的幸福境界"。美国资产阶级则宣扬说资本主义已取得"永久的稳定"。实际上，在"繁荣"的背后，经济危机正暗中滋长。因为尽管 20 世纪 20 年代美国总体上人均收入增加了，贫富差距却迅速扩大，生产能力与消费能力极度不匹配。到 1929 年，全美财富的 60% 由 2% 的人拥有，贫富分化一举超过了 20 世纪初期发起改革之时。20 世纪 30 年代初，西方经济史上最严重的经济危机爆发，工业生产直线下降，企业成批破产，一半以上的银行倒闭，1.25 亿美国人中有 1300 万人失业，2500 万人挨饿，人均收入由 681 美元锐减至 495 美元。

面对危机，共和党总统胡佛仍然坚持亚当·斯密以来政府不干预经济的自由放任传统，他认为大萧条不是美国经济体系的弊病与联邦政府的政策所致，而是"一小撮华尔街冒险家加上欧洲经济滑坡的影响"，因此这种影响是暂时的。胡佛克服萧条的手段是支持企业，借助企业投资来恢复经济增长。对此，民主党人富兰克林·罗斯福尖锐地批评胡佛不是救济穷人，而是救济企业家，他号召援助"压在金字塔底层的被遗忘的人们"。富兰克林·罗斯福是一位坚定的"进步运动"的支持者，在资本主义制度发生动摇的时刻，他依然相信"进步运动"的力量。他说："美国仍是崭新的，它还处于变化与发展过程中。……我们应该相信变化、相信进步。……人民需要一次真正的选择，……我决心为人民实行一种新政。"② 1932 年的总统大选是胡佛与富兰克林·罗斯福的对决，结果富兰克林·罗斯福取得压倒性胜利，美国人民选择了"新政"。

和他的叔叔西奥多·罗斯福一样，富兰克林·罗斯福首先将改革矛头对准垄断势力。虽然 1890 年《谢尔曼反托拉斯法》与 1914 年《克莱顿法》为美国的反垄断奠定了法律基础，但由于持保守立场的最高法院竭力阻挠，

---

① 第一次世界大战后，美国的经济得到了飞速的发展。这一时期，恰巧在总统柯立芝任期之内（1923—1929 年），所以美国这一时期的经济繁荣又被称为"柯立芝繁荣"。

② 李庆余：《美国如何构建和谐社会？》，http://www.jydoc.com/article/367836.html。

"进步运动"时代的反垄断并无实质性进展，真正的反垄断发生在"新政"时期。富兰克林·罗斯福相信，私人权力的集中对美国经济构成巨大威胁，唯一的出路是"制止企业走向集团主义，让企业恢复到进行民主竞争的状态"。富兰克林·罗斯福设立全国临时经济委员会，调查经济权力集中的状况。"新政"通过银行、货币和证券市场领域的立法，旨在挽救正在倒塌的金融体系，限制华尔街金融巨子的权力，如《公用事业控股公司法》就与不守法的托拉斯开战。富兰克林·罗斯福大幅度增加反托拉斯方面的经费与人员，大批律师与经济学家从事处理反托拉斯诉讼，反托拉斯运动迅猛开展起来。

其次，"新政"开始全面管理经济。"新政"的支持者认为，短短几年时间，美国经济就由繁荣的顶峰跌入崩溃的深渊，这说明美国经济已经到了非由政府介入不可的地步。"新政"通过《农业调整法》《全国工业复兴法》等法律来重建工农业之间的平衡和重振工业繁荣。特别值得一提的是，富兰克林·罗斯福敢于创新，在一个成熟的资本主义市场经济框架内，由政府创办"田纳西流域管理局"开展田纳西流域工程。这不仅是政府的一项扶贫措施，也是政府作为生产者与所有者对经济生活进行干预的创新举措。富兰克林·罗斯福的信念是：为了普遍的福利，政府可以补充市场经济的遗漏与不足。这一想法与经济学家凯恩斯主张政府干预经济的学说不谋而合，共同缔造了资本主义的自我革命。[①]

再次，"新政"保障人民的基本福利。富兰克林·罗斯福认为，如此多的人失业与挨饿，绝不是私人慈善事业能够解决得了的，唯一有能力解决的就是政府。1935 年颁布的《社会保障法》被罗斯福誉为"一个使每个公民从摇篮到坟墓的生活都有保障的法案"[②]，表明政府要对人民的基本生活负责，这是美国走上福利国家道路的开端。

富兰克林·罗斯福说："政府对于其公民的健康生活（well-being）负有一种最终的责任。……家庭安全、生活保障、社会保障——在我看来，乃是我们能够向美国人民提出的最低限度的承诺。……运用政府的机构来帮助提供一种手段，以作为防止现代生活兴衰多变的可靠的和充分的保障。"按照

---

① 李春成：《价值观念与社会福利政策选择——以美国公共救助政策改革为例》，《复旦大学学报（社会科学版）》2004 年第 6 期。

② 马子量：《新形势下发挥社会保障"稳定器"作用的重要意义——以美国 20 世纪 30 年代社会保障改革为启示》，《生产力研究》2011 年第 2 期。

《社会保障法》，美国联邦政府有责任提供的社会保障包括三个方面：一是对于65岁以上的退休人员或者工作者的遗属提供生活津贴的老年保险（Old-age Insurance）；二是建立对于由各州和地方负责实施的失业保险金提供追加资金的联邦基金（Federal Fund）；三是建立对于老人年金、妇幼医疗保健服务、残疾儿童和盲人等困难人员的医疗和生活等方面提供资助的联邦救助体系（Federal Aid）。紧接着，在1937年的《社会保障法》修正案中，又进一步明确了失业保险所涉及的几类对象，即联邦政府和州政府的原有失业救助人员、失业的联邦雇员、失业的退役军人、失业的铁路员工，以及临时项目的失业人员等。

依据《社会保障法》及其后的一系列修正案和补充法案，在社会保障的资金来源上，具有社会救济性质的保障方面所需要的资金主要来自联邦统一税收（如个人所得税）和地方税收（如销售税），社会保险性质的保障方面所需要的资金主要来自雇主、雇员上缴的工资税或社会保障税（Payroll Taxes）、雇主和雇员上缴的医疗照顾税（Medicare Taxes）、雇主上缴的失业保险税（Unemployment Taxes）和政府财政预算中的其他收入来源补贴。①

最后，"新政"着手缩小贫富差距保护劳工。《财产税法》规定月收入一万美元以上者的所得税提高25%，还规定征收超额利润税，将各种税率统一为累进税率。这项法律为征收个人所得税与公司所得税奠定了基础。②而在增进劳工权利，缓和阶级矛盾方面，富兰克林·罗斯福总统还于1935年7月5日签署了《瓦格纳法》（《全国劳工关系法》），切实提高了劳工的福利和利益。

"新政"得到了中产阶级的鼎力支持，和"进步运动"相比，"新政"还得到了中下层人士的支持。在大萧条期间，约有1/4中产阶级失业，他们与广大劳工的诉求越来越接近——解决饥饿与失业问题。除了城市中产阶级与劳工，移民与黑人也坚定地支持改革，因为移民大部分在城里打工，而黑人第一次被富兰克林·罗斯福称为"我们的黑人公民"。穷人、移民与黑人都分享"新政"立法提供的实惠，这个城市中产阶级、劳工、有色种族共同支持的改革，被称为"富兰克林·罗斯福大联合"③。这是美国历史上第

---

① 王诚：《美国社会保障体制改革及对中国的借鉴意义》，http://wenku.baidu.com/view/35390fbbfd0a79563c1e72fe.html，2009。

② 李庆余：《美国如何构建和谐社会？》，http://www.jydoc.com/article/367836.html。

③ 李庆余：《美国如何构建和谐社会？》，http://www.jydoc.com/article/367836.html。

一次在改革的旗帜下达成的举国一致的共识，预示着美国走向社会和谐的前景。

罗斯福"新政"是美国建国以来最全面、最深刻的一次改革，其实质是着手建立了一系列支撑现代社会的基本制度，拯救了美国，拯救了资本主义。"新政"接续了"进步运动"的理念，并最终完成了从限权政府（自由放任）到政府干预（管理人）再到福利国家（保证人）的美国式现代化道路。

## 四  "伟大社会"

"伟大社会"是美国总统林登·约翰逊所实施的当代美国最为雄心勃勃的社会经济改革纲领。纲领中保障民权的举措、福利计划、反贫困计划以及税制改革、城市更新和环境保护等，在立法上都获得了登峰造极的成功，在实践上取得了累累硕果。"伟大社会"改革继承了先前罗斯福"新政"、杜鲁门"公平施政"和肯尼迪"新边疆"自由主义改革，在实践上加强了政府干预，在反垄断、保福利两大领域基础上，进一步在扩民权领域推进了突出的改革。[①]

"伟大社会"改革之前的20世纪50年代，美国经济在世界上占据绝对优势，新技术的应用产生了巨大的公司利润，世界霸权和技术优势使美国商品横扫全球市场，利润源源不断地流入美国，迅速积累了大量财富。美国的国民生产总值从1950年的3181亿美元增加到1960年的4392亿美元，年均增长率达3.28%。但与此同时，由于劳动力大量增加、科技革命导致结构性失业等原因，美国经济也出现了严重的失业问题，1954年之后，美国的失业率一直高于4.1%。[②] 在失业中，黑人是最大的受害群体，"由于黑人在劳动大军中是最缺乏技术的一群，因此他们要想找到其他工作也最困难"[③]。20世纪50年代末，美国社会的危机不仅出现于经济领域，而且反映在社会领域，尤其是黑人还普遍面临种族歧视和社会不公，这是当时黑人民权运动

---

① 需要说明的是，在三次社会改革运动中，反垄断、保福利、扩民权都有所涉及，附录 A 根据每个阶段的侧重点不同，将三次社会改革运动按序冠以反垄断、保福利、扩民权的特征。

② 王庆安：《伟大社会改革——20世纪60年代美国社会改革及启示》，新华出版社，2008，第5页。

③ 迈凯耳·哈林顿：《另一个美国（美国的贫困）》，卜君、金如、张维、杨兢译，世界知识出版社，1963，第89页。

兴起的重要原因。

黑人问题是美国的一大历史问题。经过 19 世纪 60 年代的内战，黑人虽然获得了解放，但其政治地位仍十分低下，直到第二次世界大战后，对黑人的歧视和压迫仍是美国一个严重的社会问题。在就业方面，无论是就业率还是所从事的职业，黑人均不及白人。黑人的失业率较高，黑人所从事的工作一般都是些粗重的活，工资也较低，其平均工资只有白人的 1/3 ~ 1/2。[①] 在教育、住房和交通等方面，当时的美国还存在种族隔离体系。1954 年以前，有 17 个州及哥伦比亚特区在教育方面存在种族隔离的法律。许多城市的住房明显地划分为白人区、黑人区及其他种族区域。在交通方面，有 13 个州规定，黑人和白人不能同坐一个车厢，连餐车、卧车、厕所、售票口、候车室、行李室和出入口也都实行隔离。飞机虽然是例外，但在机场也实行隔离。在许多州，黑人还不能和白人一起读书。在政治上，有相当多的黑人没有选举权。

约翰·肯尼迪执政后，面对日益激化的种族矛盾和高涨的黑人运动，采取了温和的行政手段，比如成立总统公平就业委员会，保护"自由乘客"运动，任命一些黑人为政府高级官员等，但这并未使种族矛盾得到缓和。1963 年 4 月，由小马丁·路德·金领导的反对种族隔离、争取自由平等的示威运动，引发了历时 3 个月的全国范围的 700 多起黑人示威运动。这种情况说明，尽快颁布民权立法已属刻不容缓之事。为了保障黑人民权，缓和种族矛盾和社会矛盾，林登·约翰逊执政后，展开了一系列新的改革。

首先，促使国会先后通过了三个《民权法案》。第一个《民权法案》是肯尼迪政府遗留下来的。在约翰逊政府的坚持下，于 1964 年 6 月通过了比肯尼迪政府原法案还要强硬的《民权法案》。该法案共有 11 项条款，主要内容是：

> 禁止在公共场所实行种族隔离；
> 授权司法部长对实行种族隔离的公共场所和公立学校向法院起诉；
> 设立公平就业委员会，禁止在就业方面实行种族歧视；

---

① 杨鹏飞：《林登·约翰逊的"伟大社会"与美国工业社会的成熟》，《史学月刊》2006 年第 11 期。

禁止在联邦选举中不公平地运用选民登记程序和进行文化测验；

禁止在任何联邦计划或得到联邦援助的计划中实行种族歧视。

这一法案是自美国内战后以来美国所通过的最有影响、最全面的民权法案，它明确保障黑人可以和白人一样享用旅馆、饭店及娱乐休息等公共场所，以法律形式摧毁了南部的种族隔离体系。

第二个《民权法案》颁布于 1965 年。1964 年的《民权法案》虽比较全面，但在保障黑人选举权方面仍缺乏有力的保证。1965 年 2~3 月，亚拉巴马州塞尔马市的黑人展开了争取选举权的斗争，后遭地方当局的镇压。塞尔马事件促使约翰逊政府迅速采取行动。3 月 15 日，约翰逊亲临国会，发表了题为"他们的事业就是我们的事业"的演说，要求国会"不拖延、不犹豫、不妥协"地通过一项保障黑人选举权的立法。1965 年的《民权法案》规定：禁止在 1964 年总统选举时所登记的选民不到选民总数 50% 的州和县在选民登记时采取文化考查及其他测验措施；授权司法部长选派联邦官员监督上述地区的选民登记。

1965 年《民权法案》通过后，南部黑人参加登记和选举的人数超过了以往任何时期。据统计，1960 年，在 11 个南部州中，只有 29.1% 的适龄黑人进行选举登记、参加选举，到 1970 年，则增至 62%，接近白人适龄选民登记比例（69.2%）。同时，一些黑人领袖也开始在南部一系列地方的选举中获胜。1966 年南部约有 100 名黑人当选为州或地方官员，1972 年则达1000 余人。

第三个《民权法案》是 1968 年通过的。1964 年和 1965 年的《民权法案》虽然禁止了在公共场所和选举方面的种族歧视，但未能改变北部事实上的、在住房方面的种族歧视。在民权运动的推动下，约翰逊于 1966 年 4月向国会提交了一份特别咨文，要求就保障黑人人身安全、禁止住房方面的种族歧视通过一项新的民权法。1967 年 2 月，约翰逊再次向国会提交民权特别咨文，其内容与 1966 年 4 月的咨文大致相同，但它不再是一揽子建议，而是具体的建议。约翰逊表示："一定要反对不公正，不管这个问题有多难或多么不受欢迎。"1968 年的《民权法案》是第一个触及北部种族歧视问题的法案。因此它不仅遭到了南部议员的反对，也受到了某些北部议员的抵制，直到 1968 年 4 月遍及全国 100 多个大城市的大规模的黑人抗暴斗争发生后，国会才通过这一法案。该法案规定：禁止在出售和出租公私住房时实行种族歧视；伤害民权者以反联邦罪论处。

约翰逊时代是美国争取种族平等的分水岭，约翰逊政府帮助美国黑人清除了获取一等公民身份的法律障碍。① 约翰逊政府保障民权的立法，除使约翰逊在美国民权史上能与亚伯拉罕·林肯比肩之外，更重要的是从法律上摧毁了种族隔离体系，缓和了南部地区的种族矛盾，为20世纪70年代北部资本和外国资本的大举南下，以及南部经济的起飞创造了有利环境。②

其次，约翰逊总统的"伟大社会"改革，在医疗、教育、住房和城市发展等方面也成果不菲，具体表现为：

——在医疗领域，约翰逊政府主要实施了以下几项措施。1965年颁布《医疗照顾法案》和《医疗援助法案》两项法案。《医疗照顾法案》分为住院医疗保险和补充医疗保险两个部分。住院医疗保险规定，凡符合参加社会保险制度和铁路员工退休制度条件的年满65岁者均有资格享受医疗照顾，即有资格免费享受90天的医院护理和100天的出院后的家庭护理。补充医疗保险是住院医疗保险的补充手段，其适用范围大于住院医疗保险。它规定，凡有资格享受住院保险的老人、残疾人及其他所有年满65岁者均可自愿投保，只要每月另交3美元的保险费，即可报销一般就诊费用和药费。《医疗照顾法案》的颁布在一定程度上解决了美国老人的治病问题，至1967年，有1900多万美国人受益于此法案。因此，该法案成为美国历史上最为重要的福利法案之一。《医疗援助法案》是一项福利补助计划。该法案规定，由各州政府对接受社会救济和抚养儿童的低收入家庭及无力承担医疗费用的家庭提供医疗补助。根据各州人均收入的不同，联邦政府承担50% ~ 83%的费用。在联邦政府的推动下，此项计划得到了迅速落实。到20世纪70年代中期，除亚利桑那州外，其他各州均已制订了医疗援助计划，接受医疗援助的人数从1967年的1000万增至1973年的2300万。除上述两大法案外，约翰逊还促使国会通过了护士训练计划和街道医疗站计划等40多个医疗法案。随着各项医疗法案的颁布与实施，美国在医疗卫生方面的开支也急剧上升。据统计，1963年美国的医疗卫生费用为29亿美元，到1969年达到131亿美元。在联邦政府的推动下，美国各州还实行了盲人补助、残废补助和老人补助等措施。为实施这些措施，各州均拨出大批款项。

---

① Robert A. Divine, *The Johnson Years*, University Press of Kansas, 1987, p. 115.

② 刘绪贻：《战后美国史》，人民出版社，1989，第235页。

——在教育领域，约翰逊政府采取了一些具有突破性的举措。第二次世界大战后，杜鲁门总统就试图在教育上扩大改革，援助中小学教育，但南部议员和清教徒的反对，致使种种援助教育的立法建议废止。到 1965 年，由于种族问题的障碍已因 1964 年《民权法案》的通过而基本消除，因此在援助教育的问题上，约翰逊促使国会通过了一系列法案，其中最重要的是《中小学教育法》和《高等教育法》。1965 年通过的《中小学教育法》是美国第一个由联邦政府对中小学进行普遍援助的法律。该法授权联邦政府拨款 13 亿美元用于改善中小学教育。这一法案的颁布与实施，有力地推动了美国中小学教育事业的发展。据统计，到 1968 年，已约有 670 万青少年从该法中获益。[①] 贫困学童和残疾儿童也从中得益匪浅。1965 年通过的《高等教育法》是美国第一个向贫困大学生提供联邦奖学金和低息贷款的法律。该法授权联邦政府拨款 6.5 亿美元，补助大学和学院，提供给大学生奖学金和加强教学及研究。这项法律对推动美国高等教育的发展意义颇大。据统计，该法至少使 100 万贫困大学生得以继续深造，仅 1967 年就有 22.5 万名大学生得到联邦奖学金。在约翰逊任内，国会共通过 60 多项教育法案。这些法案的颁布与实施促进了 20 世纪 60 年代美国教育的发展，改善了穷人和黑人的教育状况，提高了国民素质，培养了大批合格的劳动力和高级专门人才。

——在住房和城市发展领域，约翰逊政府也进行了大幅度改革。1965 年颁布《住房和城市发展法》，拨款 75 亿美元用于城市改造，并成立住房和城市发展部。该法规定，营建 24 万套低租公共住房，以满足低收入者对住房的需要。为防止滋生新的贫民窟，该法还规定，凡有资格居住公共住房者，凡因城市改建和公路建造等政府的措施而迁移者，或住房不够标准者以及老弱病残者，均可得到政府房贴。根据规定，上述各色人等的家庭可以寻找符合标准的私房，如房租超过本人收入的 25％，其超过部分由政府提供。1966 年国会通过《示范城市和都市发展法》，拨款 9 亿美元，对 75 个城市的贫民窟进行清理，以改善贫民窟的居住与生活环境。1968 年，国会又通过了《住宅法》，要求到 1970 年为中、低收入的家庭兴建或修整 170 万套住房。为了帮助中、低收入的家庭取得房屋所有权，该法还对购房家庭所付抵押贷款的利息进行补贴。经过补贴，购房家庭所付利息可低至 4％。

---

① Vaughn D. Barnet, *The Presidency of Lynd on B. Johnson*, University Press of Kansas, 1983, p. 222.

"伟大社会"的各项福利计划的实施基本上是成功的。该计划对美国国民收入进行了一定程度的再分配，解决了当时美国一系列突出的社会问题，缓和了社会矛盾和阶级矛盾，保持了政局稳定和社会安定，增强了美国的内聚力，为经济的发展创造了必要的前提。同时，这一改革把美国进一步推向福利国家的道路，缓和了美国的社会矛盾，推动了美国社会经济的发展，提高了美国人民的生活质量，推动了美国工业社会的完善与成熟。

# 五 小结

美国社会以"进步运动""新政"和"伟大社会"为代表的社会改革持续了近百年，反垄断、保福利、扩民权成为美国推动社会建设与发展、促进社会和谐的重要经验。

在反垄断的斗争历程中，越来越多的美国人加入了反垄断阵营。"人民党运动"中，反垄断的力量主要是利益受损的农场主；"进步运动"时期，反垄断增添了来自中产阶级，尤其是新中产阶级的力量；而到了"新政"时期，中下层人士也加入了反垄断的阵营，这使得反垄断得到了整个美国社会广泛的认同。可见，在国家财富增加的同时，只有使财富的分配更加"社会化"，经济增长的成果为更多的人分享，社会公平和正义的理念才能得到实现，社会才能在稳定中持续发展。

在保福利的发展历程中，社会保障是促进社会和谐的重要手段。经济发展是社会和谐的前提，但不必然走向和谐。和谐社会的目标是要让公民过上比较体面的生活。对促进社会和谐来说，经济发展是硬道理，社会保障也是硬道理。美国自"新政"以来，福利大厦愈建愈高，福利开支已是联邦政府的最大支出。第二次世界大战以后，美国不但在经济发展上达到了新高峰，而且社会稳定，大多数人丰衣足食，跨入了普遍的"富裕社会"。虽然20世纪80年代以来共和党政府倾向于削减福利开支以提升经济竞争力，但美国福利大厦的根基没有动摇，无论谁执政，政府作为福利国家保证人的角色一直没有改变。

在扩民权的改革历程中，约翰逊政府保障民权的立法，从法律上摧毁了种族隔离体系，缓和了南部地区的种族矛盾。同时，在医疗、教育、住房、城市发展等方面也成果不菲，这缓和了美国的社会矛盾，推动了美国社会经济的发展，提高了美国人民的生活质量，促进了社会和谐。

总之，从 19 世纪后期到 20 世纪中后期这近百年的时间里，卓有成效的社会改革使美国形成了完善的市场竞争秩序与社会自我更新机制。美国促进社会和谐的历程是一个改革的历程。经济发展靠改革，社会和谐更要靠改革，而要保证改革顺利推进，公共权力就必须围绕那些代表进步、代表大多数公民利益的方向来行使，公民也将越来越多地参与到改革中来。这些对当前中国推动社会建设与发展无疑具有重要的启示意义。

# 附录B 英国经验对中国社会建设的启示

【摘要】第二次世界大战后,英国轮番上台的执政党,从老工党到撒切尔夫人领导的保守党,到布莱尔政府的新工党,再到卡梅伦领导的由保守党与自由民主党组成的联合政府,无不对其福利社会的建立付出了巨大的努力、尝试和改革,在不断完善的过程中发展经济,缓解社会矛盾,推动社会的进步。中国与英国的现代化发展历程和发展阶段都不相同,但是仍然可以从英国的社会建设中学习有益经验,从其失败和教训中思考及借鉴我国社会建设发展中所要面对的问题。

英国从封建的君主国家逐步转变为工业化的资本主义国家，在经历了两次世界大战的重创后，为了尽快恢复经济活力，无论是工党还是保守党都致力于进行社会体制改革，从由中央政府统一承担社会管理职能逐步改变为由地方政府及多方联合的社会管理；在不断的改革和完善的过程中，大力发展经济，缓解社会矛盾。虽然中国和英国的现代化发展历程与发展阶段都不相同，但是从英国社会建设的进步和教训来看，其中有一些经验是值得思考和借鉴的，也许会对中国未来的社会建设有一定的启示及帮助作用。

## 一　早期的英国经验

从 20 世纪开始，英国的社会发展经历了从盛到衰的过程，从辉煌的日不落帝国变为平凡的欧洲国家，特别是经历了两次世界大战的洗礼之后，英国的经济和社会发展缺乏活力，持续萎靡不振。在这个阶段，虽然"老工党"将英国建设为世界上第一个从摇篮到坟墓的福利国家，并且通过一系列的社会福利政策保障人民的生活，促进社会公平，却没能有效地提高经济效率并发展经济。

从英国发展的轨迹来看，第二次世界大战后英国的社会发展并不是完全毫无建树的，奉行凯恩斯主义为其带来了短暂的繁荣，并且英国的社会管理逐步科学化，政府机构的组织化程度逐步完善，早期政府的济贫角色逐步被社会福利取代。但是，这种官僚主义的家长式管理不考虑国家的经济实力状况，只是一味地加大社会保障，提高税收，使得公民依赖其全面的福利保障，工作积极性减少，最终造成经济萧条以及各种社会问题和矛盾，特别是到了 20 世纪 70 年代末，英国政府遇到了无法回避的危机，主要体现在财政、经济管理和政治信任上。

第二次世界大战以后，工党领袖艾德礼接替丘吉尔成为英国的新首相。他采取了不同于以往的社会和经济改革，将通信、钢铁、电力、采矿等行业实行国有化，建立以养老、医疗和失业救济为核心的社会保障制度。根据官方资料统计，自 20 世纪 50 年代初到 80 年代初的 30 年间，英国的社会福利支出增加了将近 35 倍，达到了 685.1 亿英镑。高额的福利支出使得英国政府不堪重负，不得已而不得不提高税收，提高税收使企业开工不足，后果是就业率下降，失业职工更多依赖国家救济，另外也引起工资膨胀加速，在这种情况下就必须继续增加福利开支，于是征税也随之增加，从此陷入恶性循环当中。然而不断增加的税收并不能解决高额的福利开支，政府财政赤字的问题愈加严重，以至于迫不得已举借外债用以弥补财政赤字，截止到 20 世纪 70 年代末，英国政府的外债已经达到 43 亿英镑。事实上，在这个阶段，英国的通货膨胀率和失业率都明显高于其他 OECD 国家的平均水平。①

在财政危机让英国政府不堪重负的同时，其经济管理也出现了严重的危机。英国国内的通货膨胀愈加严重，货币贬值，经济发展陷入"走走停停"的怪圈，尤其是到了 20 世纪 70 年代末期，英国工业基本停止增长。在这种情况下，失业问题也越来越凸显，并且成为一直严重困扰政府的重大问题。

除了财政危机和经济管理危机，英国的政治也出现了信任危机。政府、工会和企业三方组成的"三伙伴关系"共同对英国的劳动力配置、物价、工资等方面的计划与协调承担责任，然而，随着英国国内通货膨胀加剧，失业人数增加，公民生活水平下降等，工会对工党和保守党的政策产生质疑，失去信任，各地罢工的情况也愈演愈烈。撒切尔夫人的坚定政治盟友吉斯·约瑟夫爵士把英国的问题归纳为："我们缺乏刺激经济发展的税收制度，面对国有化造成的低生产率、高失业率、无效率的公共服务和日益膨胀的公共支出，过分强调平等目标，过于严格控制工资、物价、股息，工会势力失去约束，长期高通胀、低增长，这些问题使我们渐渐脱离了西方富裕国家行列。"②

在这种混乱的情况下，撒切尔夫人领导的保守党入主唐宁街十号，开始了大刀阔斧的改革。

## 二 撒切尔时代的社会改革

撒切尔政府是新自由主义的代表，其反对凯恩斯主义的国家过度干预，认为过度的国家干预会扭曲市场信号，使生产者不能够完全了解消费者的需求，不能提供多样化的公共服务，而且造成效率低下和浪费，因此，在 1979 年保守党政府竞选宣言时指出，他们的目标是要减少"浪费、官僚主

---

① 曾令发：《探寻政府合作之路：英国布莱尔政府改革研究》，人民出版社，2010，第 39～42 页。
② 胡昌宇：《英国新工党政府经济与社会政策研究》，中国科学技术大学出版社，2008，第 31 页。

义和过度政府"①。为了实现这个目标,必须进行大刀阔斧的改革,具体体现在:第一,要减少政府干预,推崇市场机制。第二,鼓励私有化和私人投资。第三,政府的官僚体系导致工作效率低下及浪费,因此大量裁减公务员队伍。第四,引入私营企业或部门的管理方法及手段,以替代旧的烦琐复杂的公共部门的管理。

保守党政府进行改革的首要措施就是私有化。② 第二次世界大战后,艾德礼政府全面实行大规模的国有化,将通信、钢铁、电力、采矿等行业国有。在其执政初期,国有企业运行良好,缓解了就业压力,从某种意义上说,国有企业成为承担政府职能的公共部门。但是后来政府对其公共部门进行了过多的干预,削弱了国有企业的生产效率,以至于相关企业不遵循市场的规律发展,而是盲目地按照政府的要求来进行管理和生产,最终造成了经济发展放缓甚至滞后的情况。

在这样的背景下,保守党政府着力从企业产权和企业管理这两方面大力进行私有化政策的改革。首先,撒切尔政府于1979年11月出售了5%国家控股的英国石油公司的股票,将政府所持的股份额下降至50%以下,并且获得了较明显的收益。20世纪80年代,私有化的范围迅速拓展至航空、石油、食品等各个生产性企业,到80年代后期,私有化的范围更是逐步扩大到所有可能的部门,包括大批制造业和公共事业部门,英国政府甚至明确向公众表示,私有化的范围"无禁区"③。同时随着私有化范围的扩大,强调竞争也变得愈发重要。保守党政府打破了旧有的单一企业提供公共服务的模式,鼓励其他企业,包括私营企业,加入相同领域进行公平竞争。减少国家干预与大规模的私有化并不意味着自由放任,保守党政府通过私有化的过程减少国家干预的范围的同时,也采取相应的手段,比如掌握重要企业的"金股份"④ 来避免本国企业被外国企业所接管,来保证国家对市场、经济与社会的控制。同时,由于产业结构的调整,政府相应减少工业领域产业的投入,将重心投入到第三产业及朝阳产业,以带动就业。

---

① 曾令发:《探寻政府合作之路:英国布莱尔政府改革研究》,人民出版社,2010,第43页。

② 胡昌宇:《英国新工党政府经济与社会政策研究》,中国科学技术大学出版社,2008,第36~37页。

③ 曾令发:《探寻政府合作之路:英国布莱尔政府改革研究》,人民出版社,2010,第43~45页。

④ 所谓"金股份"制是指在特定条件下给予股东否决权,用于保护企业股权结构不发生重大变化,从而避免被外来资本收购。

撒切尔政府除了对私有化进行改革之外，也大力对政府机构进行改革。由于英国政府机构有很强的韦伯主义的影响，等级制明显，因此结构体系僵化，缺少灵活性，办公效率低下，缺少创新，因此有必要为了提高办事效率而进行相应的改革。政府部门大量裁减公务员数量，引入企业管理模式，采用绩效评估方法和分权及权力下放等措施提高政府部门的办事效率。①

在进行了轰轰烈烈的改革之后，英国的经济和社会发展的确有了短暂的提高和改善，但是在收获相对繁荣的同时，社会矛盾也愈发变得尖锐，贫富差距的拉大以及社会排斥问题变得不可回避。特别是撒切尔夫人指责传统的福利制度造成了人们的福利依赖，减少了人们的就业积极性，对国家财政造成负担，阻碍发展，进一步造成了社会不公平现象。然而，撒切尔主义对社会不公平问题并未特别关注，而是强调要通过市场效率的最大化来创造更多社会财富，并且通过社会财富的溢出效应惠及整个社会。撒切尔主义坚信追求社会公平就必然会牺牲掉经济效率，所以政府应该尽力减少对经济方面的干预，在充分自由的市场的环境下，才能实现经济效率的最大化。②

最终，撒切尔主义没有能够解决社会公平与经济效率的矛盾，在遗憾中退出历史舞台，并将这个问题留给了其接替者——布莱尔政府去解决。

## 三　新工党时代的社会改革

在撒切尔夫人领导的保守党执政 18 年后，工党终于凭借其第三条道路的思想赢得执政地位。所谓第三条道路既承袭了老工党的古典社会民主主义的老左派思想，也吸收了保守党的新自由主义的新右派理念，并且在此基础上提出"要超越左右对立、兼顾发展与正义以及均衡权利与义务"的国家治理总体思想。新工党反对老工党政府的高社会福利体制，认为该体制忽略了人的多元化需求，限制了个人和家庭的发展机会；同样，它也反对新自由主义追求社会公平就必然牺牲经济效率的思想，坚信经济活力与社会正义可以兼得。

随着社会的进步，全球化和一体化对世界经济发展的影响，劳动力市场

---

① 王鼎：《英国政府管理现代化：分权、民主与服务》，中国经济出版社，2008，第 1~4 页。
② 胡昌宇：《英国新工党政府经济与社会政策研究》，中国科学技术大学出版社，2008，第 25~26 页。

的转变等，迫使政府不得不对国家与市场、社会公平与经济效率、公共服务与私人社会服务等关系进行相应的调整。布莱尔也为此做出承诺："我们的目标是建设这样一个英国：没有一个人被遗弃；人人都能够充分发挥自己的才智；实现真正的平等——平等的地位，平等的机会，而不是平等的结果。在英国，我们将继续进行再分配，把权力、财富、机会分配给绝大多数人，而不是少数几个人；我们将继续跟贫困和社会排斥现象作斗争；我们将提供值得信赖的公共服务，清除一切阻挡人们发展的障碍。"①

为了实现承诺，新工党政府将社会改革着重放在政府的行政改革和从福利国家向社会投资国家的转型上。

1. 政府的行政改革

撒切尔政府时期曾经引入企业管理的模式对公共服务机构进行改革，大量裁减公务员的数量，提倡竞争，采用绩效评估等方法提高办事效率，但忽略了各部门之间合作的重要性，最终造成了碎片化的组织结构和制度结构。布莱尔领导的新工党政府质疑企业管理模式是否可以有效地应用于公共管理中，同时也认识到其"竞争政府"在行政管理上的缺陷，而进行了"更加侧重结果导向，顾客导向，合作与有效的信息时代政府"的改革。新工党为此提出了"合作政府"的新概念。②

"合作政府"将政府的公共职能部门与私人的以及志愿的组织联合起来，共同工作，达到一个共同的目标。比如创造就业岗位，不仅仅是政府部门的职责，也要动员教育、市场、房屋、运输，甚至社会网络等各个方面的力量来实现。所以，"合作政府"提倡中央与地方政府、公共组织、私人组织及志愿者团体和个人的四方联合，高度参与，共同协商与相互包容的合作，并且注重以公民为中心、顾客为导向的公共服务改革。③换句话说，公民社会的理论也为合作政府的改革提供了理论依据。积极的公民社会应该是一个包容性强的社会，通过志愿部门或私人部门的力量，与政府组织协调配合解决社会排斥等社会问题。

2. 福利国家向社会投资国家的转型

英国是世界上第一个建立福利制度的国家，老工党时期从摇篮到坟墓的

① 胡昌宇：《英国新工党政府经济与社会政策研究》，中国科学技术大学出版社，2008，第29页。
② 曾令发：《探寻政府合作之路：英国布莱尔政府改革研究》，人民出版社，2010，第70～73页。
③ 王鼎：《英国政府管理现代化：分权、民主与服务》，中国经济出版社，2008，第5～17页。

福利制度造成了公民的福利依赖以及道德风险，人们失去了就业动力，社会福利的支出加大，以至于成为国家的财政负担，阻碍了经济的健康发展。因此，撒切尔政府主张必须对福利制度进行大规模的改革，大幅度地削减社会福利待遇，制定严格的享受条件，鼓励私营企业参保。孰料，这些措施却加剧了社会不平等和社会排斥，贫困人口数量增加，社会矛盾激化。为了解决困境，新工党政府不得不对社会福利制度再次进行改革，将传统的福利国家向社会投资国家模式转型。

在第三条道路的理论指导下，社会投资型的福利制度要求从旧有的领取型的福利转向就业。自《济贫法》颁布以来，福利保障一直是以自上而下的分配来实现的，政府的角色是保护和照顾需要帮助的公民。但是这样的福利制度导致政府的财政支出过大，并且使公民产生了福利依赖的心理。第三条道路的理论认为，应该创造更多的就业机会，增加对劳动力的需求，提高劳动报酬，才能真正解决福利依赖的问题。为了能使更多的人获得就业机会，社会投资型的福利制度必须加大对教育的投入，教育和培训可以提高劳动者的素质和技能，提高公民的劳动参与可能性，使他们重新回归到就业岗位中。最重要的是，社会投资型的福利制度不再是政府来完全创造和分配，而是由政府与其他机构共同合作来提供，福利不再是施舍，而是要给人扶持，鼓励公共与私人的合作，鼓励革新创造，目的是"消除英国中等收入阶层的不安全感和低收入者的贫困"。

在布莱尔执政的十年间，英国的经济增长比较平缓，失业率较低，社会发展平缓，因此一些社会矛盾和冲突被掩盖。2007年接任首相的布朗不巧遇到了金融危机，英国步入了第二次世界大战后最为严重的经济衰退期，很多在布莱尔政府时不明显的社会矛盾凸显，以至于在三年后的2010年，工党在大选中落败，失去了执政党的地位。

## 四 卡梅伦的"大社会"新政

布朗领导的工党在2010年的竞选中落败，结束了13年的连续执政，由戴维·卡梅伦出任保守党与自由民主党组成的联合政府的新首相。

在卡梅伦竞选之初，他就提出了"大社会"（big society）的改革理念，这也是他长久以来的政治理想。他认为工党政府所推行的福利国家并没有真正解决英国社会存在的种种问题，反而加剧了财政的负担，"没有消灭贫困，却导致了国家的破产，留下了一个破碎的社会"①。

卡梅伦认为工党所推行的福利国家助长了人们的依赖性和惰性，对社会的责任感缺失，因此，他决定让人们重新学习承担责任，重新塑造政府与社会之间的关系，也就是将中央政府的权力下放给地方政府；"政府把权力下放给社会和志愿者；开放政府资料，加强透明度；强调个人责任感；鼓励市民参与小区及支持合作社、社会企业和慈善事业的发展；社区可以加强对住房、城建规划、学校等问题的控制；慈善、非营利组织可以接管部分公共服务，如邮局、学校、图书馆、公共交通等"②。

卡梅伦政府提出的"大社会"更加注重"公民社会"的角色和功能，也就是各种慈善组织、工会组织、社区组织以及宗教组织等的民间力量；提倡合作和互助，减少政府的干预。虽然"大社会"理念看起来既不会向工党的福利国家般办公机构肿胀和效率低下，也不会像撒切尔政府般全盘私有化，但是过度地将本应由政府承担的责任转移到民间组织上，也许会造成人们对政府削减福利、推卸责任的负面印象。

联合政府成立的时间还很短，"大社会"理念的发展还需要时间来验证。

# 五　对中国社会建设的启示

自第二次世界大战以后，英国政府不断地对其社会管理和政府角色进行改革，从老工党时期的全面的福利国家，到撒切尔政府的在政府管理中引入竞争机制，再到布莱尔政府的第三条道路和合作政府，在不同党派政府的更迭中，各种矛盾和问题不断产生、出现，又被各种改革不断地尝试解决。虽然英国和中国的国情不同，社会背景、政治环境等也不相同，但面对的社会矛盾和问题，以及尝试解决问题的思路和方法也许会对我国的社会管理有一定的启发作用，值得我们去借鉴和学习。

1. 建立完善的社会保障体系

虽然经历了三十多年的改革开放，中国的发展速度惊人，但是无论是从经济发展、社会管理还是法制建设等方面来看，都只能说中国还处在发达国

---

① 郑春荣：《英国社会保障制度》，上海人民出版社，2012，第 7 页。
② 郑春荣：《英国社会保障制度》，上海人民出版社，2012，第 7~8 页。

家的初级发展阶段，比如和老牌的资本主义国家英国来做对比，中国的发展进程仍然处于工业化的中期阶段。中英两国在国情和发展等方面都有非常大的差别，我们要在秉承传统文化和了解当前国情的情况下，借鉴英国在福利制度建设方面的经验，大力改革和发展我国的社会福利保障事业，在维持社会稳定的前提下平稳发展。

中国已经建立并逐步完善了具有本国特色的社会保障框架体系——养老、医疗、失业、生育和工伤五大保险制度，并且基本形成以最低生活保障为重点的城乡救助体系，但是从整体上来看，我国的社会保障体制还不是很完善，依然存在城乡社会保障覆盖差距较大等问题。完善的英国社会保障制度，特别是著名的《贝弗里奇报告》，会给我国的社会保障改革提供相应的理论支持和启发。

《贝弗里奇报告》诞生于英国最困难的战后恢复时期。为了团结全国的公民一起渡过战后的难关，该报告设计了完整的从摇篮到坟墓的社会保障制度。虽然现阶段我国的发展情况与当时的英国不同，但是《贝弗里奇报告》的一些思路仍然值得我们借鉴。首先，建立完善的社会保障体系并不是为有困难的人群提供救济，而是在保证他们可以过上正常人的生活的同时，仍然要通过个人的努力和市场的力量让他们重新回归到社会当中来。其次，建立完善的社会保险，以缴费为前提，缩小社会救助的比例。再次，贝弗里奇强调建立跨部门的协调委员会来完成社会保障制度。社会保障涉及社会生活的方方面面和社会中不同利益集团之间的关系，一个跨部门的协调委员会可以有效地避免不同部门之间的利益矛盾。①

**2. 避免建立庞大的政府机构**

布莱尔政府提出的"合作政府"概念将中央与地方政府、公共组织、私人组织及志愿者团体和个人四方联合，共同协商合作，这对我国加强社会组织的建设有一定的启发作用。改革开放30余年来，中国处在不断的发展过程中，越来越多的社会问题凸现，矛盾不可回避，为了解决这些问题，不得不去建立一个"无所不能"的政府。因此，必须增加公务员队伍的编制，这个庞大的公务员队伍必定会造成办事效率低下，运转不灵；不同部门之间的沟通障碍，也会致使开支加剧，给政府的财政支出造成负担。例如，在政

---

① 贝弗里奇：《贝弗里奇报告——社会保险和相关服务》，劳动和社会保障部社会保险研究所组织翻译，中国劳动社会保障出版社，2004。

府编制外增加协管或文职人员的事业编制，虽然可以弥补政府部门公务人员的不足，但是盲目扩大人员数量，必然造成开支的增加，而且从某种意义上来说，培养了事业编制人员身上的官气，严重时甚至可能会激化政府与百姓之间的矛盾。

3. 积极培育第三方组织

借鉴英国的第三条道路和合作政府的经验，中国现阶段应着力培育支持第三方组织参与到社会管理当中来，让他们来承担一定的社会管理工作，减少政府与个人之间的矛盾。换句话说，就是鼓励第三方或者中介服务组织，中性地介入社会矛盾中，中立地化解和调和矛盾或冲突，起到官与民之间的"缓冲器"的作用。政府只为中介组织提供相应的资金支持、业务指导和人员培训，不介入其独立的运作。例如在 2006 年 4 月，上海在处置医患纠纷时，引入了第三方机构来调解矛盾。普陀区专门成立了医患纠纷人民调解委员会，其在人员构成上考虑到了要懂医与懂法兼顾，由退休法官或检察官、有处理过医疗纠纷的医务工作者和长期从事人民调解工作的街道调解员组成共九人的委员会。经过半年的工作，受理医患纠纷 155 件，调解成功 155 件，没有出现诉讼案件及信访案件。在上海普陀区成功实践第三方机构之后，截止到 2011 年 4 月，全国有 27 个省（区、市）成立了医疗纠纷人民调解组织。[①]

4. 加强法律建设和司法建设，加强司法监督的力度

除了鼓励以上所述的第三方组织参与到社会管理中之外，中国还需要加强法律建设和司法建设，也就是在政府与个人出现冲突的时候，如调解不成，应由法律说了算。特别是在"民告官"的情况下，不能以官来解决，必须用完善的司法手段进行干预，甚至不能引入中介组织来进行调解，因为从某种意义上来说，中介组织接受政府的管理和经济上的扶持，也就是老百姓所说的"吃官饭"，因此，如果没有完善的司法程序，中介组织的参与很有可能会激化社会矛盾。

应建立在共产党领导下的，在全国人大常委会领导下的，有别于政府行政机关并与政府行政机关保持相对独立性的司法独立审判机制。也就是应建立一套能从外部对官员进行监督的体系。监督之法、之策，古已有之，无非

---

[①] 《普陀区司法局大力推进医患纠纷人民调解工作》，http：//www.justice.gov.cn/sfxzinfoplat/platformData/infoplat/pub/wetsite_ 12/docs/200911/d_ 27385636. html。

是在权力体系之外再建设一套监督体系。现代社会的社会管理问题由于商品交换和人口流动日益脱离土地而变得更为复杂和庞大，各式各样的问题层出不穷，各个利益群体的诉求甚至相互冲突，这一切都需要政府去平衡、解释、推动和协调。地方党委和政府对于所辖地区的经济发展、社会稳定、人民群众生活水平的提高等方方面面担负有无限的责任，为保护责任的落实，地方党委和政府常常也在其所辖地区享有无限的权力。权力容易腐蚀人，权力必须受到监督，权力必须明确使用的范围和程序，享有和使用权力并承担责任的官员必须受到地方行政体系之外的监督体系的监督。这个监督体系除了舆论监督之外，最为关键的是司法监督。所有的法律都是通过人大常委会而制定的，即使是由行政部门制定的一些管理办法，其主旨也不得与法律相悖。共产党作为执政党，党员和人大代表占多数，因此通过党组织依据党章对党员和人大代表在选举和立法等重大问题上进行规范的要求和严格的管理，人大常委会所通过的法律就可以代表共产党的意愿，体现党的领导。当然，在司法系统脱离地方党委和行政管理体系而独立承担司法责任时，也会有各级人大对它的监督。更重要的是，相对独立的司法体系中也有共产党的领导体系存在，仍在发挥领导的作用，不过只是脱离地方党委和地方行政管理体系的干预而已。即使行政体系和司法体系就一些具体问题意见相左也并非坏事，因为所争论的是对国家法律的理解，和对证据的搜集和举证，是道理的争论而非权力的干预。并且，由于司法的相对独立，人权和财权都不受制于对方，讲的只是道理、证据和法律，承担的只是各自的责任，行使的是法律赋予的权力。

因此，在民众个人与政府及政府官员发生矛盾或纠纷时，不能通过"官"来介入，也不能通过"吃官饭"的第三方中介组织来解决，独立的、健全的司法干预是最有效的解决之道。

# 六 小结

经过两次世界大战的洗礼，人们对于痛苦的经验有了更为深刻的理解，从而产生了更为团结的意识以及不仅仅是对于社会最底层劳苦大众的不幸的认识；从早期的单单针对贫困人口的宗教色彩浓烈的济贫，逐步过渡到对社会所有成员的关注，从而产生了福利的概念。特别是从1942年《贝弗里奇报告》发表以来，现代福利国家的蓝图将致力于消灭社会中的五大邪恶，即穷困、疾病、愚昧、肮脏和懒惰①。第二次世界大战以后上台的老工党出台了一系列的法案，涉及社会中的方方面面，如教育、健康、事业、家庭等，以对公民提供社会保障。

无论是最初的老工党，还是接着上台执政的保守党，包括后来的新工党，都对英国的福利社会建设付出了巨大的努力，不断进行新的尝试和改革。

第二次世界大战后，老工党为了迅速摆脱战争给人们带来的创伤，大力推动社会保障的建立，造成巨额的政府财政支出，不堪重负，最终不得不提高税收和举借外债弥补财政赤字。在这种情况下，大量贫民过度依赖福利，使得英国的社会管理和经济发展陷入困境，不得已必须要进行改革。在撒切尔夫人领导的保守党上台后，由于大力推崇市场机制，减少政府干预，鼓励私有化，裁减公务员队伍等一系列措施出台，有效地提高和改善了经济社会的发展。然而保守党的放任和缺少社会公平，使社会矛盾不断激化，最终遗憾地退出历史舞台。新工党凭借其第三条道路的指导思想，在上台后对政府进行了有效的改革，并推动传统的福利制国家转型为投资型国家。新工党提出了合作政府的概念，将中央与地方政府、公共组织、私人组织与志愿团体和个人四方联合，共同参与合作，建立以人为中心的公共服务改革。另外，新工党着力于增加劳动就业岗位，通过技能培训使更多的失业者回归到劳动市场中来，逐步解决旧的福利制度造成的福利依赖。

时至今日，英国的福利制度依然存在诸多未能解决的矛盾和问题，也依然处在不断改革、不断完善的过程中，但是我们不能否定其进步和带来的发展，这些思路、方法和经验，能够对我国的社会建设起到启发和借鉴的作用，但需要在我国特殊的国情和政治社会背景下去理解和学习。

---

① 　Giddens, A., *Sociology*, Cambridge: Polity Press, 2001, pp. 334 – 335.

# 附录C 日本经验对中国社会建设的启示

【摘要】20世纪50~80年代是日本经济的高速成长期，这一时期日本在走向经济现代化的同时出现了经济与社会发展的不协调现象。日本通过重新建构社区、健全全民社会保障与社会福利制度、加强企业组织的集团主义建设、重视家族制度体系的作用以及促进形成以中产为主流的社会结构等措施，走出了一条"非西方化"的现代化之路，这对于当今中国来说具有重要的启示意义。

20 世纪 50 年代到 80 年代是"二战"后日本经济的高速成长期，通过这 30 年的经济高速增长，日本走向了经济的现代化。然而经济的飞速发展带来了社会与经济发展的不协调，面对日本社会出现的"混存"结构，日本开始了重要的社会建设过程。通过地域社会重建、福利保障体系完善、企业雇佣模式和家族规范确立以及中产阶层培育等诸多方面的社会建设，日本开始走向了社会的现代化。由于日本和中国都处于东亚且具有一定的相似性，所以日本社会建设的经验对于同样处于经济高速发展时期的中国来说具有重要的启示意义。

## 一 日本"社会现代化"问题的提出

日本的社会建设过程也就是日本社会走向现代化的过程，一般认为这个过程起始于 19 世纪末的明治维新。当时的日本虽然引入了西方社会的产业主义，却将西洋文化中固有的功利主义、个人主义剥离出来，与定位于以国家目标为目的的本国文化连接起来。在这样一种改革之下，20 世纪 30 年代到 1945 年，支配日本的日本法西斯主义便自然而然成为社会体系紧张的产物，而之后的战败则一举摧毁了"二战"前日本社会已经制度化的传统主义价值体系的正当性，因而在第二次世界大战后如何重建社会体系成为日本面临的核心问题。

日本在第二次世界大战后的发展采取以"经济建设"为中心的策略，由此取得了经济的高速增长。20 世纪 50～80 年代成为日本经济发展的"辉煌三十年"。高速经济发展带来了以下结果：①从大众规模性的贫穷中脱离；②在国际社会的地位得到提升；③自由竞争经济实现；④经济的价值超越政治、社会、文化的价值而成为首位；⑤国家层面的贡献价值降低，私人层面的满足价值上升、私人欲望解放。高速经济增长也伴随着很多负面影响，如城市的环境污染、大量流动人口的安置、城市的治安与犯罪、个性化发展对家庭的冲击、城市与农村的城乡协调发展等诸多社会问题。经济与社会发展的不协调是日本传统主义与现代主义交锋的结果，极大地冲击着人们的思想，也使得日本社会面临种种社会危机。因此，"社会发展如何适应经济的现代化"成为经济高速成长期日本社会重建的核心命题。

社会建设即要使社会走向现代化，在日本的现代化发展过程中，虽然没有明确提及"社会建设"①，但"社会的现代化"却是核心词汇，这是日本走向现代化国家的重要内容。在第二次世界大战后，日本开始产业化发展，直到经济取得高速腾飞，并一跃成为世界经济上的大国时，日本的政界和学界也开始探讨在社会领域所出现的种种变化，寻求实现社会现代化的种种措施。在日本著名社会学家富永健一看来，日本的现代化发展之路和西方社会不同，像西方那样的社会现代化进程在日本社会很难开展②，日本或者其他东方的国家只能是在一种非西方社会的现代化模式中来实现自身的社会现代化。富永健一由此提出"非西方社会的现代化不可能是单纯的西方化"这一社会现代化命题③，其目标是"实现自由平等的社会"④。由此，日本社会在经济取得高速发展的同时，在社会建设领域也开始追求一种"自由与平等"的社会目标。

## 二　日本社会现代化的历史背景

### 1. 自上而下的产业化（19世纪后期）

日本的现代化始于19世纪末的明治维新。明治维新引入了西方社会的产业主义，却将西洋文化中固有的功利主义、个人主义剥离出来，与定位于以国家目标为目的的本国文化连接起来。明治维新的口号是"王政复古"。所谓王政复古就是使古代日本的天皇制超越700年的封建制得以复活，因此明治维新不是"现代化"而是"古代化"。现代化是对封建制加以否定。如果拿西方历史做个比喻的话，在日本的明治维新中，对封建制的否定就

---

① 在日本学者福武直的著作中，也能看到"社会建设"这一词汇。"社会建设"一词主要是从联合国的"social development"翻译过来，不过更多的日本学者将其翻译为"社会发展"或"社会开发"，是针对"经济发展"或"经济建设"提出的词汇。参见福武直《日本社会的结构》，王世雄译，东大图书公司，1994，第107页。

② 富永健一认为，第二次世界大战前，日本的现代化在"经济现代化"即资本主义化或产业革命上虽然取得了成功，但西方的现代化中先行于产业革命的"宗教改革""市民革命"以及"家长制的解体"并没有实现。

③ 富永健一：《日本的现代化与社会变迁》，李国庆、刘畅译，商务印书馆，2004，第28~31页。

④ 富永健一指出日本社会领域实现自由平等，即要使社会由封闭的村落社会（血缘性的、未分化的亲族组织）向开放的、城市化高的地域社会（功能分化、具有特定目的的组织）转化，功能分化、普遍主义、业绩主义、手段合理主义等的制度化将得以发展，其价值基准是"自由平等的精神"。

是复活古代罗马帝国，而宗教改革、市民革命以及家长制的解体对实现了明治维新的日本人来说闻所未闻。在这些方面，日本的现代化与西方的现代化大体上是不同的。日本的明治维新实现的是"自上而下的产业化"，但同时政治的、文化的、社会的现代化进程被遏制，因此引发了昭和时期的法西斯主义恶果。尽管明治维新之后日本经济发展速度十分迅速，第二次世界大战前的日本社会依然是一个农民与私营工商业者所占比重十分高的社会。

### 2. 社会现代化缓慢发展（20 世纪初期~中期）

20 世纪初期开始，虽然日本经济取得了较大发展，但仍然面临种种社会问题。其主要表现是"以个人主义为基础的西方化"。在居住方面，唯有较高收入者才开始拥有环境优雅的文化住宅。在教育方面，普通的工薪收入基本上无力支付子女的教育费用（小学不需要交费）。医疗卫生事业则根本做不到为社会大众服务。此外，经济上的产业化发展使产业人口构成发生变化，其结果是城市人口的膨胀和城市规模的扩大。从 1915 年起，从农村脱离出来的劳动力集聚于城市的趋势呈现持续增长的态势，之后十年的劳动力流动的流量之大、势头之猛，足以同 1950~1960 年相比。由此，急速的城市化进程使得城市开始为广大中间阶层提供工作、生活和社会活动的空间，大众消费文化开始形成，但城市与农村的差距依然明显，贫民问题依然突出。

### 3. 社会现代化发展的重要时期（20 世纪 50~80 年代）

伴随着第二次世界大战后国家政策的经济导向性调整，日本开始了经济高速成长的时期，与此同时，社会结构的诸多方面也发生了巨大变化，引发了大量社会问题。

（1）急速城市化。大都市化的发展以及城市化的推进，使得城市社会急剧膨胀。一方面，大城市人口过于稠密，但土地政策不得法，引起物价高涨，致使大都市人口达至极限。另一方面，农村人口大量外流，引发"疏密"问题。另外，即使在城市中，阶层间在居住、教育等方面显露出的差别也使得社会出现很多的矛盾。

（2）雇佣问题。第二次世界大战后日本雇佣劳动者比率发生巨大变化，从之前的四成上升到七成，成为雇佣劳动者为主体的社会。然而，日本刚从共同体性质的地域社会（传统社区）走出来，进入一种"大众社会"的环境中，引发的孤独感和无力感使得人们在就业机构中组织"关系集团"

（Reference Group）以便寻求同一化。① 换句话说，人们开始在企业组织中寻找新的归属感，这使得"终身雇佣"和"年功序列"开始在部分大中企业实施，并在20世纪六七十年代成为日本社会一种共通的理念得到了普遍推广。②

（3）"家制度"的变动。在家族与经营没有分离的近代产业社会以前的日本社会，作为传统家族制度的"家制度"，在村落或城市都是功能性的存在，家产的长子单独继承以及同族集团的"本家－分家"的支配从属关系是支撑家族关系结构的主体。而在第二次世界大战后为了适应经济的发展，日本实行民法修正，这对传统"家制度"提出严重挑战。在家族结构的"简化"和"民主化"的影响下③，日本开始在一种传统主义的传承中寻求新的家族关系建构模式。

（4）地域社会的变动，即社区的变动。原共同体性质的村落和城镇开始改变。一方面，在农村，一部分是占少数的专业农户，另一部分是占多数的兼业农户，非农户的比例增加，使得农村成为"杂居社会"。另一方面，在经济高度发展期间增加的新中间阶层和工人阶层，一部分开始住进建在城市的旧城区和郊外的民间小公寓，另一部分则扩散到新兴住宅区和"团地"（工人公寓群）之中。他们对街道内事务漠不关心，却对生活环境具有较强的权利意识和利己主义意识。

总的来说，日本的经济现代化发展和社会现代化发展是同时起步的，然而其社会建设的重要时期却是在"辉煌三十年"的经济高速成长期，这是由这个时期所引发的种种社会问题所迫切要求的。第二次世界大战后，在民主主义、高速经济增长和高度大众消费的互相作用和影响下，日本产生了诸多社会问题，使得日本社会发展开始将目标指向一种均等化的大众社会。于是日本社会的企业组织结构、职业结构、城市与家庭结构以及阶级、阶层结构都得以重构，这些结构性的变动也开始反映到第二次世界大战后日本人的意识之中，使其向着"自由与平等"的社会意识方向转变。

## 三　日本社会现代化的主要内容

在经济高速成长与政治民主化革命的推动下，第二次世界大战后日本改

---

① 福武直：《日本社会的结构》，王世雄译，东大图书公司，1994，第67页。
② 岛田晴雄：『日本の雇用』，ちくま新书，1994，第48~54ページ。
③ 刘光权：《日本现代化进程中家庭的演变》，《社会》1997年第1期。

革的重要成果就是"以平等化为特质的大众社会"的建立。在这样一种理念的指导下，日本社会发生了巨大变化（见表 C-1）。这可以说是在国家政策的推动下，社会领域的诸多层面不断建设发展的结果，主要可归纳为日本的地域社会、社会福利、企业组织、家庭制度和阶层结构等方面。

表 C-1　1955～1985 年日本社会的变化

| 项目 | 1955 年 | 1985 年 |
| --- | --- | --- |
| 产业结构（三次结构人数比例） | 41.1%、23.8%、35.1% | 9.3%、33.2%、57.5% |
| 职业结构（农林渔业、专门性、事务性） | 40.4%、4.9%、8.7% | 9.2%、10.5%、18.4% |
| 就业雇用率 | 45.8% | 74.6% |
| 大都市人口居住率 | 36.9% | 48.2% |
| 五等分社会阶层（上、中上、中中、中下、下） | 0.2%、7.1%、35.4%、38.5%、18.8% | 2.0%、24.8%、49%、18.1%、6.1% |

资料来源：富永健一著《日本的现代化与社会变迁》，李国庆、刘畅译，商务印书馆，2004，第 180～181 页。

1. 地域社会的重新建构——"自立型地域社会"

在产业化和经济的高速成长下，传统型的、共同体性质的村落与城市相继解体，城市化的发展使得城市与农村的结构都变得异质，如何面对个人主义、私欲主义的膨胀，地域社会的再建构具有重要的意义。一方面需要使得地域新成员能够融入其中，另一方面需要使得原有的地域居民发挥重要的引导和示范作用。地域社会自治委员会与当地中产阶层在其中扮演重要的角色，政府则在自治会的主导下发挥辅助作用。另外，教育的再生产使得传统主义得以传承，地域的归属感得以建立。建立"自立型地域社会"的主要内容包括产业自治、教育自治、空间自治、财政自治和市民自治。

（1）第一是产业的自治，也就是地域的经济基础建设的自治。产业的自治主要通过当地地域的社会企业、社区经济团体、与地域相关的合作经济组织以及作为地域建设主体的中产阶级群体来实现。通过这些组织和团体的资金注入，以及政府方面的辅助，有效地构建起地域的稳定经济基础，在此经济基础之下，地域的建设、地域活动的开展得以良性运行。

（2）第二是教育的自治，也就是地域中的人的建设的自治。这里所说的日本地域社会的教育既包括专业的学校教育，也包括一些社会性的教育。

首先在学校的教育方面，由于日本并不存在像中国这样的"户籍决定学校"的制度，所以学校的设立基本上是按照地方人口的需求来设立的，对于那些通过流动而进入的居民，也可以进入当地的学校进行学习，学校在进行基本的知识技能教授的同时，也时常结合地方特征来培养学生，比如像自然灾害的防御训练、对社区情感的培养等。另外日本还有从事社会教育的专门机构，像公民馆、图书馆、博物馆等①，当然也有一些社会福利机构、职业训练机构、文化娱乐体育机构等来配合社会教育活动。

（3）第三是空间的自治，也就是居住空间建设的自治。这部分主要包括地域活动空间平台的建设，这些活动主要包括开放的地域沙龙、运动会、文化节以及传统祭祀活动等。在政府和地方企事业团体的协作下，需要定期对地域社会的硬件和软件方面的问题进行解决，而地域的居民则是解决这些问题的主体。例如地域经济衰退、老旧房屋的密集、居住环境的恶化、道路交通等基础设施的筹建、安全防范及高龄化问题等，都需要进行居民的合议表决才能实施，还需定期向居民寻求地域空间建设的意见，充分发挥居民自身的参与热情，在尊重居民居住权利的同时振兴地域社会。

（4）第四是财政的自治，也就是关于地域的物和资金的运用的自治。这里包括地区金融机关和市民银行等在内的金融机构及地域信用保证机构等。这些机构与地域建设是紧密联系在一起的，是支撑地域发展的基础力量。同样，地域的有效发展（如地域产业的活性发展）也促进了资金与物资的财政保障。日本的地域社会通过对财政的有效自治，实现了地域发展的资金循环，也确保了相关地域建设的需要。

（5）第五是市民的自治，也就是市民的地域参与、协作关系以及地域文化建设的自治。在市民自治的构成中，包括地域中自立的人（主要是地域领袖和企业家），参与地域自治体系的地域伙伴和支持者，和地域有关的企事业组织，专业性的经营、金融和扶持企事业的组织，以及最基础的关心地域的居民。主要的地域自治组织包括地域自治协议会、居民自治协议会、街道建设协议会、居委会、老人会、社会福祉协议会，以及志愿者组织、NPO 等，由此形成"福利社区"。②

①　李慧洁：《日本社区教育及其借鉴》，《内蒙古师范大学学报（教育科学版）》2007 年第 20 卷第 8 期。
②　田香兰：《日本地域福利体制研究》，《社会工作》2010 年第 8 期。

2. 社会保障与社会福利——"全民皆保险"

在家族制度和邻保互助的基础上，经济现代化中的日本也迫切需要改善人们的生活福利。社会保障与社会福利的普遍化成为重要课题。从 20 世纪 40 年代末到 50 年代初，以社会保障与社会福利为中心的制度与法律开始建立，并在此后逐步开始完善，其中，医疗国民健康保险制度的确立使得日本开始向福利型国家转变。1938 年，日本以"健兵健民"为宗旨制定《国民健康保险法》，但全国也只有 20% 的地区实施。战争时期，对该法进行了修订[1]，1948 年由自愿加入改为强制加入。1953 年，市、町、村行政机构开始获得贷款。1955 年，日本国库开始进行补助。1958 年，修订法在日本国会通过后，作为一项法定义务开始在全国普及，直到 1961 年在全国范围内实施。

1961 年日本建立了"国民皆保险"制度[2]，其基础是国民健康保险，这是日本社会保障体系中最核心的组成部分。日本的医疗保障制度主要由工薪族的职业保险和面向非工薪层的地域保险两大独立的医疗保险体系组成。职业保险主要面向企业员工。规模 700 人以上的大企业，员工的职业保险由企业的工会组织掌管；700 人以下的中小企业，员工的职业保险由政府掌管。职业保险还包括面向临时工、船员、国家公务员、地方公务员和私立学校员工的健康保险。地域保险就是国民健康保险，主要是以农民、个体经营者和无业人员等作为保险对象，由被保险者所居住的市、町、村提供保险服务。居住在市、町、村区域的居民，只要没有参加其他保险，都必须加入国民健康保险。作为保险人的市、町、村须向户主征收国民健康保险费，根据各地的情况，各地的费用会有所不同。该制度以家庭为保障对象，经过修正，1963 年规定由被保险者承担 30% 的医疗费用。整体来说，国民健康保险制度具有地方行政的公营化、居民的强制加入制和国库补助的法定化等特征。

3. 企业组织的集团主义——"日本型雇佣"

在经济现代化中的日本社会，企业组织是日本人集团意识的核心表征，也是建立社会现代化的关键。日本的企业培养出日本人"以社为家"[3] 的思

---

[1]　鐘家新：『日本型福祉国家の形成と「十五年戦争」』，ミネルヴァ書房，2005，第 120～122ページ。

[2]　赵永生：《日本国民健康保险制度的构建——统筹城乡医保体系的启示》，《中国卫生政策研究》2009 年第 2 卷第 12 期。

[3]　公司式企业，在日文中的汉字书写为"会社"。

想，这是企业归属感的重要依据，是与企业成员的家庭紧密地联结在一起的。企业通过"年功序列"等给予企业成员生活的保障，成员则通过勤奋的工作来回报企业的保障。

第二次世界大战后，尤其是在日本经济腾飞的20世纪六七十年代，日本企业的制度特征被很多学者称为"日本式经营"或"日本型雇佣"。在这种经营雇佣模式中，经营者与劳动者之间的社会关系以结构的封闭性为特征，功能上以追求温情的、共同体性质的感情融合为特征，主要构成有终身雇佣、工龄工资制及企业组织的劳动工会三部分。在这样的一种制度中，企业对职工的教育不仅仅是技术培训，也培养职工对企业的"忠诚心"，由此培养企业职工为企业而终生奋斗的目标。最核心的终身雇佣制和年功序列制是为了使终身雇佣对职工有利而在工资和晋升方面设立的企业内部制度，而企业工会是以终身雇佣制下职工的企业内部封闭性为前提产生的组织形态。通过这些制度的设立，日本企业的经营和雇佣模式便具有了"组织的封闭性"和"情感融合"的特征。[①]

4. 家族制度体系的确立——"家族规范"

明治民法将近代以前的家进行了法律性的制度化措施，由此形成日本式的"家制度"，即一种家庭共同社会。日本的"家制度"[②] 是超世代的制度性的连续体，并不是像近代家族一样局限于一代。在家族与经营没有分离的近代产业社会以前的社会，"家制度"在村落或城市都是功能性的存在，家产由长子单独继承，同族集团内本家与分家是支配和从属关系。传统的日本家制度是通过父系继承来实现世代交替。日本这种"家制度"一方面有利于家产的集中继承而不会分散，另一方面，家里那些没有继承家产的子女则会流向其他的组织结构中去，这有利于经济产业化下对流动劳动力的需求，一定程度上满足了日本经济产业化对人力资本的需求。

在走向经济现代化中，日本社会传统的"家制度"遭到很大的冲击与挑战，但是日本人的核心的"家"的思想依然存在。日本的社会现代化过程中，在解除"家长制"的同时，贯穿于"家制度"之中的权利与义务关

---

① 富永健一：《日本的现代化与社会变迁》，李国庆、刘畅译，商务印书馆，2004，第240页。
② 学者福武直认为，"家族主义"深深影响了日本的社会结构。"家族主义"指的是个人无法脱离家族而独立，家族比构成家族的个人更受重视，而且这种家族的人类关系更扩大至家族以外的别人所产生的行为方式、社会关系以及价值体系。参见福武直《日本社会的结构》，王世雄译，东大图书公司，1994，第3~4页。

系却被强调下来。就像家产的集中继承一样，权利和义务关系自然而然也就集中性地传承下来，继承家产的子女也就应有相应的责任履行对家庭以及上代乃至祖先的"尊与孝"的义务，这种家族规范约束着家族内的各个成员。整体来说，在经济现代化中的日本，作为社会的基本单位的家庭，其体系的重新确定，是在一种传统主义与现代主义的对抗中实现的。

### 5. 中产意识的确立——"一亿总中流"

第二次世界大战前，日本是不平等程度很高的阶级社会，主要由贵族阶级、资本家阶级、新中间阶级、地主阶级、农民阶级、城市旧中间阶级、劳动者阶级和城市下层阶级这八个阶级构成。[①]第二次世界大战后，伴随着经济的产业化推进，日本的阶级关系和结构发生巨大变化，逐步发展成为一个阶级区分不明显的平等化大众社会。[②]这其中，日本政府的大力推动起了十分重要的作用，由此使得日本的新中间阶层大量增加，规模从1955年的28.9%急剧上升到1985年的43.3%，反映流动机会平等的纯粹流动率则由1955年的0.583上升到1985年的0.750。[③]一些相关研究也表明，日本社会中产阶层的增加，一定程度上促进了社会平等化的发展。[④]

中产阶层的扩大化是社会稳定的重要基础。在政府主导下的产业化发展过程中，通过企业组织结构及雇佣关系的改变，"均等化"的发展，经济高速发展中的日本社会形成了占社会主导力量的中产阶层，他们支持着社会的各种秩序的开展，并努力在维持这些秩序，有着较强的"中产意识"[⑤]，这是一种自身的认同感，日本社会从而成为一个"中流社会"。这样的"中流社会"的形成也进一步促成了日本的经济成长，在"家族主义"和"共同体意识"的影响下，力求自身的阶层上升，引发了中间层的努力成长，他们勤奋并具有奋斗精神，在促进经济成长的同时，也强化了自身的中产意识，增加了对生活的幸福满意度，推动了社会的发展。

---

① 富永健一：《日本的现代化与社会变迁》，李国庆、刘畅译，商务印书馆，2004，第259页。
② 富永健一：《日本的现代化与社会变迁》，李国庆、刘畅译，商务印书馆，2004，第264页。
③ 富永健一：《日本的现代化与社会变迁》，李国庆、刘畅译，商务印书馆，2004，第267、274页。
④ 石川晃弘ほか：『みけかけの中流階級』，有斐閣，1982，第23～26ページ。
⑤ 日本学界对于"中间层"的研究主要表现在"中产意识"方面，即日本人对于自身的社会经济地位的主观认同感。在日本经济高速增长期，日本民众对于自身的"中产地位"的主观认同感相对较高。

# 四 小结

1. 日本社会现代化中的"份位"思想

通过社会建设实现社会的现代化，停留在政策与制度的设计层面上是不够的。要建立社会现代化，就需要确立良好的人与人之间的关系，需要人们各在其位、各尽其份，这是日本进行社会现代化建设的核心思想。而核心思想的具体表现则是日本的"家族主义"和"共同体意识"衍生出的"集团主义"，或者说是由这两个方面所衍生出来的家族伦理和职业伦理的再建构。以"份位"思想为基础的"集团主义"的确立，不仅促进了日本经济的现代化发展，同时也使得一系列的社会规范得以确立、社会体制得以完善、社会结构得以优化，使得居民的基本生活得以保障。这样一种"集团主义"的价值观念在日本的社会建设中不断被巩固和强化，并被持续至今，由此进一步促进了社会的现代化。

在日本社会现代化进程中，政府所起的引导性作用固然不用多说，但其社会建设的根本还是对社会进行的主体性的建设。经济高速成长期的日本在社会领域的各个层面，无论是地缘、业缘、血缘关系，还是社会的阶层关系，都需要每个人明确自己的归属与所在，并努力履行自己的义务。通过社区归属、组织归属、家族归属、阶层归属以及国家归属的确立，日本民众明确了属于自己的社会权利。由此，社会建设便成为一种人人都在构建的社会现代化进程。这种归属不仅仅是一种现实的实体存在，更是一种情感上的依托。通过社会诸多领域的立足于"份位"思想的社会建设，人们便在意识层面形成一种"自由与平等"的观念，并不断地反射到社会生活的方方面面。日本在这样的社会建设中开始走向一种不同于西方社会的"自由与平等"的社会。

2. 日本的社会现代化面临全球化挑战

日本的社会现代化是一种传统主义与现代主义的融合，也是二者的交锋。在全球化浪潮背景下，日本社会的地域、企业、家庭以及福利与阶层结构都面临新的冲击，一些新的社会问题也骤然出现。如何在新的时期走向更加良好的社会现代化，也成为当代日本社会面临的重要课题。日本社会在经历高速经济增长期之后，也面临经济走向泡沫、受全球化经济发展影响的挑战，如日本的企业经营雇佣模式受到冲击、传统家庭结构模式受到核心家庭结构模式的冲击、地域社会受到高速人口流动化的冲击。在阶层结构方面，日本社会出现了一些学者所说的"下流社会"①。

20 世纪 90 年代，日本之所以出现"失去的十年"，其中很重要的原因就是过度的公共建设和对地产的投机，这无疑也对当今中国的社会建设起到了警示作用，那就是如何有效而有序地进行社会建设并实现社会现代化。然而，我们依然可以看出，在日本的社会建设方面，社会领域的各个方面依然在努力延续着一种传统主义的东西，就像美国学者贝斯特所认为的那样，日本并不是在构建传统社会，而是在构建一种带有传统主义的社会结构②。这不仅是建设结构实体，更是建设一种意识存在，通过这样的社会建设，日本社会在现代化的"挑战与应战"中来实现自己的社会现代化。

3. 日本的社会建设对中国的借鉴意义

尽管中国和日本从封建社会向现代化社会转变的过程有所不同，但同处于东方社会的两个国家在很多层面具有一定的相似性。两个国家都试图建立一种不同于西方社会的社会现代化，在这一点上两个国家的出发点是一样的。加之两个国家都处于东方文化圈中，在文化的传承方面具有类同性，所以日本的社会建设对中国的社会建设具有一定的借鉴意义。当今中国处于经济高速发展期，同样表现出经济和社会发展的不协调，社会领域产生的诸多问题使社会建设刻不容缓。由于中国和日本在很多方面具有相似性，因此日本的社会建设经验无疑对当今中国具有重要的启示意义。

中国的社会结构不同于西方社会，注定了中国的社会现代化进程也要走出一条"非西方"的道路。中国现在倡导建立和谐社会并实现社会现代化，这与日本要建立自由平等的大众化社会的目标是一致的。日本在社会现代化过程中表现出的"份位"思想对当今中国的社会建设具有重要的借鉴意义。在当今中国这样一个经济快速发展、人口高速流动、城乡结构剧烈变动的时期，如何让我们每一个人"有所位处"，这是确保建立和谐社会的关键所在。

当然，如何实现日本社会建设中的"份位"思想也需要进一步思考。从日本在诸多社会领域的社会建设实践可以看出，由于资源和空间等外在条件的限制，日本发展出一条"内趋式"的方式来整合社会，这是一种内部"精细化"模式。外在条件受约束了，就只能从内部不断去挖掘、不断去精细，由此形成一种新的模式。经济高速成长期的日本社会，不论是家族、社

① 三浦展：《下流社会：一个新社会阶层的出现》，陆求实、戴铮译，文汇出版社，2007。
② 西奥多·贝斯特：《邻里东京》，国云丹译，上海译文出版社，2008，第 272~275 页。

区、组织方面，还是社会福利保障方面，都会在内部寻求各个方面的精细化操作，使得人们的"份位"思想得以有效确保。在经济高速发展的当今中国，尽管有着众多可利用的资源和巨大的发展空间，但庞大的人口规模仍然不容忽视。因此，不妨借鉴日本社会建设中"内趋式""精细化"的操作模式，以此促进社会领域的资源和机会的有效配置。从小的领域着手建设，以保障民众的基本生活需求为基础，实现公民的社会权利，这样，和谐社会的建设应该会更加有效，进而实现整个社会的现代化。

# 参考文献

C. 莱特·米尔斯：《白领：美国的中产阶层》，杨小东等译，浙江人民出版社，1997。

保罗·霍普：《个人主义时代之共同体重建》，沈毅译，浙江大学出版社，2010。

贝弗里奇：《贝弗里奇报告——社会保险和相关服务》，劳动和社会保障部社会保险研究所组织翻译，中国劳动社会保障出版社，2004。

曹锦清、陈中亚：《走出"理想"城堡——中国"单位"现象研究》，海天出版社，1997。

陈国申：《从传统到现代：英国地方治理变迁》，中国社会科学出版社，2009。

島田晴雄：『日本の雇用』，ちくま新書，1994。

丁元竹：《当代中国社会体制的改革与创新》，《开放导报》2012年第3期。

丁元竹：《社区的基本理论与方法》，北京师范大学出版社，2009。

冯同庆、石秀印：《工会基层直接选举调查及其思考》，《工会理论研究》2005年第4期。

福武直：《日本社会的结构》，王世雄译，东大图书公司，1994。

富永健一：《日本的现代化与社会变迁》，李国庆、刘畅译，商务印书馆，2004。

葛延风：《对社会事业体制改革及事业单位体制改革的反思与建议》，载王梦奎主编《改革攻坚30题：完善社会主义市场体制探索》，中国发展出版社，2003。

国务院发展研究中心社会发展研究部课题组：《社会组织建设》，中国发展出版社，2011。

韩俊：《中国农民工战略问题研究》，上海远东出版社，2009。

何增科：《社会管理与社会体制》，中国社会出版社，2008。

何增科主编《中国社会管理体制改革路线图》，国家行政学院出版社，2009。

洪大用：《关于加快社会事业发展若干问题的思考》，《教学与研究》2006年第 12 期。

胡昌宇：《英国新工党政府经济与社会政策研究》，中国科学技术大学出版社，2008。

黄孟复主编《中国民营经济发展报告 No.8（2010～2011）》，社会科学文献出版社，2011。

黄平、王晓毅主编《公共性的重建——社区建设的实践与思考》，社会科学文献出版社，2011。

景天魁：《底线公平——和谐社会的基础》，北京师范大学出版社，2009。

康晓光、韩恒、卢宪英：《行政吸纳社会——当代中国大陆国家与社会关系研究》，新加坡世界科技出版集团，2010。

康晓光等主编《中国第三部门观察报告》，社会科学文献出版社，2011。

莱斯特·M.萨拉蒙：《公共服务中的伙伴》，田凯译，商务印书馆，2008。

李春玲：《断裂与碎片》，社会科学文献出版社，2005。

李路路：《社会结构阶层化和利益关系市场化》，《社会学研究》2012 年第 2 期。

李培林等：《当代中国民生》，社会科学文献出版社，2010。

李涛：《社会组织在政府购买社会工作服务进程中的功能和角色——北京协作者参与政府购买社会工作服务经验总结与思考》，《社会与公益》2012 年第 8 期。

李友梅：《中国社会生活的变迁》，中国大百科全书出版社，2008。

刘绪贻：《战后美国史》，人民出版社，1989。

陆学艺：《当代中国社会结构》，社会科学文献出版社，2010。

陆学艺：《社会建设论》，社会科学文献出版社，2012。

陆学艺主编《当代中国社会阶层研究报告》，社会科学文献出版社，2002。

路风：《单位：一种特殊的社会组织形式》，《中国社会科学》1989 年第 1 期。

马尔科姆·沃特斯：《现代社会学理论》（第 2 版），杨善华等译，华夏出版社，2000。

马克斯·韦伯著《经济与社会》，林荣远译，商务印书馆，2006。

迈凯耳·哈林顿：《另一个美国（美国的贫困）》，卜君、金如、张维、杨兢译，世界知识出版社，1963。

帕特南：《独自打保龄球》，刘波等译，北京大学出版社，2011。

齐格蒙特·鲍曼：《共同体》，欧阳景根译，江苏人民出版社，2003。

秦德君：《从社会体制上推进社会建设》，《探索与争鸣》2011年第2期。

清华大学社会学系社会发展研究课题组：《走向社会重建之路》，2010。

汝信、陆学艺、李培林主编《2011年中国社会形势分析与预测》，社会科学文献出版社，2011。

汝信等主编《2012年中国社会形势分析与预测》，社会科学文献出版社，2012。

三浦展：《下流社会：一个新社会阶层的出现》，陆求实、戴铮译，文汇出版社，2007。

石川晃弘ほか：『みけかけの中流階級』，有斐閣，1982。

宋晓梧主编《中国社会体制改革30年回顾与展望》，人民出版社，2008。

孙本文：《社会学原理》（下册），台湾商务印书馆，1974。

孙立平：《转型与断裂——改革以来中国社会结构的变迁》，清华大学出版社，2004。

孙立平：《走向积极的社会管理》，《社会学研究》2011年第4期。

孙中山：《建国方略》，华夏出版社，2002。

孙中山：《孙中山文集》，中华书局，1981。

滕尼斯：《共同体与社会——纯粹社会学的基本概念》，林荣远译，北京大学出版社，2010。

王鼎：《英国政府管理现代化：分权、民主与服务》，中国经济出版社，2008。

王庆安：《伟大社会改革——20世纪60年代美国社会改革及启示》，新华出版社，2008。

王伟光主编《中国社会价值观变迁30年》，中国社会科学出版社，2008。

西奥多·贝斯特：《邻里东京》，国云丹译，上海译文出版社，2008。谢立中：《经济增长与社会发展：比较研究及其启示》，社会科学文献出版社，2011。

余英时：《中国文化的现代诠释》，江苏人民出版社，2003。

俞德鹏：《城乡社会：从隔离走向开放——中国户籍制度与户籍法研究》，
　　山东人民出版社，2002。

俞可平主编《治理与善治》，社会科学文献出版社，2000。

曾令发：《探寻政府合作之路：英国布莱尔政府改革研究》，人民出版社，
　　2010。

郑春荣：《英国社会保障制度》，上海人民出版社，2012。

郑杭生主编《走向更讲治理的社会：社会建设与社会管理》，中国人民大学
　　出版社，2006。

中共中央党史研究室：《中国共产党历史》（第二卷），中共党史出版社，
　　2011。

中共中央文献研究室编《邓小平年谱》，中共中央文献出版社，2004。

钟家新：『日本型福祉国家の形成と「十五年戦争」』，ミネルヴァ書房，
　　2005。

周飞舟：《分税制十年：制度及其影响》，《中国社会科学》2006 年第 6 期。

朱力：《变迁之痛——转型时期的社会失范研究》，社会科学文献出版社，
　　2006。

作田启一：《价值社会学》，宋金文、边静译，商务印书馆，2004。

Giddens, A., *Sociology*, Cambridge: Polity Press, 2001.

# 后　记

继《当代中国社会阶层研究报告》（2002）、《当代中国社会流动》（2004）、《当代中国社会结构》（2010）之后，本书是课题组又一新的研究成果。2004 年党的十六届四中全会以后，课题组开始把研究重点转向社会建设领域。第一项标志性成果是历时两年多时间，于 2008 年完成的《北京社会建设 60 年》。该成果出版后在社会上引起了广泛关注，获得 2010 年北京市哲学社会科学优秀成果一等奖。2010 年，由课题组组长陆学艺教授牵头的国家社科基金重大项目"当代中国社会管理体制创新研究"获批立项，这是对课题组这些年来坚持不懈地对社会建设进行研究的肯定与鼓励，也为本书的写作奠定了良好的基础。

项目立项以来，课题组赴江苏、四川、广东、北京、成都等地开展深入调研，收集案例、先进经验和各种材料。从开题到中期，从提纲研讨到各章的写作，课题组共召开 12 次研讨会，邀请相关专家学者、政府部门负责人，广泛听取他们的意见，进行充分论证。其中，规模较大的学术会议有 2010 年在北京工业大学召开的"当代中国社会建设与社会管理学术研讨会"、2012 年举办的"第五届当代中国学国际论坛——面向未来中国社会治理"。通过学术研讨与交流，课题组与学界同仁广泛地交流了思想与研究成果，有力地推进了社会建设与社会管理领域的研究。

当前，社会建设滞后于经济建设，经济社会发展不协调已成为我国面临的主要矛盾，成为我国社会主义现代化建设的短板。在此背景下，积极推进社会建设，化解社会矛盾，是当下我国发展要解决的主要任务。对此，作为社会科学研究工作者，有责任围绕这一重大领域，深入开展理论与实践研究，以更好地为我国社会主义现代化建设事业服务。但是，社会建设是全新的理论与实践领域，对于社会建设要建什么、怎么建这样的重大理论与实践问题，没有现成的经验与理论范式可资借鉴。因此，我们的研究过程可以说是"摸着石头过河"。在深入调研与学术研讨的过程中，课题组对社会建设的认识不断深化，提出了一些重要的判断与理论认识，如"社会建设就是建设社会现代化""社会建设是中国现代化不可逾越的阶段""社会建设的实践包括九大任务""社会建设的核心是调整社会结构壮大中产阶层""社会体制改革是当前社会建设的中心环节"等。这些观点在社会上引起了积极的反响与回应，这给了课题组很大的鼓舞，也坚定了我们做好这件事的信心。

在本书出版之际，感谢国家哲学社会科学规划办公室给予本课题立项；感谢北京市哲学社会科学规划办对我们的支持；感谢北京工业大学为本课题的研究创造了良好的条件；感谢在课题调研过程中，相关地方政府领导和专家给予我们的帮助与支持；感谢社会科学文献出版社社长谢寿光先生、编辑童根兴先生以及各位责任编辑在本书出版过程中给予的关心与支持！

当然，由于社会建设是全新的理论与实践领域，而且以北京工业大学人文学院为主的研究团队年龄较轻、能力与经验有限，在研究的过程中不可避免地存在这样或那样的不足。但是，我们期待本研究成果能够起到抛砖引玉的作用，吸引更多的研究工作者投入到这一领域的研究中去，共同致力于今天中国社会建设与社会管理的实践，推进中国社会和谐与进步。

当代中国社会结构变迁研究课题组

2013 年 3 月 5 日

# 索　引

**图书在版编目（CIP）数据**

当代中国社会建设/陆学艺主编.—北京：社会科学文献
出版社，2013.4（2017.5 重印）
（中国社会结构研究报告）
ISBN 978 - 7 - 5097 - 4408 - 6

Ⅰ.①当…　Ⅱ.①陆…　Ⅲ.①社会主义建设 - 研究 -
中国　Ⅳ.①D61

中国版本图书馆 CIP 数据核字（2013）第 050667 号

·中国社会结构研究报告之四·

# 当代中国社会建设

主　　编／陆学艺

出 版 人／谢寿光
项目统筹／童根兴
责任编辑／杨桂凤　史雪莲 等

出　　版／社会科学文献出版社·社会学编辑部（010）59367159
　　　　　　地址：北京市北三环中路甲29号院华龙大厦　邮编：100029
　　　　　　网址：www.ssap.com.cn
发　　行／市场营销中心（010）59367081　59367018
印　　装／北京京华虎彩印刷有限公司

规　　格／开本：787mm × 1092mm　1/16
　　　　　　印张：25.75　字数：434千字
版　　次／2013 年 4 月第 1 版　2017 年 5 月第 4 次印刷
书　　号／ISBN 978 - 7 - 5097 - 4408 - 6
定　　价／59.00 元